메가스터디

중학국어

비문학

독해 연습

구성과 특징

+ 이 교재는 영역별, 난이도별 엄선된 42개 비문학 제재를 체계적으로 연습할 수 있는 기본서입니다.

+ 이 교재는 중학생이 알아야 할 2015 개정 교육과정의 국어 읽기 영역 성취 기준에 기반한 독해 스킬을 문제를 통해 파악할 수 있는 기본서입니다.

+ 이 교재는 중학생들이 한 번에 학습하기 적절한 분량인 두 개의 지문(제재)으로 하나의 STUDY를 구성하여 비문학 독해에서의 효율적 학습 시스템을 적용한 기본서입니다.

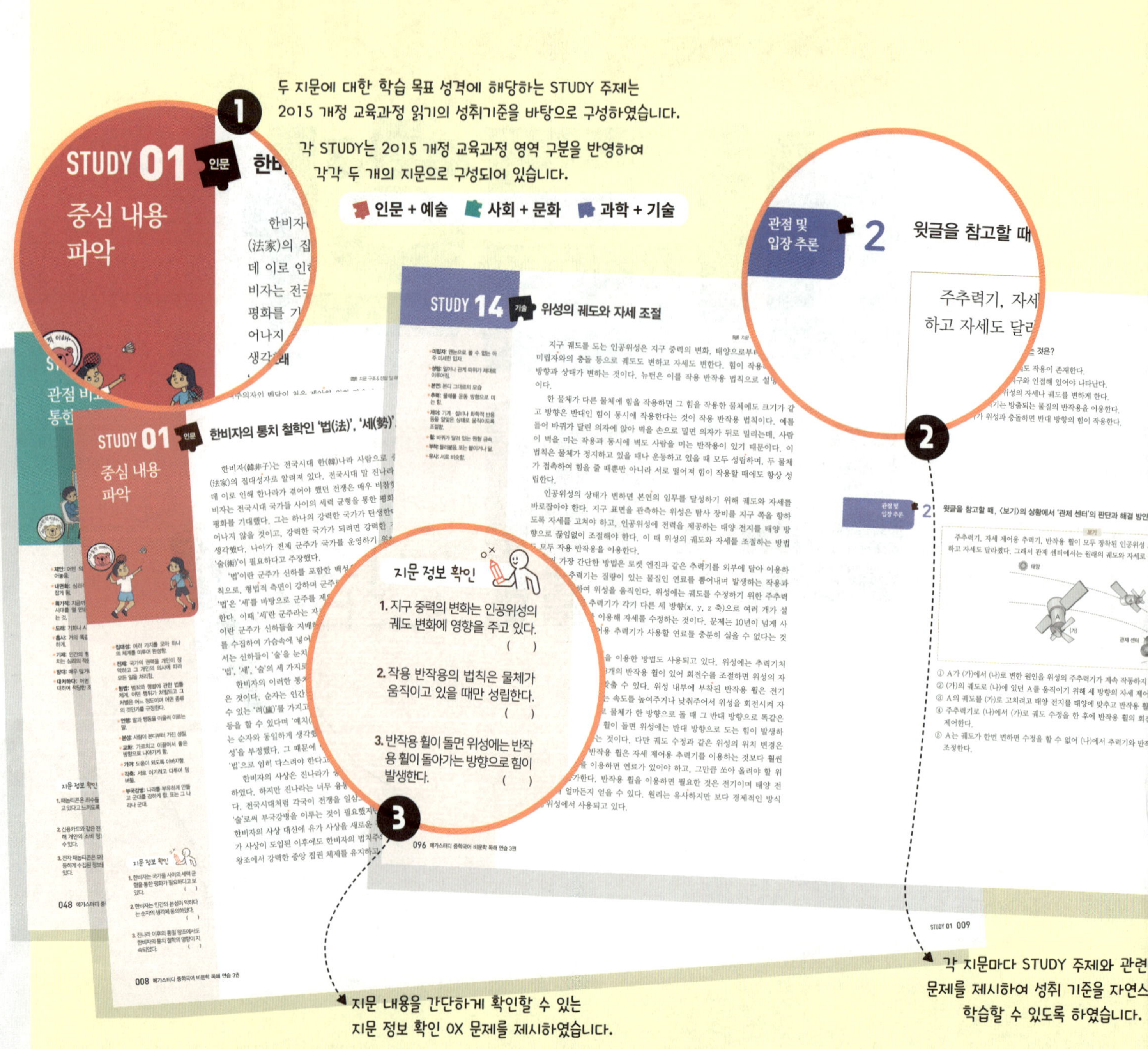

4 STUDY의 두 지문에 제시된 핵심 어휘를 이해했는지 확인할 수 있는 어휘 확인 문제를 제시하였습니다.

다양한 어휘를 학습하여 어휘력을 기를 수 있도록 어휘 특강을 수록하였습니다.

5

어휘 확인

[1~7] 어휘의 뜻풀이와 어휘 ㉠~(   )
[8~14] 예문의 (   ) 안에 들어

뜻풀이

바르게 연결하시오.
을 어휘 ㉠~㉺을 바르게 연결하시오.

뜻풀이	어휘	예문
1 서로 이기려고 다투며 덤벼듦.	㉠ 언행	8 언제나 ( )에 유의해라.
2 도움이 되도록 이바지함.	㉡ 각축	9 그는 인간의 ( )이 선하다고 보았다.
3 사람이 본디부터 가진 성질.	㉢ 채택	10 두 선수는 우승을 놓고 ( )을 벌였다.
4 남에게 부탁하다.	㉣ 본성	11 이 책은 필독도서로 ( )되었다.
5 작품, 의견, 제도 따위를 골라서 다루거나 뽑아 씀.	㉤ 창의적	12 그녀는 ( )인 방법으로 문제를 해결했다.
6 말과 행동을 아울러 이르는 말.	㉥ 기여	13 변호사에게 변호를 ( ).
7 창의성을 띠거나 가진 것.	㉦ 의뢰하다	14 사회의 발전에 ( )하다.

[15~19] 보기의 글자들을 조합하여 다음 뜻풀이에 해당하는 단어를 만드시오.

15 회화, 조각, 소설 따위의 예술 작품을 표현하는 동기가 된 작가의 중심 사상. →

16 지구 위의 물체가 지구로부터 받는 힘. →

17 창문 등을 내어 햇빛을 비롯한 광선을 받아 들임. →

18 범죄와 형벌에 관한 법률 체계. 어떤 행위가 처벌되고 그 처벌은 어느 정도이며 어떤 종류의 것인가를 규정한다. →

19 여러 가지를 모아 하나의 체계를 이루어 완성함. →

어휘 특강

열리다¹ 동사

❶ 열매가 맺히다. ≒열다.
예 박이 열리다.
예 올해는 나무마다 열매가 주렁주렁 열렸다.
예 감나무에 빨간 감이 탐스럽게 열렸다.

소리는 같지만 뜻이 다른 단어를 동음이의어(同音異義語)라고 한다.

동음이의어

열리다² 동사

❶ 닫히거나 잠긴 것이 트이거나 벗겨지다.
예 불이 꺼지고 막이 열린다.

❷ 모임이나 회의 따위가 시작되다.
예 드디어 그의 생일 파티가 열렸다.

❸ 하루의 영업이 시작되다.
예 지금쯤이면 약국이 열렸을 것이다.

다의어

한 단어가 의미적 관련성이 있는 여러 의미를 지니고 있을 때 이를 다의어(多義語)라고 한다.

열리다

독해 방법 Q&A

" 선생님, 어

6

중심 내용 파악은 사실적 독해의 가장 마지막 단의 의미를 이해하고, 그 관계를 파악해야 즉, 단어나 문장, 문 아우르는 화제나 핵심어를 찾고 나면 그   는 뜻이지. 글 전체를 아야 해. 그 진술들 중에서 중심이 되 글쓴이가 진술한 내용을 찾 용을 정 하는 표현을 파악하면 중심 내 도 중심 내용을 할 수 있겠지. 글이   하거나 글의 구조를 파악해 보는 활

화제나 핵심어 찾기
↓
화제나 핵심어에 대한 글쓴이의 진술 확인하기
↓
화제에 대한 진술 중 중심 문장 찾기

STUDY명과 관련된 핵심 개념을 질문과 대답 형태로 이해할 수 있도록 독해 방법 Q&A를 제시하였습니다.

7 학습 점검표에서 체크 리스트를 통해 자기 주도 학습이 가능하도록 하였습니다.

학습 점검표

STUDY 01 의 지문과 문제를 잘 학습했는지 체크한 후, 부족한 부분이 있다면 앞으로 돌아가서 다시 살펴보자~!

지문/문제			나의 체크					보완할 부분
한비자의 통치 철학		○ 1회독 ○ 2회독 이상		○ 내용 ○ 지문 구조 ○ 어휘				
	1	○ 맞힘 ○ 틀림		○ 내용 ○ 개념&유형 ○ 어휘				
	2	○ 맞힘 ○ 틀림		○ 내용 ○ 개념&유형 ○ 어휘				
가우디 건축의 특징		○ 1회독 ○ 2회독 이상		○ 내용 ○ 지문 구조 ○ 어휘				
	1	○ 맞힘 ○ 틀림		○ 내용 ○ 개념&유형 ○ 어휘				
	2	○ 맞힘 ○ 틀림		○ 내용 ○ 개념&유형 ○ 어휘				

3권 차례 21STUDY

COFFEE

I

인문·예술

한비자의 통치 철학

지문 구조&정답 및 해설 004쪽

중심 내용 파악

한비자(韓非子)는 전국시대 한(韓)나라 사람으로 중국 철학사에서 법가(法家)의 집대성자로 알려져 있다. 전국시대 말 진나라는 한나라를 공격했는데 이로 인해 한나라가 겪어야 했던 전쟁은 매우 비참했다. 이런 상황에서 한비자는 전국시대 국가들 사이의 세력 균형을 통한 평화가 아니라 통일에 의한 평화를 기대했다. 그는 하나의 강력한 국가가 탄생한다면 더 이상 전쟁이 일어나지 않을 것이고, 강력한 국가가 되려면 강력한 전제 군주가 필요하다고 생각했다. 나아가 전제 군주가 국가를 운영하기 위해서는 '법(法)', '세(勢)', '술(術)'이 필요하다고 주장했다.

'법'이란 군주가 신하를 포함한 백성을 통제하는 공개적이고 구체적인 규칙으로, 형법적 측면이 강하며 군주로부터 권위를 부여받은 신하가 집행한다. '법'은 '세'를 바탕으로 군주를 제외한 어느 누구에게도 예외 없이 적용되어야 한다. 이때 '세'란 군주라는 자리가 가진 절대적 권위를 의미한다. 그리고 '술'이란 군주가 신하들을 지배하는 방법으로, 평소 신하들의 언행에 대한 정보를 수집하여 가슴속에 넣어 두고 활용하는 것이다. '술'이 효과를 거두기 위해서는 신하들이 '술'을 눈치 채지 못하게 하는 것이 중요하다. 한비자는 군주가 '법', '세', '술'의 세 가지로 다스려야 국가가 부강해진다고 보았다.

한비자의 이러한 통치 철학은 스승인 순자가 주장한 성악설의 영향을 받은 것이다. 순자는 인간의 본성은 동물과 다를 바가 없지만, 인간은 생각할 수 있는 '려(慮)'를 가지고 있다고 보았다. 그래서 '예(禮)'를 주입하면 선한 행동을 할 수 있다며 '예치(禮治)'를 주장했다. 한비자도 인간의 본성에 대해서는 순자와 동일하게 생각했지만, 인간의 본성은 변할 리가 없다며 '교화 가능성'을 부정했다. 그 때문에 인간의 본성 안에 들어 있는 사사로움을 찾아내어 '법'으로 엄히 다스려야 한다고 주장했다.

한비자의 사상은 진나라가 중국 최초의 통일 국가가 되는 데 크게 기여를 하였다. 하지만 진나라는 너무 융통성 없이 '법'을 적용해 일찍 몰락하게 되었다. 전국시대처럼 각국이 전쟁을 일삼으며 각축을 벌이던 시절에는 '법', '세', '술'로써 부국강병을 이루는 것이 필요했지만, 진나라 이후의 통일 왕조에서는 한비자의 사상 대신에 유가 사상을 새로운 통치 철학으로 채택했다. 하지만 유가 사상이 도입된 이후에도 한비자의 법치주의의 영향은 지속되어 중국의 통일 왕조에서 강력한 중앙 집권 체제를 유지하고 발전시키는 데 기여하였다.

＊**집대성:** 여러 가지를 모아 하나의 체계를 이루어 완성함.

＊**전제:** 국가의 권력을 개인이 장악하고 그 개인의 의사에 따라 모든 일을 처리함.

＊**형법:** 범죄와 형벌에 관한 법률 체계. 어떤 행위가 처벌되고 그 처벌은 어느 정도이며 어떤 종류의 것인가를 규정한다.

＊**언행:** 말과 행동을 아울러 이르는 말.

＊**본성:** 사람이 본디부터 가진 성질.

＊**교화:** 가르치고 이끌어서 좋은 방향으로 나아가게 함.

＊**기여:** 도움이 되도록 이바지함.

＊**각축:** 서로 이기려고 다투며 덤 벼듦.

＊**부국강병:** 나라를 부유하게 만들고 군대를 강하게 함. 또는 그 나라나 군대.

지문 정보 확인

1. 한비자는 국가들 사이의 세력 균형을 통한 평화가 필요하다고 보았다. ( )

2. 한비자는 인간의 본성이 악하다는 순자의 생각에 동의하였다. ( )

3. 진나라 이후의 통일 왕조에서도 한비자의 통치 철학의 영향이 지속되었다. ( )

1 윗글을 읽고 다음과 같이 내용을 정리하였다. 적절하지 <u>않은</u> 것은?

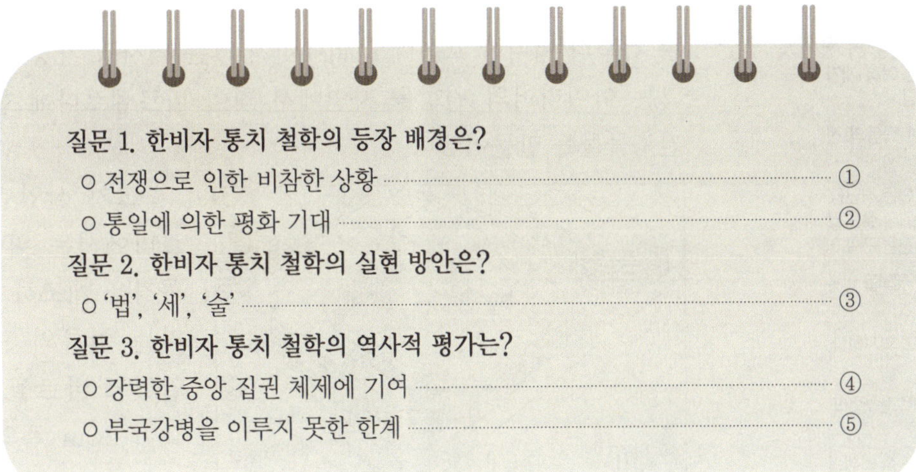

2 윗글을 읽고 〈보기〉를 이해한 것으로 가장 적절한 것은?

보기

『삼국지』로 배우는 고사성어

읍참마속(泣斬馬謖)

삼국의 운명을 결정하는 전쟁에서 왕의 명을 받은 제갈량이 위나라를 공격할 무렵의 일이었다. 위나라는 사마의를 보내 방어하도록 하였다. 이에 제갈량이 매우 아끼던 장수 마속이 출정을 자원하면서, 실패하면 목숨을 내놓겠다고 했다. 제갈량은 마속에게 평지에 진을 치라는 명령을 내렸지만 마속은 이를 어기고 산에 진을 쳤다가 대패했다. 제갈량은 눈물을 머금고 군령을 어긴 마속을 처형할 수밖에 없었다. 제갈량의 결정은 엄격한 군율이 살아 있음을 전군에 알리기 위한 선택이었다.

① 제갈량이 마속을 처형한 것은 '법'을 적용한 것이겠군.
② 제갈량이 위나라를 공격한 것은 '법'을 적용한 것이겠군.
③ 제갈량이 마속을 매우 아낀 것은 '세'를 활용한 것이겠군.
④ 제갈량이 평지에 진을 치라는 명령을 내린 것은 '술'을 적용한 것이겠군.
⑤ 제갈량의 공격을 받은 위나라가 사마의를 통해 방어한 것은 '술'을 적용한 것이겠군.

가우디 건축의 특징

지문 구조 & 정답 및 해설 006쪽

근대 건축에서 빼놓을 수 없는 인물이 안토니오 가우디이다. 가우디는 기존 건축의 어떠한 흐름에도 얽매이지 않은 역사상 가장 창의적인 건축가였다. 그는 아이디어의 원형을 자연에서 찾아 바르셀로나에 합리적이고 아름다운 건축물들을 만들어냈다.

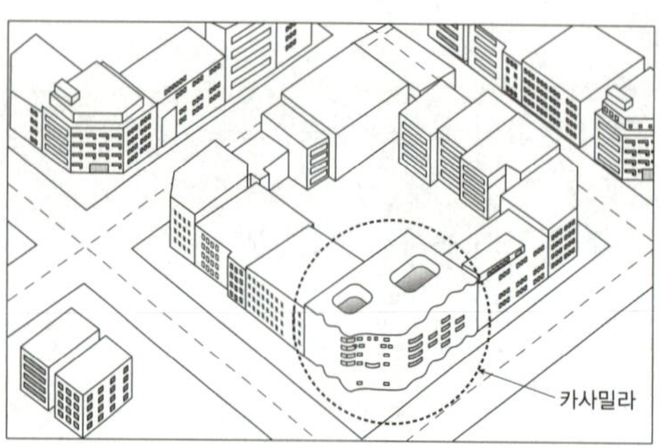

그가 살았던 1900년대 바르셀로나에서는 위생적이지 못한 도시 환경을 개조하기 위해 '에이샴플라'라는 이름의 도시 계획 공모전을 열었고 바르셀로나 전체를 그림과 같이 20m 폭의 도로로 둘러싼 정사각형 모양의 주거 블록으로 채우는 획기적인 결정을 했다. 블록의 높이는 모든 건물에 빛이 45도로 내리쬘 수 있도록 6층 높이 이하로 제한했다. 이로써 도심 주택에 어느 정도 채광과 환기가 이루어졌지만 블록 모퉁이에 지어진 집은 햇빛과 바람이 잘 들지 않았다.

밀라는 모퉁이에 지을 자신의 집을 가우디에게 의뢰했다. 가우디는 이 문제를 해결하기 위해 수직과 수평에 근거한 고전적인 건축의 엄격함을 벗어던지고, 자유로운 형태로 건물을 디자인함으로써 역동감과 활기가 느껴지는 자연스러운 건물을 설계했다. '카사밀라(밀라의 집)'는 바위로 이루어진 몬세라트 산의 모양을 본떠 내부도 직각으로 이루어진 부분이 하나도 없다. 그는 지붕을 햇빛 방향에 따라 비스듬하게 설계하고 옥상 난간을 반투명 철망으로 만들어 주택 안으로 빛과 바람이 최대한 들어올 수 있게 하였다. 그뿐만 아니라 철골 구조를 적절하게 이용함으로써 석조 건물의 유기적인 형태를 만들어 냄과 동시에 당시 스페인에 하나도 없었던 철근 콘크리트 건물이라는 새로운 주거 환경을 마련하였다.

바르셀로나에는 카사밀라 말고도 다양한 가우디의 건축물이 남아 있다. '뼈로 지은 집'이라는 별명이 있는 '카사바트요'는 창문과 창살이 뼈 모양으로 디자인되어 있다. '구엘 공원'에는 자연을 돌 자체로 묘사해 놓은 '돌로 만든 세상'이 펼쳐져 있기도 하다. '사그라다 파밀리아 성당'의 기둥에는 플라타너스 나무의 모습을 덧입혔다. 덕분에 그곳에서는 숲에 와 있는 듯한 느낌을 받는다. 이와 같은 가우디의 건축물들은 '자연은 나의 스승이다'라는 그의 말처럼 자연에서 작품의 모티프를 따 와 대부분 직선이 없고 포물선과 나선 등 수학적인 곡선이 주를 이룬다.

그렇다고 가우디가 단순히 자연을 흉내만 낸 것은 아니다. 그는 10여 년의 세심한 관찰과 실험을 통해 다중 현수선 모형을 고안하여 중력까지 치밀하게 계산한 건축 모형을 만들었다. 그 결과 고딕 건축에서 필수적인 버팀벽 없

---

* **창의적:** 창의성을 띠거나 가진 것
* **원형:** 같거나 비슷한 여러 개가 만들어져 나온 본바탕.
* **공모전:** 공개 모집한 작품의 전시회.
* **블록:** 쌓아 올리도록 만든 장난감. 시가지, 주거 지대 따위의 작은 단위들을 몇 개 합친 일정한 구획.
* **채광:** 창문 등을 내어 햇빛을 비롯한 광선을 받아 들임.
* **의뢰하다:** 굳게 믿고 의지하다. 남에게 부탁하다.
* **석조:** 돌로 물건을 만드는 일. 또는 그 물건.
* **모티프:** 회화, 조각, 소설 따위의 예술 작품을 표현하는 동기가 된 작가의 중심 사상. 장식에서는, 여러 무늬가 하나의 무늬로 통합되어 그 연속에 의해서 하나의 제품을 구성하는 기본 단위를 이르기도 한다.
* **현수선:** 실 따위의 양쪽 끝을 고정하고 중간 부분을 자연스럽게 늘어뜨렸을 때, 실이 이루는 곡선
* **중력:** 지구 위의 물체가 지구로부터 받는 힘.
* **버팀벽:** 건축물을 외부에서 지탱하여 주는 장치. 벽 전체를 두껍게 하는 것보다 효과적이며, 장식의 효과도 있어 고딕 건축에서 많이 볼 수 있다.

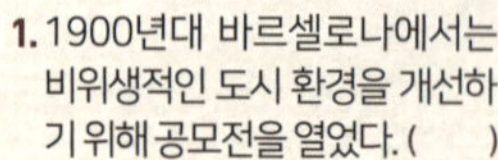

지문 정보 확인

1. 1900년대 바르셀로나에서는 비위생적인 도시 환경을 개선하기 위해 공모전을 열었다. ( )

2. 카사밀라는 고전적인 건축 양식의 엄격함을 벗어난 형태였다. ( )

3. 가우디의 건축물들은 곡선보다는 직선이 주를 이루고 있다. ( )

이 날렵하고 균형 잡힌 건축물을 설계할 수 있었다. 이러한 기술력과 창의성의 결합체인 사그라다 파밀리아 성당은 거대한 조각품과 같은 예술성을 보여 준다. 그는 자연을 본따는 것에 그치지 않고 중력이라는 자연의 본성을 합리적으로 사고함으로써 건축에 감성을 담아낼 수 있었다.

1 윗글을 읽고 독서일기를 쓸 때, (가)에 들어갈 문구로 가장 적절한 것은?

> **독서일기 (2016년 ○월 ○일)**
>
>   나는 바르셀로나 여행을 앞두고 가우디와 관련된 글을 한 편 읽었다. 그 글을 읽고, 그곳이   (가)   라는 것을 알았다.

① 가우디의 조각품이 숲과 조화된 생태 도시
② 가우디의 개성과 상상력이 흐르는 중세 도시
③ 감성을 담은 가우디의 건축이 우뚝 선 예술 도시
④ 가우디의 도시 설계가 바탕이 된 청정 위생 도시
⑤ 합리적인 가우디의 관찰력으로 살아난 과학 도시

2 안토니오 가우디와 ⓐ의 공통점으로 가장 적절한 것은?

보기

  ⓐ몬드리안은 예술과 과학에 공통적으로 적용할 수 있는 불변의 법칙을 찾기 위해 그림을 그렸다. 그는 선과 색채로 순수한 추상적 조형을 나타내고자 사물을 있는 그대로 재현하는 방법을 버렸다. 그는 수직은 남성성으로, 수평은 여성성으로 보고 수직선을 나무에서, 수평선을 바다의 수평선에서 모티프를 찾아 대상을 단순화하였다.

① 수직과 수평을 바라보는 관점
② 모티프 선정의 근거
③ 작품 제작의 목적
④ 작품 표현의 도구
⑤ 주요 활동 무대

STUDY 01 어휘 확인

[1~7] 어휘의 뜻풀이와 어휘 ㉠~㉘을 바르게 연결하시오.

[8~14] 예문의 (   ) 안에 들어갈 어휘 ㉠~㉘을 바르게 연결하시오.

뜻풀이

1 서로 이기려고 다투며 덤벼듦.

2 도움이 되도록 이바지함.

3 사람이 본디부터 가진 성질.

4 남에게 부탁하다.

5 작품, 의견, 제도 따위를 골라서 다루거나 뽑아 씀.

6 말과 행동을 아울러 이르는 말.

7 창의성을 띠거나 가진 것.

어휘

㉠ 언행

㉡ 각축

㉢ 채택

㉣ 본성

㉤ 창의적

㉥ 기여

㉘ 의뢰하다

예문

8 언제나 (   )에 유의해라.

9 그는 인간의 (   )이/가 선하다고 보았다.

10 두 선수는 우승을 놓고 (   )을/를 벌였다.

11 이 책은 필독도서로 (   )되었다.

12 그녀는 (   )인 방법으로 문제를 해결했다.

13 변호사에게 변호를 (   ).

14 사회의 발전에 (   )하다.

[15~19] 보기 의 글자들을 조합하여 다음 뜻풀이에 해당하는 단어를 만드시오.

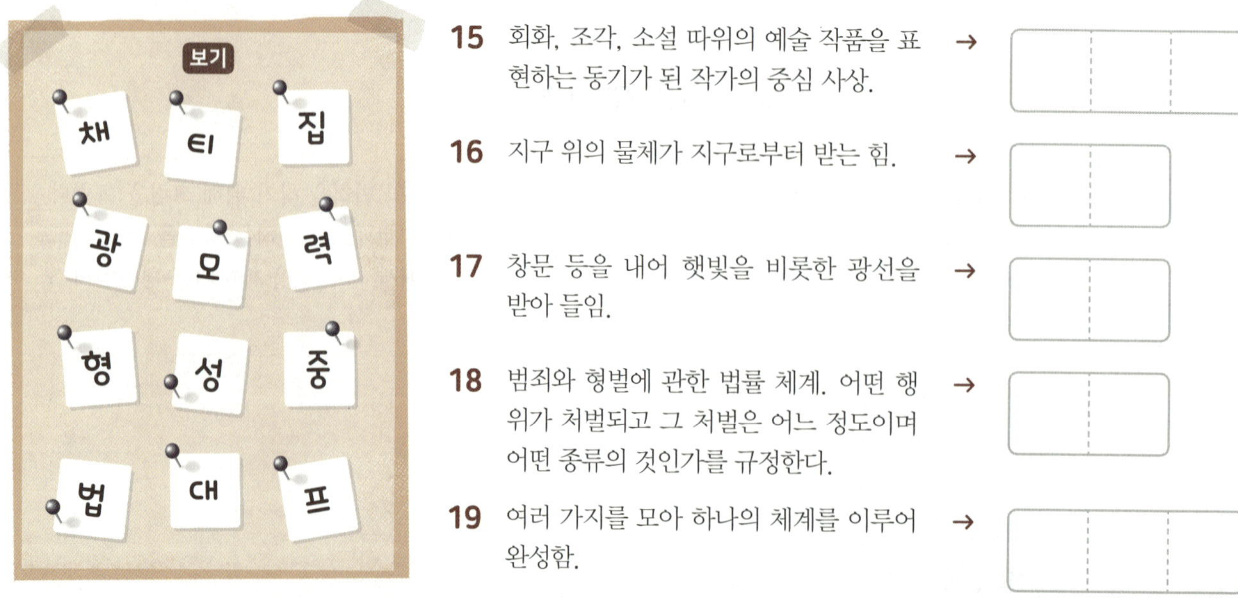

15 회화, 조각, 소설 따위의 예술 작품을 표현하는 동기가 된 작가의 중심 사상. →

16 지구 위의 물체가 지구로부터 받는 힘. →

17 창문 등을 내어 햇빛을 비롯한 광선을 받아 들임. →

18 범죄와 형벌에 관한 법률 체계. 어떤 행위가 처벌되고 그 처벌은 어느 정도이며 어떤 종류의 것인가를 규정한다. →

19 여러 가지를 모아 하나의 체계를 이루어 완성함. →

어휘 특강

소리는 같지만 뜻이 다른 단어를 동음이의어(同音異義語)라고 한다.

열리다¹ 동사 ←------ 동음이의어 ------→ **열리다²** 동사

❶ 열매가 맺히다. ≒열다.
- 예 박이 **열리다**.
- 예 올해는 나무마다 열매가 주렁주렁 **열렸다**.
- 예 감나무에 빨간 감이 탐스럽게 **열렸다**.

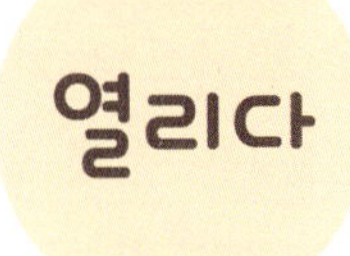
열리다

❶ 닫히거나 잠긴 것이 트이거나 벗겨지다.
- 예 불이 꺼지고 막이 **열린다**.

❷ 모임이나 회의 따위가 시작되다.
- 예 드디어 그의 생일 파티가 **열렸다**.

❸ 하루의 영업이 시작되다.
- 예 지금쯤이면 약국이 **열렸을** 것이다.

다의어

두 가지 이상의 뜻을 가진 단어를 다의어(多義語)라고 한다.

중심 내용 파악

독해 방법 Q&A

" 선생님, 어떻게 중심 내용을 파악할 수 있나요? "

중심 내용 파악은 사실적 독해의 가장 마지막 단계라고 할 수 있단다. 즉, 단어나 문장, 문단의 의미를 이해하고, 그 관계를 파악해야 중심 내용을 찾을 수 있다는 뜻이지. 글 전체를 아우르는 화제나 핵심어를 찾고 나면 그 화제나 핵심어에 대해 글쓴이가 진술한 내용을 찾아야 해. 그 진술들 중에서 중심이 되는 표현과 이를 뒷받침하는 표현을 파악하면 중심 내용을 정리할 수 있겠지. 글의 내용을 요약하는 연습을 하거나 글의 구조를 파악해 보는 활동도 중심 내용을 파악하는 데에 도움이 된단다.

> 화제나 핵심어 찾기
> ⬇
> 화제나 핵심어에 대한 글쓴이의 진술 확인하기
> ⬇
> 화제에 대한 진술 중 중심 문장 찾기

학습 점검표

STUDY 01 의 지문과 문제를 잘 학습했는지 체크한 후, 부족한 부분이 있다면 앞으로 돌아가서 다시 살펴보자~!

지문/문제		나의 체크			보완할 부분
한비자의 통치 철학	○ 1회독 ○ 2회독 이상	○ 내용	○ 지문 구조	○ 어휘	
	1 ○ 맞힘 ○ 틀림	○ 내용	○ 개념&유형	○ 어휘	
	2 ○ 맞힘 ○ 틀림	○ 내용	○ 개념&유형	○ 어휘	
가우디 건축의 특징	○ 1회독 ○ 2회독 이상	○ 내용	○ 지문 구조	○ 어휘	
	1 ○ 맞힘 ○ 틀림	○ 내용	○ 개념&유형	○ 어휘	
	2 ○ 맞힘 ○ 틀림	○ 내용	○ 개념&유형	○ 어휘	

생략된 내용 추론

지문 구조 & 정답 및 해설 008쪽

18세기 경험론의 대표적인 철학자 흄은 '모든 지식은 경험에서 나온다.'라고 주장하면서, 이성을 중심으로 진리를 탐구했던 데카르트의 합리론을 비판하고 경험을 중심으로 한 새로운 철학 이론을 구축하려 하였다. 그러나 지나치게 경험만을 중시한 나머지, 그는 과학적 탐구 방식 및 진리를 인식하는 문제에 대해서도 비판하기에 이른다. 그 결과 ㉠흄은 서양 근대 철학사에서 극단적인 회의주의자로 평가받는다.

흄은 지식의 근원을 경험으로 보고 이를 인상과 관념으로 구분하여 설명하였다. 인상은 오감(五感)을 통해 얻을 수 있는 감각이나 감정 등을 말하고, 관념은 인상을 머릿속에 떠올리는 것을 말한다. 가령, 혀로 소금의 '짠맛'을 느끼는 것은 인상이고, 머릿속으로 '짠맛'을 떠올리는 것은 관념이다. 인상은 단순 인상과 복합 인상으로 나뉘는데, 단순 인상은 단일 감각을 통해 얻은 인상을, 복합 인상은 단순 인상들이 결합된 인상을 의미한다. 따라서 '짜다'는 단순 인상에, '짜다'와 '희다' 등의 단순 인상들이 결합된 소금의 인상은 복합 인상에 해당한다. 그리고 단순 인상을 통해 형성되는 관념을 단순 관념, 복합 인상을 통해 형성되는 관념을 복합 관념이라 한다. 흄은 단순 인상이 없다면 단순 관념이 존재하지 않는다고 보았다. 그런데 '황금 소금'은 현실에 존재하지 않기 때문에 그 자체에 대한 복합 인상은 없지만, '황금'과 '소금' 각각의 인상이 존재하기 때문에 복합 관념이 존재할 수 있다. 따라서 복합 관념은 복합 인상이 없더라도 존재할 수 있다. 하지만 흄은 '황금 소금'처럼 인상이 없는 관념은 과학적 지식이 될 수 없다고 말하였다.

흄은 과학적 탐구 방식으로서의 인과 관계에 대해서도 비판적 태도를 보였다. 그는 인과 관계란 시공간적으로 인접한 두 사건이 반복해서 발생할 때 갖는 관찰자의 습관적인 기대에 불과하다고 말하였다. 즉, '까마귀 날자 배 떨어진다.'라는 속담이 의미하는 것처럼 인과 관계는 필연적 관계임을 확인할 수 없다는 것이다. 그는 '까마귀가 날아오르는 사건'과 '배가 떨어지는 사건'을 관찰할 수는 있지만, '까마귀가 날아오르는 사건이 배가 떨어지는 사건을 야기했다.'라는 생각은 추측일 뿐 두 사건의 인과적 연결 관계를 관찰할 수 없다고 주장한다. 결국 인과 관계란 시공간적으로 인접한 두 사건에 대한 주관적 판단에 불과하므로, 이런 방법을 통해 얻은 과학적 지식이 필연적이라는 생각은 적합하지 않다고 흄은 비판하였다.

[A] 또한 흄은 진리를 알 수 있는가의 문제에 대해서도 회의적인 태도를 취했다. 전통적인 진리관에서는 진술의 내용이 사실(事實)과 일치할 때 진리라고 본다. 하지만 흄은 진술 내용이 사실과 일치하는지의 여부를 판단할 수 없다고 보았다. 예를 들어 '소금이 짜다.'라는 진술이 진리가 되기 위해서는 실제 소금이 짜야 한다. 그런데 흄에 따르면 우리는 감각 기관을 통해서만 세상을 인식할 수 있기 때문에 실제 소금이 짠지는 알

어휘 풀이

*구축: 어떤 일이나 조직, 체계의 기초를 닦아 쌓거나 마련함.

*극단적: 생각이나 행동이 균형을 잃고 한쪽으로 몹시 치우친.

*회의주의자: 온갖 일을 불확실하다고 보고 의심하는 사람.

*인접: 서로 관련이 있음.

*필연적: 사건 따위가 반드시 그렇게 될 수밖에 없는 것.

*야기: 일이나 사건 등을 끌어 일으킴.

*진술: 자세하게 말함.

지문 정보 확인

1. 흄은 모든 지식의 근원은 경험에서 나온다고 보았다. (　)

2. 관념은 오감을 통해 얻을 수 있는 감각이나 감정을 말한다. (　)

3. 흄은 경험을 통해 얻은 과학적 지식이 진리인지는 확인할 수 없다고 보았다. (　)

수 없다. 그러므로 '소금이 짜다.'라는 진술은 '내 입에는 소금이 짜게 느껴진다.'라는 진술에 불과할 뿐이다. 따라서 비록 경험을 통해 얻은 과학적 지식이라 하더라도 그것이 진리인지의 여부는 확인할 수 없다는 것이 흄의 입장이다.

이처럼 흄은 경험론적 입장을 철저하게 고수한 나머지, 과학적 지식조차 회의적으로 바라보았다는 점에서 비판을 받기도 했다. 하지만 그는 이성만 중시했던 당시 철학 사조에 반기를 들고 경험을 중심으로 지식 및 진리의 문제를 탐구했다는 점에서 근대 철학에 새로운 방향성을 제시했다는 평가를 받는다.

1 [A]를 바탕으로 할 때, ㉠의 이유로 가장 적절한 것은?

① 인상이 없는 지식은 진리가 아니라고 보았기 때문에
② 이성만으로는 진리를 탐구할 수 없다고 보았기 때문에
③ 실재 세계의 모습은 끊임없이 변한다고 보았기 때문에
④ 주관적 판단으로 진리를 찾을 수 있다고 보았기 때문에
⑤ 경험을 통해서도 진리를 확인할 수 없다고 보았기 때문에

2 윗글에서 언급된 '흄'의 관점에서 〈보기〉를 이해한 것으로 적절하지 <u>않은</u> 것은?

① 사과를 보면서 달콤한 맛을 떠올리는 것은 관념에 해당한다.
② 사과를 보면서 '빨개'라고 느끼는 것은 복합 인상에 해당한다.
③ 사과의 실제 색을 알 수 없으므로 '이 사과는 빨개.'라는 생각은 '내 눈에는 이 사과가 빨갛게 보여.'라는 의미일 뿐이다.
④ 사과를 먹는 것과 피부가 고와지는 것 사이의 인과적 연결 관계를 관찰할 수 없다.
⑤ '매일 사과를 먹으니 피부가 고와졌어.'라는 생각은 반복되는 경험을 통해 형성된 습관적 기대에 불과하다.

키네틱 아트의 특징과 의의

📖 지문 구조&정답 및 해설 010쪽

미술에서 '키네틱 아트'는 움직임을 의미하는 그리스어 키네티코스에서 유래한 말로 움직임을 중시하거나 그것을 주요 요소로 하는 예술 작품을 뜻한다. 키네틱 아트는 산업 혁명에서 비롯된 대량 생산과 기술의 발달로 인해 급격하게 기계 문명 사회로 변화하던 시기를 배경으로 출현하였다. '키네틱'이라는 단어가 조형 예술에 최초로 사용된 것은 1920년대의 일이다.

키네틱 아트 작가들은 기계의 움직임을 예술적 요소로 수용하여 작품 전체나 일부를 움직이게 함으로써 창작 의도를 표현하고자 했다. 이러한 움직임은 바람이나 빛과 같은 외부적인 자연의 힘이나 동력 장치와 같은 내부적인 힘에 의해 구현되었다. 또한 대상을 사실적으로 재현하는 것이 아니라 추상적 구조물처럼 보이도록 창작하였다.

키네틱 아트는 '우연성'과 '비물질화'를 중요한 조형 요소로 제시하였다. '우연성'은 작품의 예측 불가능한 움직임을 통해 나타나는데 여기에는 감상자의 움직임이나 위치 등에 의한 작품의 형태 변화도 포함된다. '비물질화'는 작품이 고정되지 않고 계속 움직이는 상태를 의미한다. 정지된 물체는 고정되어 있기 때문에 물질화되어 있는 반면, '비물질화'는 물체가 계속 움직여 물체의 형태가 고정되지 않는 특성과 관련된다. 예를 들어 뒤샹의 ㉠「자전거 바퀴」는 감상자가 손으로 바퀴를 회전하도록 한 작품이다. 이 작품에는 감상자가 바퀴를 돌리는 속도에 따라 바퀴살이 다양한 모습으로 보이는 '우연성'과 바퀴살이 고정되지 않고 움직이는 '비물질화'가 나타난다.

키네틱 아트의 이러한 조형 요소들은 감상자들의 시각을 자극하여 작품에 주의를 집중시키는 효과를 준다. 작품이 보여 주는 다양하고 예측 불가능한 움직임으로 감상자들이 풍부한 이미지를 상상할 수 있도록 한 것이다. 이를 통해 기존 미술에서 작품 감상에 대해 수동적이었던 감상자들로 하여금 보다 능동적인 태도를 갖도록 하였다.

키네틱 아트는 작품의 움직임에 의미를 부여하고 작품과 감상자의 상호 작용을 중시함으로써 다양한 실험적 예술의 길을 열어 주었다. 1960년대에 들어서 키네틱 아트는 새로운 첨단 매체를 활용하여 변화무쌍한 움직임을 보여주는 비디오 아트, 레이저 아트, 홀로그래피 아트 등과 같은 예술이 출현하게 되는 계기를 제공하였다.

＊유래: 사물이 어떤 것으로 인해 일어나거나 전하여 온 내력.

＊동력: 전력, 수력, 풍력 등의 에너지를 원동기에 의하여 기계적 에너지로 변환하여 일으킨 힘.

＊재현: 사물이나 현상 따위가 다시 나타남.

＊추상적: 직접 경험하거나 지각할 수 있는 일정한 형태와 성질을 갖추고 있지 않은 것.

＊조형: 여러 재료를 이용하여 어떤 형태를 만듦.

＊수동적: 다른 것의 영향을 받아 움직이는 것.

＊능동적: 다른 것의 영향을 받지 아니하고 제 뜻에 따라 어떤 힘이나 작용을 일으키는 것.

＊홀로그래피: 레이저 광선을 이용하여 입체상을 공간에 재생하는 기술.

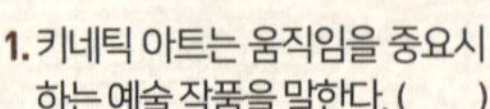

지문 정보 확인

1. 키네틱 아트는 움직임을 중요시하는 예술 작품을 말한다. ( )

2. 키네틱 아트 작가들은 대상을 사실적으로 재현하고자 노력했다. ( )

3. 키네틱 아트는 작품의 예측 가능한 움직임을 통해 우연성을 드러낸다. ( )

1 윗글에서 언급된 내용이 <u>아닌</u> 것은?

① 키네틱 아트의 어원
② 키네틱 아트의 등장 배경
③ 키네틱 아트의 제작 과정
④ 키네틱 아트의 조형 요소
⑤ 키네틱 아트의 예술사적 의의

생략된
내용 추론

2 ㉠과 〈보기〉의 「4분 33초」가 공통적으로 전제하고 있는 것은?

> **보기**
>
> 1952년 미국의 전위 예술가인 존 케이지는 새로운 피아노 작품 「4분 33초」를 발표하였다. 그런데 피아니스트는 피아노를 치지 않고 일정 시간에 맞춰 피아노 뚜껑을 열었다 닫았다 할 뿐이었다. 청중들은 연주를 기다리며 웅성거리다가 4분 33초가 흘러 피아니스트가 퇴장하자 크게 술렁거렸다. 존 케이지는 「4분 33초」를 통해 연주를 기다리는 동안 청중들의 기침 소리, 불평 소리, 각종 소음 등 공연장에서 뜻하지 않게 발생한 모든 소리가 훌륭한 연주가 될 수 있다는 생각을 나타냈다.

① 사회 구조의 변화에 따라 예술은 기계 문명에 대한 예찬을 표명해야 한다.
② 우연적 요소와 감상자의 참여가 예술을 구성하는 중요한 원리가 될 수 있다.
③ 첨단 매체를 활용해야 변화무쌍한 움직임이 강조되는 예술 작품을 만들 수 있다.
④ 제한된 시간 내에 감상이 이루어질 때, 작가와 감상자의 상호 작용이 더욱 긴밀해진다.
⑤ 작가의 창작 의도가 직접적으로 노출되었을 때, 감상자가 풍부한 상상력을 발휘할 수 있다.

[1~10] 〈보기〉에서 어휘의 뜻풀이 또는 예문의 (   ) 안에 들어갈 어휘 ㉠~㉤을 찾아 쓰시오.

보기

| ㉠ 구축 | ㉡ 극단적 | ㉢ 수동적 | ㉣ 재현 | ㉤ 추상적 |

뜻풀이

1 직접 경험하거나 지각할 수 있는 일정한 형태와 성질을 갖추고 있지 않은 것. [   ]

2 스스로 움직이지 않고 다른 것의 영향을 받아 움직이는 것. [   ]

3 어떤 일이나 조직, 체계의 기초를 닦아 쌓거나 마련함. [   ]

4 사물이나 현상 따위가 다시 나타남. [   ]

5 생각이나 행동이 균형을 잃고 한쪽으로 몹시 치우친. [   ]

예문

6 그는 수업을 (   )으로 듣기만 하고 스스로 공부하지 않는다. [   ]

7 영업에서 가장 중요한 것은 고객들과의 신뢰 (   )이/가 아닐까 생각한다. [   ]

8 그는 (   )인 표현을 사용했던 걸 사과했다. [   ]

9 선거에 도전한 후보들의 공약은 (   )이지 않고 구체적 자료가 포함되어 있었다. [   ]

10 이번 전시회는 서울의 옛 모습을 (   )한 것으로 호평을 받았다. [   ]

[11~15] 다음에서 설명하는 어휘가 무엇일지 사다리를 연결하고 주어진 낱자를 활용하여 쓰시오.

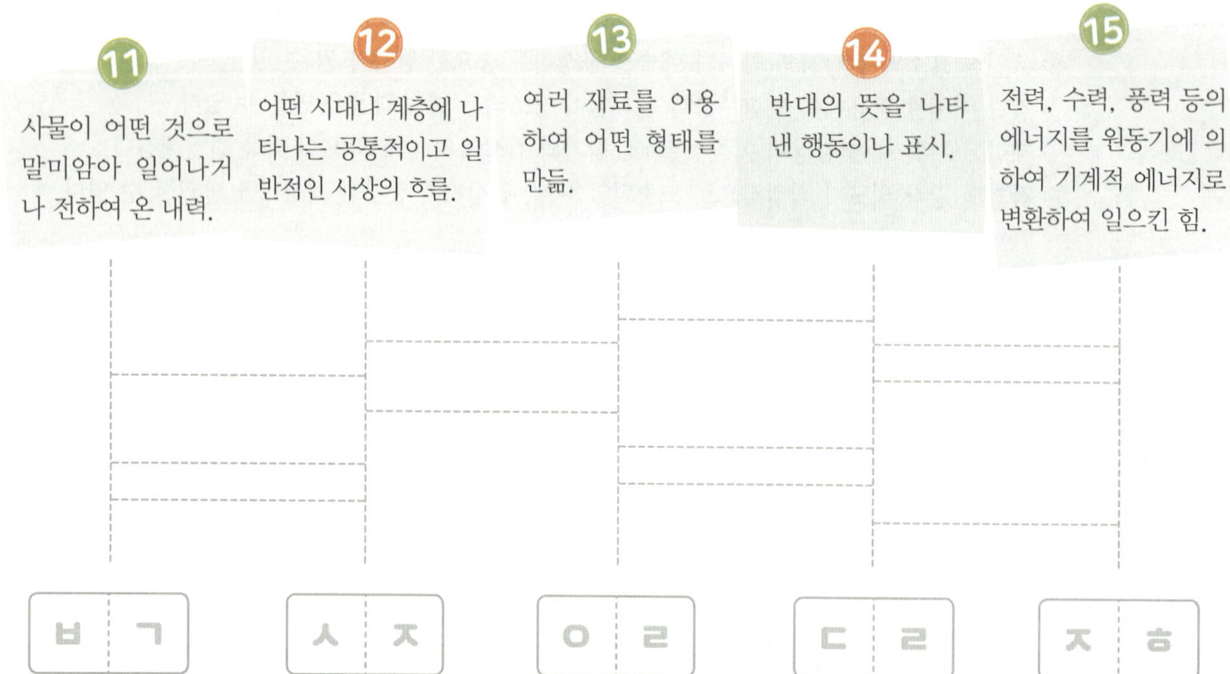

어휘 특강

독해 방법 Q&A

생략된 내용 추론

> **선생님, 글의 표면에 드러나지 않은 생략된 내용을 추론할 때 중요한 내용은 어떤 것이 있을까요?**

이 유형은 글에 제시된 정보에 대한 사실적 이해를 바탕으로 생략된 내용이나 이유, 전제에 대해 묻는 것이므로 먼저 글에서 설명한 내용이나 글쓴이의 주장하는 내용이 어떤 의미인지를 파악한 후에 글의 전체 흐름이나 앞뒤 문장의 문맥을 통해 생략된 내용을 추리해야 한단다. 또한 주장이 성립하기 위해 필수적으로 포함되어야 하는 내용, 정보 간의 인과 관계 등을 바탕으로 추론하도록 해야 해.

정확한 이해

⬇

앞뒤 문맥을 통한 생략된 내용 추론

⬇

인과 관계를 바탕으로 추론

학습 점검표

STUDY 02 의 지문과 문제를 잘 학습했는지 체크한 후, 부족한 부분이 있다면 앞으로 돌아가서 다시 살펴보자~!

지문/문제		나의 체크			보완할 부분
흄의 경험론		○ 1회독 ○ 2회독 이상	○ 내용 ○ 지문 구조 ○ 어휘		
	1	○ 맞힘 ○ 틀림	○ 내용 ○ 개념&유형 ○ 어휘		
	2	○ 맞힘 ○ 틀림	○ 내용 ○ 개념&유형 ○ 어휘		
키네틱 아트의 특징과 의의		○ 1회독 ○ 2회독 이상	○ 내용 ○ 지문 구조 ○ 어휘		
	1	○ 맞힘 ○ 틀림	○ 내용 ○ 개념&유형 ○ 어휘		
	2	○ 맞힘 ○ 틀림	○ 내용 ○ 개념&유형 ○ 어휘		

막스 뮐러의 에우다이모니아

📖 지문 구조 & 정답 및 해설 012쪽

그리스어인 '에우다이모니아(eudaimonia)'는 일반적으로 '행복'이라고 번역된다. 현대인들은 행복을 물질적인 것을 통해 느끼는 안락이나 단순한 쾌감과 동일시하는 경향이 있다. 그러나 아리스토텔레스는 에우다이모니아를 현대인들이 생각하는 행복과는 다르게 설명한다. 그는 에우다이모니아를 인간 고유의 기능인 이성을 발휘하여 그것을 완전하게 실현한 상태라고 규정하였다. 막스 뮐러는 아리스토텔레스가 말한 에우다이모니아에 시간적 속성을 부여하여 이를 세 가지 측면으로 나누어 설명하였다. 막스 뮐러의 견해는 다음과 같다.

첫째, '감각적 향유로서의 에우다이모니아'는 먹고 마시는 행위와 같은 신체적 감각을 통한 향유가 이성의 테두리 안에서 이루어질 때 얻게 되는 것이다. 인간은 정신과 신체의 통일체로서 존재하기 때문에 감각을 통한 향유도 무시할 수 없다. 다만 감각적 향유가 이성을 벗어나 타인을 배려하지 않고 극단적 탐닉에 빠질 때에는 부정적인 것으로 인식된다. 그런데 감각적 향유 자체는 찰나적인 것이므로 감각적 향유의 과정에서 실현할 수 있는 에우다이모니아는 순간적인 것으로 규정된다.

둘째, '공동체적 삶을 통해 실현할 수 있는 에우다이모니아'는 공동체 속에서 인간이 자유를 누리면서도 이성을 발휘하여 책임 있는 행동을 함으로써 얻게 되는 것이다. 인간의 이성은 공동체의 훈육을 통해서만 개발될 수 있으므로 인간은 공동체를 떠나서 에우다이모니아를 구하려고 해서는 안 된다. 그런데 공동체에서의 인간의 행위는, 수시로 변화하는 역사적 상황 속에서 이루어지기 때문에 이러한 에우다이모니아는 역사적 시간에 의해 규정되는 것이다.

셋째, '관조(觀照)의 삶을 통해 실현할 수 있는 에우다이모니아'는 인간이 세계의 영원한 질서를 인식하게 됨으로써 얻을 수 있는 것이다. 여기서 '관조'란 쾌락을 목적으로 하는 향락적 활동이나 부를 목적으로 하는 영리적 활동이 아니라, 감각적으로 포착할 수 없는 영원불변한 진리를 학문을 통해 바라보는 영혼의 활동을 말한다. 이는 이성을 통해 이루어지며 인간에게 가장 궁극적인 에우다이모니아를 가져다준다. 이러한 에우다이모니아는 시간적 한계를 뛰어넘는 영원성을 갖는다.

뮐러에 따르면 인간의 이성을 통해 실현되는 에우다이모니아는 모두 그 자체로 의미가 있다. 그리고 그는 에우다이모니아의 순간성, 역사성, 영원성이 서로 무관한 것이 아니므로, 인간은 전 생애에 걸쳐 이 세 가지 에우다이모니아를 함께 구현하기 위해 노력해야 한다고 보았다.

---

*안락: 몸과 마음이 편안하고 즐거움.

*쾌감: 상쾌하고 즐거운 느낌.

*동일시: 둘 이상의 것을 똑같은 것으로 봄.

*규정: 내용이나 성격, 의미 따위를 밝혀 정함. 또는 그 정하여 놓은 것.

*향유: 누리어 가짐.

*탐닉: 어떤 일을 몹시 즐겨 거기에 빠짐.

*찰나적: 매우 짧은 시간에 이루어지는 것.

*훈육: 품성이나 도덕 따위를 가르쳐 기름.

*향락적: 놀고 즐기는 것.

*구현: 어떤 내용이 구체적인 사실로 나타나게 함.

지문 정보 확인

1. 아리스토텔레스는 에우다이모니아를 인간의 이성을 발휘하여 그것을 완전하게 실현한 상태로 규정한다. (　)

2. 감각적 향유로서의 에우다이모니아는 영원한 속성을 가지고 있다. (　)

3. 에우다이모니아의 영원성은 영리적 활동을 추구하는 것을 말한다. (　)

1 윗글을 통해 파악할 수 있는 내용으로 적절하지 <u>않은</u> 것은?

① 현대인들은 행복을 물질적 안락이나 쾌감과 동일시하는 경향이 있다.
② 뮐러는 시간적 속성을 부여하여 에우다이모니아를 설명하였다.
③ 인간은 공동체를 벗어나서 에우다이모니아를 얻을 수 있다.
④ 관조는 향락이나 영리를 추구하지 않는 영혼의 활동이다.
⑤ 뮐러가 설명하는 에우다이모니아는 모두 인간의 이성을 통해 실현되는 것으로 서로 무관한 것이 아니다.

2 윗글을 읽은 학생이 '뮐러'의 입장에서 〈보기〉의 Ⓐ에 대해 보일 수 있는 반응으로 가장 적절한 것은?

> **보기**
>
> Ⓐ<u>디오게네스</u>는 일체의 물질적 욕심을 배제하고 최소한의 생활필수품만으로 살아가는 삶, 즉 자연에 따르는 삶을 통해 인간은 궁극적인 행복을 얻을 수 있다고 보았다. 그는 인간이 자연에 따르는 삶을 살아가기 위해서는 부끄러움을 없애고, 이를 통해 사람들이 지켜야 할 모든 사회적 관습이나 권위에서 벗어나야 한다고 말했다. 인간의 행복은 이와 같이 자유롭고 단순한 생활에서 비롯된다고 본 것이다.

① Ⓐ는 사회적 관습에서 벗어나 공동체 일원으로서의 자유를 추구하고 있군.
② Ⓐ는 공동체 사회 안에서 인간이 가져야 할 책임 있는 행동을 간과하고 있군.
③ Ⓐ는 인간이 이성에 바탕을 두어 자연을 변화시키려는 삶을 추구한다고 보는군.
④ Ⓐ는 위계질서가 존재하는 사회 안에서 공동체의 질서도 유지될 수 있다고 보는군.
⑤ Ⓐ는 공동체 내에서 자유를 누린다면 물질적 욕심을 최소화하는 삶을 추구할 수 있다고 보는군.

📖 지문 구조&정답 및 해설 014쪽

* **재현**: 다시 나타남. 또는 다시 나타냄.
* **관점**: 사물이나 현상을 관찰할 때, 그 사람이 보고 생각하는 태도나 방향 또는 처지.
* **정교**: 솜씨나 기술 따위가 정밀하고 교묘하다.
* **구축**: 체제, 체계 따위의 기초를 닦아 세움.
* **여운**: 아직 가시지 않고 남아 있는 운치.
* **부각**: 어떤 사물을 특징지어 두드러지게 함.

지휘자와 오케스트라가 베토벤의 교향곡을 소리로 재현해 내지 않는다면 베토벤의 명곡은 결코 우리 앞에 '생생한 소리'로서 존재할 수 없다. 지휘자와 오케스트라가 작곡가의 악보를 소리로 바꾸는 과정에서 '음악 해석'이라는 것이 이루어진다. 지휘자는 자신의 음악적 관점을 리허설을 통해 전달하고, 여러 가지 손동작과 표정, 몸짓 등으로 감정을 표현하거나 음악의 느낌을 단원들에게 전달하며 훌륭한 연주를 이끌어 낸다. 그 순간 지휘자는 단지 박자만 맞추는 것이 아니라 음악을 해석하고 있는 것이다.

일반인들에게 음악 해석이란 말은 조금 낯설지도 모른다. 엄연히 작곡가가 남긴 악보가 있고, 지휘자나 연주자는 악보에 써 있는 대로 음악을 지휘하거나 연주를 하면 될 테니 연주의 차이도 거기서 거기 아니냐고 할 수도 있다. 하지만 막상 악보를 보고 연주를 해보면 이것이 간단한 문제가 아니라는 것을 알게 된다. 가령 '점점 느리게 연주하라'는 뜻의 '리타르단도'라든가 '점점 빠르게 연주하라'는 뜻의 '스트린젠도'라는 기호가 나타났을 때 과연 어디서부터 어떻게 느려져야 하고 어떻게 빨라져야 할까? 작곡가가 아무리 악보를 정교하게 그린다 해도 작곡가는 연주자들에게 자신이 의도한 음악을 정확하게 전달해 낼 수 없다. 이것이 바로 '악보의 불완전성'이며 이 불완전성이야말로 다양한 음악 해석을 가능하게 한다.

그럼 베토벤의 「교향곡 5번」이 지휘자의 관점에 따라 얼마나 다르게 연주될 수 있는지 살펴보자. 1악장 도입부만 해도 지휘자마다 천차만별이다. 베토벤 「교향곡 5번」을 여는 '따따따딴~'의 네 음은 베토벤의 운명이 문을 두드리는 소리라고 해서 흔히 '운명의 동기'라고 불린다. 운명의 동기가 나타나는 1악장의 첫 페이지에 베토벤은 '알레그로 콘 브리오' 즉 '빠르고 활기 있게' 연주하라고 적어 놓았다. 그리고 그 옆에는 정확한 템포를 지시하기 위해 2분 음표를 메트로놈 108로 연주하라고 적어 놓았다. 1악장은 2/4박자의 곡이므로 2분 음표의 템포는 곧 한 마디의 템포인 셈인데, 한 마디를 메트로놈 108의 속도로 연주한다는 것은 연주자들을 긴장시킬 만한 매우 빠른 템포이다.

하지만 정확하고 무자비하기로 유명한 지휘자 토스카니니는 정확하게 베토벤이 원하는 템포 그대로 운명의 동기를 연주한다. 그리고 운명의 동기를 반복적으로 구축하며 운명이 추적해오는 것 같은 뒷부분도 사정없이 몰아친다. 그의 해석으로 베토벤 음악의 추진력은 더욱 돋보인다.

반면 음악을 주관적으로 해석하기로 유명한 푸르트벵글러는 베토벤이 적어 놓은 메트로놈 기호에 별로 신경을 쓰지 않았다. 푸르트벵글러의 지휘로 재탄생한 운명의 노크 소리는 매우 느린 템포로 연주된다. 그럼에도 불구하고 한 음 한 음 힘 있고 또렷하게 표현된 그 소리는 그 어느 노크 소리보다 가슴을 울리는 웅장함을 담고 있다. 두 번째 노크 소리의 여운이 끝나기가 무섭게 시작되는 '운명의 추적' 부분에서도 푸르트벵글러는 이 작품에 대한 독특한 시각을 보여 준다. 그는 여기서 도입부의 느린 템포와는 전혀 다른 매우 빠른 템포로 음악을 이끌어 가면서 웅장하게 표현된 운명의 동기와는 대조적으로 더욱 긴박감 넘치는 운명의 추적을 느끼게 한다. 푸르트벵글러는 비록 1악장 도입부에서 베토벤이 적어 놓은 메트로놈 기호를 지키지는 않았다. 하지만 도입부에 나타난 두 번의 노크 소리를 느리고 웅장하게 연주한 후 뒷부분의 음

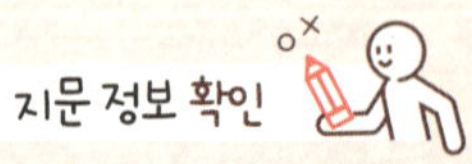

지문 정보 확인

1. 지휘자는 작곡가의 악보를 소리로 구현하는 과정에서 자신의 음악적 해석을 보여 준다. (　)
2. 토스카니니는 베토벤의 악보 기호대로 음악을 연주하는 것을 거부하였다. (　)
3. 푸르트벵글러는 베토벤이 적어 놓은 메트로놈 기호에 충실히 따르고자 하였다. (　)

악은 빠르고 긴박감 넘치게 이끌어 감으로써 베토벤 음악이 지닌 웅장함과 역동성을 더욱 잘 부각시키고 있다. 그렇다면 푸르트벵글러의 해석이 틀렸다고 할 수 있을까? 악보에 충실하고자 했던 토스카니니와 악보 너머의 음악적 느낌에 더 충실하고자 했던 푸르트벵글러 중 누가 옳은 것일까?

음악에선 틀린 음을 연주하는 것 이외에 틀린 것이란 없다. 틀린 것이 아니라 다른 것이다. 여러 가지 '다름'을 허용하는 것이야말로 클래식 음악을 더욱 생동감 넘치는 현재의 음악으로 재현하는 원동력이 된다.

1 '음악 해석'에 대한 이해로 적절한 것은?

① 지휘자는 연주자에게 악보의 기호대로 정확하게 연주할 수 있도록 요구해야만 한다.
② 악보를 통해 작곡가의 의도를 연주자에게 완벽하게 전달하는 것이 가능하다.
③ 악보의 불완전성으로 인해 지휘자는 다양한 관점에서 음악을 연주하는 것이 가능하다.
④ 음악 해석은 지휘자나 연주자가 작곡가의 악보를 정확하게 외울 때 이루어진다.
⑤ 지휘자는 최대한 자신의 주관적인 감정을 배제한 채 음악의 느낌을 전달해야 한다.

반응 및 비판의 적절성 평가

2 윗글을 바탕으로 〈보기〉에 대해 보인 반응으로 적절하지 <u>않은</u> 것은?

보기

베토벤 당시의 호른으로는 재현부에서 C장조로 낮아진 제2주제의 팡파르를 연주할 수 없었다. 그래서 베토벤은 자신의 「교향곡 5번」 1악장 재현부에서 제2주제 팡파르를 호른과 음색이 가장 유사한 목관 악기인 바순으로 연주하도록 했다. 그러나 19세기에 관악기의 개량이 이루어지면서 어떤 음이든 연주할 수 있는 호른이 널리 보급되었다. 그러자 어떤 지휘자들은 베토벤 「교향곡 5번」 1악장의 재현부에서 제2주제 팡파르를 호른으로 연주해야 한다고 주장했다. 하지만 어떤 지휘자들은 베토벤이 악보에 적어 놓은 그대로 바순의 연주를 고집했다.

① 베토벤은 당시 악기의 한계 때문에 자신이 의도한 바를 정확하게 구현하지 못했겠군.
② 토스카니니는 베토벤이 악보에 적어 놓은 기호를 호른으로 연주하는 데 동참했겠군.
③ 호른이나 바순 이외에 자신의 음악적 해석에 따라 다른 악기로 연주하는 지휘자도 있었겠군.
④ 호른으로 연주해야 한다고 주장하는 지휘자들은 푸르트벵글러와 마찬가지로 음악을 주관적으로 해석한 것으로 볼 수 있군.
⑤ 윗글의 글쓴이는 호른이나 바순 이외에 다양한 악기로 베토벤의 교향곡을 연주해도 지휘자의 연주에 대해서 틀렸다고 생각하지 않겠군.

[1~10] 보기 에서 어휘의 뜻풀이 또는 예문의 (　) 안에 들어갈 어휘 ㉠~㉤을 찾아 쓰시오.

보기

㉠ 안락　　　　㉡ 훈육　　　　㉢ 정교
㉣ 부각　　　　㉤ 여운

1 품성이나 도덕 따위를 가르쳐 기름.
[　　]

2 솜씨나 기술 따위가 정밀하고 교묘하다.
[　　]

3 몸과 마음이 편안하고 즐거움.
[　　]

4 아직 가시지 않고 남아 있는 운치.
[　　]

5 어떤 사물을 특징지어 두드러지게 함.
[　　]

6 그는 손재주가 좋아서 무엇이든지 (　　)하게 그릴 줄 안다.
[　　]

7 그는 차세대 유망주로 (　　) 되었다.
[　　]

8 요즘은 생활이 만족스럽고 (　　)하다.
[　　]

9 영화를 보고 나서도 감동에 젖어 (　　)이/가 오랫동안 남는다.
[　　]

10 자녀 양육에 올바른 (　　) 방침은 매우 중요하다.
[　　]

[11~15] 다음에서 설명하는 어휘가 무엇일지 주어진 낱자를 활용하여 쓰시오.

11 상쾌하고 즐거운 느낌.

12 어떤 내용이 구체적인 사실로 나타나게 함.

13 둘 이상의 것을 똑같은 것으로 봄.

14 내용이나 성격, 의미 따위를 밝혀 정함. 또는 그 정하여 놓은 것.

15 누리어 가짐.

• '꽃'의 사전적 의미와 문맥적 의미 •

꽃 명사

❶ 『식물』 종자식물의 번식 기관. 모양과 색이 다양하며, 꽃받침과 꽃잎, 암술과 수술로 이루어져 있다. 분류 기준에 따라 갖춘꽃과 안갖춘꽃, 단성화와 양성화, 통꽃과 갈래꽃, 풍매화와 충매화 따위로 나눈다.
　예 꽃이 아름답게 피다.

다의어

❷ 꽃이 피는 식물을 통틀어 이르는 말.
　예 화단에 꽃을 심다.

❸ 아름답고 화려하게 번영하는 일을 비유적으로 이르는 말.
　예 꽃 같은 청춘, 꽃 같은 나이

❹ 중요하고 소중하며 핵심적인 것을 비유적으로 이르는 말.
　예 그 영화의 꽃은 연출이다.

사전적 의미: 어떤 단어가 지니고 있는 가장 객관적이고 기본적인 의미. 문맥에 따라 달라지지 않는다.

문맥적 의미: 문장 안에서의 쓰임에 따라 달라질 수 있는 의미. 단어의 앞과 뒤, 문장 전체의 의미 등을 고려하여 판단한다. 독해 능력을 향상시키기 위해서는 단어의 문맥적 의미를 풍부하게 알아두는 것이 의미 있다.

반응 및 비판의 적절성 평가

독해 방법 Q&A

" 선생님, 반응 및 비판의 적절성을 평가하는 과정에서 중요한 것에는 무엇이 있을까요? "

반응 및 비판의 적절성 평가는 글의 내용을 제대로 이해하고 이를 비판적으로 수용할 수 있는지를 확인하는 것이란다. 글의 내용이나 글쓴이의 주장이 타당하고 공정한지, 주장을 뒷받침하는 근거는 정확하고 적절한 것인지, 글의 전개 방식이나 글에 사용된 표현 등이 적절하게 사용되었는지를 판단할 수 있어야 하지. 글을 읽다 보면 필자의 생각이나 관점에 동의하거나 반박하는 입장을 가질 수 있는데 이러한 과정이 능동적인 독자가 되는 자연스러운 과정이란다.

> 내용의 타당성 파악
> +
> 내용의 공정성 파악
> +
> 글에 사용된 표현 방식의 적절성 파악

학습 점검표

STUDY 03의 지문과 문제를 잘 학습했는지 체크한 후, 부족한 부분이 있다면 앞으로 돌아가서 다시 살펴보자~!

지문/문제	나의 체크					보완할 부분
막스 뮐러의 에우다이모니아	○ 1회독　○ 2회독 이상		○ 내용　○ 지문 구조　○ 어휘			
	1	○ 맞힘　○ 틀림	○ 내용　○ 개념&유형　○ 어휘			
	2	○ 맞힘　○ 틀림	○ 내용　○ 개념&유형　○ 어휘			
지휘자의 음악 해석	○ 1회독　○ 2회독 이상		○ 내용　○ 지문 구조　○ 어휘			
	1	○ 맞힘　○ 틀림	○ 내용　○ 개념&유형　○ 어휘			

인성론의 세 가지 학설

지문 구조&정답 및 해설 016쪽

중국 역사에서 전국 시대는 전쟁으로 점철된 시대였다. 여러 사상가들이 혼란한 정국을 수습하고 백성들을 고통에서 벗어나게 하기 위한 대안을 마련하였는데, 이 과정에서 그들의 이론을 뒷받침할 형이상학적 체계로서의 인성론이 대두되었다. 인성론은, 인간의 본성은 선하다는 성선설, 인간의 본성이 악하다는 성악설, 인간의 본성에는 애초에 선과 악이라는 구분이 전혀 없다는 성무선악설 등으로 분류될 수 있다. 맹자와 순자를 비롯한 사상가들은 인간 본성에 대한 이론적 탐구에서 더 나아가 사회적·정치적 관점으로 인성론을 구성하고 변형시켜 왔다.

맹자의 성선설이 국가 공권력에 저항하기 위해 호족들 및 지주들이 선한 본성을 갖춘 자신들을 간섭하지 말라는 이념적 논거로 사용되었다면, 순자나 법가의 성악설은 군주가 국가 공권력을 정당화할 때 그 논거로서 사용되었던 것이다. 즉 선악이란 윤리적 개념이 정치적 개념과 불가분의 관계에 놓여 있다는 사실을 확인할 수 있다. 성선설에 따르면 개체가 외부의 강제적인 간섭 없이도 '정치적 질서'를 낳고 유지할 수 있다고 본 반면, 성악설에 따르면 외부의 간섭이 없을 경우 개체는 '정치적 무질서'를 초래할 뿐인 존재라고 본 것이다.

한편 ㉠고자는 성무선악설을 통해 인간이 가지고 있는 식욕과 같은 자연적인 욕구가 본성이므로 이를 정치적이면서 동시에 윤리적인 범주로서의 선과 악의 개념으로 다룰 수 없다고 주장했다. 그는 인간의 본성을 '소용돌이치는 물'로 비유했는데, 이러한 관점은 소용돌이처럼 역동적인 삶의 의지를 지닌 인간을 규격화함으로써 그 역동성을 마비시키려는 일체의 외적 간섭에 저항하는 입장을 취하도록 하였다.

㉡맹자는 인간의 본성을 외적인 규제와는 무관한 역동적인 것으로 간주한 고자의 인성론을 비판하였다. 맹자는 살아있는 버드나무와 그것으로 만들어진 나무 술잔의 비유를 통해, 나무 술잔으로 쓰일 수 있는 본성이 이미 버드나무 안에 있다고 보았다. 맹자는 인간이 선천적으로 지닌 이러한 본성을 인의예지 네 가지로 규정하였다. 고통에 빠진 타인을 측은히 여기는 동정심, 즉 측은지심은 인간이라면 누구나 갖고 있다고 보고, 측은한 마음은 인간의 의식적 노력에서 나온 것이 아니라 불쌍한 타인을 목격할 때 저절로 내면 깊은 곳에서 흘러나온다고 본 것이 맹자의 관점이었다. 다시 말해 인간은 스스로의 노력으로 본성을 실현할 수 있는 존재, 즉 타인의 힘이 아닌 자력으로 수양할 수 있는 존재라고 보았다. 이것이 바로 맹자 수양론의 기본 전제이다.

모든 인간은 선한 본성을 지니고 있고, 이 선한 본성의 실현은 주체 자신의 노력에 의해서만 가능하다는 맹자의 성선설을 순자는 사변적이고 낙관적이며 현실 감각이 결여된 주장으로 보았다. 선한 인간이 되기 위해서 인간은 국가 질서, 학문, 관습 등과 같은 외적인 것에 의존할 필요가 없다고 본 맹자의 논리는 현실 사회에서 국가 공권력과 사회 규범의 역할을 전적으로 부정하는 논거로도 사용될 수 있었기 때문이다. ㉢순자의 견해처럼 인간의 본성이 악하다고 전제할 때 그것을 교정하고 순치할 수 있는 외적인 강제력, 다시 말해 국가 권력이나 전통적인 제도들이 부각될 수 있다. 국가 질서와 사회 규범을 정당화하기 위한 순자의 견해는 성악설뿐만 아니라 현실주의적 인간관에서 비롯되었다.

순자는 인간의 욕망이 무한하지만 그것을 충족시켜 줄 재화는 매우 한정되어 있다

- **점철**: 일이나 사건 따위가 서로 이어짐.
- **수습**: 어지러운 마음이나 사태 따위를 거두어 바로잡음.
- **형이상학**: 사물의 본질이나 존재의 근본 원리를 사유나 직관을 통해 연구하는 학문.
- **대두**: 어떤 세력이나 현상이 나타남.
- **불가분**: 나누려 하여도 나눌 수가 없음.
- **개체**: 단일하고 고유한 독자적 존재.
- **초래**: 어떤 결과를 가져오게 함.
- **간주**: 그렇다고 여김.
- **측은**: 가엾고 불쌍함.
- **사변적**: 경험에 의하지 않고 순수하게 이론적인 것.
- **순치**: 점차로 어떤 목표로 하는 상태에 이르게 함.

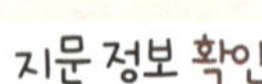

지문 정보 확인

1. 맹자는 외부의 간섭이 없을 경우 인간은 정치적 무질서에 빠진다고 했다. (　　)

2. 인성론은 중국의 사상가들에게 자신들의 정치적 논거로 사용되었다. (　　)

3. 고자는 맹자의 성선설을 현실 인식이 부족한 이론으로 판단했다. (　　)

고 보고 이런 모순을 해결하기 위해서 국가에 의해 예(禮)가 만들어졌다는 입장을 견지*
하였다. 만약 인간에게 외적인 공권력과 사회 규범이 없는 경우를 가정한다면 인간들
은 자신들의 욕망 충족에 있어 턱없이 부족한 재화를 놓고 일종의 전쟁 상태에 빠지
게 될 것이고, 그 결과 사회는 걷잡을 수 없는 무질서 상태로 전락하게 될 것이다. 맹
자의 성선설이 비현실적일 뿐만 아니라 정치적 질서를 해칠 가능성이 있다고 본 순자
의 비판은, 바로 인간과 사회에 대한 이와 같은 견해로부터 나온 것이다.

1 윗글에 대한 설명으로 가장 적절한 것은?

① 인성에 대한 세 견해의 장단점을 비교하고 있다.
② 인성론의 등장 배경과 다양한 견해를 소개하고 있다.
③ 인성론의 역사적 의의와 한계에 대해 분석하고 있다.
④ 인성론이 등장한 시대적 상황을 구체적 자료를 통해 제시하고 있다.
⑤ 인성에 대한 두 견해를 제시하며 이를 절충한 이론을 소개하고 있다.

2 ㉠~㉢의 관점에서 〈보기〉를 이해한 것으로 적절하지 <u>않은</u> 것은?

보기

가난과 배고픔 때문에 빵을 훔친 장발장은 체포되어 19년 동안 감옥 생활을 한다. 출소한 장발장은
신분증에 전과가 적혀 있어 잠잘 곳도, 일자리도 구할 수 없게 된다. 오직 미리엘 주교만은 이런 그를
따뜻하게 맞아주었으나, 장발장은 은촛대를 훔치다가 경관에게 붙잡힌다. 하지만 미리엘 주교는 은
촛대는 장발장이 훔친 것이 아니라 선물로 준 것이라고 말하며 사랑을 베풀어 주었고, 이에 감동받은
장발장은 정체를 숨기고 선행을 베풀며 살아간다.

① ㉠: 장발장이 배가 고파 빵을 먹고 싶은 것은 인간의 자연스러운 욕구에서 비롯된 것으로 이해
할 수 있다.
② ㉠: 미리엘 주교가 은촛대를 장발장에게 준 선물이라고 말한 것은 역동적 삶의 의지를 규격화하
려는 행위로 볼 수 있다.
③ ㉡: 미리엘 주교가 장발장에게 편히 쉴 곳을 마련해 준 것은 불쌍한 사람을 측은히 여기는 마음
에 따른 것으로 이해할 수 있다.
④ ㉡: 장발장이 선행을 베풀며 살아가는 모습은 스스로의 노력으로 선한 본성을 실현하는 것으로
볼 수 있다.
⑤ ㉢: 장발장이 체포되어 수감된 것은 본성을 바로잡기 위한 사회 규범에 의거한 것으로 볼 수 있다.

신에 대한 관심이 인간에게로 넘어온 르네상스 시대의 예술에서는 명확하고 사실적인 재현이 가장 중요한 '미(美)의 요소'로 받아들여졌다. '독일 미술의 아버지'라 불리는 알브레히트 뒤러는 북유럽 르네상스를 대표하는 작가이다.

뒤러가 북유럽 르네상스의 위대한 화가로 명성을 얻은 이유는 그의 뛰어난 판화 작품에서 찾을 수 있다. 판화는 나무, 금속, 돌 같은 딱딱한 표면에 이미지를 만든 후, 잉크를 칠해서 종이를 대고 눌러 영상(映像)을 얻는 기법으로, 뒤러 이전의 판화는 흑백의 대조를 위주로 한 단순한 하급 미술 장르에 머물러 있었다. 그런데 뒤러는 '해칭 기법'을 통해 판화의 단순성을 사실성의 경지로 끌어올렸다. 해칭 기법이란 판화나 소묘에서 사용된 방법으로 가늘고 세밀한 평행선이나 교차선을 활용하여 대상의 입체감이나 음영을 표현하는 묘사법이다. 가령, 밝은 곳에 비해 어두운 곳에 가는 선들을 더 빽빽하게 구성하여 명암을 드러내는 것이다. 뒤러는 이러한 방법으로 대상의 명암과 질감, 양감을 유화 못지않게 표현하여 사실성을 구현하였다.

뒤러의 판화에서 볼 수 있는 또 다른 특징은, 과학적인 연구를 통해 '선 원근법'을 실현하여 그림의 사실성을 높였다는 점이다. 선 원근법은 정교한 비례 계산을 통해 가까운 것은 크게, 먼 것은 작게 보이게 하여 공간감과 거리감을 드러내는 원근법이다. 뒤러는 이러한 원근법을 사용하여 실내 배경과 자연의 풍경을 더욱 사실적으로 표현하였다.

또한 이탈리아 미술과 북유럽 미술의 특성을 모두 확인할 수 있다는 점도 뒤러 판화의 특징 중 하나이다. 당시 이탈리아에서는 해부학에 근거하여 인체와 동물의 부드러운 선을 매우 사실적으로 표현하였는데, 뒤러는 이러한 점을 자신의 작품에 적용하였다. 뿐만 아니라 그는 북유럽 미술의 특징인 세부 묘사의 정교함과 화면을 가득 채운 여백 없는 구성으로 사실성을 구현하였다.

뒤러 이전의 판화는 회화에 비하여 하위 장르로 인식되어 왔다. 판화는 복제의 수단으로 자주 이용되면서 판화의 예술적 가치가 제대로 인정받지 못했기 때문이다. 하지만 뒤러는 오늘날의 창작판화처럼 밑그림부터 판의 새김까지 직접 제작함은 물론, 판화에 사실성이라는 회화적 요소를 구현해 냄으로써 판화가 가지는 기존의 한계를 뛰어넘어 독자적인 작품으로 인정받는 계기를 마련하였다.

---

* **재현:** 다시 나타남. 또는 다시 나타냄.
* **명성:** 세상에 널리 퍼져 평판이 높은 이름.
* **소묘:** 형태와 명암을 위주로 하여 단색으로 그림을 그림.
* **음영:** 어두운 부분. 그늘.
* **질감:** 재질에 따라 달리 느껴지는 독특한 느낌.
* **양감:** 회화에서 대상물의 부피나 무게에 대한 느낌.
* **유화:** 기름에 갠 물감으로 그린 서양식 그림.
* **여백:** 글씨나 그림이 있는 종이 따위에서, 비어 있는 부분.

지문 정보 확인

1. 해칭 기법은 판화의 사실성을 구현하는데 중요한 역할을 했다. ( )

2. 뒤러의 판화에는 이탈리아 미술과 북유럽 미술의 요소가 복합적으로 나타나 있다. ( )

3. 북유럽의 미술가들은 인체와 동물의 부드러운 선을 사실적으로 표현하고자 했다. ( )

윗글에서 언급되지 <u>않은</u> 것은?

① 선 원근법의 원리와 효과
② 뒤러 판화의 예술적 의의
③ 판화의 재료와 제작 과정
④ 르네상스 시대의 예술의 특징
⑤ 북유럽과 이탈리아 미술의 대조적 특성

뒷받침
사례 파악

2 **윗글을 읽은 독자가 〈보기〉의 작품에 대해 감상한 것으로 적절하지 <u>않은</u> 것은?**

보기

알브레히트 뒤러, 〈벽 옆에 있는 성모〉

① 가늘고 세밀한 선으로 여인이 입고 있는 옷의 굴곡과 명암을 드러내고 있군.
② 화면을 가득 채운 구성을 통해 풍경을 구성하고 있는 대상들의 단순성을 드러내고 있군.
③ 여인의 허리에 걸려 있는 장식을 세부적으로 정교하게 묘사하여 사실성을 드러내고 있군.
④ 아이의 볼과 팔의 부드러운 선을 사실적으로 표현하여 인체의 특징을 실감나게 드러내고 있군.
⑤ 정교한 비례 계산을 통해 가까이 있는 인물들은 크게, 멀리 있는 건물들은 작게 묘사하여 원근 감을 드러내고 있군.

[1~6] 어휘의 뜻풀이와 어휘 ㉠~㉂을 바르게 연결하시오.

[7~12] 예문의 (   ) 안에 들어갈 어휘 ㉠~㉂을 바르게 연결하시오.

뜻풀이	어휘	예문

1 어수선한 사태나 산란한 마음을 가라앉혀 바로잡음.

2 재질의 차이에 따라 달리 느껴지는 독특한 느낌

3 세상에 널리 퍼져 평판이 높은 이름.

4 어떤 현상이나 세력이 나타나거나 일어남.

5 일이나 사건 따위가 서로 이어짐.

6 그렇다고 여김.

㉠ 질감
㉡ 명성
㉢ 점철
㉣ 대두
㉤ 간주
㉥ 수습

7 그 장군은 용맹함으로 (   )을/를 떨쳤다.

8 인류의 지난 역사는 전쟁으로 (   )되었다.

9 자물쇠의 차가운 (   )이/가 느껴졌다.

10 새로운 예술 경향이 (   ) 되었다.

11 대답이 없으면 일할 마음이 없는 것으로 (   )하겠다.

12 경찰이 사고 현장에 나타나 사태를 (   )했다.

[13~18] 보기 의 글자들을 조합하여 다음 뜻풀이에 해당하는 단어를 만드시오.

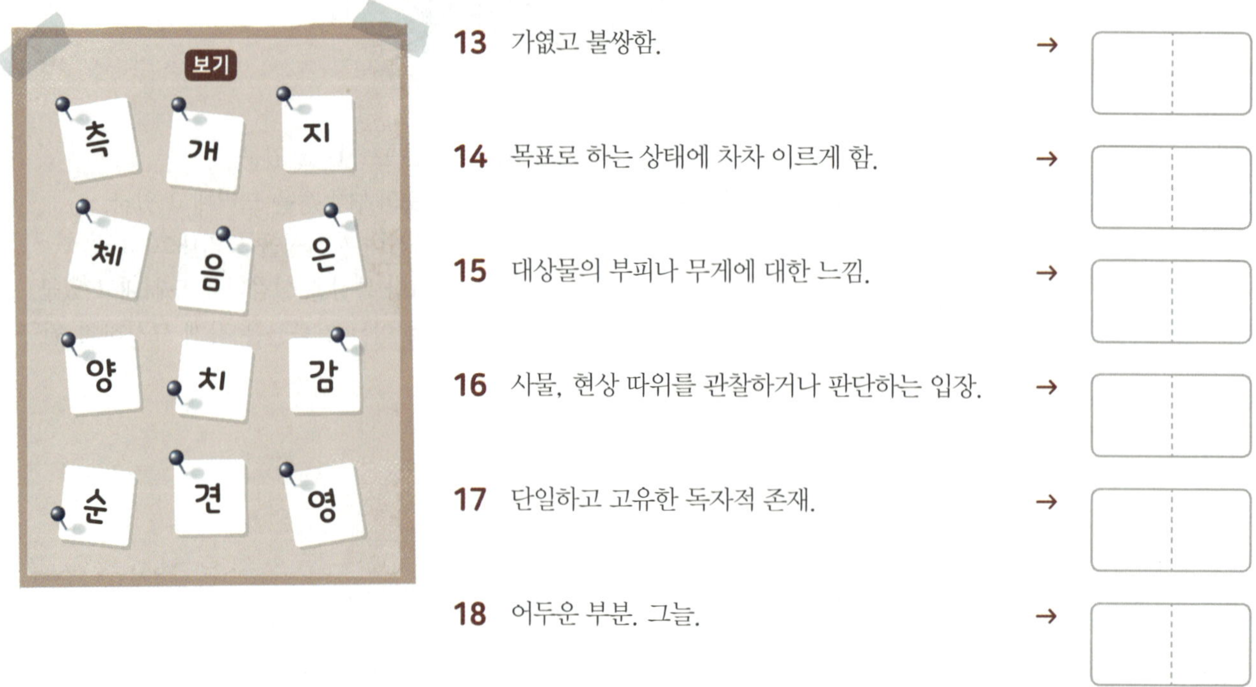

13 가엾고 불쌍함. →

14 목표로 하는 상태에 차차 이르게 함. →

15 대상물의 부피나 무게에 대한 느낌. →

16 사물, 현상 따위를 관찰하거나 판단하는 입장. →

17 단일하고 고유한 독자적 존재. →

18 어두운 부분. 그늘. →

어휘 특강

소리는 같지만 뜻이 다른 단어를 동음이의어(同音異義語)라고 한다.

| 타다¹ 명사 | ← 동음이의어 → | 타다² 명사 |

타다¹ 명사

❶ 불씨나 높은 열로 불이 붙어 번지거나 불꽃이 일어나다.
⟨예⟩ 벽난로에서 장작이 활활 <u>타고</u> 있었다.

❷ 피부가 햇볕을 오래 쬐어 검은색으로 변하다.
⟨예⟩ 땡볕에 얼굴이 새까맣게 <u>탔다</u>.

❸ 뜨거운 열을 받아 검은색으로 변할 정도로 지나치게 익다.
⟨예⟩ 고기가 <u>타다</u>.

다의어

타다

타다² 명사

❶ 탈것이나 짐승의 등 따위에 몸을 얹다.
⟨예⟩ 비행기에 <u>타다</u>.

❷ 어떤 조건이나 시간, 기회 등을 이용하다.
⟨예⟩ 부동산 경기를 <u>타고</u> 건축 붐이 일었다.

두 가지 이상의 뜻을 가진 단어를 다의어(多義語)라고 한다.

다의어

독해 방법 Q&A

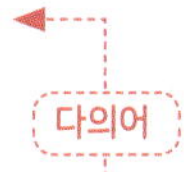

> **선생님, 글의 내용을 바탕으로 뒷받침 사례를 파악하는 문제는 어떻게 해결해야 하나요?**

뒷받침 사례를 파악하는 문제는 글의 중심 화제나 글쓴이의 주장을 효과적으로 드러낼 수 있는 구체적인 사례를 파악하거나 〈보기〉에 제시된 사례를 읽고 선지에 적용하는 문제가 많이 나온단다. 따라서 우선, 사례와 관련된 글의 중심 내용을 파악해야 해. 그리고 〈보기〉가 있다면 〈보기〉에 제시된 사례나, 〈보기〉의 관점을 정확하게 이해하는 것이 필요하지. 그런 다음 글과 〈보기〉, 두 정보에 대한 이해를 바탕으로 선지의 적절성을 판단하면 된단다.

> 사례와 관련된
> 글의 중심 내용 파악
> ↓
> 〈보기〉의 구체적 사례에 대한
> 정확한 이해
> ↓
> 글의 내용을 바탕으로 선지의
> 적절성 판단

학습 점검표

STUDY 04 의 지문과 문제를 잘 학습했는지 체크한 후, 부족한 부분이 있다면 앞으로 돌아가서 다시 살펴보자~!

지문/문제		나의 체크			보완할 부분
인성론의 세 가지 학설		○ 1회독　○ 2회독 이상	○ 내용　○ 지문 구조	○ 어휘	
	1	○ 맞힘　○ 틀림	○ 내용　○ 개념&유형	○ 어휘	
	2	○ 맞힘　○ 틀림	○ 내용　○ 개념&유형	○ 어휘	
뒤러 판화의 특징과 의의		○ 1회독　○ 2회독 이상	○ 내용　○ 지문 구조	○ 어휘	
	1	○ 맞힘　○ 틀림	○ 내용　○ 개념&유형	○ 어휘	
	2	○ 맞힘　○ 틀림	○ 내용　○ 개념&유형	○ 어휘	

의무론적 관점과 목적론적 관점

지문 구조&정답 및 해설 020쪽

세부 내용 파악

다음 상황을 생각해 보자. A가 등교하는 길에 다리가 불편한 할머니가 횡단보도 건너는 것을 도와 달라고 하였다. 지금 학교에 가지 않으면 지각을 하여 벌점을 받게 된다. A는 할머니를 도와야 할까, 아니면 학교에 가야 할까? 이런 상황을 도덕적 딜레마라 한다. 이런 상황에서 개인 행위의 옳고 그름을 판단하는 기준이 필요하다. 이러한 기준을 우리는 크게 두 가지 관점에서 제시할 수 있다. 하나는 의무론적 관점이고 다른 하나는 목적론적 관점이다.

의무론적 관점은 행위에 대한 도덕적 판단이 도덕 법칙에 따라 이루어져야 한다고 보았다. 이 관점은 도덕 법칙을 지키려는 의지를 의무로 보았으며 결과와 무관하게 행위 자체의 옳고 그름에 주목하였다. 도덕 법칙은 언제나 타당하고 보편적인 것이기에 '왜'라는 질문은 성립하지 않는다. 따라서 좋지 않은 결과를 초래하더라도 도덕 법칙은 지켜야 한다. 이런 의미에서 의무론적 관점을 법칙론이라고도 한다.

그러나 의무론적 관점에는 한계가 있다. 두 개의 옳은 도덕 법칙이 충돌할 때 의무론적 관점에 따르면 결정을 내릴 수 없다. 예를 들어 1번 철로에는 3명의 인부가, 2번 철로에는 5명의 인부가 일을 하고 있을 때 브레이크가 고장난 기차의 기관사는 어떤 길을 선택해야 할까? 의무론적 관점은 이 상황에서 어떤 철로를 선택해야 할지 결정을 내릴 수 없다.

한편, 목적론적 관점은 행복이나 쾌락을 인간이 추구해야 할 목적으로 보았다. 이 관점은 오로지 최선의 결과를 가져오는 행위가 옳은 행위이며, 경험을 통하여 도덕을 얻을 수 있다고 생각하였다. 도덕은 '보다 많은 사람들에게 보다 많은 행복을 가져오는 행위'이다. 따라서 어떤 행위를 결정할 때는 미래에 있을 결과를 고려해야 한다. 이런 의미에서 목적론적 관점을 결과론이라고도 한다.

그러나 목적론적 관점도 한계가 있다. 똑같은 결과라도 사람마다 판단이 달라질 수 있기 때문이다. 위의 예에서 1번 철로를 선택하는 것이 목적론적 관점에서는 옳은 선택이지만 1번 철로에 있던 인부의 가족에게 물었을 경우 대답은 달라질 것이다. 이런 문제 때문에 목적론적 관점은 도덕 법칙에 대해 많은 예외를 허용할 우려가 있다.

---

* **딜레마:** 선택해야 할 길은 두 가지 중 하나로 정해져 있는데, 그 어느 쪽을 선택해도 바람직하지 못한 결과가 나오게 되는 곤란한 상황.

* **관점:** 사물이나 현상을 관찰할 때, 그 사람이 보고 생각하는 태도나 방향.

* **무관하다:** 관계나 상관이 없다.

* **주목:** 관심을 가지고 주의 깊게 살핌. 또는 그 시선.

* **초래:** 어떤 결과를 가져오게 함.

* **인부:** 품삯을 받고 육체 노동을 하는 사람.

* **허용:** 허락하여 너그럽게 받아들임.

지문 정보 확인

1. 의무론적 관점으로 도덕적 판단을 할 때 가장 중요한 것은 결과가 좋은지 여부이다. ( )

2. 목적론적 관점은 보다 많은 사람들에게 보다 많은 행복을 가져오는 행위를 도덕적이라고 본다. ( )

3. 의무론적 관점과 목적론적 관점은 둘 다 한계를 가지고 있다. ( )

1 윗글에 쓰인 전개 방식으로 적절한 것은?

① 다른 대상과 비교하여 가설을 입증하고 있다.
② 통념의 문제점을 제시하며 주장을 강조하고 있다.
③ 중심 대상의 개념을 밝히고 사례를 들어 설명하고 있다.
④ 서로 다른 관점을 절충하면서 결론을 이끌어 내고 있다.
⑤ 관점의 문제점을 지적한 후 합리적인 대안을 제시하고 있다.

2 목적론적 관점을 다음과 같이 정리할 때 적절하지 <u>않은</u> 것은?

질문1. 목적론에서 옳다고 보는 행위는 무엇일까?
• 행복이나 쾌락을 가져오는 행위. ·· ①
• 최선의 결과를 가져오는 행위. ·· ②

질문2. 목적론적 관점의 특징은 무엇일까?
• 도덕은 가능한 많은 행복을 추구하려는 의도를 지님. ························· ③
• 어떤 행위를 위한 결정은 행위 자체를 바탕으로 내림. ······················ ④

질문3. 목적론적 관점의 한계는 무엇일까?
• 도덕 법칙에 예외를 많이 허용할 수 있음. ·· ⑤

📖 지문 구조&정답 및 해설 022쪽

*재현: 다시 나타남. 또는 다시 나타냄.
*압도: 보다 뛰어난 힘이나 재주로 남을 눌러 꼼짝 못 하게 함.
*치중: 어떠한 것에 특히 중점을 둠.
*구현: 어떤 내용이 구체적인 사실로 나타나게 함.
*선호: 여럿 가운데서 특별히 가려서 좋아함.
*정체성: 변하지 아니하는 존재의 본질을 깨닫는 성질. 또는 그 성질을 가진 독립적 존재.

사진이 등장하면서 회화는 대상을 사실적으로 재현(再現)하는 역할을 사진에 넘겨주게 되었고, 그에 따라 화가들은 회화의 의미에 대해 고민하게 되었다. 19세기 말 등장한 인상주의와 후기 인상주의는 전통적인 회화에서 중시되었던 사실주의적 회화 기법을 거부하고 회화의 새로운 경향을 추구하였다.

인상주의 화가들은 색이 빛에 의해 시시각각 변화하기 때문에 대상의 고유한 색은 존재하지 않는다고 생각하였다. 인상주의 화가 모네는 대상을 사실적으로 재현하는 회화적 전통에서 벗어나기 위해 빛에 따라 달라지는 사물의 색채와 그에 따른 순간적 인상을 표현하고자 하였다.

모네는 대상의 세부적인 모습보다는 전체적인 느낌과 분위기, 빛의 효과에 주목했다. 그 결과 빛에 의한 대상의 순간적 인상을 포착하여 대상을 빠른 속도로 그려 내었다. 그에 따라 그림에 거친 붓 자국과 물감을 덩어리로 찍어 바른 듯한 흔적이 남아 있는 경우가 많았다. 이로 인해 대상의 윤곽이 뚜렷하지 않아 색채 효과가 형태 묘사를 압도하는 듯한 느낌을 준다. 이와 같은 기법은 그가 사실적 묘사에 더 이상 치중하지 않았음을 보여 주는 것이었다. 그러나 모네 역시 대상을 '눈에 보이는 대로' 표현하려 했다는 점에서 이전 회화에서 추구했던 사실적 표현에서 완전히 벗어나지는 못했다는 평가를 받았다.

후기 인상주의 화가들은 재현 위주의 사실적 회화에서 근본적으로 벗어나는 새로운 방식을 추구하였다. 후기 인상주의 화가 세잔은 "회화에는 눈과 두뇌가 필요하다. 이 둘은 서로 도와야 하는데, 모네가 가진 것은 눈뿐이다."라고 말하면서 사물의 눈에 보이지 않는 형태까지 찾아 표현하고자 하였다. 이러한 시도는 회화란 지각되는 세계를 재현하는 것이 아니라 대상의 본질을 구현해야 한다는 생각에서 비롯되었다.

세잔은 하나의 눈이 아니라 두 개의 눈으로 보는 세계가 진실이라고 믿었고, 두 눈으로 보는 세계를 평면에 그리려고 했다. 그는 대상을 전통적 원근법에 억지로 맞추지 않고 이중 시점을 적용하여 대상을 다른 각도에서 바라보려 하였고, 이를 한 폭의 그림 안에 표현하였다. 또한 질서 있는 화면 구성을 위해 대상의 선택과 배치가 자유로운 정물화를 선호하였다.

세잔은 사물의 본질을 표현하기 위해서는 '보이는 것'을 그리는 것이 아니라 '아는 것'을 그려야 한다고 주장하였다. 그 결과 자연을 관찰하고 분석하여 사물은 본질적으로 구, 원통, 원뿔의 단순한 형태로 이루어졌다는 결론에 도달하였다. 이를 회화에서 구현하기 위해 그는 이중 시점에서 더 나아가 형태를 단순화하여 대상의 본질을 표현하려 하였고, 윤곽선을 강조하여 대상의 존재감을 부각하려 하였다. 회화의 정체성에 대한 고민에서 비롯된 ㉠그의 이러한 화풍은 입체파 화가들에게 직접적인 영향을 미치게 되었다.

지문 정보 확인

1. 사진이 등장하기 전까지 회화는 대상을 사실적으로 재현하는 역할을 맡아 왔다. (　)

2. 인상주의 화가들은 각각의 대상은 자신만의 고유한 색을 지니고 있다고 생각하였다. (　)

3. 세잔의 화풍은 이후 입체파 화가들에게 영향을 미쳤다. (　)

1 윗글의 내용과 일치하지 <u>않는</u> 것은?

① 사진은 화가들이 회화의 의미를 고민하는 계기가 되었다.
② 전통 회화는 대상을 사실적으로 묘사하는 것을 중시했다.
③ 모네의 작품은 색채 효과가 형태 묘사를 압도하는 듯한 느낌을 주었다.
④ 모네는 대상의 고유한 색 표현을 위해서 전통적인 원근법을 거부하였다.
⑤ 세잔은 사물이 본질적으로 구, 원통, 원뿔의 형태로 구성되어 있다고 보았다.

2 〈보기〉를 바탕으로 할 때, 세잔의 화풍을 ㉠과 같이 평가한 이유로 가장 적절한 것은?

보기

　입체파 화가들은 사물의 본질을 표현하고자 대상을 입체적 공간으로 나누어 단순화한 후, 여러 각도에서 바라보는 관점으로 사물을 해체하였다가 화폭 위에 재구성하는 방식을 취하였다. 이러한 기법을 통해 관찰자의 위치와 각도에 따라 각기 다르게 보이는 대상의 다양한 모습을 한 화폭에 담아내려 하였다.

① 대상의 본질을 드러내기 위해 다양한 각도에서 바라보아야 한다는 관점을 제공하였기 때문에
② 대상을 복잡한 형태로 추상화하여 대상의 전체적인 느낌을 부각하는 방법을 시도하였기 때문에
③ 사물을 최대한 정확하게 묘사하기 위해 전통적 원근법을 독창적인 방법으로 변용시켰기 때문에
④ 시시각각 달라지는 자연을 관찰하고 분석하여 대상의 인상을 그려 내는 화풍을 정립하였기 때문에
⑤ 지각되는 세계를 있는 그대로 표현하기 위해 사물을 해체하여 재구성하는 기법을 창안하였기 때문에

[1~10] 〈보기〉에서 어휘의 뜻풀이 또는 예문의 (　) 안에 들어갈 어휘 ㉠~㉤을 찾아 쓰시오.

보기

㉠ 선호	㉡ 허용	㉢ 정체성	㉣ 치중	㉤ 압도

뜻풀이

1 허락하여 너그럽게 받아들임. [　]

2 변하지 아니하는 존재의 본질을 깨닫는 성질. 또는 그 성질을 가진 독립적 존재. [　]

3 여럿 가운데서 특별히 가려서 좋아함. [　]

4 보다 뛰어난 힘이나 재주로 남을 눌러 꼼짝 못하게 함. [　]

5 어떠한 것에 특히 중점을 둠. [　]

예문

6 청소년기는 자신의 (　　)을/를 확립하는 시기이다. [　]

7 학교 측은 학생들의 외출을 (　　)했다. [　]

8 그 영화는 너무 오락성에만 (　　)되었다. [　]

9 그녀의 신들린 듯한 연주는 청중을 (　　)했다. [　]

10 사람들은 대부분 해가 잘 드는 남향집을 (　　)한다. [　]

[11~15] 다음에서 설명하는 어휘가 무엇일지 사다리를 연결하고 주어진 낱자를 활용하여 쓰시오.

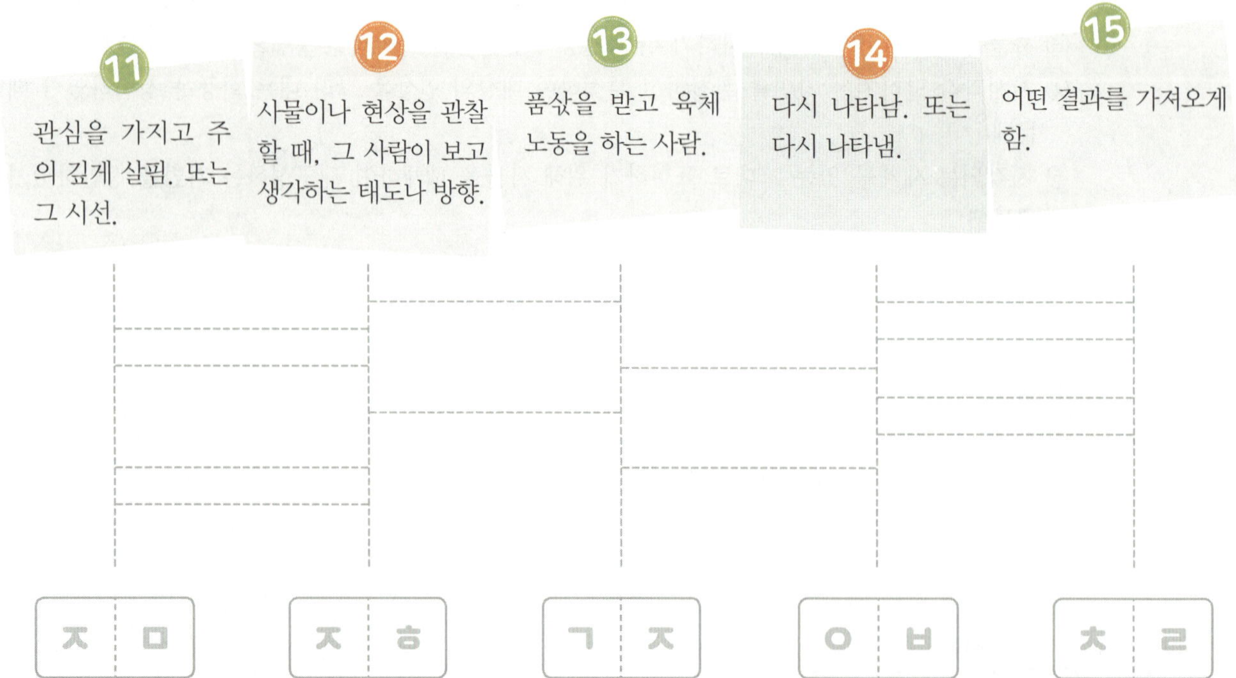

어휘 특강

비 비슷한 말   반 반대말

비 아둔하다
슬기롭지 못하고 머리가 둔하다.
예 그 아이는 좀 아둔한 데가 있어서 자기 잇속을 챙길 줄 모른다.

비 어수룩하다
겉모습이나 언행이 치밀하지 못하여 순진하고 어설픈 데가 있다.
예 그는 어수룩해서 아무에게나 돈을 잘 빌려준다.

비 우매하다
어리석고 사리에 어둡다.
예 우매하게도 그들은 자신들의 진정한 행복이 무엇인지 모르고 있다.

어리석다
슬기롭지 못하고 둔하다.
예 그는 언제나 자기가 어리석고 못났다는 열등감에 빠져 있는 듯했다.

반 명석하다
생각이나 판단력이 분명하고 똑똑하다.
예 두뇌가 명석하다.

반 영리하다
눈치가 빠르고 똑똑하다.
예 영리한 소년.

비 어리다
생각이 모자라거나 경험이 적거나 수준이 낮다.
예 저의 어린 소견을 끝까지 경청해 주셔서 고맙습니다.

독해 방법 Q&A

" 선생님, 사실적 읽기를 할 때는 어떤 과정을 거치나요? "

사실적 이해를 바탕으로 글을 읽을 때는 다음의 세 가지 단계를 거치는 독해 방법을 사용할 수 있단다. 첫 번째로는 주어진 정보를 확인하며 읽기를 해야 해. 그리고 두 번째로는 문단별로 핵심 내용을 생각하며 읽기를 해야 하고 세 번째로는 글쓴이의 의도를 전체적인 맥락에서 파악하며 읽기를 해야 해. 이러한 단계를 거치며 글을 읽는다면 글에 담겨 있는 사실적인 정보와 의미들을 적절하게 파악할 수 있을 거야.

정보 확인
↓
문단별 핵심 내용 파악
↓
전체적인 맥락과 글쓴이의 의도 파악

학습 점검표

STUDY 05 의 지문과 문제를 잘 학습했는지 체크한 후, 부족한 부분이 있다면 앞으로 돌아가서 다시 살펴보자~!

지문/문제	나의 체크				보완할 부분
의무론적 관점과 목적론적 관점	○ 1회독 ○ 2회독 이상	○ 내용	○ 지문 구조	○ 어휘	
	1 ○ 맞힘 ○ 틀림	○ 내용	○ 개념&유형	○ 어휘	
	2 ○ 맞힘 ○ 틀림	○ 내용	○ 개념&유형	○ 어휘	
인상주의와 후기 인상주의의 경향	○ 1회독 ○ 2회독 이상	○ 내용	○ 지문 구조	○ 어휘	
	1 ○ 맞힘 ○ 틀림	○ 내용	○ 개념&유형	○ 어휘	
	2 ○ 맞힘 ○ 틀림	○ 내용	○ 개념&유형	○ 어휘	

기억의 단계에서 망각의 양상

정보 및 내용의 추리

📖 지문 구조 & 정답 및 해설 024쪽

인간을 흔히 망각*의 동물이라고 한다. 망각이란 기억과 반대되는 개념으로 일종의 기억 실패에 해당한다. 기억은 외부의 정보를 기억 체계에 맞게 부호로 바꾸어 저장 및 인출*하는 것으로 부호화 단계, 저장 단계, 인출 단계로 나뉜다. 심리학*에서는 기억 실패가 기억의 세 단계 중 어느 단계에서 일어난다고 보느냐에 따라 망각 현상을 각기 다르게 설명한다.

㉠부호화 단계와 관련하여 망각을 설명하는 입장에서는 외부 정보가 부호화되는 과정에서 정보의 일부가 생략되거나 왜곡*되어 망각이 일어난다고 본다. 부호화란 외부 정보를 기억의 체계에 맞게 변환*하는 과정으로, 부호에는 음운* 부호와 의미 부호 등이 있다. 음운 부호는 외부 정보가 발음될 때 나는 소리에 초점을 둔 부호이고, 의미 부호는 외부 정보의 의미에 초점을 둔 부호이다. 가령 '8255'라는 숫자를 부호화할 때, [팔이오오]라는 소리로 부호화하는 것은 전자에 해당하고, '빨리 오오.'와 같이 의미로 부호화하는 것은 후자에 해당한다. 의미 부호는 외부 정보가 갖는 의미에 집중하여 부호화하는 것이므로, 음운 부호에 비해 정교화가 잘 일어난다. 정교화는 외부 정보를 배경지식이나 상황 맥락 등의 부가 정보와 밀접하게 관련시키는 것이다. 부호화 단계에서 망각을 설명하는 학자들은 정교화가 잘된 정보가 그렇지 않은 정보보다 기억에 유리하여 망각이 잘 일어나지 않는다고 주장한다.

㉡저장 단계에서 망각이 일어난다고 보는 입장에서는 망각을 부호화 단계에서의 문제가 아니라, 저장 단계에서 정보가 사라지는 현상으로 설명한다. 즉 망각은 부호화가 되어 저장된 정보 중 사용하지 않는 정보가 시간의 경과*에 따라 상실*된다는 것이다. 독일의 심리학자 에빙하우스는 학습을 통해 저장된 단어가 시간의 경과에 따라 망각되는 양상을 알아보는 실험을 하였다. 그 결과 학습이 끝난 직후부터 망각이 일어나기 시작해서 1시간이 지나자 학습한 단어의 약 44% 정도가 망각되었다. 이를 근거로 저장 단계에서 망각을 설명하는 학자들은 망각은 저장 단계에서 일어나는 현상이며 시간의 흐름에 비례하여 나타난다고 주장하였다. 그리고 학습 직후 복습을 해야 학습 효과가 높다는 것을 강조하였다.

㉢인출 단계에서 망각이 일어난다고 보는 입장에서는 망각을 저장된 정보가 제대로 인출되지 못하여 나타나는 현상으로 설명한다. 즉 망각은 저장된 정보가 사라지는 것이 아니라, 이를 밖으로 끄집어내지 못해서 나타난다는 것이다. 저장된 정보를 인출해 내기 위해서는 적절한 인출 단서가 필요하다. 일반적으로 저장된 정보와 인출 단서가 밀접할 경우 인출이 잘 되지만, 그렇지 않으면 인출 실패로 망각이 일어날 가능성이 크다. 가령 '사랑'이라는 단어를 인출할 때 이와 의미상 연관이 큰 '애인'이라는 단어를 인출 단서로 사용하면 인출이 잘 되지만, 이와 관련이 먼 '책상'이라는 단어를 인출 단서로 사용하면 인출이 잘 되지 않는다. 인출 단계에서의 망각은 저장된 정보를 인출할 만한

＊망각: 어떤 사실을 잊어버림.

＊인출: 끌어서 빼냄.

＊심리학: 생물체의 의식 현상과 행동을 연구하는 학문.

＊왜곡: 사실과 다르게 해석하거나 그릇되게 함.

＊변환: 달라져서 바뀜. 또는 다르게 하여 바꿈.

＊음운: 말의 뜻을 구별하여 주는 소리의 가장 작은 단위.

＊정교: 솜씨나 기술 따위가 정밀하고 교묘함.

＊경과: 시간이 지나감.

＊상실: 어떤 것이 아주 없어지거나 사라짐.

＊단서: 어떤 문제를 해결하는 방향으로 이끌어 가는 일의 첫 부분.

지문 정보 확인

1. 기억은 부호화 단계, 저장 단계, 인출 단계로 나뉜다. (　)

2. 부호화 과정에서 정교화가 잘 일어나는 것은 의미 부호이다. (　)

3. 인출 단계에서 망각이 일어난다고 보는 입장에서는 시간의 흐름에 비례하여 망각이 일어난다고 하였다. (　)

단서가 부족하거나 부적절해서 나타나는 현상이므로, 시간이 흐르더라도 적절한 인출 단서만 제시되면 저장된 정보가 떠오를 수 있다.

1 윗글에 대한 설명으로 가장 적절한 것은?

① 특정 현상을 설명하는 다양한 관점을 제시하고 있다.
② 특정 현상을 소개하는 이론의 문제점을 설명하고 있다.
③ 특정 현상과 관련된 통념을 제시하고 이를 반박하고 있다.
④ 특정 현상을 설명하는 여러 이론의 타당성을 비교하고 있다.
⑤ 특정 현상에 대한 상반된 주장을 제시한 후 이를 절충하고 있다.

2 ㉠~㉢에서 단어 학습과 관련된 〈보기〉의 대화를 설명한다고 할 때, 그 내용으로 적절하지 <u>않은</u> 것은?

보기

다련: 단어를 외울 때 기존에 알고 있는 단어와 연관 지어서 암기하면 좀 더 오래 기억할 수 있어.
수민: 단어를 소리로 외우지 않고 용례를 보며 의미에 집중하여 외우는 것이 오래 기억되지만, 시간이 많이 걸린다는 것이 흠이야.
예린: 단어 시험 볼 때는 다 맞았는데, 시험이 끝난 후 며칠 뒤에 다시 보니 그 단어들이 기억나지 않아 속상해.
서정: 외운 단어를 잊어버리지 않으려면, 학습 직후부터 반복적으로 복습을 하는 것이 최고인 것 같아.
석현: 좀 전까지도 알고 있는 단어였는데, 갑자기 말하려니까 혀끝에서만 빙빙 돌 뿐 생각이 나지 않아 답답해.

① ㉠: 다련은 단어를 정교화하는 것이 기억에 효과적이라는 것을 언급하고 있다.
② ㉠: 수민은 단어를 음운 부호로 부호화하는 과정이 시간이 많이 걸린다는 것을 말하고 있다.
③ ㉡: 예린이 단어들을 기억하지 못하는 것은 시간의 경과에 따라 저장 단계에서 망각이 일어났기 때문이다.
④ ㉡: 서정이 복습을 중요하게 여기는 이유는 학습 직후부터 망각이 시작되기 때문이다.
⑤ ㉢: 석현에게 단어와 관련이 큰 적절한 인출 단서를 주면 단어가 생각날 수도 있다.

단청의 기법과 효과

지문 구조&정답 및 해설 026쪽

＊색감: 색에 대한 감각. 색에서 받는 느낌.

＊문양: 무늬의 생김새.

＊봉황: 예로부터 중국의 전설에 나오는, 상서로움을 상징하는 상상의 새.

＊번창: 번화하게 창성함.

＊오행: 우주 만물을 이루는 다섯 가지 원소. 금(金), 수(水), 목(木), 화(火), 토(土)를 이른다.

＊보색 대비: 보색 관계에 있는 두 색을 같이 놓을 때, 서로의 영향으로 더 뚜렷하게 보이는 현상.

＊분: 딱딱한 물건을 보드라울 정도로 잘게 부수거나 갈아서 만든 것.

＊명도: 색의 밝고 어두운 정도. 색의 삼요소 가운데 하나이다.

＊탈피하다: 일정한 상태나 처지에서 완전히 벗어나다.

＊엇바꾸다: 서로 마주 바꾸다. 서로 어긋나게 바꾸다.

지문 정보 확인

1. 단청은 목조 건물에 장식적 효과를 부여하기 위하여 처음 시작되었다. ( )

2. 단청은 오방색이라고 하는 5가지 색깔로만 채색하는 것을 원칙으로 한다. ( )

3. 구획선 긋기는 단청 문양의 색조를 더욱 두드러지게 하는 효과를 얻을 수 있다. ( )

단청이라 하면 일반적으로 목조 건물에 여러 가지 색으로 무늬를 그려 아름답게 장식하는 것을 말한다. 단청은 건물의 보존 효과를 높이기 위해서 시작되었는데, 이후 여러 가지 색감으로 문양을 더함으로써 보존 효과뿐만 아니라 장식성과 상징적 의미도 부여하게 되었다.

단청의 문양은 건축물의 성격에 따라, 그리고 나타내고자 하는 의미에 따라 달라진다. 예를 들어 봉황은 주로 궁궐에만 사용되었고, 사찰에는 주로 불교적 소재들이 문양으로 사용되었다. 또 극락왕생의 의미를 나타낼 때는 연꽃 문양을 그리고 자손의 번창을 나타낼 때는 박쥐 문양을 그렸다.

단청은 붉은색을 의미하는 '단(丹)'과 푸른색을 의미하는 '청(靑)'을 결합하여 만든 단어이다. 이처럼 상반된 색을 뜻하는 두 글자가 결합된 '단청(丹靑)'은 대비되는 두 색의 조화로운 관계를 의미한다.

하지만 단청에서 붉은색과 푸른색만을 쓴 것은 아니었다. 단청은 오방색을 기본으로 하여 채색하는데, 여기서 오방색이란 오행의 각 기운과 직결된 청(靑), 백(白), 적(赤), 흑(黑), 황(黃)의 다섯 가지 기본색을 말한다. 단청을 할 때에는 이 오방색을 적절히 섞어 여러 가지 다른 색을 만들어 썼는데, 이 색들을 적색 등의 더운 색 계열과 청색 등의 차가운 색 계열로 구분하여 사용하였다.

단청의 가장 대표적인 기법으로는 '빛 넣기', '보색 대비', '구획선 긋기' 등이 있다.

빛 넣기는 문양에 백색 분이나 먹을 혼합하여 적절한 명도 변화를 주는 것으로, 한 계열에서 명도가 가장 높은 단계를 '1빛', 그보다 낮은 단계는 '2빛' 등으로 말한다. 빛 넣기를 통한 문양의 명도 차이는 시각적 율동성을 이끌어 내어 결과적으로 단순한 평면성을 탈피하는 시각적 효과를 얻을 수 있다. 즉 명도가 낮은 빛은 물러나고 명도가 높은 빛은 다가서는 듯한 느낌을 주게 된다.

보색 대비는 ㉠더운 색 계열과 차가운 색 계열을 서로 엇바꾸면서 색의 층을 조성함으로써 색의 조화를 이끌어내는 것을 말한다. 예를 들어 오색구름 문양을 단청할 때 더운 색과 차가운 색을 엇바꾸면서 대비시키는 방법이 그것인데, 이것을 통해 색의 조화를 이끌어낼 수 있으며 문양의 시각적 장식 효과를 더욱 높일 수 있다.

구획선 긋기는 색과 색 사이에 흰 분으로 선을 긋는 것을 말하는데, 특히 보색 대비가 일어나는 색과 색 사이에는 빠짐없이 구획선 긋기를 한다. 이 기법을 사용하면 문양의 색조를 더욱 두드러지게 하는 효과를 얻을 수 있다.

이러한 빛 넣기와, 보색 대비 그리고 구획선 긋기 등의 기법을 활용함으로써 시각적 단층을 형성함으로써 단청의 각 문양은 전체적으로 안정감을 얻게 된다.

1 윗글의 내용과 일치하지 <u>않은</u> 것은?

① 단청은 오방색을 기본으로 하여 채색한다.
② 단청의 명도 조절에는 백색 분이나 먹을 사용한다.
③ 단청은 건축물의 보존 효과를 높이기 위해 시작되었다.
④ 건축물의 성격에 따라 그려지는 단청의 문양은 다르다.
⑤ 단청에서는 주변 경관과의 조화를 위해 구획선 긋기를 사용한다.

2 윗글을 바탕으로 〈보기〉를 이해한 내용으로 적절하지 <u>않은</u> 것은?

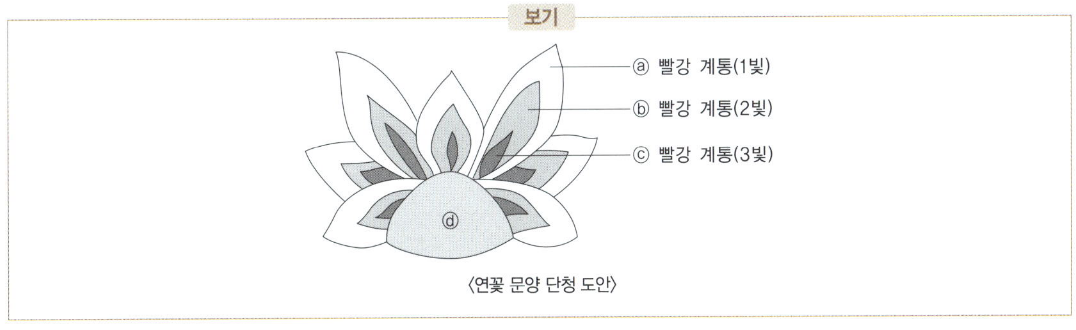

① ⓐ와 ⓑ의 보색 대비를 통하여 문양의 색조는 더욱 두드러지겠군.
② ⓒ는 ⓐ에 비해 보는 사람 입장에서 물러나는 듯한 느낌을 받을 수 있겠군.
③ ⓐ, ⓑ, ⓒ는 명도에 변화를 주는 것으로 문양의 시각적 율동성을 이끌어내는 효과가 있겠군.
④ 보색 대비가 이루어지도록 하기 위해서는 ⓓ에 청색 계통의 색을 칠해야겠군.
⑤ 〈보기〉의 문양이 건축물에 단청이 되었을 경우 극락왕생이라는 상징적 의미를 더하는 효과가 있겠군.

3 ㉠을 활용하는 이유로 가장 적절한 것은?

① 시각적 장식 효과를 얻기 위해
② 여러 가지 빛을 만들어내기 위해
③ 명도의 차이를 분명히 드러내기 위해
④ 단청 작업 시 빛 넣기를 쉽게 하기 위해
⑤ 자연 만물의 변화무쌍한 모습을 드러내기 위해

[1~10] 보기 에서 어휘의 뜻풀이 또는 예문의 (　) 안에 들어갈 어휘 ㉠~㉤을 찾아 쓰시오.

보기

㉠ 인출　　　㉡ 경과　　　㉢ 상실
㉣ 변환　　　㉤ 탈피하다

1 일정한 상태나 처지에서 완전히 벗어나다.
[　　]

4 시간이 지나감.
[　　]

3 끌어서 빼냄. 예금 따위를 찾음.
[　　]

2 어떤 것이 아주 없어지거나 사라짐.
[　　]

5 달라져서 바뀜. 또는 다르게 하여 바꿈.
[　　]

6 사고 이후 기억을 (　　) 했다.
[　　]

7 은행에서 거액을 (　　) 하다.
[　　]

10 그 일 이후 십여 년이 (　　) 했다.
[　　]

9 좌절과 침체에서 (　　).
[　　]

8 햇빛이 전기로 (　　)된다.
[　　]

[11~15] 다음에서 설명하는 어휘가 무엇일지 주어진 낱자를 활용하여 쓰시오.

11 사실과 다르게 해석하거나 그릇되게 함.

12 말의 뜻을 구별하여 주는 소리의 가장 작은 단위.

13 어떤 문제를 해결하는 방향으로 이끌어 가는 일의 첫 부분.

14 색의 밝고 어두운 정도. 색의 삼요소 가운데 하나이다.

15 번화하게 창성함.

어휘 특강

● 국어 어휘의 체계 ●

어휘는 일정한 범위 안에 든 단어의 집합을 가리키는데, 국어의 어휘는 어종에 따라 고유어, 한자어, 외래어의 삼중 체계를 이루고 있다. '하늘', '땅', '나라' 등은 고유어에 해당되고, '천지(天地)', '철학(哲學)', '편지(便紙)' 등은 한자어에 해당되며, '버스', '컴퓨터', '스파게티' 등은 외래어에 해당된다.

고유어	다른 나라에서 들어온 말이 아니라 예로부터 우리의 것인 순우리말
한자어	중국의 한자에 기초하여 만들어진 단어
외래어	외국에서 들어와 우리말처럼 쓰이는 단어

독해 방법 Q&A

> " 선생님, 글쓴이의 생각을 잘 추론할 수 있는 방법이 있나요? "

글쓴이의 생각을 추론하는 것은 글을 사실적으로 이해하는 것을 바탕으로 글에서 생략되어 있는 것과 숨어 있는 글쓴이의 생각을 파악하는 것이란다. 추론적 이해를 잘하려면 우선 지문의 중심 내용을 바탕으로 글쓴이의 관점이나 태도를 명확히 파악해야 해. 그러려면 글쓴이의 주장에 대한 근거 등을 찾아보는 것도 좋겠지. 글을 읽을 때에는 지문 속의 표지나 글의 맥락 등을 단서로 활용해서 숨어 있는 의미를 찾아내는 연습이 필요해. 또 지문에 제시된 정보를 바탕으로 새로운 사례나 다른 상황에 적용해서 생각해 보는 것도 좋단다.

> 글쓴이의 중심 생각을 파악하기
> +
> 지문 속 표지, 맥락 등을 단서로 추측하기
> +
> 지문 속 정보를 바탕으로 다른 사례나 상황을 분석해 보기

학습 점검표

STUDY 06의 지문과 문제를 잘 학습했는지 체크한 후, 부족한 부분이 있다면 앞으로 돌아가서 다시 살펴보자~!

지문/문제	나의 체크					보완할 부분
기억의 단계에서 망각의 양상	○ 1회독　○ 2회독 이상		○ 내용　○ 지문 구조　○ 어휘			
	1	○ 맞힘　○ 틀림	○ 내용　○ 개념&유형　○ 어휘			
	2	○ 맞힘　○ 틀림	○ 내용　○ 개념&유형　○ 어휘			
단청의 기법과 효과	○ 1회독　○ 2회독 이상		○ 내용　○ 지문 구조　○ 어휘			
	1	○ 맞힘　○ 틀림	○ 내용　○ 개념&유형　○ 어휘			
	2	○ 맞힘　○ 틀림	○ 내용　○ 개념&유형　○ 어휘			
	3	○ 맞힘　○ 틀림	○ 내용　○ 개념&유형　○ 어휘			

개념 디렉토리

인문 분야의 글이란?

인문 분야의 글은 인간 존재에 대한 철학적 탐구를 목적으로 하면서 존재 또는 인식에 대한 물음을 던지는 인간의 가치 체계를 다루는 글이다. 존재의 궁극적인 본질 및 보편적 원리의 추구를 목적으로 하는 경우가 많다. 특히 철학가들의 사상을 묻는 지문이나 논리학 관련 지문이 자주 출제된다. 따라서 지문에 제시된 학자, 사상가들의 견해나 주장을 주목해서 이해해야 하며, 그와 비교하면서 제시된 다른 개념이 있다면 그 내용도 꼼꼼하게 살펴보아야 한다. 인문 분야에는 철학, 논리학, 역사학, 윤리학, 심리학, 고고학, 신화학 등이 있다.

서양 철학

- 서양의 인간과 세계의 진리를 탐구하는 학문인 철학이다. 고대 그리스 철학에서 비롯되어, 중세 기독교 세계에서 배양되고, 근대에서 현대에 이르기까지 다양하게 발전해 왔다.
  예 아리스토텔레스의 목적론, 데카르트의 회의론

동양 철학

- 동양에서 발생하여 발전한 인간과 세계의 진리를 탐구하는 학문이다. 특히 한국, 중국, 인도의 철학을 말한다. 철학은 인간과 세계에 대한 근본 원리와 삶의 본질 등을 연구한 내용을 다룬다.
  예 장자의 물아일체 사상, 율곡의 법제 개혁론

논리학

- 바른 판단과 인식을 얻기 위한 올바른 사유의 형식과 법칙 따위를 연구하는 학문이다.
  예 유비 논증의 개념과 유용성, 정합설에 따른 명제 판단

역사학

- 역사를 연구 대상으로 하는 학문으로, 인간의 활동에 대한 기록을 살핀다. 인류 사회의 변천과 흥망의 과정, 또는 기록 등을 연구한 내용을 다룬다.
  예 역사적 사실의 특수성과 보편성, 토인비의 역사 연구

윤리학

- 인간 행위의 규범에 관하여 연구하는 학문으로, 도덕의 본질·기원·발달, 선악의 기준 및 인간 생활과의 관계 따위를 다룬다.
  예 도덕적 운과 도덕적 평가, 도덕 실재론과 정서주의

예술

예술 분야의 글이란?

예술 분야의 글은 예술 일반에 관한 지식이나 예술의 역사를 소개하는 글, 구체적인 예술 작품에 관해 감상하고 비평하는 글이다. 예술의 특정 분야에 대해 미적 소양을 기르면서 일상생활에서 심미적 능력을 고양하는 데 기여한다. 예술 분야의 글을 읽을 때는 중심 대상의 특징을 바탕으로 어떤 정보들이 제시되어 있는지 파악해야 하고, 예술 작품을 감상하고 비평하는 글은 글쓴이의 생각을 정리하고 관점의 타당성을 비판하며 읽어야 한다. 예술 분야에는 미술, 음악, 건축, 영화, 사진, 미(美) 자체에 대한 사유를 바탕으로 한 철학인 미학(美學) 등 다양한 예술 장르가 포함된다.

미술

- 공간 및 시각의 미를 표현하는 예술로, 전통 회화, 그림, 조각, 공예, 서예, 만화 등 다양한 분야가 포함된다.
  예 추사 김정희의 묵란화, 20세기 미술의 다원성

음악

- 박자, 가락, 음성 따위를 갖가지 형식으로 조화하거나 결합하여, 목소리나 악기를 통하여 사상 또는 감정을 나타내는 예술이다. 음악 이론의 특징, 구체적 음악가의 음악 이론 등을 다룬다.
  예 다양한 특성의 음들로 이루어진 음악의 아름다움, 베토벤 교향곡의 음악사적 의의

건축

- 건축물의 구조와 아름다움에 관한 내용을 다룬다. 구체적인 건축물에 대해 상세하게 설명하여 그 특징이나 건축 양식을 파악하는 형태로 출제되는 것이 일반적이다.
  예 캄피돌리오 광장의 미학, 선암사 승선교에 담긴 미의식

영화, 사진

- 영화 분야에서는 영화의 특성과 표현 기법, 관련 비평 이론 등을 다루고, 사진은 구체적인 사진 기법을 중심으로 설명하는 글을 다룬다.
  예 작가주의적 비평 이론, 회화주의 사진

예술 일반

- 다양한 예술을 관통하는 본질이나 그것을 탐구하는 미학을 다룬다.
  예 칸트의 취미 판단 이론, 미학 이론으로 본 뮤지컬

II 사회·문화

전자 패놉티콘 시대의 도래

📖 지문 구조&정답 및 해설 028쪽

관점 비교를 통한 평가

* **제안:** 어떤 의견을 안건으로 내어놓음.
* **내면화:** 심리적으로 깊이 자리 잡게 됨.
* **획기적:** 지금까지와는 전혀 다른 시대를 열 만큼 뚜렷이 구분되는 것.
* **도래:** 기회나 시기가 닥쳐옴.
* **흡사:** 거의 똑같을 정도로 비슷하게.
* **기제:** 인간의 행동에 영향을 미치는 심리의 작용이나 원리.
* **방대:** 매우 많거나 크고 넓음.
* **대처하다:** 어떤 정세나 사건에 대하여 적당한 조치를 취하다.

지문 정보 확인

1. 패놉티콘은 죄수들이 늘 감시받고 있다고 느끼도록 만들어졌다. (　)

2. 신용카드와 같은 전자 결제를 통해 개인의 소비 정보를 파악할 수 있다. (　)

3. 전자 패놉티콘은 모든 사람이 동등하게 수집된 정보를 열람할 수 있다. (　)

18세기 영국의 공리주의자인 벤담이 처음 제안한 원형 감옥인 패놉티콘은 한 명의 간수가 수백 명의 죄수를 감시할 수 있다. 전체적으로 동심원 구조로 되어 있는 패놉티콘은 간수가 있는 중앙의 공간을 항상 어둡게 유지하여 죄수는 자신이 감시당하고 있다는 사실은커녕 간수의 존재 자체도 알 수 없었다. 반면 바깥쪽의 둥그런 감옥에는 건물 내부를 향한 창이 있어서 자신들의 모습이 간수에게 시시각각 포착되어 죄수들은 늘 감시받고 있다는 느낌을 가지게 되었다. 벤담은 이런 패놉티콘의 구조는 죄수들에게 규율과 감시를 내면화해서 스스로를 감시하게 하기 때문에 최소 비용으로 최대 효과를 볼 수 있는 획기적인 방법이라 주장하였다.

[A] 1970년대 중반 이른바 정보 혁명의 시대가 도래하면서 '전자 감시'가 패놉티콘을 통한 감시와 흡사하다는 인식이 급속히 퍼지면서 당시에는 큰 관심을 끌지 못했던 벤담의 패놉티콘은 다시 주목을 받기 시작했다. 우리가 살아가고 있는 정보화 사회에서는 컴퓨터 데이터베이스를 통해 막대한 양의 정보가 수집되고 있으며 CCTV는 도로와 거리, 건물 내·외에 자리 잡고 우리의 일상을 지켜보고 있다. 또한 신용 카드와 같은 전자 결제를 통해 나의 소비 정보가 고스란히 드러나고, 심지어는 전화 통화, 문자 내용까지도 저장되어 필요할 땐 다시 복원할 수 있다. 바야흐로 정보 수집을 통한 다양한 감시와 통제, 즉 '전자 패놉티콘'의 시대가 시작된 것이다.

여기서 '정보'는 벤담의 패놉티콘에서의 '시선'을 대신해서 규율과 통제의 기제로 작용한다. 일단 이 둘은 '불확실성'의 공통점이 있다. 죄수가 늘 자신을 보고 있다고 생각하는 간수 때문에 매사의 행동에 조심하는 것처럼, 정보가 수집되는 사람은 자신에 대한 정보가 언제, 어떻게 열람될지 확신할 수 없기 때문에 자신의 행동에 주의를 기울인다. 이 둘의 또 다른 공통점으로 '비대칭성'을 들 수 있다. 패놉티콘에 죄수는 볼 수 없고 간수만 볼 수 있게 만든 시선의 비대칭성이 있다면 전자 패놉티콘에는 수집된 정보에 대한 접근의 비대칭성이 존재한다. 방대하게 수집된 정보를 열람할 때 접근자의 신분에 따른 차등을 두는 것이다.

정보 혁명의 시대를 거쳐 정보의 바다인 21세기를 살아가는 우리는 '전자 패놉티콘'에 어떻게 대처해야 할까? 단순히 생각해보면 전자 패놉티콘의 두 가지 부정적인 속성을 해결하면 의외로 답은 간단할 수 있다. 우리를 막연한 불안감, 불확실성에 떨게 하는 무차별적인 정보의 과다 수집을 금하고, 이미 수집된 정보에 대한 접근을 좀 더 평등하게 만드는 것이다. 공유할 수 있는 정보를 투명하게 공개할 때 보통 사람들이 권력자를 감시하는 역감시의 결과도 낳을 수 있고 이는 투명한 사회를 향한 첫걸음이 될 것이다.

1 윗글을 읽고 해결할 수 있는 질문으로 적절하지 <u>않은</u> 것은?

① 전자 패놉티콘 사회의 특징은?
② 패놉티콘의 기원과 구조적 특징은?
③ 패놉티콘이 초기에 주목 받지 못한 원인은?
④ 패놉티콘과 전자 패놉티콘의 공통점과 차이점은?
⑤ 전자 패놉티콘 사회의 문제점을 해결할 수 있는 방안은?

2 〈보기〉의 자료를 활용하여 〈조건〉에 맞게 구상한 내용으로 가장 적절한 것은?

> **보기**
>
> 서구에서는 19세기 초엽부터 정부가 주체가 되어 국민에 대한 대대적인 조사 활동을 벌였는데, 나이, 가족 수, 가구, 수입, 주거 환경, 범죄 기록, 작업 환경, 질병 등의 광범위한 조사였다. 정부는 이 조사 결과를 분석하여 새로운 법률과 정책을 위한 기초 자료로 활용하였는데, 이는 오늘날 모든 국민에게 기초적인 삶의 질을 보장하는 복지 사회로 가는 초석이 되었다.

> **조건**
>
> – 목적: [A]에 대한 비판적 고찰을 담을 것
> – 표현: 문맥에 맞는 비유적 표현을 활용할 것

① 정보화 사회의 역기능만을 중점적으로 다루고 해결책을 제시한 글쓴이의 태도는 문제가 있어. 좀 더 새로운 시각이 필요하겠어.
② 소 잃고 외양간 고친다는 말이 있잖아. 이미 정보화 사회의 폐해는 돌이킬 수 없는 지경이 되어 버렸는데 낙관적 전망만 해서는 안 되겠지.
③ 양날의 검처럼 쓰는 사람에 따라 이로울 수도 불리할 수도 있는 거야. 사회현상에 대해 한쪽 면만 보고 편협한 생각을 하는 것은 문제가 있어.
④ 시간은 천금이라고 했어. 복지 국가 건설이라는 커다란 목표를 실현하기 위해서 국민 개개인의 희생이 어느 정도 필요하다는 의견은 타당성이 있어.
⑤ 구슬이 서 말이라도 꿰어야 보배라는 말처럼 아무리 좋은 정책이라도 기초가 부실하다면 그 효과는 오래가지 않을 것이라는 생각에 전적으로 동감해.

*손상: 명예나 체면 따위가 떨어지거나 깎임.

*억제: 어떤 행위나 현상 따위가 성하지 않도록 억지로 내리누름.

*통제: 일정한 방침이나 목적에 따라 행위를 제한함.

*기질: 타고난 기품과 성질.

*교화: 사람을 정신적으로 가르치고 이끌어 좋은 방향으로 나아가게 함.

*구금: 범죄자를 교도소나 구치소에 가두어 신체의 자유를 구속하는 강제 처분.

*우발적: 어떤 일이 예기치 않게 우연히 일어나는 것.

*수감: 사람을 구치소나 교도소에 가둠.

*집행 유예: 선고된 형을 집행하지 않고 미루는 제도.

*근간: 사물의 바탕이나 중심.

지문 정보 확인

1. 범죄학은 범죄 발생률을 줄이려는 목적에서 발생했다. (   )

2. 고전주의 범죄학은 범죄가 발생하는 원인을 개인의 자유 의지가 아닌 생물학적·심리학적·사회학적 요소에서 찾으려 했다. (   )

3. 셉테드를 구성하고 모든 원리는 공통적으로 건축 환경의 설계와 계획에 그 본바탕을 두고 있다. (   )

범죄란 사회 질서를 파괴하고 타인의 육체나 정신에 고통을 주거나 재산 또는 명예에 손상을 입히는 행위로, 사회의 안녕과 개인의 안전에 해를 끼친다. 그래서 사람들은 여러 논의를 통해 범죄 발생률을 낮추려고 노력해 왔고, 그 결과 탄생한 것이 바로 '범죄학'이다.

㉠'고전주의 범죄학'은 법적 규정 없이 시행됐던 지배 세력의 불합리한 형벌 제도를 비판하며 18세기 중반에 등장했다. 고전주의 범죄학에서는 범죄를 포함한 인간의 모든 행위는 자유 의지에 입각한 합리적 판단에 따라 이루어지므로, 범죄에 비례해 형벌을 부과할 경우 개인의 합리적 선택에 의해 범죄가 억제될 수 있다고 보았다. 고전주의 범죄학의 대표자인 베카리아는 형벌은 법으로 규정해야 하고, 그 법은 누구나 이해할 수 있도록 문서로 만들어야 한다고 강조했다. 또한 형벌의 목적은 사회 구성원에 대한 범죄 행위의 예방이며, 따라서 범죄를 저지를 경우 누구나 법에 의해 확실히 처벌받을 것이라는 두려움이 범죄를 억제할 것이라고 확신했다. 이러한 고전주의 범죄학의 주장은 각 국가의 범죄 및 범죄자에 대한 입법과 정책에 많은 영향을 끼쳤다.

19세기 중반 이후 사회 혼란으로 범죄율과 재범률이 증가하자, 범죄의 원인을 과학적으로 증명하려 한 ㉡'실증주의 범죄학'이 등장했다. 실증주의 범죄학은 고전주의 범죄학의 비과학성을 비판하며, 범죄의 원인을 개인의 자유 의지로는 통제할 수 없는 생물학적·심리학적·사회학적 요소에서 찾으려 했다. 이 분야의 창시자인 롬브로소는 범죄 억제를 위해서는 범죄자들의 개별적 범죄 기질을 도출하고 그 기질에 따른 교정이나 교화, 또는 치료를 실시해야 한다고 생각했다. 이를 위해 그는 범죄자만의 특성과 행위 원인을 연구하여 범죄자들의 유형을 구분하고 그 유형에 따라 형벌을 달리할 것을 주장했다. 그는 출생부터 범죄자의 기질을 타고나 범죄를 저지를 수밖에 없는 범죄자의 경우 초범일지라도 무기한 구금을 해야 하지만, 우발적으로 범죄를 저지른 범죄자의 수감에는 반대했고, 이러한 생각은 이후 집행 유예 제도의 이론적 기초가 되었다. 비록 차별과 편견이 개입됐다는 비판을 받기는 했지만, 롬브로소의 연구는 이후 범죄 생물학, 범죄 심리학, 범죄 사회학의 탄생과 발전에 큰 영향을 끼쳤다.

이러한 범죄학의 큰 흐름들은 범죄를 억제하려는 그동안의 법체계와 정책의 근간이 되어 왔다. 하지만 1970년대 이후 이러한 시도들의 범죄 감소 효과에 대한 비판이 일면서, 환경에 의한 범죄 유발 요인과 환경 개선을 통한 범죄 기회의 감소 효과 등을 연구하는 '환경 범죄학'이 주목받기 시작했다. 이러한 가운데 건축학이나 도시 설계 전문가들은 범죄의 원인과 예방의 해법을 환경과 디자인에서 찾아야 한다고 주장했다. 바로 '셉테드(CPTED)'라 불리는 범죄 예방 설계가 그것이다. 셉테드는 건축 설계나 도시 계획 등을 통해 대상 지역의 방어적 공간 특성을 높여, 범죄 발생 가능성을 줄이고 지역 주민들이 안전감을 느끼도록 하여 궁극적으로 삶의 질을 향상시키는 종합적인 범죄 예방 전략을 의미한다.

셉테드는 다음의 원리로 이루어진다. 우선 '자연적 감시의 원리'는 공간과 시설물에 대한 가시권을 확보하고 잠재적 범죄자의 은폐장소를 최소화시킴으로써 내부인이나 외부인의 행동을 주변 사람들이 자연스럽게 관찰할 수 있게 만드는 것이다. 다음으로 '접근 통제의 원리'는 보행로, 조경, 문 등을 통해 사람들의 통행을 일정한 경로로 유도하여 허가받지 않은 사람들의 출입을 통제하거나 차단하는 것을 말한다. '영역성의 원리'는 안과 밖이라는 공간 영역을 조성하여 외부인의 침범 기준을 명확히 확립하는 것을 말한다. 이 외에도 공공장소 및 시설에 대한 내부인들의 활발한 사용을 유도하여 그 근방의 범죄를 감소시킨다는 '활동의 활성화 원리', 공공장소와 시설물이 처음 설계된 대로 지속적으로 유지 및 관리되어야 한다는 '유지 및 관리의 원리'가 있다. 이 모든 원리는 범죄 예방의 전략과 목표를 범죄자 개인이 아닌 도시 및 건축 환경의 설계와 계획에 두고 있다는 점에서 공통적이다.

우리나라는 2005년 즈음부터 셉테드를 도입하여 도시 설계와 건축물에 범죄 예방 설계 활용을 본격화하기 시작했다. 그동안의 법과 정책, 그리고 셉테드가 동시에 강화된다면 좀 더 안전한 사회를 만들 수 있을 것이다.

1 윗글에 대한 설명으로 가장 적절한 것은?

① 예상되는 반론을 반박하며 주장을 강화하고 있다.
② 필자의 관점을 명시한 후 다른 관점과 비교하고 있다.
③ 핵심 개념의 가치와 효용을 비유적으로 제시하고 있다.
④ 통시적 관점에서 문제 해결을 위한 방법들을 설명하고 있다.
⑤ 두 이론의 장점을 절충하여 새로운 이론으로 통합하고 있다.

2 ㉠과 ㉡에 대한 이해로 적절하지 않은 것은?

① ㉠은 법적 근거 없이 부과된 형벌은 정당하지 않다고 지적하고 있군.
② ㉡은 범죄자들의 특성과 행위 원인을 바탕으로 범죄자의 유형을 구분해야 한다고 말하고 있군.
③ ㉠은 ㉡과 달리 연구의 초점을 범죄의 처벌보다는 범죄의 원인에 두고 있군.
④ ㉠은 ㉡과 달리 범죄에 따른 형벌을 예외 없이 적용하는 것이 범죄율을 낮출 수 있다고 보고 있군.
⑤ ㉡은 ㉠과 달리 인간의 자유 의지를 통해서는 범죄 욕구를 제어할 수 없다고 판단하고 있군.

[1~7] 어휘의 뜻풀이와 어휘 ㉠~㉙을 바르게 연결하시오.

[8~14] 예문의 (   ) 안에 들어갈 어휘 ㉠~㉙을 바르게 연결하시오.

뜻풀이	어휘	예문
1 지금까지와는 전혀 다른 시대를 열만큼 뚜렷이 구분되는 것.	㉠ 근간	**8** 컴퓨터의 ( )은/는 대중문화 영역에 혁명적인 변화를 가져오고 있다.
2 거의 똑같을 정도로 비슷하게.	㉡ 은폐	**9** 인간의 달 착륙은 우주 시대의 기원을 연 ( )인 일이었다.
3 사물의 본바탕이나 중심.	㉢ 기질	**10** 섬유 산업은 우리나라 경제 성장의 ( )이/가 되었다.
4 어떤 정세나 사건에 대하여 적당한 조치를 취함.	㉣ 도입	**11** 그는 자신의 잘못을 ( ) 하기 위해 거짓말을 하였다.
5 덮어 감추거나 가리어 숨김.	㉤ 획기적	**12** 어린 동생이 뒤뚱거리며 걷는 모습이 ( ) 오리 같았다.
6 기술, 방법, 물자 따위를 끌어들임.	㉥ 흡사	**13** 내가 운동을 싫어하는 것은 타고난 ( ) 탓이다.
7 타고난 기품과 성질.	㉙ 대처	**14** 사람은 모든 일에 현명히 ( ) 하는 지혜를 지녀야 한다.

[15~19] 보기 의 글자들을 조합하여 다음 뜻풀이에 해당하는 단어를 만드시오.

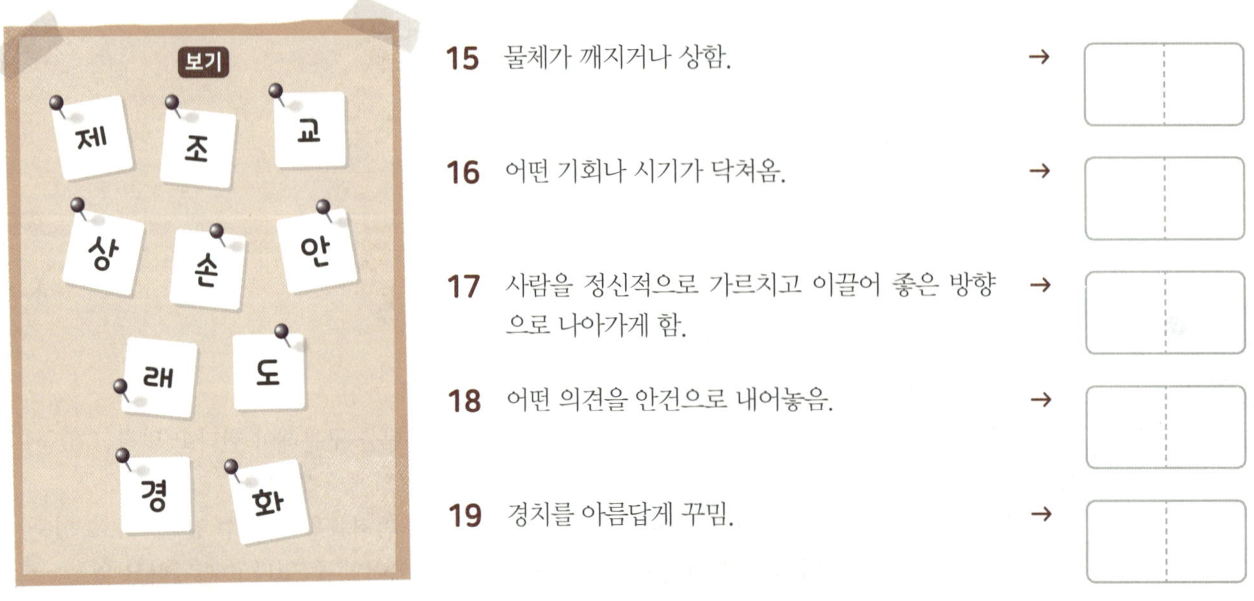

15 물체가 깨지거나 상함. →

16 어떤 기회나 시기가 닥쳐옴. →

17 사람을 정신적으로 가르치고 이끌어 좋은 방향으로 나아가게 함. →

18 어떤 의견을 안건으로 내어놓음. →

19 경치를 아름답게 꾸밈. →

어휘 특강

소리는 같지만 뜻이 다른 단어를 동음이의어(同音異義語)라고 한다.

걸다¹ 형용사 ◀— 동음이의어 —▶ **걸다²** 동사

걸다

다의어

걸다¹ 형용사

❶ 흙이나 거름 따위가 기름지고 양분이 많다.
　예 밭이 걸다.

❷ 액체 따위가 내용물이 많고 진하다.
　예 국물이 걸다.

❸ 말이나 솜씨가 거리낌이 없고 푸지다.
　예 말이 걸다.

두 가지 이상의 뜻을 가진 단어를 다의어(多義語)라고 한다.

걸다² 동사

❶ 벽이나 못 따위에 어떤 물체를 떨어지지 않도록 매달아 올려놓다.
　예 벽에 액자를 걸다.

❷ 자물쇠, 문고리를 채우거나 빗장을 지르다.
　예 문에 자물쇠를 걸다.

❸ 기계 장치가 작동되도록 한다.
　예 차에 시동을 걸다.

다의어

독해 방법 Q&A

" 선생님, 글에 제시된 두 가지 이상의 주장이나 개념을 비교할 때
중요한 내용은 어떤 것이 있을까요? "

대립되는 주장 또는 두 가지 이상의 개념이 제시된 경우에는 먼저 각각의 주장이나 개념에 대한 핵심 내용과 근거가 되는 내용을 정리하고 이에 대한 정확한 이해가 필요하단다. 다음으로 글에 제시된 주장들이나 개념들 간의 공통점과 차이점을 구분해서 파악한 다음 타당성 여부를 판단하면 된단다. 또한 각각의 입장(관점)에서 상대의 입장(관점)에 대해 보일 수 있는 태도 등을 파악하는 것도 독해의 중요한 요소 중의 하나란다.

> 주장 또는 개념의 내용에
> 대한 정확한 이해
>
> +
>
> 각각의 입장에서 상대의
> 주장 생각하기

학습 점검표

STUDY 07의 지문과 문제를 잘 학습했는지 체크한 후, 부족한 부분이 있다면 앞으로 돌아가서 다시 살펴보자~!

지문/문제		나의 체크				보완할 부분
전자 패놉티콘 시대의 도래		○ 1회독　○ 2회독 이상	○ 내용	○ 지문 구조	○ 어휘	
	1	○ 맞힘　○ 틀림	○ 내용	○ 개념&유형	○ 어휘	
	2	○ 맞힘　○ 틀림	○ 내용	○ 개념&유형	○ 어휘	
환경 설계를 통한 범죄 예방(CPTED)		○ 1회독　○ 2회독 이상	○ 내용	○ 지문 구조	○ 어휘	
	1	○ 맞힘　○ 틀림	○ 내용	○ 개념&유형	○ 어휘	
	2	○ 맞힘　○ 틀림	○ 내용	○ 개념&유형	○ 어휘	

구체적 상황이나 자료에의 적용

📖 지문 구조&정답 및 해설 032쪽

조세는 국가의 재정을 마련하기 위해 경제 주체인 기업과 국민들로부터 거두어들이는 돈이다. 그런데 국가가 조세를 강제로 부과하다 보니 경제 주체의 의욕을 떨어뜨려 경제적 순손실을 초래하거나 조세를 부과하는 방식이 공평하지 못해 불만을 야기하는 문제가 나타난다. 따라서 조세를 부과할 때는 조세의 효율성과 공평성을 고려해야 한다.

우선 조세의 효율성에 대해서 알아보자. 상품에 소비세를 부과하면 상품의 가격 상승으로 소비자가 상품을 적게 구매하기 때문에 상품을 통해 얻는 소비자의 편익이 줄어들게 되고, 생산자가 상품을 팔아서 얻는 이윤도 줄어들게 된다. 소비자와 생산자가 얻는 편익이 줄어드는 것을 경제적 순손실이라고 하는데 조세로 인하여 경제적 순손실이 생기면 경기가 둔화될 수 있다. 이처럼 조세를 부과하게 되면 경제적 순손실이 불가피하게 발생하게 되므로, 이를 최소화하도록 조세를 부과해야 조세의 효율성을 높일 수 있다.

조세의 공평성은 조세 부과의 형평성을 실현하는 것으로, 조세의 공평성이 확보되면 조세 부과의 형평성이 높아져서 조세 저항을 줄일 수 있다. 공평성을 확보하기 위한 기준으로는 편익 원칙과 능력 원칙이 있다. 편익 원칙은 조세를 통해 제공되는 도로나 가로등과 같은 공공재를 소비함으로써 얻는 편익이 클수록 더 많은 세금을 부담해야 한다는 원칙이다. 이는 공공재를 사용하는 만큼 세금을 내는 것이므로 납세자의 저항이 크지 않지만, 현실적으로 공공재의 사용량을 측정하기가 쉽지 않다는 문제가 있고 조세 부담자와 편익 수혜자가 달라지는 문제도 발생할 수 있다.

능력 원칙은 개인의 소득이나 재산 등을 고려한 세금 부담 능력에 따라 세금을 내야 한다는 원칙으로 조세를 통해 소득을 재분배하는 효과가 있다. 능력 원칙은 수직적 공평과 수평적 공평으로 나뉜다. 수직적 공평은 소득이 높거나 재산이 많을수록 세금을 많이 부담해야 한다는 원칙이다. 이를 실현하기 위해 특정 세금을 내야 하는 모든 납세자에게 같은 세율을 적용하는 비례세나 소득 수준이 올라감에 따라 점점 높은 세율을 적용하는 누진세를 시행하기도 한다.

수평적 공평은 소득이나 재산이 같을 경우 세금도 같게 부담해야 한다는 원칙이다. 그런데 수치상의 소득이나 재산이 동일하더라도 실질적인 조세 부담 능력이 달라, 내야 하는 세금에 차이가 생길 수 있다. 예를 들어 소득이 동일하더라도 부양 가족의 수가 다르면 실질적인 조세 부담 능력에 차이가 생긴다. 이와 같은 문제를 해결하여 공평성을 높이기 위해 정부에서는 공제 제도를 통해 조세 부담 능력이 적은 사람의 세금을 감면해 주기도 한다.

＊재정: 국가 또는 지방 자치 단체가 행정 활동이나 공공 정책을 시행하기 위하여 자금을 만들어 관리하고 이용하는 경제 활동.

＊부과: 세금이나 부담금 따위를 매기어 부담하게 함.

＊야기: 일이나 사건 따위를 끌어 일으킴.

＊편익: 편리하고 유익함.

＊둔화: 느리고 무디어짐.

＊공제: 받을 몫에서 일정한 금액이나 수량을 뺌.

＊감면: 매겨야 할 부담 따위를 덜어 주거나 면제함.

지문 정보 확인

1. 조세를 부과할 때는 조세의 효율성과 공평성을 고려해야 한다.
( )

2. 소비자와 생산자가 얻는 편익이 줄어들 때 경기가 둔화될 수 있다.
( )

3. 소득이나 재산이 같을 경우 세금도 같게 부담해야 하는 것은 수직적 공평에 따른 원칙이다.
( )

1 윗글에 대한 설명으로 가장 적절한 것은?

① 대상에 대한 쟁점들을 문답 방식으로 설명하고 있다.
② 대상의 개념을 그와 유사한 대상에 빗대어 소개하고 있다.
③ 통념을 반박하며 대상이 가진 속성을 새롭게 조명하고 있다.
④ 대상을 기준에 따라 분류한 뒤 각각의 특성을 설명하고 있다.
⑤ 상반된 두 입장의 장단점을 분석한 뒤, 이를 절충하여 제시하고 있다.

2 〈보기〉는 경제 수업의 일부이다. 윗글을 바탕으로 할 때, 선생님의 질문에 적절하게 답한 학생을 모두 골라 바르게 묶은 것은?

보기

선생님: 여러분, 아래 표는 소득을 기준으로, A, B, C의 세금 공제 내역을 가정한 것입니다. 표를 보고 조세의 공평성이 어떻게 적용되었는지 각자 분석해 볼까요?

구분	소득 (만 원)	세율 (%)	공제액 (만 원)	납부액 (만 원)	공제 항목
A	3,000	5	0	150	공제 없음
B	3,000	5	100	50	부양가족 2인
C	4,000	10	100	300	부양가족 2인

성근: A와 달리 B에게 공제 혜택을 부여함으로써 조세의 공평성이 강화되고 있어요. ················ ㄱ
수지: B가 A와 달리 부양가족 공제를 받은 것은 편익 원칙을 고려한 것이네요. ························ ㄴ
현욱: B와 C의 납부액에 차이가 있는 것은 능력 원칙을 적용하여 세금을 징수했기 때문이에요. ····· ㄷ
유미: B의 세율이 5%이고, C의 세율이 10%인 것은 수평적 공평을 위한 누진세가 적용된 결과겠네요. ·· ㄹ

① ㄱ, ㄴ
② ㄱ, ㄷ
③ ㄷ, ㄹ
④ ㄱ, ㄴ, ㄹ
⑤ ㄴ, ㄷ, ㄹ

📖 지문 구조&정답 및 해설 034쪽

* **수요**: 어떤 재화나 용역을 일정한 가격으로 사려고 하는 욕구.
* **신흥**: 어떤 사회적 사실이나 현상이 새로 일어남.
* **대열**: 줄을 지어 늘어선 행렬.
* **군중**: 한곳에 모인 많은 사람.
* **차별 효용**: 어떤 물건에 대해 남과 다르게 보인다고 판단하는 개인의 주관적인 만족감.
* **판촉**: 여러 가지 방법을 써서 수요를 불러일으키고 자극하여 판매가 늘도록 유도하는 일.
* **재화**: 사람이 바라는 바를 충족시켜 주는 모든 물건.
* **계층**: 사회적 지위가 비슷한 사람들의 층.

18세기 산업혁명으로 시작된 생산 혁명은 19세기 백화점이 일으킨 유통 혁명을 통해 소비 혁명으로 이어졌다. 대량 소비 시대가 되자 사람들의 소비 형태도 바뀌었다. 무엇을 소유했는지 여부에 따라 사람을 판단하면서 사람들은 주위를 의식하며 자기를 나타내기 위한 상품을 고르게 되었다. 소비를 결정하는 요인이 '필요'가 아니라 '자기 과시'로 옮겨간 것이다.

이와 같은 현상에 주목한 베블런은 자신의 책 『유한계급 이론』을 통해 개별 소비자의 소비 형태는 독립적으로 이루어지지 않고 다른 소비자의 영향을 받는다고 주장했다. 그는 '나는 보통 사람들과 신분이 다르다'는 점을 과시하는 부유층이나 이를 모방하려는 계층이 과시적 소비를 한다고 말했다. 과시적 소비가 일어나면 저렴한 상품 대신 고가의 상품에 대한 수요가 증가해 가격이 오르는데도 수요가 줄어들지 않고 오히려 증가하는 현상이 일어난다. 이렇게 과시적 소비로 인해 가격이 올라도 수요가 늘어나는 현상을 '베블런 효과'라고 한다. 그리고 이러한 과시적 소비의 대상이 되는 상품을 '베블런 재(財)'라고 한다.

라이벤스타인은 이와 같은 현상을 보다 깊이 있게 다루어 '밴드왜건 효과'와 '스놉 효과'를 발표하였다. 과시적 소비는 일부 상류층과 신흥 부유층을 중심으로 일어나는 것이 보통이지만 주위 사람들이 이를 흉내 내면서 사회 전체로 퍼져나가는 현상을 밴드왜건 효과라고 이름 붙인 것이다. 밴드왜건은 행진할 때 대열의 선두에서 행렬을 이끄는 악대차를 의미하는데 악단이 지나가면 사람들이 영문도 모르고 무작정 뒤따르면서 군중들이 더욱더 불어나는 것에 비유한 것으로 밴드왜건 효과는 '모방 효과'라고도 부른다.

그런데 모방 효과가 널리 퍼져 더 이상 과시적 소비가 차별 효용을 상실하게 될 때 일부 사람들은 평범한 사람들이 접근할 수 있는 상품 대신 더욱 진귀한 물건을 찾는다. 이로 인해 기존 상품의 수요가 줄어들게 되는데 이를 '스놉 효과'라고 한다. 즉 모방 효과와는 반대로 특정 제품에 대한 소비가 증가하게 되면 그 제품의 수요가 줄어들고 새로운 상품의 수요로 옮겨 가는 현상이다. 보통 가격이 비싸서 쉽게 구매하기 어려운 고가의 명품 등이 이에 해당되는데, 명품이라 알려진 제품이 대대적인 판촉 행사를 한 후 단골 고객이 줄어드는 현상으로 설명할 수 있다. 이는 '남보다 돋보여야 한다.'는 속물근성에 기반을 두고 있어 '속물 효과'라고도 부른다.

이와 같이 베블런은 재화의 가격이 하락하면 소비량이 증가한다는 기존의 경제 이론과는 다른 관점에서 현실의 소비 형태를 설명했고, 라이벤스타인은 현대인들이 주위 사람들의 소비 형태에 따라 자신의 소비 형태를 결정하는 두 가지 모습을 이론으로 나타내었다. 그들의 연구는 소비 형태로 계층을 판단하는 현대 자본주의 사회의 모습을 설명할 수 있다는 점에서 의의가 있다.

지문 정보 확인

1. 대량 소비 시대가 되자 사람들이 소비를 결정하는 요인으로 '필요'가 차지하는 부분이 늘어나게 되었다. ( )

2. '베블런 효과'란 과시적 소비로 인해 가격이 올라도 수요가 늘어나는 현상을 말한다. ( )

3. '스놉 효과'는 모방 효과가 널리 퍼져 과시적 소비의 효용이 약해질 때 발생한다. ( )

1 윗글의 내용 전개 방식으로 적절한 것은?

① 대상의 변천 과정을 시간의 흐름에 따라 살펴보고 있다.
② 하나의 개념을 다양한 관점에서 분석적으로 살펴보고 있다.
③ 다양한 사례를 일정한 기준에 의해 구분하여 나열하고 있다.
④ 소개된 각각의 이론의 특징을 요약하고 그 의의를 밝히고 있다.
⑤ 상반되는 학설을 제시하여 비교를 통해 상대적 우위를 가리고 있다.

2 윗글을 참고하여 〈보기〉를 분석한 것으로 적절한 것은?

보기

　한 창고형 할인점의 명품 진열대. ㉮어느 재벌가의 며느리가 들고 나와 유명해진 이 가방의 판매 가격은 ㉯시중가보다 최대 30% 할인되었지만 수백만 원대에 이릅니다. ㉰정가 판매를 고수하던 상품이지만 전 세계 최초로 할인점에서 판매하여 화제가 되고 있습니다. ㉱매장 직원은 '인기 상품'이라며 구매를 유도합니다. 이러한 현상을 놓고 ㉲일부 서민들에게 명품 과시욕을 부추긴다는 비판도 나오고 있습니다. ○○○ 뉴스 박△△입니다.

① ㉮는 스놉 효과에 따라 더 고가의 진귀한 상품을 찾으려 하겠군.
② ㉯는 베블런 효과에 따라 재화의 가격이 하락하면 수요가 증가한다는 관점으로 세운 판매 전략이군.
③ ㉰는 사람들의 모방 효과를 어렵게 하여 단골 고객을 유지하는데 실패하게 하는 판매 전략으로 볼 수 있군.
④ ㉱의 판매 전략은 스놉 효과를 통해 수요를 늘리고자 하는 것이군.
⑤ ㉲는 과시적 욕구보다 자신의 필요에 따라 상품을 선택하는 경우가 더욱 많겠군.

[1~10] 〈보기〉에서 어휘의 뜻풀이 또는 예문의 (   ) 안에 들어갈 어휘 ㉠~㉤을 찾아 쓰시오.

보기

| ㉠ 수요 | ㉡ 계층 | ㉢ 대열 | ㉣ 신흥 | ㉤ 편익 |

뜻풀이

1 줄을 지어 늘어선 행렬. [   ]

2 어떤 사회적 사실이나 현상이 새로 일어남. [   ]

3 편리하고 유익함. [   ]

4 어떤 재화나 용역을 일정한 가격으로 사려고 하는 욕구. [   ]

5 사회적 지위가 비슷한 사람들의 층. [   ]

예문

6 조선 시대의 지배 (   )은/는 양반이었다. [   ]

7 상품의 가격은 (   )와/과 공급에 따라 달라진다. [   ]

8 기존 종교와 (   ) 종교의 갈등이 첨예하다. [   ]

9 편의점은 우리에게 (   )을/를 제공한다. [   ]

10 (   )을/를 정돈하니 질서가 잡혀 보인다. [   ]

[11~15] 다음에서 설명하는 어휘가 무엇일지 사다리를 연결하고 주어진 낱자를 활용하여 쓰시오.

11 세금이나 부담금 따위를 매기어 부담하게 함.

12 느리고 무디어짐.

13 일이나 사건 따위를 끌어 일으킴.

14 한곳에 모인 많은 사람.

15 매겨야 할 부담 따위를 덜어 주거나 면제함.

| ㄷ ㅎ | ㅂ ㄱ | ㄱ ㅁ | ㅇ ㄱ | ㄱ ㅈ |

어휘 특강

비 비슷한 말   반 반대말

비 남다
다른 사람과 함께 떠나지 않고 있던 그대로 있다.
예 회의장에 끝까지 남아 있는 사람.

비 쉬다
잠시 머무르다.
예 우리는 잠시 길가에서 쉬었다가 다시 길을 떠났다.

비 정체하다
사물이 발전하거나 나아가지 못하고 한자리에 머물러 그치다.
예 주말에 이 도로는 교외로 나들이 가는 차량으로 극심하게 정체된다.

머무르다
도중에 멈추거나 일시적으로 어떤 곳에 묵다.
예 버스가 정류장에 머무르다.

반 떠나다
있던 곳에서 다른 곳으로 옮기다.
예 그는 유럽으로 떠났다.

비 정박하다
배가 닻을 내리고 머무르다.
예 배가 부두에 정박하다.

비 체류하다
객지(자기 집을 멀리 떠나 임시로 있는 곳.)에 가서 머물러 있다.
예 외국에 체류하다.

독해 방법 Q&A

> **" 선생님, 글을 창의적으로 읽으면 무엇이 좋아요? "**

창조적 독해란 글의 내용을 이해하고 추론하거나 비판하는 것을 넘어서 글의 내용에 대해 새로운 측면에서 접근해 보는 것을 말한단다. 글에는 인류가 쌓아 온 지식이 축적되어 있기 때문에 글을 통해 개인의 문제는 물론 사회적 문제를 해결하는 방안을 찾을 수 있지. 또한, 필자와는 다른 시각에서 자신의 생각을 펼치면서 필자의 생각이나 주장을 보완하거나 대체할 수 있는 대안까지 스스로 생각해 본다면 사실적 독해만 하는 경우보다 글을 통해 사고가 넓어지는 것을 느낄 수 있을 거야.

창조적 독해를 통한 문제 해결
↓
필자의 생각을 보완
↓
생각, 사고의 확장

학습 점검표

STUDY 08 의 지문과 문제를 잘 학습했는지 체크한 후, 부족한 부분이 있다면 앞으로 돌아가서 다시 살펴보자~!

지문/문제		나의 체크			보완할 부분
조세의 효율성과 공평성	○ 1회독 ○ 2회독 이상	○ 내용	○ 지문 구조	○ 어휘	
	1 ○ 맞힘 ○ 틀림	○ 내용	○ 개념&유형	○ 어휘	
	2 ○ 맞힘 ○ 틀림	○ 내용	○ 개념&유형	○ 어휘	
대량 소비 시대의 소비 형태	○ 1회독 ○ 2회독 이상	○ 내용	○ 지문 구조	○ 어휘	
	1 ○ 맞힘 ○ 틀림	○ 내용	○ 개념&유형	○ 어휘	
	2 ○ 맞힘 ○ 틀림	○ 내용	○ 개념&유형	○ 어휘	

무역의 이익과 수출입 재화의 결정 방법

글의 구조 및 내용 전개 방식 파악

* **자발적:** 스스로 나서서 하는 것.
* **당사국:** 국제간의 분쟁이나 교섭 사건 따위에서 그 사건에 관계가 있는 나라.
* **손실:** 감소하거나 잃어버려 입은 손해.
* **생산 요소:** 재화를 생산하기 위해 필요한 노동, 자본 등의 투입 요소.
* **우위:** 상대보다 낫거나 유리한 위치.
* **조합:** 여럿을 모아 한 덩어리가 되게 함.
* **생산 요소 부존량:** 한 경제 내에 존재하고 있는 생산 요소의 양.
* **집약적:** 집중적으로 하나로 모아서 뭉뚱그리는 것.

지문 정보 확인

1. 두 나라가 무역을 하기 위해서는 두 나라 모두에게 이익이 있어야 한다. ( )

2. 국가 간 비교 우위 산업의 차이는 두 나라 간의 무역 이익을 발생시킨다. ( )

3. 각국의 비교 우위 산업은 그 나라의 생산 요소 부존 비율이 변화해도 바뀌지 않는다. ( )

두 나라가 자발적으로 무역을 하기 위해서는 두 나라 모두 이익을 얻을 수 있어야 한다. 만일 무역 당사국이 이익을 전혀 얻지 못하거나 손실을 본다면, 이 나라는 무역을 하지 않을 것이기 때문이다. 그러면 무역을 통해 이익이 발생할 수 있는 이유는 무엇일까? 또 무역에서 수출입 재화는 각각 어떻게 결정될까?

A국과 B국에서 자동차와 신발을 생산하는 상황을 가정해 보자. 아래 〈그림〉과 같이 A국은 이용 가능한 생산 요소를 모두 투입하여 최대 자동차 10대 혹은 신발 1,000켤레를 만들 수 있다. 한편, B국에서는 동일한 조건하에 자동차 3대 또는 신발 600켤레를 생산할 수 있다.

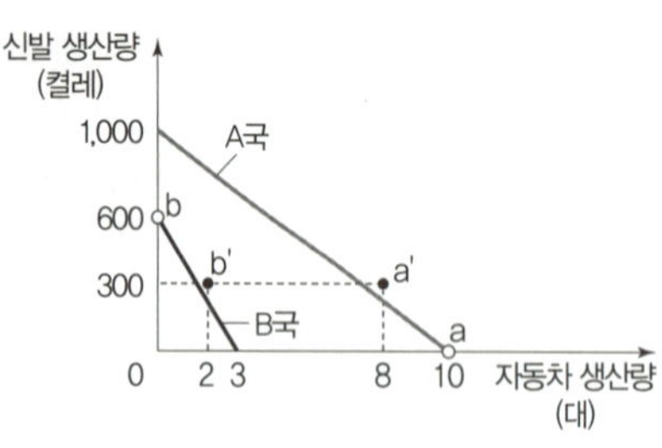

이때 국가 간 비교 우위 산업의 차이에 의해서 무역의 이익이 발생할 수 있다. 비교 우위란 어떤 재화 생산의 기회비용이 다른 나라보다 작은 경우를 의미하며, 이때 기회비용이란 그 재화 생산으로 인해 포기해야 하는 다른 재화의 가치를 말한다. 위의 상황에서 A국이 자동차를 1대 더 생산하기 위해서는 신발 생산을 100켤레 줄여야 한다. 즉, A국 입장에서 자동차 1대 생산의 기회비용은 신발 100켤레와 같다. 한편, B국은 자동차 1대 생산의 기회비용이 신발 200켤레가 된다. 이 경우 A국의 자동차 생산의 기회비용이 B국의 그것보다 작으므로, A국이 자동차 생산에 있어 비교 우위를 갖고 있다. 반면, B국은 신발 생산에 있어 비교 우위를 갖게 된다.

따라서 A국이 자동차를 특화해 B국에 수출하고, B국은 신발을 특화해 A국에 수출하면 무역을 하지 않을 때에 비해 양국 모두 이익을 얻을 수 있다. 위 〈그림〉에서 A국이 자동차만 10대 생산(a)하고 B국이 신발만 600켤레를 생산(b)해서 양국이 무역을 한다고 하자. 이때 A국이 자동차 2대를 수출하고 그 대신 B국으로부터 신발 300켤레를 수입한다면, A국은 자동차 8대와 신발 300켤레의 조합(a′)을, B국은 자동차 2대와 신발 300켤레의 조합(b′)을 소비할 수 있다. 즉 무역을 통해 양국은 무역 이전에는 생산할 수 없었던 재화량의 조합을 생산하는 것과 같은 효과를 갖게 되어 무역을 통한 이익을 얻을 수 있다.

이처럼 각국의 비교 우위 산업이 존재하는 이유에 대해 20세기 초의 경제학자 헥셔는 국가 간 생산 요소 부존량의 상대적 차이가 비교 우위를 낳는다고 보았다. 그에 따르면, 각국은 타국에 비해 상대적으로 풍부한 생산 요소를 집약적으로 사용하는 재화의 생산에 비교 우위를 갖는다. 즉 재화마다 각 생산요소들이 투입되는 비율이 다르기 마련인데, 어떤 재화 생산에 특정 생산요소가 집약적으로 사용된다면 그 생산 요소를 다른 나라들에 비해 풍부하게 보유하고 있는 국가가 해당 재화의 생산에 비교 우위를 갖게 된다는 것이다.

예를 들어, 어떤 국가가 자동차 · 선박 등 자본 집약재의 수출국이고 신발 · 의류 등 노동 집약재의 수입국이라면, 그 국가는 타국에 비해 자본은 상대적으로 풍부하고 노동은 그렇지 않다고 판단할 수 있다.

각국의 비교 우위 산업은 국가 간 생산 요소 부존량의 상대적 차이가 변화함에 따라 바뀔 수도 있다. 우리나라도 과거 경공업 위주의 노동 집약적 산업에서 자본 집약적인 중화학 공업, 최근의 지식 집약적인 IT 산업까지 주요 산업 및 수출품이 변화해 왔다. 이는 경제 성장에 따라 각 생산 요소들의 부존 비율이 변화함으로써 우리나라의 비교 우위 산업이 변화해 왔기 때문이다.

1 윗글에 대한 설명으로 적절하지 <u>않은</u> 것은?

① 단계적인 순서에 따라 이론의 한계를 지적하고 있다.
② 권위자의 견해를 들어 현상의 원인을 설명하고 있다.
③ 질문을 던짐으로써 독자의 관심을 유도하고 있다.
④ 핵심 개념을 설명하여 독자의 이해를 돕고 있다.
⑤ 가상적 상황을 예로 들어 현상을 설명하고 있다.

2 윗글에 근거하여 〈보기〉의 상황을 이해한 것으로 적절하지 <u>않은</u> 것은?

보기

〈그림 1〉과 〈그림 2〉는 각각 갑국과 을국의 1970년과 2017년의 생산 가능 곡선을 나타낸 것이다. (단, 가발은 노동 집약적 재화, 선박은 자본 집약적 재화이다. 또한 생산 요소는 노동과 자본만 존재한다.)

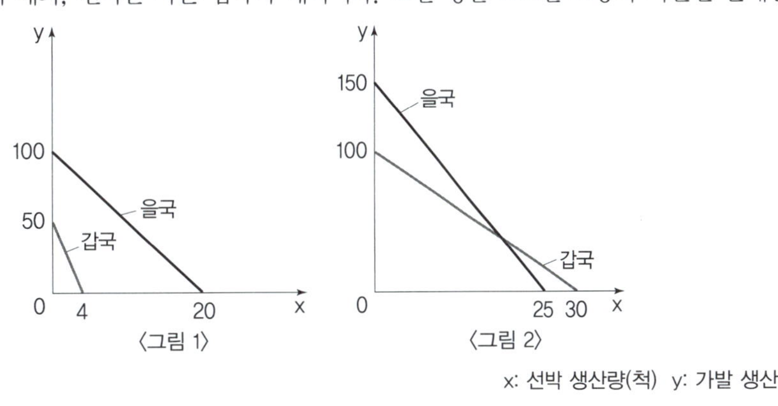

① 1970년, 갑국이 선박을 2척 더 생산하기 위해서는 가발 생산을 25개 줄여야 했을 것이다.
② 1970년, 갑국은 을국에 비해 자본보다는 노동이 상대적으로 풍부했을 것이다.
③ 2017년, 선박 생산의 기회비용은 을국이 갑국에 비해 2배 이상 클 것이다.
④ 2017년, 을국은 갑국에 비해 노동의 부존 비율이 상대적으로 클 것이다.
⑤ 2017년, 갑국이 을국에 선박 1척을 수출하고 을국으로부터 가발 4개를 수입한다면, 무역 전에 비해 갑국이 소비할 수 있는 재화량의 조합이 늘어날 것이다.

📖 지문 구조&정답 및 해설 038쪽

*촉진: 어떤 일을 재촉해 더 잘 진행되도록 함.

*현존: 현재 존재함.

*광신: 종교 따위를 이성을 잃을 정도로 지나치게 믿음.

*전승: 문화·풍속·제도 따위를 이어받아 계승함.

*실증: 사실을 바탕으로 증명함.

*매개: 중간에서 양편의 관계를 맺어 줌.

*유래: 사물이나 일이 생겨남. 또는 그 사물이나 일이 생겨난 바.

*귀속성: 사물이나 일이 생겨남.

*전락: 타락하거나 나쁜 상태에 빠지게 됨. 굴러 떨어짐.

*고착: 어떤 상황이나 현상이 굳어져 변하지 않음.

*창출: 처음으로 만들어 냄.

*선험적: 경험하기 전에 인간이 본질적으로 지니고 있어, 대상을 인식하는 근거가 되는 것.

*척도: 평가·판단하는 기준.

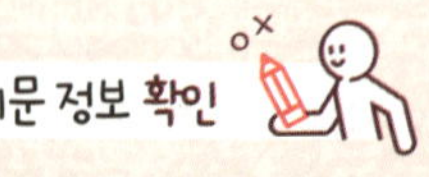

지문 정보 확인

1. 기념비적 역사는 특정한 역사적 위대함에 대한 숭배를 강요한다. (　)

2. 골동품적 역사는 과거의 삶을 바탕으로 미래의 삶을 새롭게 창출하는 것을 목표로 한다. (　)

3. 비판적 역사는 과거를 부정하고 새로운 관습을 만들어내는 데 중점을 두고 있다. (　)

역사가 삶을 가르치고 삶을 규정하는 조건이라면, 삶이 역사와 어떤 방식으로 관계를 가질 때 역사의 올바른 의미가 드러나는 것일까? 역사는 삶에 기여해야 한다. 삶이 역사와 관계를 맺는 것을 '기념비적 역사', '골동품적 역사', '비판적 역사'로 나누어 볼 수 있다.

기념비적 역사는 과거의 위대함에 대한 회상을 통해 새로운 위대함의 가능성을 촉진하는 역사이다. 이는 '인간'의 개념을 더욱 확대하고 아름답게 성취하게 하여 인간 현존의 모습을 보다 차원 높게 만든다. 그러나 기념비적 역사를 통해 과거의 위대함이 우상 숭배적으로 찬양되어 생성과 변화가 무시된다면, 역사적 상황이나 시대적 필요와 아무 관련이 없는 특정한 위대함에 대한 광신주의가 탄생할 것이다. 과거에 대한 일방적 의미 규정, 특정한 역사적 위대함에 대한 숭배와 모방의 강요는 기념비적 역사가 지닌 위험이다.

골동품적 역사는 오래된 과거를 찾아 보존하면서 전승하는 역사이다. 여기에서는 실증적 사실의 확인은 중요하지 않다. 골동품적 역사는 전통과 매개되어, 인간은 이를 통해 비로소 자신의 유래를 알고 자신을 이해하며 더욱 확장하게 된다. 비범한 대상에 대한 관심에서 시작하는 기념비적 역사와는 달리 골동품적 역사는 일상적 습관과 관습을 규정하고 보존하며, 민족의 역사적 고유성 속에서 민족 구성원 모두를 결합시키는 귀속성의 감정을 만들어낸다. 이는 골동품적 역사를 통해 현재의 인간이 전통과 유래를 인식함으로써 행복을 느낀다는 것이다. 그러나 골동품적 역사는 과거에 대한 미라(mirra)적 숭배로 미래적 삶에 대한 뿌리를 송두리째 뽑아낼 수 있다. 이와 함께 그것은 굳은 관습으로 전락할 수 있다. 즉 골동품적 역사는 삶을 단지 보존할 줄만 알 뿐 생산할 줄은 모르게 되는 것이다.

비판적 역사는 과거를 숭상하거나 보존하기 위해서가 아니라 과거를 부정하기 위한 역사이다. 비판적 역사의 유용성은 과거의 절대화와 고착화에 대항하여 삶을 과거의 폭력으로부터 해방시킨다는 데 있다. 역사적 전통은 인간에 의해 창출된 것이므로 그 안에는 판결 받아야 할 정치적 특권, 지배적 관습 등이 존재한다. 비판적 역사는 이들을 폭로하고 파괴한다. 이때 판결 기준은 절대적이고 선험적인 정의가 아니라 자기 자신의 욕구에 따른 삶 자체이다. 비판적 역사는 보존되고 전승된 과거와 투쟁을 벌여 새로운 관습과 본능을 창안하고자 한다. 인간은 비판적 역사를 통해 능동적이고 주체적으로 자신이 원하는 과거를 만들고 정당화하는 것이다. 비판적 역사 역시 위험성을 가지고 있다. 억압과 지배로부터 해방의 의지를 품었으나, 새로운 삶의 가능성을 위한 과거 부정의 척도를 세울 수 없는 비판적 역사가는 단지 과거만을 파괴하는 결과를 초래할 수 있다.

인간은 기념비적, 골동품적, 비판적 관점에서 과거를 사용하여 자신이 원하는 역사를 만들어내야 한다. 이를 통해 역사는 우리의 삶에 의미 있고 유용한 것으로 기능해야 하는 것이다.

1 윗글의 내용 전개 방식으로 가장 적절한 것은?

① 중심 화제를 관점에 따라 유형화하고 각각의 장·단점을 설명하고 있다.
② 중심 화제와 관련한 논의 내용을 정리하고 새로운 이론을 제시하고 있다.
③ 중심 화제를 다룬 두 이론의 차이를 설명하고 구체적 사례에 적용하고 있다.
④ 중심 화제에 대한 통념의 문제점을 지적하고 반대되는 견해를 제시하고 있다.
⑤ 중심 화제의 개념을 정의하며 이론을 소개하고 이론의 발전 가능성을 언급하고 있다.

2 윗글을 바탕으로 〈보기〉를 이해한 내용으로 적절하지 <u>않은</u> 것은?

> **보기**
>
> (가) 조선 시대의 관습이었던 가부장적 가족 제도가 지닌 모순을 밝힘으로써 남녀평등에 근거한 합리적인 가족 제도를 제시하였다.
> (나) 이순신 장군을 국가를 구한 영웅으로 높이 평가하여 동상을 세우고 특정한 날을 기념일로 정하고 있다.
> (다) 한반도에서 가장 오래된 과거의 정치 공동체로 알려진 고조선을 우리 역사의 시작으로 규정하고 단군을 우리의 시조로 만들어 우리 스스로를 단군의 자손으로 설정했다.

① (가)에서 가부장적 가족 제도에 문제가 있다고 판단한 것은 절대적인 정의에 근거한 것이겠군.
② (가)에서 제시한 새로운 가족 제도는 과거에 대한 부정을 통해 창안한 새로운 관습으로 볼 수 있군.
③ (나)는 이순신의 위대함을 기리고 보존함으로써 인간 현존의 모습을 보다 높은 차원으로 만들기 위한 것이겠군.
④ (다)에서 단군을 시조로 만들 때, 단군의 실체를 규명하는 것은 중요하게 여기지 않았겠군.
⑤ (다)는 우리나라 국민들이 단군의 자손임을 인식하게 하여 한 민족으로서의 귀속성을 느끼게 하기 위한 것이겠군.

어휘 확인

[1~10] 보기에서 어휘의 뜻풀이 또는 예문의 (   ) 안에 들어갈 어휘 ㉠~㉣을 찾아 쓰시오.

보기

㉠ 촉진   ㉡ 창출   ㉢ 조합
㉣ 척도   ㉤ 우위

1 여럿을 모아 한 덩어리가 되게 함.
[   ]

2 평가·판단하는 기준.
[   ]

3 어떤 일을 재촉해 더 잘 진행되도록 함.
[   ]

4 상대보다 낫거나 유리한 위치.
[   ]

5 처음으로 만들어 내거나 지어냄.
[   ]

6 일자리 (   )이/가 시급하다.
[   ]

7 돈을 가치의 (   )로 삼으면 안 된다.
[   ]

8 광고는 가장 대표적인 판매 (   )의 수단이다.
[   ]

9 자동차에는 수만 개의 부품이 (   )되어 있다.
[   ]

10 그는 바둑에서 항상 나보다 (   )에 있다.
[   ]

[11~15] 다음에서 설명하는 어휘가 무엇일지 주어진 낱자를 활용하여 쓰시오.

11 사실을 바탕으로 증명함.

12 굴러 떨어짐. 나쁜 상태나 처지에 빠짐.

13 문화·풍속·제도 따위를 이어받아 계승함.

14 어떤 상황이나 현상이 굳어져 변하지 않음.

15 중간에서 양편의 관계를 맺어 줌.

어휘 특강

● '말'과 관련된 한자 성어의 이해 ●

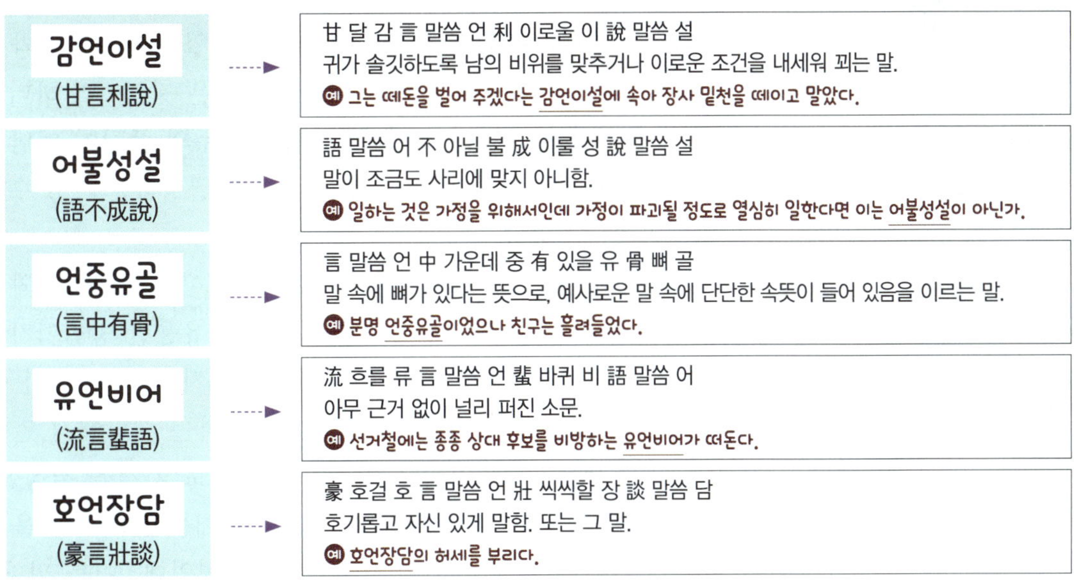

감언이설 (甘言利說)
甘 달 감 言 말씀 언 利 이로울 이 說 말씀 설
귀가 솔깃하도록 남의 비위를 맞추거나 이로운 조건을 내세워 꾀는 말.
예 그는 떼돈을 벌어 주겠다는 감언이설에 속아 장사 밑천을 떼이고 말았다.

어불성설 (語不成說)
語 말씀 어 不 아닐 불 成 이룰 성 說 말씀 설
말이 조금도 사리에 맞지 아니함.
예 일하는 것은 가정을 위해서인데 가정이 파괴될 정도로 열심히 일한다면 이는 어불성설이 아닌가.

언중유골 (言中有骨)
言 말씀 언 中 가운데 중 有 있을 유 骨 뼈 골
말 속에 뼈가 있다는 뜻으로, 예사로운 말 속에 단단한 속뜻이 들어 있음을 이르는 말.
예 분명 언중유골이었으나 친구는 흘려들었다.

유언비어 (流言蜚語)
流 흐를 류 言 말씀 언 蜚 바퀴 비 語 말씀 어
아무 근거 없이 널리 퍼진 소문.
예 선거철에는 종종 상대 후보를 비방하는 유언비어가 떠돈다.

호언장담 (豪言壯談)
豪 호걸 호 言 말씀 언 壯 씩씩할 장 談 말씀 담
호기롭고 자신 있게 말함. 또는 그 말.
예 호언장담의 허세를 부리다.

독해 방법 Q&A

> **"선생님, 내용 전개 방식을 쉽게 파악할 수 있는 방법이 있을까요?"**

독서 지문은 일반적 사실로부터 구체적 결론을 유도하는 연역적 전개, 구체적 사례로부터 일반적 결론을 유도하는 귀납적 전개, 대조되는 것과 대비하여 두 대상의 차이나 한 대상의 특성을 부각시키는 대조에 의한 전개 등이 있단다. 또 개념 정의, 인과, 과정, 분류, 분석에 의한 전개, 반론에 의한 전개도 있지. 이러한 전개 방식을 파악하기 위해서는 글의 중심 화제(핵심 제재)를 찾고 문단별로 핵심 제재를 설명하기 위해 사용한 세부 방식을 파악한 후에, 이를 바탕으로 전체적인 글의 흐름을 파악할 수 있어야 해.

중심 화제 파악
↓
문단별로 사용한 세부 설명 방식 파악
↓
전체적인 글의 흐름을 바탕으로 글 전체의 내용 전개 방식 파악

학습 점검표

STUDY 09의 지문과 문제를 잘 학습했는지 체크한 후, 부족한 부분이 있다면 앞으로 돌아가서 다시 살펴보자~!

지문/문제		나의 체크				보완할 부분
무역의 이익과 수출입 재화의 결정 방법		○ 1회독 ○ 2회독 이상	○ 내용	○ 지문 구조	○ 어휘	
	1	○ 맞힘 ○ 틀림	○ 내용	○ 개념&유형	○ 어휘	
	2	○ 맞힘 ○ 틀림	○ 내용	○ 개념&유형	○ 어휘	
삶과 역사의 관계		○ 1회독 ○ 2회독 이상	○ 내용	○ 지문 구조	○ 어휘	
	1	○ 맞힘 ○ 틀림	○ 내용	○ 개념&유형	○ 어휘	
	2	○ 맞힘 ○ 틀림	○ 내용	○ 개념&유형	○ 어휘	

전제와 내용의 추리

지문 구조&정답 및 해설 **040**쪽

희소성* 높은 최고급 커피의 생두 가격은 어떻게 결정될까? 그것은 바로 경매이다. 경매를 통한 가격 결정 방식은 수요자들이 해당 재화*의 가치를 서로 다르게 평가하고 있거나, 해당 재화의 가치를 정확히 가늠할 수 없을 때 주로 사용된다. 커피나무는 환경에 민감한 식물로, 일조량*과 온도와 토질에 따라서 생두의 맛과 품질이 천차만별이다. 그래서 같은 지역이라 하더라도 매년 커피 생두의 품질이 달라지는 것이다. 이처럼 생두의 품질이 매년 다양한 이유로 달라지는 상황에서 해당 커피 생두의 가치를 결정하는 가장 수월한 방법은 단연 경매라 할 수 있다.

경매를 통한 가격 결정 방식을 사용하는 또 다른 이유는 구매자와 판매자의 숫자가 극단적으로 불일치할 때 가격을 결정하는 유용한 방법이기 때문이다. 특정 재화의 판매자가 한 명인데, 이를 구매하고자 하는 사람이 여러 명이라면 경매를 통해 가장 높은 가격을 지불하고자 하는 사람에게 판매할 수 있다. 최고급 커피 생두 역시 이러한 이유에서 경매로 가격을 결정한다. 이 밖에도 골동품, 미술품 등은 현재 동일한 이유로 경매를 통해 가격을 결정하고 있다. 이와는 반대로 특정 재화의 구매자는 한 명인데, 이를 판매하고자 하는 사람이 여러 명일 경우에도 경매는 유용한 방식이다. 가장 저렴한 가격을 제시한 사람에게서 구매하면 되기 때문이다. 현재 전투기와 같이 정부만이 유일한 구매자라 할 수 있는 국방 관련 물품이 일종의 경매인 경쟁 입찰로 결정된다.

경매는 입찰 방식의 공개 여부에 따라 공개 구두* 경매와 밀봉 입찰 경매로 구분할 수 있다. 먼저 공개 구두 경매는 경매에 참여하는 사람들을 모두 한 자리에 모아 놓고 누가 어떠한 조건으로 경매에 응하는지를 공개적으로 진행하는 방식을 말한다. 이러한 공개 구두 경매는 다시 영국식 경매와 네덜란드식 경매로 구분할 수 있다. ㉠영국식 경매는 오름 경매 방식으로, 우리가 가장 흔히 접하는 낮은 가격부터 시작해서 가장 높은 가격을 제시한 사람이 낙찰자가 되는 방식을 말한다. 이러한 영국식 경매를 통해 가격을 결정하고 있는 대표적인 품목으로는 와인과 앞서 소개한 최고급 생두가 여기에 해당한다.

이와는 반대로 판매자가 높은 가격부터 제시해 가격을 점점 낮추면서 가장 먼저 응찰*한 사람을 낙찰자로 정하는 방식이 ㉡네덜란드식 경매다. 이것이 내림 경매 방식이다. 내림 경매 방식은 튤립 재배로 유명한 네덜란드에서 오래 전부터 이용해오던 방식이며, 국내에서도 수산물 도매시장에서 생선 가격을 결정할 때 이 방식을 통해 가격을 결정한다.

공개적으로 진행되는 경매와는 달리 경매 참여자들이 서로 어떠한 가격에 응찰했는지를 확인할 수 없는 밀봉 입찰 경매가 있다. 밀봉 입찰 경매는 낙찰자가 지불하는 금액을 어떻게 결정하느냐에 따라 최고가 밀봉 경매와 차가 밀봉 경매로 구분된다. 최고가 밀봉 경매는 응찰자 중 가장 높은 가격을 적어

＊희소성: 인간의 물질적 욕구에 비하여 그 충족 수단이 질적·양적으로 제한되어 있거나 부족한 상태.

＊재화: 사람이 바라는 바를 충족시켜 주는 모든 물건.

＊일조량: 일정한 물체의 표면이나 지표면에 비치는 햇볕의 양.

＊입찰: 경매 참가자에게 각자의 희망 가격을 제시하게 하는 일.

＊구두: 마주 대하여 입으로 하는 말.

＊낙찰자: 경매나 경쟁 입찰 따위에서 물건이나 일을 받기로 결정된 사람.

＊응찰: 입찰에 참가함.

지문 정보 확인

1. 경매를 통한 가격 결정 방식은 수요자들이 해당 재화의 가치를 서로 다르게 평가하고 있을 때 사용된다. (　)

2. 구매자와 판매자의 숫자가 일치할 때 경매의 방식은 유용하다. (　)

3. 차가 밀봉 경매의 낙찰자가 지불하는 금액은 응찰자가 적어 낸 금액 중 가장 높은 금액이다. (　)

냈을 때 낙찰이 되는 것으로 낙찰자는 자신이 적어 낸 금액을 지불한다. 차가 밀봉 경매의 낙찰자 결정 방식은 최고가 밀봉 경매와 동일하다. 그러나 낙찰자가 지불하는 금액은 자신이 적어 낸 금액이 아니라 응찰자가 적어 낸 금액 중 두 번째로 높은 금액이다.

1 ㉠과 ㉡에 대한 이해로 적절하지 <u>않은</u> 것은?

① ㉠은 경매에 참여한 사람이 경쟁자가 제시한 입찰 금액을 알 수 있다.
② 희소성이 있는 최고급 생두는 ㉠의 방식을 통해 가격을 결정하는 대표적 품목이다.
③ ㉡ 방식에서 낙찰 가격은 경매에서 최초로 제시된 금액보다 높아질 수 없다.
④ ㉠과 ㉡ 모두 경매에 나온 재화의 낙찰 가격을 알 수 있다.
⑤ 경매에 참가한 사람이 다수일 경우 ㉠과 ㉡ 모두 가장 먼저 응찰한 사람이 낙찰자가 된다.

2 윗글을 바탕으로 할 때, 〈보기〉의 ㉠~㉣에 들어갈 내용으로 적절한 것은?

> **보기**
>
> '밀봉 입찰 경매'로 진행되는 경매에 A, B, C 세 사람이 각각 10만 원, 8만 원, 6만 원으로 입찰에 참가하였다. 이 경매가 '최고가 밀봉 경매'라면 낙찰자는 (㉠)이며 낙찰자가 지불할 금액은 (㉡)이다. '차가 밀봉 경매'라면 낙찰자는 (㉢) 이며 낙찰자가 지불할 금액은 (㉣)이다.

	㉠	㉡	㉢	㉣
①	A	10만 원	A	10만 원
②	A	10만 원	A	8만 원
③	A	8만 원	B	10만 원
④	B	8만 원	B	6만 원
⑤	B	8만 원	C	6만 원

지문 구조&정답 및 해설 042쪽

고려 말 중앙 집권 체제의 약화와 왕권의 쇠퇴 속에서 조선 왕조를 세운 신흥 사대부들은 지주층이었기 때문에 노비 노동력이 필요했다. 그러나 이들은 강력한 중앙 집권 체제의 확립을 위해 국역(國役) 대상인 양인 계층의 폭을 넓히려 하였다. 따라서 노비가 꼭 있어야 하더라도 되도록 양인을 더 많이 확보하려는 것이 새 왕조가 추구한 국역 정책의 기본 방향이었다.

이처럼 국역 대상의 확보를 새 왕조 통치 체제의 발판으로 추구하면서, 법제적으로 모든 사회 구성원을 일단 양인과 천인으로 나누었다. 이들 사이에는 의무와 권리에서 차등이 있었는데 먼저 의무 면에서 양인 남자는 국역인 군역(軍役)과 요역(徭役)의 의무가 있었다. 이에 비해 천인은 군역에서 철저히 배제되었다.

권리 면에서 양인과 천인은 신체와 생명의 보호와 같은 인간의 기본권을 공권력으로 보장받을 수 있는지에서 뚜렷이 차이가 났다. 천인인 노비는 재산으로 보아 매매·상속·양도·증여의 대상이 되었으며, 사는 곳을 옮길 자유가 없었다. 노비와 양인이 싸우면 노비가 한 등급 더 무거운 벌을 받는 것은 양·천 사이의 법적 지위의 차이를 잘 보여준다. 그보다 권리 면에서 양·천의 가장 분명한 차이는 관직 진출권이 있느냐는 것이었다. 양인 중에도 관직 진출권이 제한된 사람이 적지 않았으나 양인은 일단 관직 진출권이 있었다. 더러 노비가 국가에 큰 공로를 세워 정규 관직인 유품직(流品職)을 받기도 하였으나 이때는 반드시 양인이 되는 종량(從良) 절차를 먼저 밟아야 했다.

그러나 이러한 양·천 구분은 국가의 법적 구분이었지, 실제 사회 구성은 좀 더 복잡했다. 양·천이라는 법적 구분 아래 사회 구성원은 상급 신분층인 양반 계층, 의관·역관과 같은 기술관이나 서얼등의 중인 계층, 양인 중 수가 가장 많았던 평민 계층, 노비가 주류인 천민 계층으로 나뉘었다.

조선을 양반 관료 사회라고 규정하듯이 양반은 정치·사회·경제 면에서 갖가지 특권과 명예를 독점적으로 누리면서 그 아래인 중인·평민·천민과는 격을 달리했다. 이를 반상(班常)이라는 말로 표현한다. 반상은 곧 신분을 지배자와 피지배자로 나눈 것으로서, 반상의 반(班)에는 중인이 들어가지 않았지만 상(常)에는 평민부터 노비까지 포함되었다. 이러한 구분은 법적 구분과는 달리 사회 통념상으로 최고 신분인 양반의 지배자적 위치를 돋보이게 하려는 의식에서 생겼다고 하겠다.

이처럼 국가 차원의 법적 규범인 양천제와 당시 실제 계급 관계를 반영한 사회 통념상 구분인 반상제가 서로 섞여 중세의 신분 구조를 이루었다. 중세 사회가 발전하면서 신분 구조는 양천제라는 법제적 틀에서 차츰 사회 통념상의 신분 규범이 규정 요소로 확고히 자리 잡는 방향으로 변화했다. 이는 지주제의 확대와 발전, 그리고 조선 사회의 안정과 변동을 나타내는 것이기도 하였다.

---

*쇠퇴: 기세나 상태가 쇠하여 전보다 못하여 감.

*국역: 나라에서 백성들에게 지우던 부역.

*요역: 나라에서 16세 이상 60세 미만의 남자에게 관아의 임무 대신 시키던 노동.

*배제: 받아들이지 아니하고 물리쳐 제외함.

*양도: 재산이나 물건을 남에게 넘겨줌. 또는 그런 일.

*종량: 천민이 양민이 되던 일. 납속(納粟)이나 국가에 대한 공훈 따위로 양민의 신분으로 올라갈 수 있었음.

*통념: 일반적으로 널리 통하는 개념.

*변동: 바꾸어 달라짐.

지문 정보 확인

1. 조선 왕조가 양인의 폭을 넓히려 한 것은 중앙 집권 체제 확립을 위한 것이다. ( )

2. 양인 남자는 군역에서 철저히 배제되었다. ( )

3. 양천제가 사회 통념상의 신분 규범이라면 반상제는 법제적 신분 규범이다. ( )

1 윗글을 통해 알 수 있는 내용으로 적절하지 <u>않은</u> 것은?

① 중인은 반상제에서 '반'에 포함되지 않았다.
② 양인 가운데 평민층의 수가 양반층의 수보다 더 많았다.
③ 조선 시대 사회 구성원은 사회 통념상 네 계층으로 나뉘었다.
④ 지주제의 확대와 발전은 양천제에서 반상제로의 변화와 관련이 있었다.
⑤ 조선의 국역 정책은 노동력 확보를 위해 노비의 수를 최대한 늘리는 것을 우선시하였다.

2 '채수'의 견해를 윗글과 관련 지어 이해한 내용으로 가장 적절한 것은?

> **보기**
>
> 　사헌부 대사헌 채수가 아뢰었다. "어제 전지를 보니 역관, 의관을 권장하고 장려하고자 능통하고 재주가 있는 자는 동서 양반에 발탁하여 쓰라고 특별히 명령하셨다니 듣고 놀랐습니다. 무릇 벼슬에는 높고 낮은 것이 있고 직책에는 가볍고 무거운 것이 있습니다. 의관, 역관은 사대부 반열에 낄 수 없습니다. 의관, 역관 무리는 모두 미천한 계급 출신으로 사족(士族)이 아닙니다."
>
> －『성종실록(成宗實錄)』－
>
> ＊전지: 상벌(賞罰)에 관한 임금의 명(命)을 그 맡은 관아에 전달하던 일.

① 벼슬에는 높고 낮음이 있고 직책에는 가볍고 무거운 것이 있다고 한 것은 당시 모든 사회 구성원을 양인과 천인으로 나누려는 의도로 볼 수 있군.
② 의관, 역관 무리는 모두 미천한 계급 출신으로 사족이 아니라고 한 것은 국가의 법적 규범인 양천제가 흔들릴 것에 대한 위기감을 드러낸 것이군.
③ 의관, 역관과 같은 중인을 동서 양반에 발탁하려는 임금의 조치에 반대하는 것은 양반의 지배자적 위치를 돋보이게 하려는 의식을 반영한 것이겠군.
④ 기술직을 권장하는 대책을 세우고 시행하는 데 대해 우려를 나타낸 것은 양반들이 누려온 독점적 권력이 중인에게 집중될 것에 대한 불만을 표시한 것으로 보아야겠군.
⑤ 재주가 있는 자를 양반에 발탁하도록 한 임금의 명령에 놀라움을 드러낸 것은 신분에 따라 공권력으로 인간의 기본권을 보장받을 수 있는 범위에 대한 시각차를 보여주는군.

[1~6] 어휘의 뜻풀이와 어휘 ㉠~㉣을 바르게 연결하시오.

[7~12] 예문의 ( ) 안에 들어갈 어휘 ㉠~㉣을 바르게 연결하시오.

뜻풀이	어휘	예문
1 경매나 경쟁 입찰 따위에서 물건이나 일을 받기로 결정된 사람.	㉠ 희소성	**7** 나이가 들면 기억력의 ( )이/가 온다.
2 받아들이지 아니하고 물리쳐 제외함.	㉡ 쇠퇴	**8** 경매의 최종 ( )을/를 발표하다.
3 일정한 물체의 표면이나 지표면에 비치는 햇볕의 양.	㉢ 배제	**9** 이 음반은 한정량만 발매되어 ( )이/가 높다.
4 일반적으로 널리 통하는 개념.	㉣ 낙찰자	**10** 겨울은 낮이 짧아 ( )이/가 적다.
5 기세나 상태가 쇠하여 전보다 못하여 감.	㉤ 일조량	**11** 사회적 ( )을/를 깨다.
6 인간의 물질적 욕구에 비하여 그 충족 수단이 질적·양적으로 제한되어 있거나 부족한 상태.	㉥ 통념	**12** 국민은 국가의 정책 결정 과정에서 ( )되어서는 안 된다.

[13~18] 보기 의 글자들을 조합하여 다음 뜻풀이에 해당하는 단어를 만드시오.

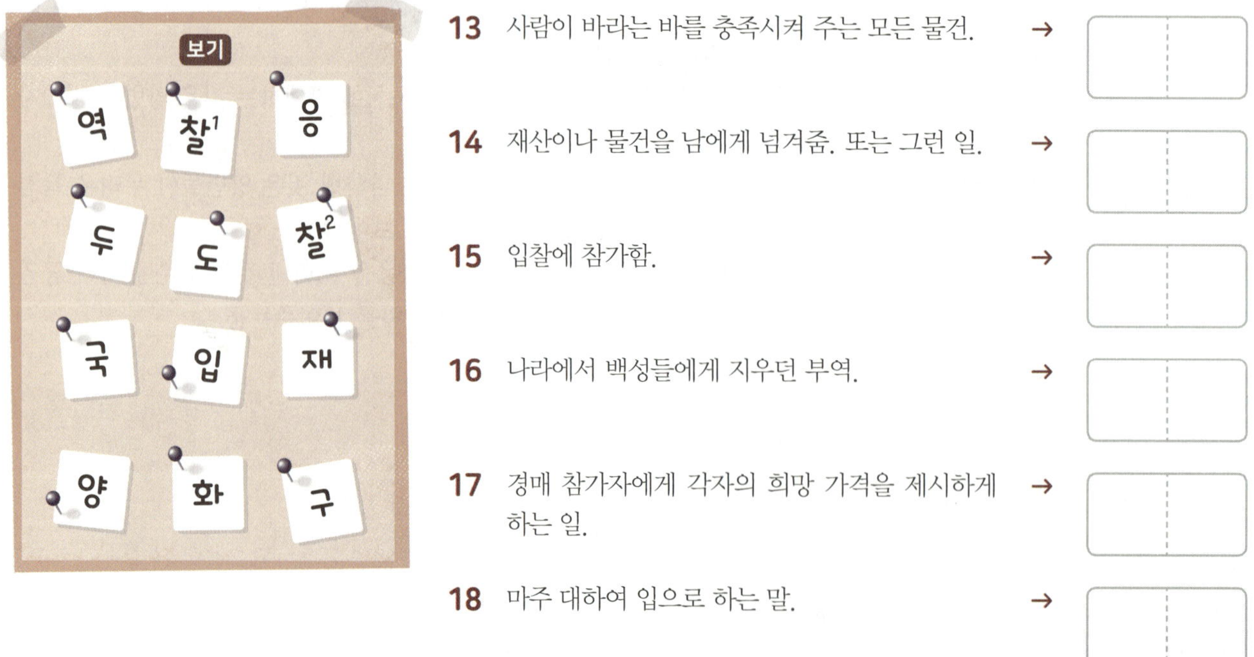

13 사람이 바라는 바를 충족시켜 주는 모든 물건. →

14 재산이나 물건을 남에게 넘겨줌. 또는 그런 일. →

15 입찰에 참가함. →

16 나라에서 백성들에게 지우던 부역. →

17 경매 참가자에게 각자의 희망 가격을 제시하게 하는 일. →

18 마주 대하여 입으로 하는 말. →

어휘 특강

소리는 같지만 뜻이 다른 단어를 동음이의어(同音異義語)라고 한다.

찍다¹ 동사 ←---- 동음이의어 ----→ 찍다² 동사

다의어

찍다¹ 동사

❶ 날이 있는 연장 따위로 내리치다.
　예 도끼로 나무를 찍다.

❷ 끝이 뾰족한 것으로 찌르다.
　예 포크로 과일을 찍어서 어르신께 권했다.

❸ 표 따위에 구멍을 뚫다.
　예 기차표를 찍다.

찍다² 동사

다의어

❶ 바닥에 대고 눌러서 자국을 내다.
　예 서류에 도장을 찍다.

❷ 물건의 끝에 가루나 액체 따위를 묻히다.
　예 펜에 잉크를 찍다.

❸ 점이나 문장 부호 따위를 써넣다.
　예 문장에 마침표를 찍다.

두 가지 이상의 뜻을 가진 단어를 다의어(多義語)라고 한다.

전제와 내용의 추리

독해 방법 Q&A

"선생님, 추론적 읽기의 방법에는 어떤 것이 있나요?"

추론적 읽기란 글에 생략되어 있는 정보들을 추측하고 숨겨진 주제 등을 논리적으로 파악해 나가는 과정을 뜻해. 추론적 읽기를 할 때는 먼저 접속어, 지시어 등을 활용하여 겉으로 드러나 있지 않은 내용을 찾아낼 수 있어야 해. 그리고 글에 나타난 여러 가지 정보들을 전체 문맥에 비추어 새롭게 해석해 보는 것도 굉장히 중요하지. 또 글에서 다루는 특정 대상으로부터 이끌어 낼 수 있는 정보나 내용을 추리해야 하는 경우도 있는데, 이때는 글에 제시된 핵심 대상이나 특정 정보에 대한 세부적 이해가 선행되어야 한다는 것을 기억하자.

> 드러나 있지 않은 내용 찾기
> +
> 새로운 의미 이끌어 내기

학습 점검표

STUDY 10 의 지문과 문제를 잘 학습했는지 체크한 후, 부족한 부분이 있다면 앞으로 돌아가서 다시 살펴보자~!

지문/문제		나의 체크				보완할 부분
경매를 통한 가격 결정 방식		○ 1회독　○ 2회독 이상	○ 내용	○ 지문 구조	○ 어휘	
	1	○ 맞힘　○ 틀림	○ 내용	○ 개념&유형	○ 어휘	
	2	○ 맞힘　○ 틀림	○ 내용	○ 개념&유형	○ 어휘	
조선 시대의 양천제와 반상제		○ 1회독　○ 2회독 이상	○ 내용	○ 지문 구조	○ 어휘	
	1	○ 맞힘　○ 틀림	○ 내용	○ 개념&유형	○ 어휘	
	2	○ 맞힘　○ 틀림	○ 내용	○ 개념&유형	○ 어휘	

경국대전에 나타난 조선의 근대적인 법

📖 지문 구조 & 정답 및 해설 044쪽

반응 및 비판의 적절성 평가

* **부재**: 그곳에 있지 아니함.
* **합리성**: 이론이나 이치에 합당한 성질.
* **안정성**: 바뀌어 달라지지 아니하고 일정한 상태를 유지하는 성질.
* **편찬**: 여러 가지 자료를 모아 체계적으로 정리하여 책을 만듦.
* **합목적성**: 목적을 실현하는 데에 적합한 성질. 또는 어떤 사물이 일정한 목적에 적합한 방식으로 존재하는 성질.
* **옥죄다**: 옥여 바싹 죄다.
* **부정부패**: 바르지 못하고 타락함.

지문 정보 확인

1. 몽테스키외는 동양의 유교 사회를 긍정적으로 평가하였다. (　)

2. 경국대전이 편찬되기 전에는 왕마다 법전을 새로 편찬했다. (　)

3. 조선 시대의 법은 죄인을 처벌하기보다는 백성을 덕으로 다스리려는 목적을 이루기 위한 것이었다. (　)

프랑스의 법률가 몽테스키외는 동양의 유교 사회를 '법이 아닌 도덕에 의해 다스려지는 사회'라고 말했다. 동양의 유교 사회를 근대적인 법이 부재하고 백성들에게 도덕만을 강조하는, 합리성이 ⓐ결여된 사회로 판단한 것이다. 그렇다면 유교를 통치 이념으로 삼았던 조선도 '법이 아닌 도덕'에 의해 다스려진 사회였을까? 이 질문에 대한 답은 조선 시대의 법전인 『경국대전』에서 찾을 수 있다.

서양인들이 동양의 유교 사회에 근대적인 법이 부재한다고 판단한 근거 중 첫 번째는 법적 안정성이 떨어진다는 것이다. 경국대전이 편찬되기 전까지 조선은 왕이 바뀔 때마다 기존의 법전에 왕의 명령을 덧붙이는 방식으로 법전을 새로 편찬했다. 이로 인해 법 조항 사이에 통일성이 없어졌고 결국 안정적인 법 집행이 어려운 지경에까지 이르렀다. 이에 세조는 기존 법전과 왕들의 명령을 통일성 있게 정리해 나감과 동시에 우리 고유의 관습법을 반영하여 법 조항을 상세히 기록해 나갔다. 이 작업은 30여 년간 이어졌고 성종 때에 이르러 경국대전은 완성되었다. 시대가 변하더라도 크게 바꿀 필요가 없는 법을 만들겠다는 편찬 의도대로 경국대전은 조선이 왕의 절대적인 권한을 ⓑ용인하지 않고 법에 의해 안정적으로 운영되는 데 그 역할을 다했다.

서양인들의 두 번째 판단 근거는 유교 사회의 법은 합목적성을 갖추고 있지 않다는 것이다. 경국대전 편찬에 참여한 학자 최항은 '사람은 욕망이 싹트면서 선한 바탕을 잃어버린다. 그래서 덕치를 이상으로 하되, 현실에서는 법을 수단으로 삼아야 한다.'고 말했다. 백성들을 옥죄어 오로지 상벌로만 다스리는 것은 유교의 이상에 ⓒ부합하지 않는다고 생각하고 법이 덕치라는 이상을 위한 수단으로 사용되어야 한다는 것이다. 이에 따라 경국대전에는 사형을 집행할 때에는 세 차례에 걸쳐 상황을 ⓓ참작할 자료가 있는지 조사하고 충분한 논의 후 형량을 조정하여 왕이 최종적인 판결을 내려야 한다는 '삼복 제도'가 명시되어 있다. 이는 법으로써 죄인을 처벌하는 데에만 목적을 두지 않고 법을 수단으로 하여 백성을 덕으로 다스리려는 목적을 이루고자 한 것이라 볼 수 있다.

서양인들의 마지막 판단 근거는 법에 평등의 정신이 반영되어 있지 않다는 것이다. 철저한 신분제 사회 속에서 편찬되었음에도 불구하고 경국대전의 전체 처벌 규정 가운데 45%는 비리를 저지르거나 백성을 괴롭히는 관리들에 대한 처벌 규정이다. 이는 지배층이라 해도 유교 이념에 어긋난 행동을 하면 처벌을 받아야 한다는 인식에서 비롯된 것으로 고려 말 지배층의 부정부패로 인한 혼란을 겪으며 얻은 교훈의 결과였다. 더불어 세금을 거두는 기준을 명확하게 제시하여 합리적으로 세금을 ⓔ징수하도록 하고, 출산을 앞둔 관노비에게 80일 간의 휴가를 주는 등 사회복지법적인 성격을 지닌 조항도 만들어 피지배층을 고려한 법을 만들기 위한 노력을 기울였다.

　　이상의 내용을 통해 우리는 조선이 근대성을 지닌 법으로 운영된 사회라는 것을 알 수 있다. 더불어 지배층의 모범을 강조하면서 현실적인 법을 통해 궁극적으로 덕치를 추구한 조선의 왕과 관리들의 노력 또한 확인할 수 있다.

1 '경국대전'에 대한 설명으로 적절하지 <u>않은</u> 것은?

① 왕이 바뀔 때마다 전면적인 수정이 반복되었다.
② 왕의 절대적인 권한을 견제하는 기능을 하였다.
③ 피지배층의 사회복지를 위한 관련 조항이 있었다.
④ 판결의 오류를 줄이기 위한 법률 제도가 포함되었다.
⑤ 지배층의 부정부패를 예방하기 위한 노력이 반영되었다.

2 윗글의 '최항'과 〈보기〉의 '한비자'에 대한 설명으로 적절한 것은?

> **보기**
>
> 　　한비자는 인간은 본래 이기적인 존재이므로 재화가 한정된 상황에서는 다툼이 발생할 수밖에 없다고 보았다. 이때 왕이 덕으로 사람들을 다스리는 것에는 한계가 있으므로 법으로 사람들을 다스릴 수밖에 없으며, 이를 통해 궁극적으로 부국강병을 이룰 수 있다고 주장하였다.

① 최항은 인간이 법으로 인해 선한 바탕을 잃는다고 보았다.
② 한비자는 법으로 인간의 본성을 회복할 수 있다고 보았다.
③ 최항과 한비자는 모두 상과 벌로만 백성을 다스리려 하였다.
④ 최항은 법의 부정적 기능을, 한비자는 긍정적 기능을 강조하였다.
⑤ 최항은 덕치를, 한비자는 부국강병을 위해 법의 필요성을 인정하였다.

3 ⓐ~ⓔ의 사전적 의미로 적절하지 <u>않은</u> 것은?

① ⓐ: 마땅히 있어야 할 것이 빠져서 없거나 모자람.
② ⓑ: 너그럽게 받아들여 인정함.
③ ⓒ: 사물이나 현상이 서로 꼭 들어맞음.
④ ⓓ: 앞으로의 일을 미리 헤아림.
⑤ ⓔ: 조세, 벌금 따위를 국민에게서 거두어들임.

지문 구조＆정답 및 해설 046쪽

어떤 사회 현상이 나타나는 경우 그러한 현상은 '제도'의 탓일까, 아니면 '문화'의 탓일까? 이 논쟁은 정치학을 비롯한 모든 사회과학에서 두루 다루는 주제이다. 정치학에서 제도주의자들은 보다 선진화된 사회를 만들기 위해서 제도의 정비가 중요하다고 주장한다. 하지만 문화주의자들은 실제적인 '운용의 묘'를 살리는 문화가 제도의 정비보다 중요하다고 주장한다.

문화주의자들은 문화를 가치, 신념, 인식 등의 총체로서 정치적 행동과 행위를 특정한 방향으로 움직여 일정한 행동 양식을 만들어내는 것으로 정의한다. 이러한 문화에 대한 정의를 바탕으로 이들은 국민이 정부에게 하는 정치적 요구인 투입과 정부가 생산하는 정책인 산출을 기반으로 정치 문화를 편협형, 신민형, 참여형의 세 가지로 유형화하였다.

편협형 정치 문화는 투입과 산출에 대한 개념이 모두 존재하지 않는 정치 문화이다. 투입이 없으며, 정부도 산출에 대한 개념이 없어서 적극적 참여자로서의 자아가 있을 수 없다. 사실상 정치 체계에 대한 인식이 국민들에게 존재할 수 없는 사회이다. 샤머니즘에 의한 신정 정치, 부족 또는 지역 사회 등 전통적인 원시 사회가 이에 해당한다.

다음으로 신민형 정치 문화는 투입이 존재하지 않으며, 따라서 적극적 참여자로서의 자아가 형성되지 못한 사회이다. 이런 상황에서 산출이 존재한다는 의미는 국민이 정부가 해주는 대로 받는다는 것을 의미한다. 이들 국민은 정부에 복종하는 성향이 강하다. 하지만 편협형 정치 문화와 달리 이들 국민은 정치 체계에 대한 최소한의 인식은 있는 상태이다. 일반적으로 독재 국가의 정치 체계가 이에 해당한다.

마지막으로 참여형 정치 문화는 국민들이 자신들의 요구 사항을 표출할 줄도 알고, 정부는 그러한 국민들의 요구에 응답하는 사회이다. 따라서 국민들은 적극적인 참여자로서의 자아가 형성되어 있으며, 그러한 적극적 참여자들로 형성된 정치 체계가 존재하는 사회이다. 이는 선진 민주주의 사회로서 현대의 바람직한 민주주의 사회상이다.

정치 문화 유형 연구는 어떤 사회가 민주주의를 제대로 구현하기 위해서 우선적으로 필요한 것이 무엇인가 하는 질문에 대한 답을 제시하고 있다. 문화주의자들은 국가를 특정 제도의 장단점에 의해서가 아니라 국가의 구성 요소들이 민주주의라는 보편적인 목적을 위해 얼마나 잘 기능하고 있는가를 기준으로 평가하고 있는 것이다.

***논쟁:** 서로 다른 의견을 가진 사람들이 각각 자기의 주장을 말이나 글로 논하여 다툼.

* **사회과학:** 사회 현상을 지배하는 객관적 법칙을 해명하려는 경험 과학을 통틀어 이르는 말. 연구 대상에 따라 사회학, 정치학, 경제학, 역사학 따위로 나눈다.

***운용:** 무엇을 움직이게 하거나 부리어 씀.

***총체:** 있는 것들을 모두 하나로 합친 전부 또는 전체.

***양식:** 일정한 모양이나 형식. 오랜 시간이 지나면서 자연히 정하여진 방식.

***샤머니즘:** 원시적 종교의 한 형태. 주술사인 샤먼이 신의 세계나 악령 또는 조상신과 같은 초자연적 존재와 직접적인 교류를 하며, 그에 의하여 점복(占卜), 예언, 병 치료 따위를 하는 종교적 현상이다.

***신정 정치:** 신의 대변자인 사제가 지배권을 가지고 종교적 원리에 의하여 통치하는 정치 형태.

***신민:** 군주국에서 관원과 백성을 아울러 이르는 말.

***구현하다:** 어떤 내용을 구체적인 사실로 나타나게 하다.

지문 정보 확인

1. 문화주의자들은 어떤 사회 현상이 나타나는 이유는 제도에 의한 것이라고 주장한다. ( )

2. 편협형 정치 문화는 국민들 사이에 정치 체계에 대한 인식이 존재할 수 없다. ( )

3. 정치 문화 유형 연구는 국가를 특정 제도의 장단점을 기준으로 평가하는 것이다. ( )

1 윗글을 통해 글쓴이가 궁극적으로 말하고자 하는 것은?

① 정치 발전을 위해서는 국민이 적극적으로 정치에 참여해야 한다.
② 정치 제도보다 정치 제도를 운영하는 운영자의 가치관이 중요하다.
③ 정치 문화의 유형을 구분하는 기준을 투입에서 산출로 바꾸어야 한다.
④ 정치에 정부가 과도하게 개입하는 것은 정치 발전에 도움이 되지 않는다.
⑤ 정치 제도를 개선하는 것이 당면한 사회적 문제를 해결하는 데 효과적이다.

2 윗글과 〈보기〉를 읽은 학생의 반응으로 적절하지 <u>않은</u> 것은?

보기

　독재 국가에서 선거 혁명을 통해 민주주의를 이루어 가는 갑국은 종교별 투표 성향이 강한 나라이다. 갑국은 새로운 정부를 구성하려고 대통령 선거에서 한 표라도 많으면 당선되는 단순 다수 대표제를 실시하였다. 그 결과 ○○교의 지지를 받은 A가 유효 투표수의 1/3을 득표하여 대통령에 당선되었다. 그러자 정책의 결정과 시행 과정에서 국민적 합의가 잘 이루어지지 않는 문제점이 발생하였다. 현재 차기 대통령 선거를 앞두고 갑국의 여러 시민 단체들은 1차 투표에서 과반수 득표를 못하면 2차 결선 투표를 실시하는 절대 다수 대표제를 채택하자고 요구하고 있다. 하지만 정부는 아직 이것에 대해 본격적으로 검토하지 않고 있다.

① 갑국은 투입보다 산출이 활성화되어 있군.
② A는 투표 성향과 투표 제도 때문에 당선되었군.
③ 갑국은 신민형에서 참여형으로 정치 문화가 변하고 있군.
④ 시민 단체들은 정치적 현상을 제도 개선으로 해결하고자 하는군.
⑤ 문화주의자들은 문제 해결 방법을 제도주의자들과는 다르게 제시하겠군.

[1~10] 〈보기〉에서 어휘의 뜻풀이 또는 예문의 (   ) 안에 들어갈 어휘 ㉠~㉫을 찾아 쓰시오.

보기

| ㉠ 부재 | ㉡ 편찬 | ㉢ 논쟁 | ㉣ 안정성 | ㉤ 구현하다 |

뜻풀이

1 그곳에 있지 아니함.　[　　]

2 바뀌어 달라지지 아니하고 일정한 상태를 유지하는 성질.　[　　]

3 서로 다른 의견을 가진 사람들이 각각 자기의 주장을 말이나 글로 논하여 다툼.　[　　]

4 여러 가지 자료를 모아 체계적으로 정리하여 책을 만듦.　[　　]

5 어떤 내용을 구체적인 사실로 나타나게 하다.　[　　]

예문

6 우리 반은 문집을 (　　　)했다.　[　　]

7 점심 시간에 (　　　) 중 전화가 와 있었다.　[　　]

8 그는 도둑을 잡아서 정의를 (　　　).　[　　]

9 이 금융 상품은 (　　　)이/가 매우 높다.　[　　]

10 그들은 열띤 (　　　)을/를 했다.　[　　]

[11~15] 다음에서 설명하는 어휘가 무엇일지 사다리를 연결하고 주어진 낱자를 활용하여 쓰시오.

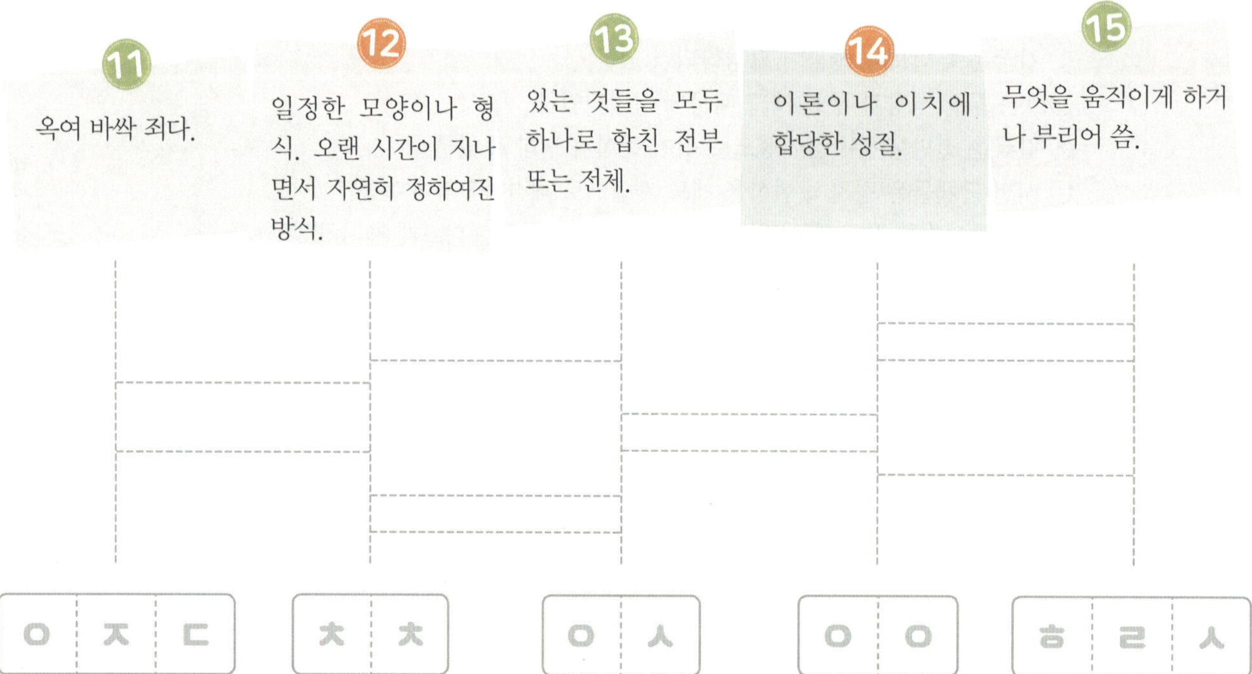

어휘 특강

오르다
사람이나 동물 따위가 아래에서 위쪽으로 움직여 가다.
예 옥상에 올라 하늘을 바라보았다.

비 상승하다
낮은 데서 위로 올라가다.
예 밤이 깊어지면서 기온은 다시 상승하는 것 같았다.

비 치밀다
아래에서 위로 힘차게 솟아오르다.
예 뜨거운 열기가 위로 치밀다.

비 올라타다
어떤 사물의 위에 오르다.
예 손자가 할아버지 등에 올라탔다.

반 하강하다
높은 곳에서 아래로 향하여 내려오다.
예 주가가 연일 하강하고 있다.

반 내려가다
높은 곳에서 낮은 곳으로 또는 위에서 아래로 가다.
예 아래층에 내려가다.

반 하락하다
값이나 등급 따위가 떨어지다.
예 집값이 큰 폭으로 하락하였다.

독해 방법 Q&A 

"선생님, 글을 비판적으로 읽는다는 것이 무엇인가요?"

사실적 독해나 추론적 독해가 글의 내용을 파악하는 데에 초점을 맞춘다면, 그 내용을 수용할 것인지 반박할 것인지를 따져 보는 것이 비판적으로 글을 읽는 관점이라고 볼 수 있단다. 일반적으로 글을 읽을 때 글쓴이의 생각에 무조건 동의하는 경우가 많은데, 글에 대해 의심하고 따져 보는 것이 비판적 독해라고 할 수 있지. 비판적 독해를 할 때는 판단의 기준이 있어야 하는데, 글쓴이의 주장이나 근거가 합리적이고 타당한지, 글의 내용이 공정한지, 글쓴이가 사용한 자료가 주장을 뒷받침하기에 적절한지 등을 따져 보는 거지.

> 글에 동의할 것인지
> 반박할 것인지 고민하는 것
> ⬇
> ✔ 주장과 근거가 타당한가?
> ✔ 글의 내용이 공정한가?
> ✔ 자료가 적절한가?

학습 점검표

STUDY **11** 의 지문과 문제를 잘 학습했는지 체크한 후, 부족한 부분이 있다면 앞으로 돌아가서 다시 살펴보자~!

지문/문제		나의 체크			보완할 부분
경국대전에 나타난 조선의 근대적인 법		○ 1회독 ○ 2회독 이상	○ 내용 ○ 지문 구조 ○ 어휘		
	1	○ 맞힘 ○ 틀림	○ 내용 ○ 개념&유형 ○ 어휘		
	2	○ 맞힘 ○ 틀림	○ 내용 ○ 개념&유형 ○ 어휘		
	3	○ 맞힘 ○ 틀림	○ 내용 ○ 개념&유형 ○ 어휘		
문화주의자들의 정치 문화 유형 연구		○ 1회독 ○ 2회독 이상	○ 내용 ○ 지문 구조 ○ 어휘		
	1	○ 맞힘 ○ 틀림	○ 내용 ○ 개념&유형 ○ 어휘		
	2	○ 맞힘 ○ 틀림	○ 내용 ○ 개념&유형 ○ 어휘		

STUDY 12

뒷받침 사례 파악

📖 지문 구조&정답 및 해설 048쪽

소비자들은 어떤 제품이나 서비스를 선택할 때 쉽사리 결정을 내리지 못한다. 이를테면 기능은 만족스럽지만 가격이 비싸거나, 반대로 가격은 만족스러운데 기능은 그렇지 않다거나 하는 경우를 들 수 있다. 이처럼 소비자들은 구매 과정에서 흔히 갈등을 겪게 되는데, 그중 가장 대표적인 것이 '접근-접근 갈등'이다. 이는 둘 이상의 바람직한 대안 중에서 하나만을 골라야 하는 경우에 어느 것을 선택해야 할지 결정하지 못해 발생하는 갈등이다. ㉠이때 판매자는 대안들을 함께 묶어 제공함으로써 소비자가 겪는 '접근-접근 갈등'을 해소할 수 있다.

그런데 다른 대안들을 함께 묶어 제공받지 못한 상태에서 하나의 대안만을 선택해야 했던 경우, 소비자들은 선택하지 않은 대안에 대한 아쉬움 때문에 심리적으로 불편함을 느끼게 된다. 소비자들은 이러한 심리적 불편함을 없애려 하는데, 이는 인지 부조화 이론으로 설명할 수 있다. 이 이론에 따르면 사람들은 자신의 생각과 태도가 자신이 한 행동과 서로 일치하기를 바라는데, 그렇지 않으면 심리적 긴장 상태가 발생하게 된다는 것이다. 이런 경우 사람들은 긴장 상태를 해소하기 위해 생각과 행동을 일치시키려 한다. 그렇다면 제품을 구입한 행동과 제품 구입 후에 자신의 선택이 최선이 아닐지도 모른다는 생각 사이의 부조화는 어떻게 극복될 수 있을까?

인지 부조화 상태를 겪고 있는 소비자는 이를 해소하기 위해 선택하지 않은 제품의 단점을 찾아내거나 그 제품의 장점을 무시하기도 한다. 하지만 일반적으로는 자신의 구매 행동을 지지하는 부가 정보들을 찾아냄으로써 현명한 선택을 했다는 것을 스스로에게 확신시킨다. 특히 자동차나 아파트처럼 고가의 재화를 구매했을 경우에는 구매 직후의 인지 부조화가 심화되므로 이를 해소하려는 노력도 더 크게 나타난다. 이때 광고가 중요한 역할을 한다. 소비자들은 광고를 통해 자신이 선택한 제품의 장점을 재확인하거나 새로운 선택 이유를 찾아내려고 하는 것이다. 제품을 구매한 고객들을 대상으로 한 광고는 전달할 수 있는 정보가 제한적인 매체보다는 많은 정보를 담을 수 있는 매체를 활용하는 것이 효과적이다.

소비자들이 구매 후에 광고를 탐색하는 것은 인지 부조화를 감소시키고자 하는 노력인데, 기업 입장에서는 또 다른 효과들을 가져오기도 한다. 구매 후 광고는 제품을 구매한 소비자들에게 자신의 구매 행동이 옳았다는 확신이나 만족을 심어주기 때문에 회사의 이미지를 높이고 브랜드 충성심을 구축하는 데 크게 기여한다. 따라서 구매 후 광고는 재구매를 유도하거나 긍정적 입소문을 확산시켜 광고의 효과를 극대화할 수 있다. 따라서 기업은 제품을 판매한 이후에도 소비자와 제품의 우호적인 관계가 유지될 수 있도록 지속적으로 광고를 노출할 필요가 있다.

---

*대안: 어떤 일에 대처할 방안.

*인지: 어떠한 사실을 분명하게 인식하여 앎.

*인지 부조화: 사람들이 자신의 태도와 행동 따위가 서로 모순되어 양립할 수 없다고 느끼는 불균형 상태.

*부가: 덧붙임. 첨가.

*기여: 남에게 도움이 되도록 이바지함.

*우호적: 개인 간이나 국가 간에 서로 친하고 사이가 좋은 것.

*지속적: 어떤 상태가 오래 계속되는 것.

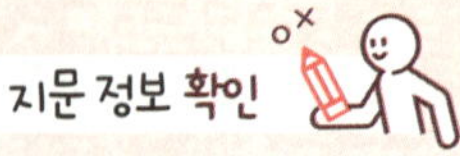

지문 정보 확인

1. 인지 부조화는 자신의 생각과 태도가 자신이 한 행동과 서로 일치하지 않는 데서 오는 심리적 불편함과 관련 있다. (　　)

2. 인지 부조화는 고가의 상품을 구매했을 때 더 심하게 나타난다. (　　)

3. 소비자들이 상품을 구매한 후, 그 상품에 대한 광고를 보면 인지 부조화의 정도는 더 커진다. (　　)

1 ㉠의 예로 가장 적절한 것은?

① 소비자는 공짜를 좋아하는 경향이 있으므로, 탄산음료를 판매할 때 두 개를 한 개 값으로 주는 1+1 전략을 활용한다.

② 소비자는 어떤 사은품을 주는지 주의 깊게 살펴보는 경우가 많으므로, 냄비를 판매하면서 사은품으로 프라이팬을 제공한다.

③ 소비자는 바지를 살 때 그에 어울리는 티셔츠를 함께 구입하려는 경향이 있으므로, 바지와 티셔츠를 인접하여 나란히 진열한다.

④ 소비자는 어떻게 하면 저렴한 가격으로 물건을 구입할 수 있을지 고심하는 경향이 있으므로, 저녁 무렵에는 야채를 반값에 판매한다.

⑤ 소비자는 중식을 먹을 때 짜장면과 짬뽕을 두고 선택을 망설이는 경우가 많으므로, 두 음식을 다 먹을 수 있는 짬짜면을 메뉴에 추가한다.

2 다음은 한 자동차 회사의 '구매 후 광고 전략 화상 회의'의 일부이다. 윗글을 참고할 때, 발언 내용으로 적절하지 <u>않은</u> 것은?

① ㉠　　　② ㉡　　　③ ㉢　　　④ ㉣　　　⑤ ㉤

동일한 환경에서 야구공과 고무공을 튕겨 보면, 고무공이 훨씬 민감하게 튀어 오르는 것을 볼 수 있다. 즉 고무공은 야구공에 비해 탄력이 좋다. 일정한 가격에서 사람들이 사고자 하는 물건의 양인 수요량에도 탄력성의 개념이 적용될 수 있다. 재화의 가격이 변화할 때 수요량도 변화하게 되는 것이다. 이때 경제학에서는 가격 변화에 대한 수요량 변화의 민감도를 측정하는 표준화된 방법을 수요 탄력성이라고 한다.

수요 탄력성은 수요량의 변화 비율을 가격의 변화 비율로 나눈 값이다. 일반적으로 가격과 수요량은 반비례하므로 수요 탄력성은 음(−)의 값을 갖는다. 그러나 통상적으로 음의 부호를 생략하고 절댓값만 표시한다. 예를 들어 어떤 재화의 가격이 1% 오를 때 이 재화의 수요량이 2% 떨어졌다면 수요 탄력성은 절댓값인 '2'가 된다.

가격에 따른 수요량 변화율에 따라 상품의 수요는 '단위 탄력적', '탄력적', '완전 탄력적', '비탄력적', '완전 비탄력적'으로 나눌 수 있다. 만약 어떤 상품의 가격의 변화율과 수요량의 변화율이 같다면 수요 탄력성은 1이 된다. 이 경우 수요는 '단위 탄력적'이라고 불린다. 어떤 상품의 가격의 변화율보다 수요량의 변화율이 크다면 수요 탄력성은 1보다 크게 된다. 이 경우 수요는 '탄력적'이라고 불린다. 한편 영(0)에 가까운 아주 작은 가격 변화에도 수요량이 매우 크게 변화하면 수요 탄력성은 무한대가 된다. 이 경우의 수요는 '완전 탄력적'이라고 불린다. 소비를 하지 않아도 생활에 지장이 없는 사치품이 이에 해당한다. 반면, 수요 탄력성이 1보다 작다면 수요는 '비탄력적'이라고 불린다. 만일 가격이 아무리 변해도 수요량에 어떠한 변화도 나타나지 않는다면 수요 탄력성은 영(0)이 된다. 이 경우 수요는 '완전 비탄력적'이라고 불린다. 생필품이 이에 해당한다.

수요 탄력성의 크기는 상품의 가격이 변할 때 이 상품에 대한 소비자의 지출이 어떻게 변하는지를 알려 준다. 상품에 대한 소비자의 지출액은 가격에 수요량을 곱한 것이다. 먼저 상품의 수요가 탄력적인 경우를 따져 보자. 이 경우에는 수요 탄력성이 1보다 크기 때문에, 가격이 오른 정도에 비해 수요량이 많이 감소한다. 이에 따라, 가격이 상승하면 소비자의 지출액은 가격이 오르기 전보다 감소한다.

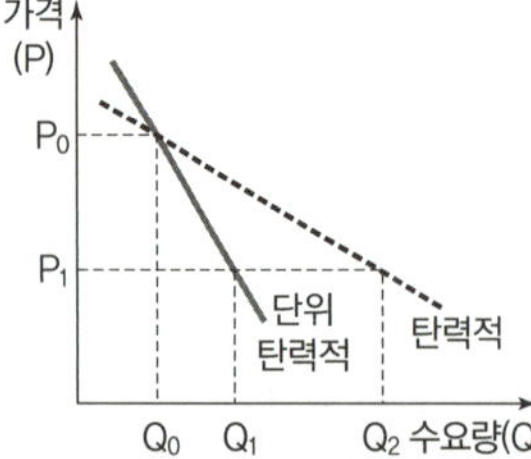

반면에 가격이 내릴 때에는 가격이 내린 정도에 비해 수요량이 많아지므로 소비자의 지출액은 증가한다. 물론 수요가 비탄력적인 경우에는 위와 반대되는 현상이 일어난다. 즉 가격이 상승하면 소비자의 지출액은 증가하며, 가격이 하락하면 소비자의 지출액은 감소하게 된다. 그렇다면 수요 탄력성이 1인 경우에는 소비자의 지출에 어떤 현상이 발생할까? 이 경우에는 가격 변화율과 수요량의 변화율이 똑같기 때문에 지출액에는 결국 아무런 변화가 없게 된다.

---

*민감하다: 반응이 날카롭고 빠르다.

*탄력: 외부의 힘에 의해 변형된 물체가 그 외부의 힘이 없어지면 그에 대항하여 본래의 형태로 돌아가려는 힘.

*통상적: 특별하지 않고 예사인 것

*생필품: 일상생활에 꼭 필요한 물품.

*지출: 어떤 목적을 위하여 돈을 지급하는 일.

지문 정보 확인

1. 상품의 가격 변화율보다 수요량의 변화율이 크면 그 상품의 수요는 탄력적이다. ( )

2. 소비를 하지 않아도 생활에 지장이 없는 사치품의 경우는 수요가 비탄력적이다. ( )

3. 시장 수요가 탄력적인 재화는 가격이 내릴 때 시장 수요량이 크게 증가한다. ( )

수요 탄력성과 소비자 지출 사이의 관계는 소비자 개인은 물론이고 시장 전체에도 적용된다. 시장 전체의 경우, 탄력성은 시장 수요의 탄력성이고 소비자 전체의 지출액은 전체 기업의 수입과 같다. 시장 수요가 탄력적인 재화는 가격이 내릴 때 시장 수요량이 크게 증가하므로 모든 가계의 지출액은 증가한다. 이에 따라 전체 기업의 수입도 커진다.

1 윗글을 바탕으로 할 때, 〈보기〉의 밑줄 친 정책의 방향에 대한 추측으로 가장 적절한 것은?

보기

A국가의 정부는 경제 안정화를 위해 개별 소비자들이 지출액을 줄이도록 유도하는 정책을 시행하기로 하였다.
―신문 기사―

① 생필품의 가격은 높이고 사치품의 가격은 유지하려 하겠군.
② 생필품의 가격은 낮추고 사치품의 가격은 높이려 하겠군.
③ 생필품의 가격은 유지하고 사치품의 가격은 낮추려 하겠군.
④ 생필품과 사치품의 가격을 모두 유지하려 하겠군.
⑤ 생필품과 사치품의 가격을 모두 낮추려 하겠군.

**뒷받침
사례 파악**

2 〈보기〉는 어느 가정의 예산 계획의 일부이다. 윗글을 바탕으로 〈보기〉를 이해한 내용으로 적절하지 <u>않은</u> 것은?

보기

- 책은 가격이 10% 올랐기 때문에 수요량을 10% 줄인다.
- 라면은 가격이 10% 내렸기 때문에 수요량을 20% 늘린다.
- 국수는 가격이 10% 올랐기 때문에 수요량을 20% 줄인다.

① 책은 수요가 단위 탄력적이므로 지출액에는 변화가 없겠군.
② 라면은 국수보다 수요 탄력성이 크다고 할 수 있겠군.
③ 라면은 책보다 수요 탄력성이 크다고 할 수 있겠군.
④ 국수는 책보다 수요 탄력성이 크다고 할 수 있겠군.
⑤ 국수는 수요가 탄력적이므로 지출액이 감소하겠군.

[1~10] 보기 에서 어휘의 뜻풀이 또는 예문의 (   ) 안에 들어갈 어휘 ㉠~㉤을 찾아 쓰시오.

보기

㉠ 민감하다　　㉡ 대안　　㉢ 우호적
㉣ 생필품　　㉤ 지속적

1 일상생활에 꼭 필요한 물품.

[　　]

▼

2 어떤 상태가 오래 지속되는 것.

[　　]

3 개인 간이나 국가 간에 서로 친하고 사이가 좋음.

[　　]

4 반응이 날카롭고 빠르다.

[　　]

▼

5 어떤 일에 대처할 방안.

[　　]

6 안 좋은 습관을 고치기 위해서 는 (　　)인 노력이 필요하다.

[　　]

7 두 정상의 회담은 (　　)인 분위기였다.

[　　]

▼

8 우리 회사는 이번 홍수로 큰 피해 를 입은 주민들에게 (　　)을/ 를 원조하기로 했다.　[　　]

9 패션을 좋아하는 그녀는 유행 에 매우 (　　).

[　　]

10 실업 문제에 대한 현실성 있 는 (　　)을/를 제시해야 한다.　[　　]

[11~15] 다음에서 설명하는 어휘가 무엇일지 주어진 낱자를 활용하여 쓰시오.

11 외부의 힘에 의해 변형된 물체가 그 외 부의 힘이 없어지면 그에 대항하여 본래 의 형태로 돌아가려는 힘.

12 어떤 목적을 위하여 돈을 지급하는 일.

13 남에게 도움이 되도록 이바지함.

14 어떠한 사실을 분명하게 인식하여 앎.

15 소비의 주체로 '가정'을 이르는 말.

● '변화'와 관련된 한자 성어의 이해 ●

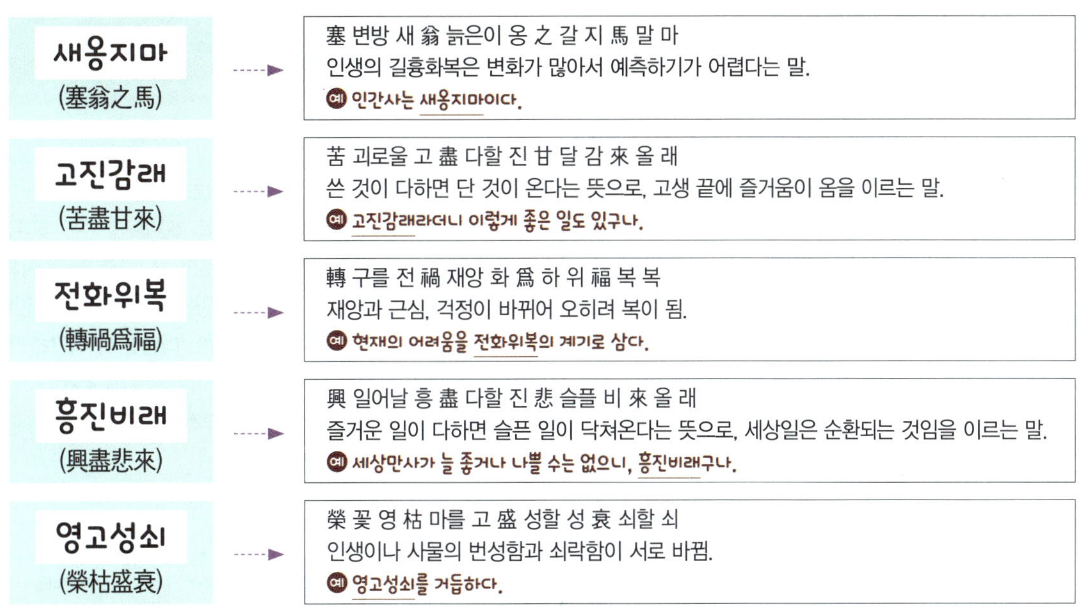

새옹지마 (塞翁之馬)	塞 변방 새 翁 늙은이 옹 之 갈 지 馬 말 마 인생의 길흉화복은 변화가 많아서 예측하기가 어렵다는 말. **예** 인간사는 새옹지마이다.
고진감래 (苦盡甘來)	苦 괴로울 고 盡 다할 진 甘 달 감 來 올 래 쓴 것이 다하면 단 것이 온다는 뜻으로, 고생 끝에 즐거움이 옴을 이르는 말. **예** 고진감래라더니 이렇게 좋은 일도 있구나.
전화위복 (轉禍爲福)	轉 구를 전 禍 재앙 화 爲 하 위 福 복 복 재앙과 근심, 걱정이 바뀌어 오히려 복이 됨. **예** 현재의 어려움을 전화위복의 계기로 삼다.
흥진비래 (興盡悲來)	興 일어날 흥 盡 다할 진 悲 슬플 비 來 올 래 즐거운 일이 다하면 슬픈 일이 닥쳐온다는 뜻으로, 세상일은 순환되는 것임을 이르는 말. **예** 세상만사가 늘 좋거나 나쁠 수는 없으니, 흥진비래구나.
영고성쇠 (榮枯盛衰)	榮 꽃 영 枯 마를 고 盛 성할 성 衰 쇠할 쇠 인생이나 사물의 번성함과 쇠락함이 서로 바뀜. **예** 영고성쇠를 거듭하다.

독해 방법 Q&A

> **"선생님, 상황에 따른 구체적 사례를 찾거나 이해할 때 중요한 것은 무엇일까요?"**

일반적으로 글에서 이론을 제시한 다음, 해당 이론과 관련된 사례를 〈보기〉로 제시하는 경우가 많단다. 따라서 가장 우선적으로 글의 세부 내용을 정확하게 이해해야 하고, 그 다음 〈보기〉로 제시된 사례를 분석하여 이 사례가 이론의 어느 부분과 관련이 있는지 파악해야 해. 가끔 글의 이론과 반대되는 사례를 제시한 후, 관점을 비교하는 문제도 제시되기도 하니 〈보기〉의 사례와 상황을 꼼꼼하게 읽어야 해.

```
글의 세부 내용 이해
        ↓
구체적 사례나 상황에 대한
    정확한 이해
        ↓
사례와 관련된 내용을
  글에서 찾아 적용
```

학습 점검표

STUDY 12 의 지문과 문제를 잘 학습했는지 체크한 후, 부족한 부분이 있다면 앞으로 돌아가서 다시 살펴보자~!

지문/문제		나의 체크				보완할 부분
인지 부조화 해소를 위한 광고 효과		○ 1회독 ○ 2회독 이상	○ 내용 ○ 지문 구조 ○ 어휘			
	1	○ 맞힘 ○ 틀림	○ 내용 ○ 개념&유형 ○ 어휘			
	2	○ 맞힘 ○ 틀림	○ 내용 ○ 개념&유형 ○ 어휘			
수요 탄력성의 개념과 적용		○ 1회독 ○ 2회독 이상	○ 내용 ○ 지문 구조 ○ 어휘			
	1	○ 맞힘 ○ 틀림	○ 내용 ○ 개념&유형 ○ 어휘			
	2	○ 맞힘 ○ 틀림	○ 내용 ○ 개념&유형 ○ 어휘			

개념 디렉토리

사회·문화 분야의 글이란?

사회·문화 분야의 글은 인간 사회에서 일어나는 다양한 사회 현상을 다루는 글이다. 사회·문화 분야의 글은 사회적 존재로서의 인간의 삶을 정치, 경제, 문화 등의 관점에서 설명하고, 그를 통해 사회에서 일어날 수 있는 다양한 현상을 분석하면서, 사회의 여러 문제에 대한 해결 방안을 찾아보고자 한다. 사회 현상을 제재로 삼거나 학자들의 견해가 제시된 글의 경우 분석이나 주장이 타당한지 비판하면서 읽어야 하고, 제도나 정책에 대해 설명하는 글은 정책의 한계나 대안에 해당하는 정보에 주목해야 한다. 사회·문화 분야의 글은 정치학, 경제학, 사회학, 지리학, 언론학, 법률학, 문화학, 교육학, 국제 관계학 등 다양한 분야에서 폭넓게 출제된다.

경제학

- 경제학은 경제 현상을 분석하고 연구하는 학문이다. 전문적인 경제학 개념을 소재로 한 글이 주를 이룬다.
  예 통화 정책, 정부의 정책 수단

법률학

- 법률학은 법질서와 법 현상 등을 연구한 학문이다. 법률 자체에 대한 내용, 법률 조항에 대한 접근 방법, 법적 권리 등 다양한 내용을 포함한다.
  예 계약의 개념과 법률 효과, 사단 법인의 법인격과 법인격 부인론

사회학

- 사회학은 사회의 근본 원리를 탐구하고 여러 가지 사회 현상의 통일적인 관계를 밝히는 학문이다. 사회 제도 및 사회의 다양한 현상을 연구하는 내용을 다룬다.
  예 사회 이론과 시대 상황, 기술의 발달에 따른 사회 변화

- 정치 현상을 연구한 내용과 국가 통치 작용 가운데 입법 작용과 사법 작용을 제외한 국가 작용인 경영과 관련된 내용을 다룬다. 학문적인 내용보다는 구체적 제도와 관련된 내용이 주를 이룬다.
  예 지식 경영론, 지방 자치 단체의 정책 결정 방식, 근대 정치의 고전적 딜레마

- 매체를 통한 보도나, 현안에 대한 여론 형성 등에 대한 내용을 다룬다.
  예 광고의 책임, 간접 광고의 이해

- 지표상에서 일어나는 자연 및 인문 현상을 지역적 관점에서 연구한 내용을 다룬다.

사회·문화 분야의 글 읽는 방법

- 사회 현상을 제재로 삼은 글의 경우, 사회 현상의 특징에 주목해야 한다. 이때 문제가 되는 현상을 제시하고 있다면 문제 삼고 있는 것이 무엇인지 정확하게 파악하면서 읽어야 한다.
- 제도나 정책에 대해 설명하는 글의 경우, 제도나 정책의 특징을 파악하면서 정책의 한계나 의의, 문제점을 극복하기 위한 대안으로 제시된 내용에 주목하면서 읽어야 한다.
- 글쓴이나 학자들의 견해나 주장이 제시된 글의 경우, 정보를 바탕으로 관점이나 입장을 정확하게 파악하고 구분해야 한다. 또한 이를 바탕으로 구체적 상황이나 사례에 적용할 수 있어야 한다.
- 동일한 사회 현상에 대한 다양한 관점을 제시한 글의 경우, 각 관점을 비교·분석하면서 읽어야 한다.

Ⅲ
과학 · 기술

끓는점과 용액의 증기압

어휘의
의미 파악

🔖 지문 구조&정답 및 해설 **052**쪽

라면을 끓일 때, 스프를 미리 넣으면 물만 끓일 때보다 끓는 데 더 오랜 시간이 걸린다. 이것은 스프가 물에 녹으면 물의 끓는점이 높아져서 더 많은 열을 가해야하기 때문이다. 그렇다면 스프를 넣은 물의 끓는점이 순수한 물의 끓는점보다 높은 이유는 무엇일까?

밀폐된 용기 속에 물을 담아 두면 물 분자들은 표면에서 일정한 속도로 증발한다. 이 과정에서 액체 상태의 물이 기체 상태로 변하기 때문에 물의 양은 점점 줄어든다. 그렇지만 일정 시간이 지나면 물의 양은 더 이상 줄어들지 않는다. 그 이유는 물에서 증발하는 분자 수와 물로 ⓐ돌아오는 분자 수가 같아지기 때문이다. 기체 상태의 분자들이 액체로 돌아오는 과정을 응축이라 하는데, 밀폐된 용기 속에서 증발된 기체 분자 수가 많아질수록 응축 속도가 빨라져 결국 증발 속도와 같아진다. 증발 속도와 응축 속도가 같은 때를 평형 상태라고 하는데, 이때부터 물의 양은 더 이상 줄어들지 않는다. 평형 상태에서 증기가 나타내는 압력을 액체의 증기압이라고 한다.

라면 스프를 넣은 물은 일종의 용액인데, 용액의 증기압은 용액의 농도와 온도, 용매의 종류에 따라 변한다. 순수한 용매만 있을 때에는 용매의 표면 전체에서 증발이 일어난다. 그러나 용액은 표면에서 비휘발성 용질이 차지하는 부분만큼 증발이 일어나지 않아, 용액의 증기압은 순수한 용매의 증기압보다 낮아진다. 용액에 비휘발성 용질이 많이 녹아있을수록, 즉 용액의 농도가 진할수록 표면에서 증발하는 용매 분자 수가 적어지기 때문에 용액의 증기압이 더 낮아진다. 한편 온도가 높아지면 분자의 운동이 활발해져서 증발하는 용매 분자 수가 많아지고, 이에 따라 용액의 증기압도 높아진다.

라면 스프를 넣은 물의 끓는점이 높아지는 이유는 용액의 증기압 변화를 통해 설명할 수 있다. '끓는다'는 것을 과학적으로 정의하면 액체의 증기압이 대기압과 같아져서 액체 내부에서 기체 상태로 변한 분자들(기포)이 액체의 표면 바깥으로 나오는 것이라고 할 수 있다. 그러므로 끓는점은 액체의 증기압이 대기압과 같아지는 온도로 정의할 수 있다. 비휘발성 용질을 녹인 용액은 순수한 용매보다 증기압이 낮기 때문에 더 높은 온도가 되어야 용액의 증기압과 대기압이 같아진다. 라면 스프를 넣은 물이 순수한 물에 비해 끓는점이 높은 이유는 이 때문이다. 반면 높은 산에 올라가면 대기압이 낮아지기 때문에 평지보다 액체의 증기압이 낮은 상태에서도 끓게 되는 것이다.

- **밀폐**: 샐 틈이 없이 꼭 막거나 닫음.
- **분자**: 물질에서 화학적 형태와 성질을 잃지 않고 분리될 수 있는 최소의 입자.
- **증발**: 어떤 물질이 액체 상태에서 기체 상태로 변함. 또는 그런 현상.
- **농도**: 용액 따위의 진함과 묽음의 정도.
- **용매**: 어떤 액체에 물질을 녹여서 용액을 만들 때 그 액체를 가리키는 말.
- **비휘발성**: 상온에서 액체가 기체가 되지 않는 성질.
- **평지**: 바닥이 편편한 땅.

지문 정보 확인

1. 밀폐된 공간에서 물을 담아두면 물 분자들은 일정한 속도로 증발한다. (   )

2. 용액의 증기압은 어떠한 환경에서도 일정하게 유지되는 특성을 가지고 있다. (   )

3. 끓는점은 액체의 증기압이 대기압보다 낮아지는 온도로 정의할 수 있다. (   )

1 온도가 일정한 밀폐된 용기 속에 용액을 넣고 관찰한다고 할 때, 이에 대한 설명으로 적절한 것은?

① 용액의 증발 속도는 일정하게 유지되지 않는다.
② 증발되는 기체 분자가 많아질수록 응축 속도는 느려진다.
③ 증발 속도와 응축 속도가 같아져도 물의 양은 계속 줄어든다.
④ 분자가 액체에서 기체 상태로 변화하는 속도가 응축 속도보다 빠르면 용액이 줄어든다.
⑤ 용액의 농도가 진할수록 용액의 증기압이 더 높아지기 때문에 증발하는 분자 수가 늘어난다.

2 다음 〈보기〉는 윗글과 관련된 자료이다. (가)와 (나)에 대한 설명으로 적절한 것은?

보기

아래 모형은 순수한 물인 (가)와 물에 비휘발성 용질을 녹인 (나)를 나타낸 것이다. (가)와 (나)는 동일한 조건에 있다.

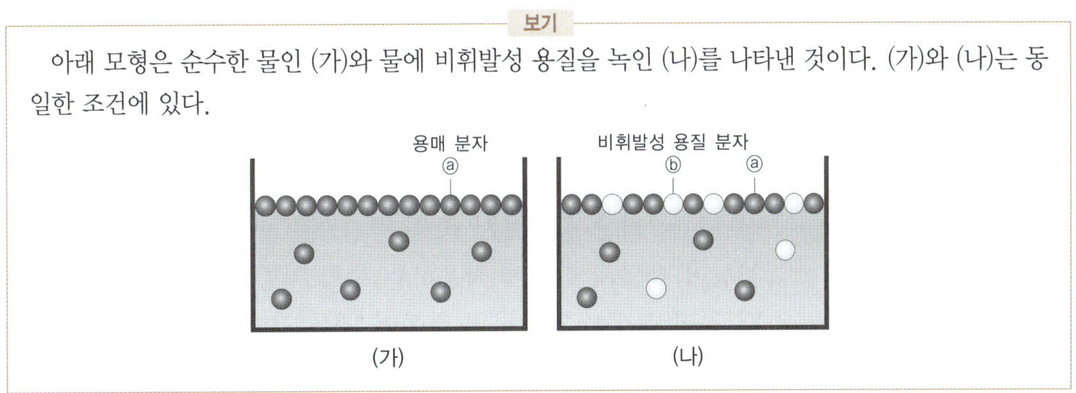

① (가)는 (나)보다 ⓐ가 줄어드는 속도가 느리다.
② (나)에 있는 ⓑ로 인해 용액의 증기압이 (가)보다 낮다.
③ (가)는 (나)와 달리 표면의 일부분에서만 증발이 일어난다.
④ (나)의 표면에서 ⓑ가 차지하는 부분이 많을수록 증발하는 양이 증가한다.
⑤ (가)와 (나) 모두 온도가 높아지더라도 증발되는 ⓐ의 수에는 변함이 없다.

어휘의
의미 파악

3 밑줄 친 단어 중 ⓐ와 문맥적 의미가 가장 유사한 것은?

① 규칙적인 식사 습관 덕분에 기운이 <u>돌아왔다</u>.
② 오다가 길을 헤매는 바람에 먼 길로 <u>돌아왔다</u>.
③ 우승 기념으로 우리 팀에 <u>돌아온</u> 몫은 간식뿐이었다.
④ 그는 가족에 대한 그리움으로 인해 고향으로 <u>돌아왔다</u>.
⑤ <u>돌아오는</u> 일요일에 친구와 함께 영화를 보기로 하였다.

초고층 건물의 건축 구조

지문 구조 & 정답 및 해설 054쪽

초고층 건물은 높이가 200미터 이상이거나 50층 이상인 건물을 말한다. 이런 초고층 건물을 지을 때는 건물에 ⓐ작용하는 힘을 고려해야 한다. 건물에 작용하는 힘에는 수직 하중과 수평 하중이 있다. 수직 하중은 건물 자체의 무게로 인해 땅 표면에 수직 방향으로 작용하는 힘이고, 수평 하중은 바람이나 지진 등에 의해 건물에 가로 방향으로 작용하는 힘이다.

수직 하중을 견디기 위해서 ⓑ고안된 가장 단순한 구조는 보기둥 구조이다. 보기둥 구조는 기둥과 기둥 사이를 가로지르는 수평 구조물인 보를 설치하고 그 위에 바닥판을 놓은 구조이다. 보기둥 구조에서는 설치된 보의 두께만큼 건물의 한 층당 높이가 높아지지만, 바닥판에 작용하는 하중이 기둥에 집중되지 않고 보에 의해 ⓒ분산되기 때문에 수직 하중을 잘 견딜 수 있다.

위에서 아래 방향으로만 작용하는 수직 하중과 달리 수평 하중은 사방에서 작용하는 힘이기 때문에 초고층 건물의 안전에 미치는 영향이 수직 하중보다 훨씬 크다. 수평 하중은 초고층 건물의 안전을 위협하는 주요 요인*인데, 바람은 건물에 작용하는 수평 하중의 90% 이상을 차지한다. 건물이 많은 도심에서는 넓은 공간에서 좁은 공간으로 바람이 불어오면서 풍속*이 빨라지는 현상이 발생해 건물에 작용하는 수평 하중을 크게 만든다. 그리고 바람에 의해 공명 현상*이 발생하면 건물이 매우 크게 흔들리게 되어 건물의 안전을 위협하게 된다.

건물이 수평 하중을 견디기 위해서는 기본적으로 뼈대에 해당하는 보와 기둥을 아주 단단하게 붙여야 하지만, 초고층 건물의 경우 이것만으로는 수평 하중을 견디기 힘들다. 그래서 등장한 것이 코어 구조이다. 코어는 빈 파이프 모양의 철골 콘크리트 구조물을 건물 중앙에 세운 것으로, 코어에 건물의 보와 기둥들을 강하게 접합*한다. 이렇게 하면 외부에서 작용하는 수평 하중에도 불구하고 코어로 인해 건물이 크게 흔들리지 않게 된다. 그런데 초고층 건물은 그 높이가 높아질수록 수평 하중이 커지고 그에 따라 코어의 크기도 커져야 한다. 코어 구조는 가운데 빈 공간이 있어 공간 활용의 효율성이 떨어지기 때문에 현대의 초고층 건물은 코어에 승강기나 화장실, 계단, 수도, 파이프 같은 시설을 설치하는 경우가 많다.

그런데 초고층 건물의 높이가 점점 높아지면 코어 구조만으로는 수평 하중을 완벽하게 견뎌 낼 수 없다. 그래서 아웃리거-벨트 트러스 구조를 사용하여 코어 구조를 보완한다. 아웃리거-벨트 트러스 구조에서 벨트 트러스는 철골을 사용하여 건물의 외부 기둥들을 삼각형 구조의 트러스로 짜

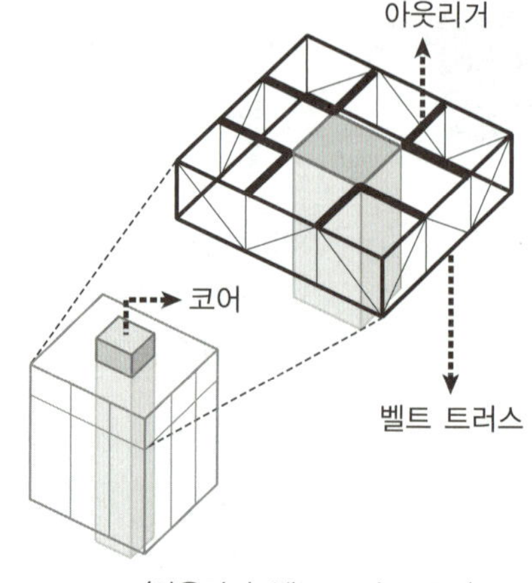

〈아웃리거-벨트 트러스 구조〉

---

*고려**: 생각하고 헤아려 봄.

*하중**: 어떤 물체 따위의 무게.

*요인**: 사물이나 사건이 성립되는 까닭. 또는 조건이 되는 요소.

*풍속**: 바람의 속도.

*공명 현상**: 진동체가 그 고유 진동수와 같은 진동수를 가진 외부의 힘을 받아 진폭이 뚜렷하게 증가하는 증상.

*접합**: 한데 대어 붙임. 또는 한데 닿아 붙음.

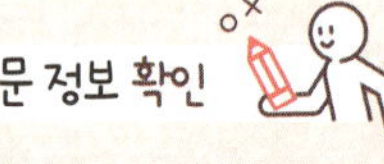

지문 정보 확인

1. 수평 하중은 건물 자체의 무게로 인해 땅 표면에 작용하는 힘을 말한다. ( )

2. 코어 구조와 아웃리거-벨트 트러스 구조는 수평하중을 견디기 위한 구조이다. ( )

3. TLCD를 설계할 때에는 수평 하중과 수직하중을 함께 고려해야 한다. ( )

서 벨트처럼 둘러 싼 것으로 수평 하중을 ⓓ지탱하는 역할을 한다. 삼각형 구조의 트러스로 외부 기둥들을 연결하면 외부에서 작용하는 힘이 철골 접합부를 통해 전체적으로 분산되기 때문에 코어에 무리한 힘이 가해지는 것을 예방할 수 있다. 그리고 아웃리거는 콘크리트를 사용하여 건물 외벽에 설치된 벨트 트러스를 내부의 코어와 ⓔ견고하게 연결한 것으로, 아웃리거와 벨트 트러스는 필요에 따라 건물 필요에 따라 건물 중간 중간에 여러 개가 설치될 수 있다. 그런데 아웃리거는 건물 내부를 가로지를 수밖에 없어서 효율적인 공간 구성에 방해가 된다. 이런 단점을 극복하기 위해 아웃리거를 기계 설비층에 설치하거나 층과 층 사이, 즉 위층 바닥과 아래층 천장 사이에 설치하기도 한다.

초고층 건물은 특수한 설비를 이용하여 바람으로 인한 건물의 흔들림을 줄이기도 하는데 대표적인 것이 TLCD, 즉 동조 액체 기둥형 댐퍼이다. TLCD는 U자형 관 안에 수백 톤의 물이 채워진 것으로 초고층 건물의 상층부 중앙에 설치한다. 바람이 불어 건물이 한쪽으로 기울어져도 물은 관성의 법칙에 따라 원래의 자리에 있으려 하기 때문에 건물이 기울어진 반대쪽에 있는 관의 물 높이가 높아진다. 그렇게 되면 그 관의 아래로 작용하는 중력*도 커지고, 이로 인해 건물을 기울어지게 하는 힘을 약화시켜 흔들림이 줄어들게 된다. 물이 무거울수록 그리고 관 전체의 가로 폭이 넓어질수록 수평 방향의 흔들림을 줄여 주는 효과가 크다. 하지만 그에 따라 수직 하중이 증가하므로 TLCD는 수평 하중과 수직 하중을 함께 고려하여 설계*해야 한다.

1 윗글의 내용에 대한 이해로 적절한 것은?

① 건물이 높아질수록 건물에 가해지는 수평 하중은 작아진다.
② 수평 하중은 수직 하중과는 달리 사방에서 건물에 가해지는 힘이다.
③ 공명 현상은 건물에 가해지는 수직 하중을 증가시키는 요인이 된다.
④ 좁은 공간에서 넓은 공간으로 바람이 불어오면 풍속이 빨라지게 된다.
⑤ 보기둥 구조에서 보의 두께는 건물의 층당 높이에 영향을 주지 않는다.

2 ⓐ~ⓔ의 사전적 의미로 적절하지 않은 것은?

① ⓐ: 어떠한 현상을 일으키거나 영향을 미침.
② ⓑ: 연구하여 새로운 것을 생각해 냄.
③ ⓒ: 모아 놓은 것을 내놓음.
④ ⓓ: 오래 버티거나 배겨 냄.
⑤ ⓔ: 굳고 단단함.

[1~7] 어휘의 뜻풀이와 어휘 ㉠~㉟을 바르게 연결하시오.

[8~14] 예문의 (   ) 안에 들어갈 어휘 ㉠~㉟을 바르게 연결하시오.

뜻풀이	어휘	예문
1 어떤 물체 따위의 무게.	㉠ 증발	8 농사는 보통 ( )에 짓는다.
2 상온에서 액체가 기체가 되지 않는 성질.	㉡ 평지	9 오랜 가뭄에 강물이 모두 ( )되었다.
3 어떤 물질이 액체 상태에서 기체 상태로 변함. 또는 그런 현상.	㉢ 농도	10 ( )이/가 짙은 용매일수록 끓는점이 높아진다.
4 바닥이 평평한 땅.	㉣ 비휘발성	11 바람개비로 ( )을/를 잴 수 있다.
5 바람의 속도.	㉤ 하중	12 이 물질은 ( )이라 증발이 잘 일어나지 않는다.
6 용액 따위의 진함과 묽음의 정도.	㉥ 고려	13 바퀴가 ( )을/를 견디지 못해 주저 앉았다.
7 생각하고 헤아려 봄.	㉦ 풍속	14 이민을 ( )하고 있다.

[15~19] **보기**의 글자들을 조합하여 다음 뜻풀이에 해당하는 단어를 만드시오.

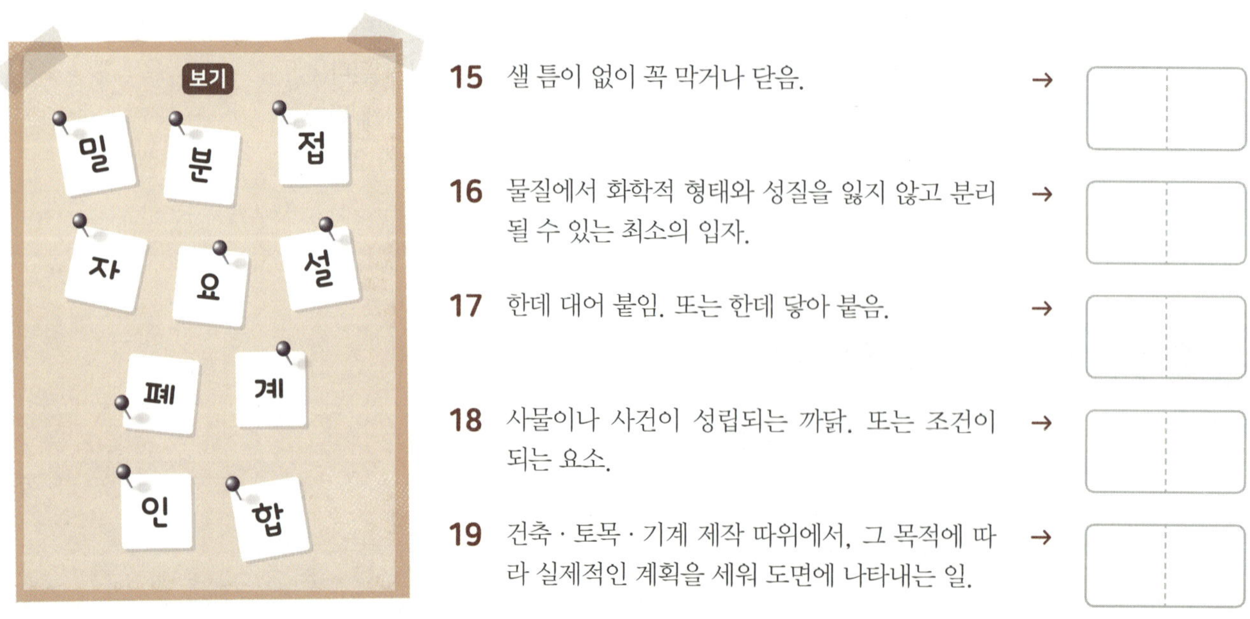

15 샐 틈이 없이 꼭 막거나 닫음. →

16 물질에서 화학적 형태와 성질을 잃지 않고 분리될 수 있는 최소의 입자. →

17 한데 대어 붙임. 또는 한데 닿아 붙음. →

18 사물이나 사건이 성립되는 까닭. 또는 조건이 되는 요소. →

19 건축·토목·기계 제작 따위에서, 그 목적에 따라 실제적인 계획을 세워 도면에 나타내는 일. →

어휘 특강

소리는 같지만 뜻이 다른 단어를 동음이의어(同音異義語)라고 한다.

바르다¹ 동사 ◀---- 동음이의어 ----▶ 바르다³ 형용사

바르다

다의어

바르다¹ 동사

❶ 풀칠한 종이나 헝겊 따위를 다른 물건의 표면에 고루 붙이다.
예 벽지를 벽에 **바르다**.

❷ 차지게 이긴 흙 따위를 다른 물체의 표면에 고르게 덧붙이다.
예 흙을 벽에 **바르다**.

❸ 물이나 풀, 약, 화장품 따위를 물체의 표면에 문질러 묻히다.
예 상처에 약을 **바르다**.

다의어

바르다³ 형용사

❶ 겉으로 보기에 비뚤어지거나 굽은 데가 없다.
예 줄을 **바르게** 서다.

❷ 말이나 행동 따위가 사회적인 규범이나 사리에 어긋나지 아니하고 들어맞다.
예 그는 생각이 참 **바르다**.

❸ 그늘이 지지 아니하고 햇볕이 잘 들다.
예 양지 **바른** 곳에 묻었다.

두 가지 이상의 뜻을 가진 단어를 다의어(多義語)라고 한다.

어휘의 의미 파악

독해 방법 Q&A

> **선생님, 어휘의 의미를 파악하기 위해서 알아두어야 할 것이 무엇인가요?**

어휘의 의미는 사전적 의미, 문맥적 의미 등으로 분류될 수 있단다. 사전적 의미는 어휘 본래의 의미, 문장 속에서 갖고 있는 의미와는 상관없이 어휘 스스로 갖고 있는 의미를 말한단다. 문맥적 의미는 글 속에서 문맥의 흐름에 따라 갖는 의미를 말하며, 중심적 의미의 범위가 확장되어 다른 의미로 쓰였기 때문에 주변적 의미라고도 말하지. 예를 들어 '숲속에 드니 공기가 훨씬 맑았다.'에서 '들다'는 '밖에서 속이나 안으로 향해 가거나 오거나 하다.'라는 사전적 의미의 문장이란다. 반면, '마음에 드는 물건'에서 '들다'는 '어떤 물건이나 사람이 좋게 받아들여지다.'는 의미로 중심적 의미가 확장된 것으로 볼 수 있어.

> 사전적 의미 : 중심적 의미
>
> \+
>
> 문맥적 의미 : 주변적 의미
>
> ↓
>
> 어휘의 의미 파악

학습 점검표

STUDY 13의 지문과 문제를 잘 학습했는지 체크한 후, 부족한 부분이 있다면 앞으로 돌아가서 다시 살펴보자~!

지문/문제		나의 체크			보완할 부분
끓는점과 용액의 증기압		○ 1회독　○ 2회독 이상	○ 내용　○ 지문 구조	○ 어휘	
	1	○ 맞힘　○ 틀림	○ 내용　○ 개념&유형	○ 어휘	
	2	○ 맞힘　○ 틀림	○ 내용　○ 개념&유형	○ 어휘	
	3	○ 맞힘　○ 틀림	○ 내용　○ 개념&유형	○ 어휘	
초고층 건물의 건축 구조		○ 1회독　○ 2회독 이상	○ 내용　○ 지문 구조	○ 어휘	
	1	○ 맞힘　○ 틀림	○ 내용　○ 개념&유형	○ 어휘	
	2	○ 맞힘　○ 틀림	○ 내용　○ 개념&유형	○ 어휘	

관점 및 입장 추론

📖 지문 구조&정답 및 해설 056쪽

조나단 스위프트의 『걸리버 여행기』에는 소인국과 거인국 사람들이 등장한다. 그들은 걸리버와 같은 인간의 형태를 지니고 있으며, 소인국 사람들은 걸리버보다 12배 작게, 거인국 사람들은 걸리버보다 12배 크게 묘사되어 있다. 물론 이와 같은 일은 소설 속에서나 가능한 일이다. 그렇다면 현실에서는 왜 불가능할까?

우선, 면적*과 부피의 관계를 살펴볼 필요가 있다. 예를 들어, 각 변의 길이가 1m인 주사위의 표면적은 $1m \times 1m \times 6(개) = 6m^2$, 부피는 $1m \times 1m \times 1m = 1m^3$이다. 변의 길이를 2배로 늘리면 표면적은 $24m^2$, 부피는 $8m^3$로 커진다. 즉 길이가 L배 길어지면 표면적은 L^2, 부피는 L^3에 비례하여 커지게 되는데, 이러한 법칙을 '면적-부피의 법칙'이라 한다. 이 법칙은 밀도*가 일정하고 형태를 그대로 유지*한 채 크기만 바뀌는 경우라면 물체가 어떤 형태이든 그대로 적용된다.

소인국 사람과 거인국 사람에게도 이 법칙을 적용할 수 있다. 걸리버의 키와 몸무게를 174cm, 68kg이라고 가정하여 이 법칙을 적용해 보면, 소인의 키는 걸리버의 1/12인 14.5cm이고, 거인의 키는 걸리버보다 12배 더 큰 약 21m이다. 물체의 밀도가 일정하다면 무게는 부피에 비례하기 때문에 소인은 걸리버의 $1/12^3$인 40g, 거인은 걸리버보다 12^3배 더 무거운 117t 정도 나가게 된다. 그런데 이렇게 되면 소인국 사람과 거인국 사람들은 정상적인 생활을 할 수 없게 된다는 문제가 발생한다.

[A] 인간과 같은 항온* 동물은 체온을 일정하게 유지하기 위해서 몸에서 끊임없이 에너지를 생산하고 발산*해야만 한다. 그런데 세포의 대사* 활동을 통해 생산되는 열에너지는 몸의 부피에 비례하고, 적정 체온을 유지하기 위해 체외로 발산되는 열에너지는 몸의 표면적에 비례한다. '면적-부피의 법칙'을 적용하면 소인국 사람은 걸리버에 비해 부피는 $1/12^3$로, 표면적은 $1/12^2$로 줄어든다. 이는 에너지 생산량은 $1/12^3$이나 줄었는데 몸 밖으로 나가는 에너지의 양은 $1/12^2$밖에 줄지 않았다는 것을 의미한다. 생산되는 에너지의 양보다 발산되는 에너지의 양이 더 많아진 소인국 사람은 체온을 유지하는 것이 힘들어질 것이다.

거인국 사람도 심각한 상황에 처하게 된다. 동물은 근육의 힘으로 무게를 지탱*하는데, 근육이 낼 수 있는 힘의 세기는 근육의 단면적에 비례한다. 만일 근육 모양을 그대로 유지한 채 몸의 길이가 2배가 된다면, '면적-부피의 법칙'에 따라 근육 단면적이 2^2인 4배가 되어 힘의 세기도 4배로 커지게 된다. 거인국 사람은 걸리버보다 12배 더 크기 때문에 다리 힘의 세기는 12^2배 늘어나지만 무게는 12^3배 늘어난다. 이는 거인국 사람의 무게가 다리로 버틸 수 있는 힘의 세기보다 커진다는 것을 뜻한다. 결국 거인국 사람은 다리가 부러지거나 땅에 주저앉게 될 것이다.

---

* **면적**: 면이 공간을 차지하는 넓이의 크기.

* **밀도**: 빽빽이 들어선 정도.

* **유지**: 어떤 상태나 상황을 그대로 보존하거나 변함없이 지탱함.

* **항온**: 늘 일정한 온도.

* **발산**: 열·빛·냄새 따위가 사방으로 퍼져서 흩어짐.

* **대사**: 생물체 안에서 일어나는 모든 물질의 변화를 통틀어 이르는 말.

* **지탱**: 오래 버티거나 배겨 냄.

지문 정보 확인

1. 밀도의 변화와 상관없이 '면적-부피의 법칙'은 모든 물체에 적용된다. ( )

2. 근육의 단면적이 넓을수록 근육이 낼 수 있는 힘의 세기는 커진다. ( )

3. 생명체의 크기가 다르면 생명체가 생존하는 방식도 달라질 것이다. ( )

크기는 형태를 결정하는 중요한 요인이다. 그뿐만 아니라 크기는 생명체의 생존 방식과도 연관이 깊다. 만약 ㉠『걸리버 여행기』의 등장인물들이 실제로 존재한다고 가정한다면, 소인국과 거인국 사람들은 결코 걸리버와 같은 인간의 형태와 생존 방식을 지니고 있지 못할 것이다.

1 [A]를 바탕으로 다음의 빈칸에 들어갈 내용으로 가장 적절한 것은?

※ 과학 수행 과제: 베르그만의 법칙과 그 사례 조사하기
- 베르그만의 법칙: 체온을 일정하게 유지하는 항온 동물은 같은 종(種)일 경우 추운 곳에 살수록 일반적으로 몸의 크기가 크다.
- 사례: 추운 지역에 사는 흰꼬리사슴은 따뜻한 지역에 사는 흰꼬리사슴보다 크다.

※ 과제를 수행하면서 생긴 궁금증
- 왜 추운 지역에 사는 동물은 몸의 크기가 더 클까?

※ 문제 해결 과정

항온 동물의 열 발산은 몸의 표면에서 이루어진다.

↓

↓

추운 지역에 사는 항온 동물은 크기가 클수록 유리하다.

① 몸의 크기가 커질수록 체온을 일정하게 유지해야 한다.
② 몸의 크기가 커질수록 부피에 대한 표면적의 비율은 커진다.
③ 몸의 크기가 커질수록 체외로 발산되는 열에너지의 양은 줄어든다.
④ 몸의 크기가 커질수록 생산되는 열에너지와 발산되는 열에너지의 양은 같아진다.
⑤ 몸의 크기가 커질수록 생산되는 열에너지에 대한 발산되는 열에너지의 비율은 작아진다.

2 윗글을 읽고 ㉠에 대하여 추론한 내용으로 가장 적절한 것은?

① 소인국 사람은 대사 활동을 줄일수록 생존에 유리하겠군.
② 거인국 사람은 근육이 낼 수 있는 힘의 세기가 작아지겠군.
③ 소인국 사람은 가늘어진 다리로 인해 땅에 주저앉게 되겠군.
④ 거인국 사람은 비정상적으로 다리가 굵어야 걸을 수 있겠군.
⑤ 소인국 사람은 근육의 단면적을 늘려야만 움직일 수 있겠군.

지문 구조&정답 및 해설 **058**쪽

*미립자: 맨눈으로 볼 수 없는 아주 미세한 입자.

*성립: 일이나 관계 따위가 제대로 이루어짐.

*본연: 본디 그대로의 모습.

*추력: 물체를 운동 방향으로 미는 힘.

*제어: 기계·설비나 화학적 반응 등을 알맞은 상태로 움직이도록 조절함.

*휠: 바퀴가 달려 있는 원형 금속.

*부착: 들러붙음. 또는 붙이거나 닮.

*유사: 서로 비슷함.

지구 궤도를 도는 인공위성은 지구 중력의 변화, 태양으로부터 오는 작은 미립자*와의 충돌 등으로 궤도도 변하고 자세도 변한다. 힘이 작용하여 운동 방향과 상태가 변하는 것이다. 뉴턴은 이를 작용 반작용 법칙으로 설명할 것이다.

한 물체가 다른 물체에 힘을 작용하면 그 힘을 작용한 물체에도 크기가 같고 방향은 반대인 힘이 동시에 작용한다는 것이 작용 반작용 법칙이다. 예를 들어 바퀴가 달린 의자에 앉아 벽을 손으로 밀면 의자가 뒤로 밀리는데, 사람이 벽을 미는 작용과 동시에 벽도 사람을 미는 반작용이 있기 때문이다. 이 법칙은 물체가 정지하고 있을 때나 운동하고 있을 때 모두 성립*하며, 두 물체가 접촉하여 힘을 줄 때뿐만 아니라 서로 떨어져 힘이 작용할 때에도 항상 성립한다.

인공위성의 상태가 변하면 본연*의 임무를 달성하기 위해 궤도와 자세를 바로잡아야 한다. 지구 표면을 관측하는 위성은 탐사 장비를 지구 쪽을 향하도록 자세를 고쳐야 하고, 인공위성에 전력을 제공하는 태양 전지를 태양 방향으로 끊임없이 조절해야 한다. 이 때 위성의 궤도와 자세를 조절하는 방법도 모두 작용 반작용을 이용한다.

먼저 가장 간단한 방법은 로켓 엔진과 같은 추력기*를 외부에 달아 이용하는 것이다. 추력기는 질량이 있는 물질인 연료를 뿜어내며 발생하는 작용과 반작용을 이용하여 위성을 움직인다. 위성에는 궤도를 수정하기 위한 주추력기 이외에 소형의 추력기가 각기 다른 세 방향(x, y, z 축)으로 여러 개가 설치되어 있는데, 이를 이용해 자세를 수정하는 것이다. 문제는 10년이 넘게 사용할 위성에 자세 제어*용 추력기가 사용할 연료를 충분히 실을 수 없다는 것이다.

최근에는 반작용 휠*을 이용한 방법도 사용되고 있다. 위성에는 추력기처럼 세 방향으로 설치된 3개의 반작용 휠이 있어 회전수를 조절하면 위성의 자세를 원하는 방향으로 맞출 수 있다. 위성 내부에 부착*된 반작용 휠은 전기 모터에 휠을 달고, 돌리는 속도를 높여주거나 낮춰주어서 위성을 회전시켜 자세를 바꾼다. 일반적으로 물체가 한 방향으로 돌 때 그 반대 방향으로 똑같은 힘이 발생한다. 반작용 휠이 돌면 위성에는 반대 방향으로 도는 힘이 발생하는데, 이 힘을 이용하는 것이다. 다만 궤도 수정과 같은 위성의 위치 변경은 할 수 없다. 하지만 반작용 휠은 자세 제어용 추력기를 이용하는 것보다 훨씬 유리하다. 추력기를 이용하면 연료가 있어야 하고, 그만큼 쏘아 올려야 할 위성의 무게도 증가한다. 반작용 휠을 이용하면 필요한 것은 전기이며 태양 전지를 이용해 얼마든지 얻을 수 있다. 원리는 유사*하지만 보다 경제적인 방식이 인공위성에서 사용되고 있다.

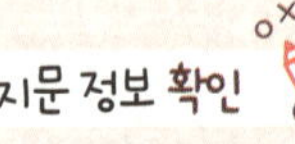
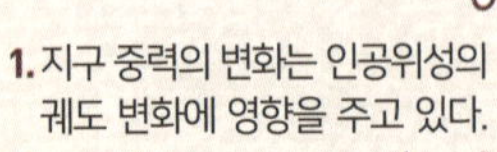

지문 정보 확인

1. 지구 중력의 변화는 인공위성의 궤도 변화에 영향을 주고 있다. ( )

2. 작용 반작용의 법칙은 물체가 움직이고 있을 때만 성립한다. ( )

3. 반작용 휠이 돌면 위성에는 반작용 휠이 돌아가는 방향으로 힘이 발생한다. ( )

1 윗글의 내용과 일치하지 <u>않는</u> 것은?

① 정지하고 있는 물체에도 작용이 존재한다.
② 반작용은 위성이 지구와 인접해 있어야 나타난다.
③ 중력의 변화는 위성의 자세나 궤도를 변하게 한다.
④ 위성의 추력기는 방출되는 물질의 반작용을 이용한다.
⑤ 미립자가 위성과 충돌하면 반대 방향의 힘이 작용한다.

2 윗글을 참고할 때, 〈보기〉의 상황에서 '관제 센터'의 판단과 해결 방안으로 적절한 것은?

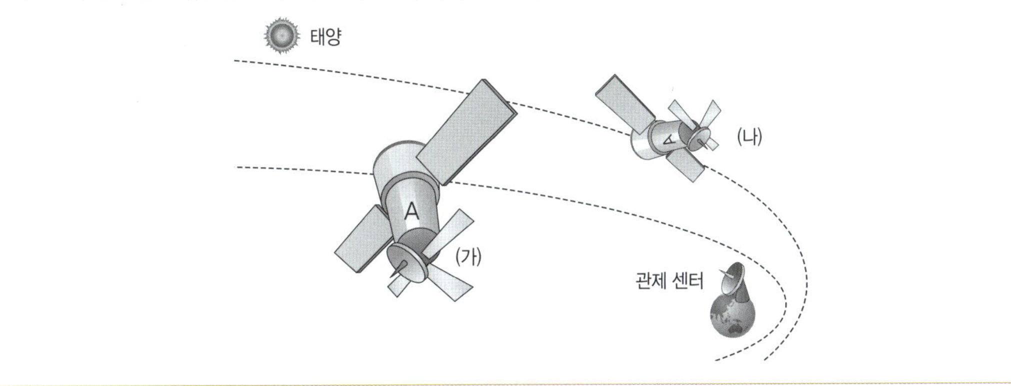

① A가 (가)에서 (나)로 변한 원인을 위성의 주추력기가 계속 작동하지 않았기 때문이라고 판단한다.
② (가)의 궤도로 (나)에 있던 A를 움직이기 위해 세 방향의 자세 제어용 추력기를 가동한다.
③ A의 궤도를 (가)로 고치려고 태양 전지를 태양에 맞추고 반작용 휠을 작동한다.
④ 주추력기로 (나)에서 (가)로 궤도 수정을 한 후에 반작용 휠의 회전수를 조절하여 A의 자세를
제어한다.
⑤ A는 궤도가 한번 변하면 수정을 할 수 없어 (나)에서 추력기와 반작용 휠을 이용해 A의 자세만
조정한다.

[1~10] 〈보기〉에서 어휘의 뜻풀이 또는 예문의 (　) 안에 들어갈 어휘 ㉠~㉢을 찾아 쓰시오.

보기

| ㉠ 제어 | ㉡ 유사 | ㉢ 부착 | ㉣ 발산 | ㉤ 유지 |

뜻풀이

1 서로 비슷함. [　]

2 들러붙음. 또는 붙이거나 닮. [　]

3 기계나 설비가 목적에 알맞은 동작을 하도록 조절함. [　]

4 열 · 빛 · 냄새 따위가 사방으로 퍼져서 흩어짐. [　]

5 어떤 상태나 현상을 그대로 보존하거나 변함없이 지탱함. [　]

예문

6 자동차가 갑자기 (　　　)되지 않았다. [　]

7 식물은 밤에 이산화탄소를 (　　　)한다. [　]

8 정부는 자동차에 매연 방지 장치 (　　　)을/를 의무화했다. [　]

9 두 사람은 형제처럼 외모가 (　　　)하다. [　]

10 건강을 (　　　)하기 위해서는 꾸준히 운동을 해야 한다. [　]

[11~15] 다음에서 설명하는 어휘가 무엇일지 사다리를 연결하고 주어진 낱자를 활용하여 쓰시오.

11 일이나 관계 따위가 제대로 이루어짐.

12 생물체 안에서 일어나는 모든 물질의 변화를 통틀어 이르는 말.

13 사물이나 현상이 일정한 관계를 맺는 일.

14 늘 일정한 온도.

15 물체를 운동 방향으로 미는 힘.

| ㅊ ㄹ | ㄷ ㅅ | ㅇ ㄱ | ㅅ ㄹ | ㅎ ㅇ |

어휘 특강

비 미적미적하다
해야 할 일이나 날짜 따위를 미루어 자꾸 시간을 끌다.
예 일을 미적미적하는 게 썩 내키지 않아 하는 눈치이다.

반 당기다
정한 시간이나 기일을 앞으로 옮기거나 줄이다.
예 귀가 시간을 당기다.

비 지연하다
무슨 일을 더디게 끌어 시간을 늦추다.
예 관계 당국에서 허가를 지연하고 있다.

미루다
정한 시간이나 기일을 나중으로 넘기거나 늘이다.
예 오늘 일을 내일로 미루지 말자.

반 앞당기다
이미 정해진 시간이나 약속을 당겨서 미리 하다.
예 건물의 완공일을 앞당기기 위해 인부들이 철야 작업을 했다.

비 지체하다
때를 늦추거나 질질 끌다.
예 수술 시일을 더 지체하면 환자의 생명이 위험하다.

비 늦추다
정해진 때보다 지나게 하다. '늦다'의 사동사.
예 납입 기한을 늦추다.

관점 및 입장 추론

독해 방법 Q&A

"선생님, 글쓴이의 관점 및 입장을 추론할 때 중요한 내용에는 어떤 것이 있을까요?"

글을 읽을 때 중심 화제에 대해 글쓴이가 어떤 관점을 가지고 있는지, 글에 제시된 관점이나 이론에 대해 어떤 입장을 보이는지 등을 파악하며 읽어야 한단다. 또 특정 관점이나 입장, 이론 등을 설명하는 글을 읽을 때는 글에서 설명하고 있는 대상이나 이론을 정확하게 이해하고, 설명 대상이 되는 특정 인물의 관점이나 입장, 특정 이론에서 주장하는 내용이나 관점 등도 추론할 수 있어야 해.

중심 화제에 대한 이해
↓
중심 화제에 대한 글쓴이의 관점, 입장 파악, 추론

학습 점검표

STUDY 14 의 지문과 문제를 잘 학습했는지 체크한 후, 부족한 부분이 있다면 앞으로 돌아가서 다시 살펴보자~!

지문/문제	나의 체크				보완할 부분
면적과 부피의 관계	○ 1회독 ○ 2회독 이상	○ 내용	○ 지문 구조	○ 어휘	
	1 ○ 맞힘 ○ 틀림	○ 내용	○ 개념&유형	○ 어휘	
	2 ○ 맞힘 ○ 틀림	○ 내용	○ 개념&유형	○ 어휘	
위성의 궤도와 자세 조절	○ 1회독 ○ 2회독 이상	○ 내용	○ 지문 구조	○ 어휘	
	1 ○ 맞힘 ○ 틀림	○ 내용	○ 개념&유형	○ 어휘	
	2 ○ 맞힘 ○ 틀림	○ 내용	○ 개념&유형	○ 어휘	

관점
비교를
통한 평가

* **방지**: 어떤 일이나 현상이 일어나지 못하게 막음.
* **대항**: 굽히거나지지 않으려고 맞서서 버티거나 항거함.
* **관여**: 어떤 일에 관계하여 참여함.
* **표적**: 목표로 삼는 물건.
* **상주**: 늘 일정하게 살고 있음.
* **포식**: 다른 동물을 잡아먹음.
* **경보**: 위험이 닥쳐올 때 경계하도록 미리 알리는 일.
* **분화**: 생물체나 세포의 구조와 기능 따위가 특수화되는 현상.

지문 정보 확인

1. 염증 반응의 증상에는 부어오름, 열과 통증, 고름 등이 있다. （ 　）

2. 대식 세포는 병원체를 파괴하는 역할을 하는 세포이다. （ 　）

3. 고름은 혈관을 확장시키는 역할을 한다. （ 　）

📖 지문 구조 & 정답 및 해설 060쪽

　우리 몸에 상처가 났을 때 피가 멈춘 후에도 다친 부위가 빨갛게 부어오르고 열과 통증이 동반되기도 하며, 고름이 생기기도 하는데 이를 '염증 반응'이라고 한다. 우리 몸에서 염증 반응은 왜 일어나며 어떻게 진행되는 것일까?

　염증 반응은 우리 몸에 침입한 바이러스나 박테리아 등의 병원체를 제거하여 병원체가 몸 전체로 퍼져 나가는 것을 방지하고, 손상된 세포나 조직을 제거하여 수리를 시작하기 위한 면역 반응의 하나이다. 면역 반응에서는 병원체에 대항하여 신체를 보호하는 역할을 하는 혈액 속 백혈구가 주로 관여하게 되는데 염증 반응도 예외는 아니다. 그러나 체내로 들어오는 특정 병원체를 표적으로 하는 다른 면역 반응과 달리 염증 반응은 병원체의 종류를 가리지 않고 나타난다는 특징이 있다.

　그렇다면 염증 반응은 어떻게 일어날까? 가령 뾰족한 핀으로 찢긴 피부에 병원체가 침입해 감염을 일으키는 상태가 되면, 병원체들은 우리 몸의 여러 조직에 상주하고 있는, 세포 섭취 능력을 가진 '대식 세포'에 의해 포식되어 파괴되기 시작한다. 대식 세포 표면에는 병원체의 고유한 특징을 인식하는 수용체가 있어서 이것이 병원체 표면의 특징적인 분자들을 인식해 병원체와 결합하면 대식 세포가 활성화되어 병원체를 삼키게 되는 것이다. 이러한 반응과 더불어 피부나 내장 기관을 둘러싸고 있는 조직의 일부에 분포하는 '비만 세포'가 화학 물질인 히스타민을 분비한다. 분비된 히스타민은 화학적 경보 신호로 작용하여, 더 많은 백혈구가 감염 부위로 올 수 있도록 혈관을 확장시킨다. 혈관이 확장되면 혈관 벽을 싸고 있는 내피세포들의 사이가 벌어져 혈장 단백질, 백혈구 등의 혈액 성분들이 혈관에서 쉽게 빠져나올 수 있게 된다.

　이때 백혈구의 일종인 단핵구가 혈관 벽을 통과하여 병원체가 있는 감염 부위로 들어오게 된다. 혈관 속에 있을 때 세포 섭취 능력이 없던 단핵구는 혈관 벽을 통과한 후 대식 세포로 분화하여 병원체를 포식하게 된다. 이러한 대식 세포는 사이토카인과 케모카인이라는 단백질을 분비해 병원체를 제거할 다른 방어 체제를 유도한다. 사이토카인은 혈관 내피세포에 작용하여 혈관을 확장시키고, 또 다른 백혈구의 일종인 호중구가 혈관 벽에 잘 달라붙을 수 있게 한다. 그리고 케모카인은 혈관 벽에 붙은 호중구가 혈관 벽 내피세포 사이로 빠져나와 감염 부위로 이동할 수 있도록 유도하는 역할을 한다. 감염 부위로 이동한 호중구는 대식 세포와 같은 방법으로 병원체를 삼킨다.

　한편 세포들이 병원체를 포식하여 파괴하는 과정에서 병원체와 함께 죽는 경우도 있는데, 이렇게 죽거나 죽어 가는 세포나 병원체 등은 고름의 주성분이 된다. 고름은 대식 세포에 의해 점차적으로 제거되기도 하고 압력에 의해 밖으로 나오기도 한다. 또한 히스타민에 의해 혈관이 확장되면서 상처 부위가 혈장으로 채워지기 때문에 빨갛게 부어오르고, 상처 부위가 부어올라 신경을 물리적으로 누르면 통증이 나타나기도 한다.

1 윗글을 통해 답을 찾을 수 <u>없는</u> 질문은?

① 대식 세포 표면의 수용체는 어떤 역할을 하는가?
② 상처 부위에서 통증이 나타나는 이유는 무엇인가?
③ 염증 반응에 관여하는 백혈구에는 어떤 것들이 있는가?
④ 병원체는 우리 몸에서 어떤 과정으로 퍼져 나가는가?
⑤ 다른 면역 반응과 구분되는 염증 반응의 특징은 무엇인가?

2 윗글을 읽은 학생이 〈보기〉에 대해 보인 반응으로 가장 적절한 것은?

보기

우리 몸의 염증 반응은 정상적인 치유 과정의 일부이지만 과도하거나 지속적으로 일어나게 되면, 결국 질병으로 이어진다. 이를 치료하기 위한 다양한 방법 중 하나는 확장된 혈관을 '약물'을 통해 수축시켜 과도한 염증 반응을 가라앉히는 것이다.

① '약물'을 사용하기 전에는 혈액 속의 호중구가 혈관 벽에 달라붙지 않아 염증 반응이 과도하게 일어났겠군.
② '약물'을 사용하기 전에는 혈액 속의 단핵구가 혈관 벽을 통과할 수 없어 염증 반응이 지속적으로 일어났겠군.
③ '약물'을 사용한 후에는 이전보다 염증 반응에 관여하는 백혈구가 감염 부위로 더 많이 이동하겠군.
④ '약물'을 사용한 후에는 이전보다 혈관의 내피세포들의 사이가 더욱 벌어지게 되어 염증 반응이 진정되겠군.
⑤ '약물'을 사용한 후에는 히스타민이나 사이토카인의 작용이 이전보다 원활하지 않게 되어 염증 반응이 진정되겠군.

📖 지문 구조&정답 및 해설 062쪽

*양피지: 양의 생가죽을 얇게 펴서 약품 처리를 한 후에 표백하여 말린, 글을 쓰는 데 사용하는 재료.

*방대하다: 규모나 양이 매우 크거나 많다.

*가독성: 인쇄물이 얼마나 쉽게 읽히는가 하는 능률의 정도.

*책등: 책을 매어 놓은 쪽의 표지 부분.

*홈: 물체에 오목하고 길게 팬 줄.

*국한: 범위를 일정한 부분에 한정하게 함.

*용이하다: 어렵지 아니하고 매우 쉽다.

*내구성: 물질이 원래의 상태에서 변질되거나 변함됨이 없이 오래 견디는 성질.

종이가 개발되기 전, 인류는 동물의 뼈나 양피지 등에 필요한 정보를 기록해 왔다. 하지만 담긴 정보량에 비해 부피가 방대하였고 그로 인해 보존과 가독에 어려움을 겪었다. 그런데 종이의 개발로 부피가 줄어들면서 종이로 된 책이 주된 기록 매체가 되었고 책의 보존성과 가독성, 휴대성 등을 더욱 높이기 위한 제책 기술의 발달이 요구되었다.

서양은 종이 책을 만들기 시작했을 때 제지 기술이 동양에 비해 미숙했고 질 나쁜 종이로 책을 제작해야 했기에 책의 내구성을 높이기 위한 기술이 필요했다. 그래서 표지에 가죽을 씌우거나 나무판을 덧대는 방법을 개발했는데 이를 양장(洋裝)이라 한다. 양장은 내지 묶기와 표지 제작을 따로 한 후에 합치는 방법이다. 내지는 실매기 방식을 활용해 실로 단단히 묶고, 표지는 판지에 천이나 가죽 등의 마감 재료를 접착하여 만든다. 표지와 내지를 결합할 때는 책등과 결합되는 내지 부분에 접착제를 발라 책등에 붙인다. 또한 내지보다 두껍고 질긴 종이인 면지를 표지와 내지 사이에 접착제로 붙여 이어줌으로써 책의 내구성을 높인다. 표지 부착 후에는 가열한 쇠막대로 앞뒤 표지의 책등 쪽 가까운 부분을 눌러 홈을 만들어 책의 펼침성이 좋도록 한다.

18세기 말에 유럽은 산업혁명으로 인쇄가 기계화되면서 대량 생산을 위한 기반이 갖추어지고, 경제의 발전으로 일부 계층에만 국한됐던 독서 인구가 확대되어 제책 기술도 대량 생산이 가능한 방식으로 발전해야 했다. 이를 위해 간편하게 철사를 사용해 매는 제책 기술이 개발되었는데 처음에는 '옆매기'라 불리는 기술을 사용하였다. 그러나 옆매기는 책장 넘김이 용이하지 않아 '가운데매기'라 불리는 중철(中綴)이 주된 방식으로 자리 잡았다. 중철은 인쇄지를 포개놓고 책장이 접히는 한가운데 부분을 ㄷ자형 철침을 이용해 매었는데, 보통 2개의 철침으로 표지와 내지를 고정하지만 표지나 내지가 한가운데서부터 떨어지는 경우가 잦아 철침을 4개로 박기도 하였다. 중철은 광고지, 팸플릿 등 오랜 보관이 필요 없거나 분량이 적은 인쇄물에 사용해 왔으며, 중철된 책은 쉽게 펼치거나 넘길 수 있고 두루마리처럼 말아서 간편하게 휴대할 수도 있다.

20세기 중반에는 화학 접착제가 개발되며 무선철(無線綴)이라는 제책 기술이 등장했다. 이름처럼 실이나 철사 없이 화학 접착제만으로 책을 묶는 방식이다. 이 방법은 자동화가 가능해 대량 생산에 더욱 적합했고, 생산 단가가 낮아지면서 판매 가격을 낮출 수 있어 책의 대중화에 기여했다. 그리고 1990년대에는 습기경화형 우레탄 핫멜트가 개발되면서 개발 초보다 내구성이 더욱 강화된 책을 만들게 되었다. 무선철 기술은 지금도 계속 보완, 발전하고 있으며 그로 인해 오늘날 대부분의 책은 무선철 방식으로 제작되고 있다.

지문 정보 확인

1. 서양에서 양장이 개발된 이유는 제지 기술이 동양보다 먼저 발달하였기 때문이다. (　　)

2. 중철은 옆매기보다 책장 넘김이 쉬운 방식이다. (　　)

3. 무선철 기술은 현재에는 더 이상 사용되지 않는다. (　　)

1 윗글의 표제과 부제로 가장 적절한 것은?

① 제책 기술의 발전과 한계
　　－ 문제점 진단과 보완 방안을 중심으로
② 제책 기술 현대화의 경향
　　－ 화학 접착제의 개발을 중심으로
③ 제책 기술의 등장 배경과 유형
　　－ 책 묶기 방식의 발전 과정을 중심으로
④ 제책 기술의 발전과 사회적 영향
　　－ 기술 개발의 방향과 문제점을 중심으로
⑤ 제책 기술의 필요성과 의의
　　－ 책의 내구성 향상 단계를 중심으로

2 윗글과 〈보기〉를 고려할 때, 제책 회사가 제시할 의견으로 가장 적절한 것은?

보기

　올해 문집 제작을 위한 요구 사항을 말씀드립니다. 작년에 제작된 문집은 간편하게 말아서 휴대가 가능했지만 표지의 한가운데가 떨어지는 문제가 있었습니다. 이에 대한 보완이 필요하며 올해는 분량이 100쪽 이상 증가한 점과 학생들이 오래도록 문집을 보관하고 싶어 하는 점을 고려해 주시기 바랍니다. 또한 문집 제작 비용을 절감하는 방향으로 제안서를 보내주시기 바랍니다.

① 표지가 쉽게 떨어지지 않게 철침으로 옆을 묶겠습니다.
② 분량이 증가한 점을 고려하여 내지와 표지를 별도로 제작한 후 묶겠습니다.
③ 표지와 내지의 결합력을 높이기 위해 철침을 2개에서 4개로 늘려 묶겠습니다.
④ 오래도록 보관할 수 있게 실매기를 한 후 튼튼한 면지를 접착제로 붙이겠습니다.
⑤ 책의 단가를 낮추고 내구성을 높이기 위해 성능이 좋은 화학 접착제를 사용하여 묶겠습니다.

[1~10] 보기 에서 어휘의 뜻풀이 또는 예문의 (　) 안에 들어갈 어휘 ㉠~㉤을 찾아 쓰시오.

[11~15] 다음에서 설명하는 어휘가 무엇일지 주어진 낱자를 활용하여 쓰시오.

11 범위를 일정한 부분에 한정하게 함.

12 굽히거나지지 않으려고 맞서서 버티거나 항거함.

13 다른 동물을 잡아먹음.

14 어떤 일이나 현상이 일어나지 못하게 막음.

15 물체나 세포의 구조와 기능 따위가 특수화되는 현상.

어휘 특강

● '실력'과 관련된 한자 성어의 이해 ●

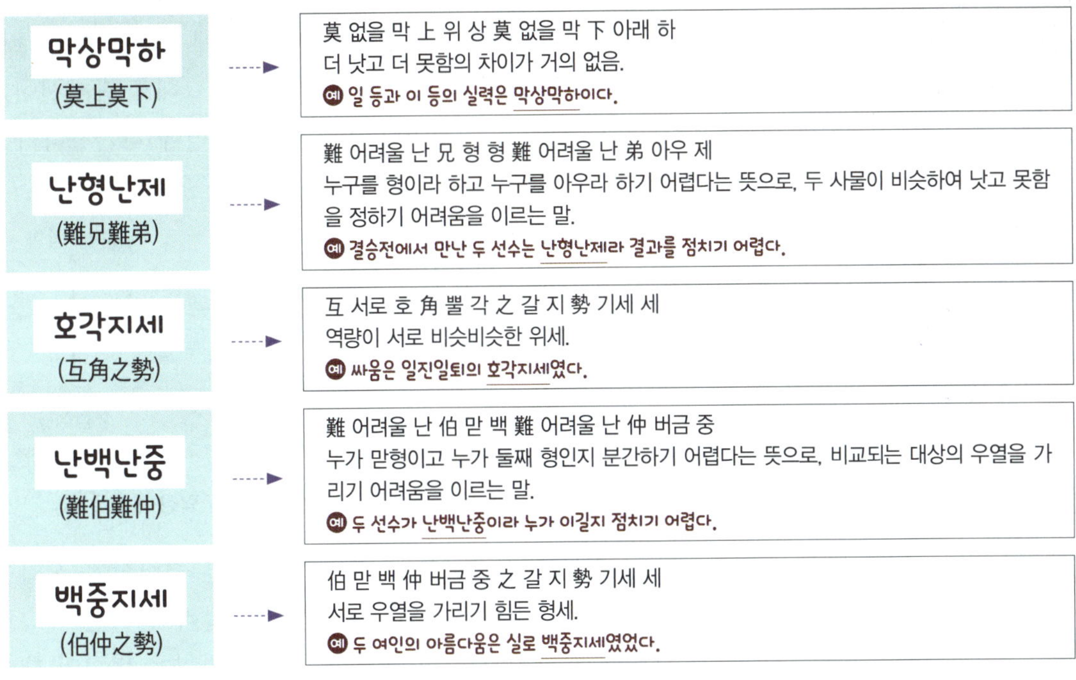

막상막하
(莫上莫下)

莫 없을 막 上 위 상 莫 없을 막 下 아래 하
더 낫고 더 못함의 차이가 거의 없음.
예 일 등과 이 등의 실력은 막상막하이다.

난형난제
(難兄難弟)

難 어려울 난 兄 형 형 難 어려울 난 弟 아우 제
누구를 형이라 하고 누구를 아우라 하기 어렵다는 뜻으로, 두 사물이 비슷하여 낫고 못함
을 정하기 어려움을 이르는 말.
예 결승전에서 만난 두 선수는 난형난제라 결과를 점치기 어렵다.

호각지세
(互角之勢)

互 서로 호 角 뿔 각 之 갈 지 勢 기세 세
역량이 서로 비슷비슷한 위세.
예 싸움은 일진일퇴의 호각지세였다.

난백난중
(難伯難仲)

難 어려울 난 伯 맏 백 難 어려울 난 仲 버금 중
누가 맏형이고 누가 둘째 형인지 분간하기 어렵다는 뜻으로, 비교되는 대상의 우열을 가
리기 어려움을 이르는 말.
예 두 선수가 난백난중이라 누가 이길지 점치기 어렵다.

백중지세
(伯仲之勢)

伯 맏 백 仲 버금 중 之 갈 지 勢 기세 세
서로 우열을 가리기 힘든 형세.
예 두 여인의 아름다움은 실로 백중지세였었다.

독해 방법 Q&A

"선생님, 비판적 읽기를 잘하기 위해서는 무엇이 필요할까요?"

비판적 읽기는 한 차원 높은 수준의 고급 독서 활동이야. 이를 위해서는 비판적 사고 능력이 필요한데, 비판적 사고 능력을 갖추기 위해서는 첫 번째, 당연하다고 여겨지는 것에도 의문을 제기하는 태도, 두 번째, 글을 읽을 때 주의를 집중하고 지엽적인 문제에 매달리지 않는 태도, 세 번째, 자신의 견해가 편협한 것이 아닌지 반성하는 태도를 기를 필요가 있어.

의문 제기하기
+
지엽적인 것에 매달리지 않기
+
자신의 견해 반성하기

학습 점검표

STUDY 15의 지문과 문제를 잘 학습했는지 체크한 후, 부족한 부분이 있다면 앞으로 돌아가서 다시 살펴보자~!

지문/문제		나의 체크			보완할 부분
우리 몸의 염증 반응		○ 1회독 ○ 2회독 이상	○ 내용 ○ 지문 구조 ○ 어휘		
	1	○ 맞힘 ○ 틀림	○ 내용 ○ 개념&유형 ○ 어휘		
	2	○ 맞힘 ○ 틀림	○ 내용 ○ 개념&유형 ○ 어휘		
제책 기술의 발달		○ 1회독 ○ 2회독 이상	○ 내용 ○ 지문 구조 ○ 어휘		
	1	○ 맞힘 ○ 틀림	○ 내용 ○ 개념&유형 ○ 어휘		
	2	○ 맞힘 ○ 틀림	○ 내용 ○ 개념&유형 ○ 어휘		

구체적
상황이나
자료에의 적용

지문 구조 & 정답 및 해설 064쪽

　　우주 탐사선이 지구에서 태양계* 끝까지 날아가기 위해서는 일정 속도 이상에 이르러야 한다. 그러나 탐사선의 추진력*만으로는 이러한 속도에 도달하기 어렵다. 추진력을 마음껏 얻을 수 있을 정도로 큰 추진체*가 달린 탐사선을 만들 수 없기 때문이다. 대신에 탐사선을 다른 행성*에 접근*시키는 '스윙바이(Swing-by)'를 통해 속도를 얻는다. 스윙바이란, 말 그대로 탐사선이 행성에 잠깐 다가갔다가 다시 멀어지는 것이다. 탐사선이 행성에 다가갔다가 멀어지는 것만으로 어떻게 속도를 얻을 수 있는지 그 원리에 대해 알아보자.

　　스윙바이의 원리를 이해하기 위해서는 행성이 정지한 채로 있지 않고 태양 주위를 공전*한다는 점을 떠올려야 한다. 그리고 뒤에서 바람이 불면 달리기 속도가 빨라지듯이 외부의 영향으로 물체의 속도가 변한다는 점도 기억해야 한다. 탐사선을 행성에 접근시켜 행성의 공전을 이용하는 스윙바이는 그림과 같이 나타낼 수 있다.

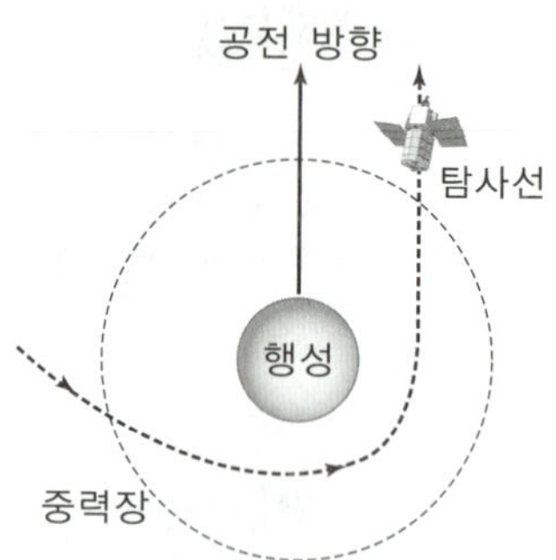

탐사선이 공전하는 행성에 접근하여 중력의 영향권인 중력장에 진입*할 때에는 행성의 공전 방향과 탐사선의 진입 방향이 서로 달라 탐사선의 속도 증가는 크지 않다. 그런데 탐사선이 곡선 궤도를 그리며 방향을 바꾸어 행성의 공전 방향에 가까워지면 탐사선의 속도는 크게 증가된다. 왜냐하면 탐사선이 행성에서 멀어지는 방향이 행성의 공전 방향에 가까울수록 스윙바이를 통한 속도 증가의 효과는 크기 때문이다.

　　탐사선의 속도 증가에 행성의 중력도 영향을 미친다고 생각할 수도 있다. 탐사선이 행성에 다가가다 보면 행성이 끌어당기는 중력의 영향으로 탐사선의 속도가 증가하기 때문이다. 그러나 스윙바이를 마친 후 탐사선의 '속도의 크기' 변화에 행성의 중력이 영향을 미치지는 못한다. 왜냐하면 탐사선이 행성 중력의 영향권에서 벗어나면서 중력의 영향으로 얻은 만큼의 속도를 잃기 때문이다. 탐사선을 롤러코스터에 비유한다면 쉽게 이해할 수 있다. 롤러코스터는 높은 곳에서 낮은 곳으로 내려갈 때 속도가 증가하지만, 가장 낮은 지점을 지나 다시 위로 올라가면서 속도가 감소한다.

　　㉠스윙바이는 행성의 공전 속도를 훔쳐오는 것이다. 그런데 운동량 보존 법칙에 따라 스윙바이를 통해 탐사선과 행성이 주고받은 운동량은 같다. 이 말은 탐사선의 속도가 빨라진 것처럼 행성의 속도는 느려졌다는 것을 의미한다. 서로 주고받은 운동량은 질량과 속도 변화량을 곱한 것이므로 행성에 비해 질량이 작은 탐사선은 속도가 크게 증가하지만, 질량이 매우 큰 행성은 속도가 거의 줄어들지 않는다. 실제로 지구와의 스윙바이를 통해 초속* 8.9km의 속도를 얻은 '갈릴레오 호'로 인해 지구의 공전 속도는 1억 년 동안 1.2cm 쯤 늦어지게 되었다.

＊**태양계**: 태양과 태양이 중력에 의해 태양 주변을 돌고 있는 행성, 왜소행성 등으로 이루어진 공간.

＊**추진력**: 물체를 밀어 앞으로 내보내는 힘.

＊**추진체**: 추진력을 맬 수 있도록 만든 기관.

＊**행성**: 중심 별의 강한 인력의 영향으로 타원 궤도를 그리며 중심 별의 주위를 도는 천체.

＊**접근**: 가까이 다가감.

＊**공전**: 한 천체(天體)가 다른 천체의 둘레를 주기적으로 도는 일.

＊**진입**: 향하여 내처 들어감.

＊**궤도**: 행성, 혜성, 인공위성 따위가 중력의 영향을 받아 다른 천체의 둘레를 돌면서 그리는 곡선의 길.

＊**초속**: 1초를 단위로 하여 잰 속도, 1초 동안의 진행 거리로 나타냄.

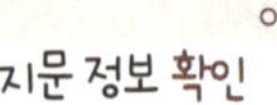
지문 정보 확인

1. 탐사선이 행성에 잠깐 다가갔다가 다시 멀어지는 스윙바이를 통해 탐사선의 속도를 증가시킬 수 있다.　　　　　　（　）

2. 탐사선의 속도를 증가시키는 데 큰 역할을 하는 요소는 행성의 공전 방향과 행성의 중력이다.　　　　　　（　）

3. 행성이 잃은 운동량과 탐사선이 얻은 운동량은 동일하다.　（　）

1 윗글을 읽고 답할 수 있는 질문이 <u>아닌</u> 것은?

① 탐사선이 스윙바이를 하는 까닭은?
② 스윙바이 동안에 행성의 중력이 변하는 이유는?
③ 스윙바이를 할 때 행성의 공전이 중요한 이유는?
④ 스윙바이를 통해 속도를 효과적으로 얻는 방법은?
⑤ 스윙바이 후 행성의 공전 속도 변화가 매우 작은 이유는?

2 〈보기〉는 스윙바이의 이해를 돕기 위한 사례이다. 윗글의 공전하는 행성과 가장 유사한 것은?

> **보기**
>
> 　어떤 사람이 궁수가 탄 말을 출발시켰다. 시속 30km로 달리는 말 위에서 궁수가 말의 진행방향으로 시속 150km의 화살을 쏘아, 정면에 있는 과녁에 맞힌다면 궁수에게 화살은 시속 150km로 날아가는 것으로 보인다. 그런데 옆에 서 있는 사람에게는 그 화살이 시속 180km로 날아가는 것으로 관찰된다.

① 어떤 사람　　　　　② 달리는 말　　　　　③ 화살
④ 정면에 있는 과녁　　⑤ 옆에 서 있는 사람

3 ㉠을 이해한 것으로 적절한 것은?

① 탐사선이 얻은 속도와 행성이 잃은 공전 속도가 같다.
② 탐사선이 얻은 속도가 행성이 잃은 공전 속도보다 작다.
③ 탐사선이 얻은 운동량이 행성이 잃은 운동량과 같다.
④ 탐사선이 얻은 운동량이 행성이 잃은 운동량보다 작다.
⑤ 탐사선이 잃은 운동량이 행성이 얻은 운동량보다 크다.

SSD의 장점과 종류

지문 구조 & 정답 및 해설 066쪽

핵심적: 사물의 가장 중심이 되는. 또는 그런 것.

좌우하다: 어떤 일에 영향을 주어 지배하다.

미세: 분간하기 어려울 정도로 아주 작음.

재질: 재료가 가지는 성질.

자기디스크: 음반 모양의 둥근 원판 양면에 자성 물질을 입혀서 데이터를 읽고 쓸 수 있도록 한 보조 기억 매체.

물리적: 물질의 원리에 기초한. 또는 그런 것. 이 글에서는 외부의 힘이 가해진다는 의미로 사용됨.

컴퓨터 시스템: CPU, 램 등 컴퓨터를 동작시키는 장치의 집합체.

장착: 의복, 기구, 장비 따위에 장치를 부착함.

공급: 요구나 필요에 따라 물품 따위를 제공함.

전용: 특정한 목적으로 일정한 부문에만 한하여 씀.

지칭: 어떤 대상을 가리켜 이르는 일. 또는 그런 이름.

컴퓨터를 구성하고 있는 여러 가지 장치 중에서 가장 핵심적인 역할을 담당하고 있는 3가지 요소는 중앙처리장치(CPU), 주기억장치, 보조기억장치이다. 보통 주기억장치로 '램'을, 보조기억장치로 'HDD(Hard Disk Drive)'를 쓴다. 이 세 장치의 성능이 컴퓨터의 전반적인 속도를 좌우한다고 할 수 있다.

CPU나 램은 내부의 미세 회로 사이를 오가는 전자의 움직임만으로 데이터를 처리하는 반도체 재질이기 때문에 고속으로 동작이 가능하다. 그러나 HDD는 원형의 자기디스크를 물리적으로 회전시키며 데이터를 읽거나 저장하기 때문에 자기디스크를 아무리 빨리 회전시킨다 해도 반도체의 처리 속도를 따라갈 수 없다. 게다가 디스크의 회전 속도가 빨라질수록 소음이 심해지고 전력 소모량이 급속도로 높아지는 단점이 있다. 이 때문에 CPU와 램의 동작 속도가 하루가 다르게 향상되고 있는 반면, HDD의 동작 속도는 그렇지 못했다.

그래서 HDD의 대안으로 제시된 것이 바로 'SSD(Solid State Drive)'이다. SSD의 용도나 외관, 설치 방법 등은 HDD와 유사하다. 하지만 SSD는 HDD가 자기디스크를 사용하는 것과 달리 반도체를 이용해 데이터를 저장한다는 차이가 있다. 그리고 물리적으로 움직이는 부품이 없기 때문에 작동 소음이 작고 전력 소모가 적다. 이런 특성 때문에 휴대용 컴퓨터에 SSD를 사용하면 전지 유지 시간을 늘릴 수 있다는 이점이 있다.

SSD는, 컴퓨터 시스템과 SSD 사이에 데이터를 주고받을 수 있도록 연결하는 부분인 '인터페이스', 데이터를 저장하는 '메모리', 그리고 인터페이스와 메모리 사이의 데이터 교환 작업을 제어하는 '컨트롤러', 외부 장치와 SSD간의 처리 속도 차이를 줄여주는 '버퍼 메모리'로 이루어져 있다. 이 중에 주목해야 할 것이 데이터를 저장하는 메모리다. 이 메모리를 무엇으로 쓰는지에 따라 '램 기반 SSD'와 '플래시메모리 기반 SSD'로 나뉜다.

램 기반 SSD는 매우 빠른 속도를 발휘하는데, 이것을 장착한 컴퓨터는 전원을 켠 후 1~2초 만에 윈도우 운영체제의 부팅을 끝낼 수 있을 정도다. 다만 램은 전원이 꺼지면 저장 데이터가 모두 사라지기 때문에 컴퓨터의 전원을 끈 상태에서도 SSD에 계속해서 전원을 공급해 주는 전용 전지가 반드시 필요하다. 이런 단점 때문에 램 기반 SSD는 많이 쓰이지 않는다.

그래서 일반적으로 SSD는 플래시메모리 기반 SSD를 지칭한다. 플래시메모리는 전원이 꺼지더라도 기록된 데이터가 보존되기 때문에 HDD를 쓰던 것처럼 쓰면 된다. 그리고 플래시메모리 기반 SSD를 장착한 컴퓨터는 램 기반 SSD를 장착한 컴퓨터보다 느리긴 하지만 HDD를 장착한 동급 사양의 컴퓨터보다 최소 2~3배 이상 빠른 부팅 속도와 프로그램 실행 속도를 기대할 수 있다.

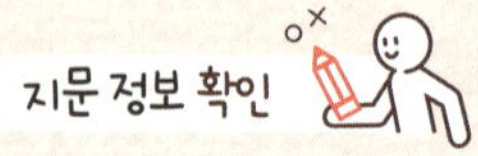

지문 정보 확인

1. 컴퓨터의 전반적인 속도를 좌우하는 것은 중앙처리장치(CPU)이다. (   )

2. HDD는 물리적인 회전이 필요한 자기디스크를 이용하여 데이터를 저장하는데 비해 SSD는 물리적 움직임이 없는 반도체를 이용하여 데이터를 저장한다. (   )

3. 플래시메모리 기반 SSD는 램 기반 SSD보다는 속도가 느리지만 HDD보다는 빠르다. (   )

1 윗글에서 확인할 수 있는 내용으로 적절하지 <u>않은</u> 것은?

① HDD의 발전 과정
② SSD의 구성 요소
③ 컴퓨터 속도를 결정하는 주요 장치
④ 램과 HDD의 데이터 처리 방식 차이
⑤ SSD를 휴대용 컴퓨터에 쓰면 좋은 이유

2 윗글을 바탕으로 〈보기〉에 대해 이해한 것으로 적절하지 <u>않은</u> 것은?

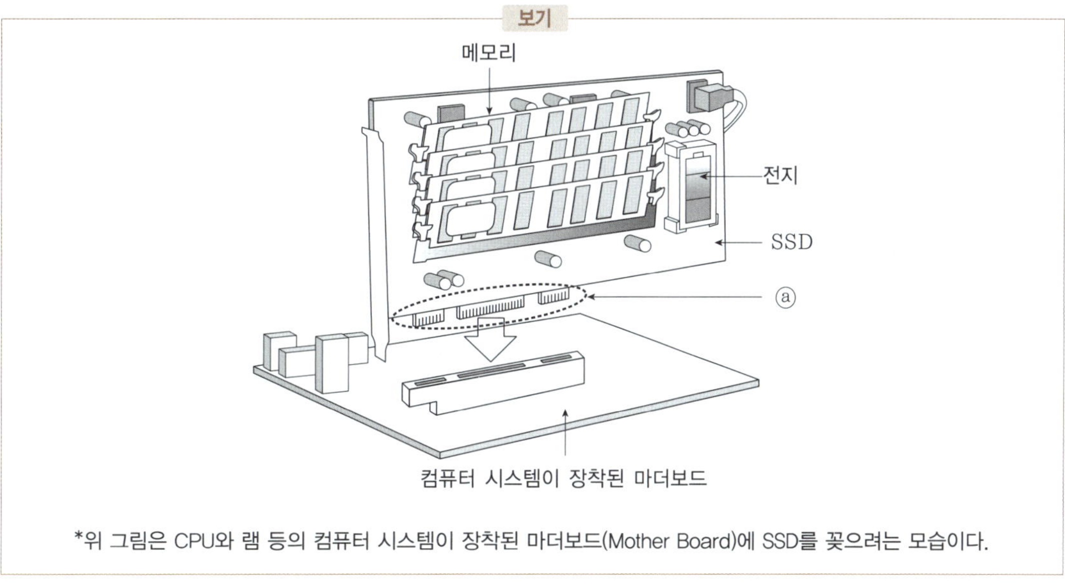

*위 그림은 CPU와 램 등의 컴퓨터 시스템이 장착된 마더보드(Mother Board)에 SSD를 꽂으려는 모습이다.

① 〈보기〉의 SSD에는 컨트롤러와 버퍼 메모리 장치가 있다.
② ⓐ는 SSD가 컴퓨터 시스템과 데이터를 주고받는 부분이다.
③ 〈보기〉의 SSD는 전지가 있는 것으로 보아 일반적으로 쓰이는 것이다.
④ 〈보기〉의 SSD는 다른 종류의 SSD에 비해 데이터 처리 속도가 빠르다.
⑤ 〈보기〉의 SSD에 전지가 없다면 컴퓨터 전원이 꺼졌을 때 메모리에 있는 데이터가 다 지워질 것
   이다.

STUDY 16 어휘 확인

[1~6] 어휘의 뜻풀이와 어휘 ㉠~㉥을 바르게 연결하시오.
[7~12] 예문의 ( ) 안에 들어갈 어휘 ㉠~㉥을 바르게 연결하시오.

뜻풀이	어휘	예문
1 향하여 내처 들어감.	㉠ 공급	7 법으로 자동차의 안전띠 ( ) 을/를 의무화하였다.
2 분간하기 어려울 정도로 아주 작음.	㉡ 미세	8 그는 딱히 누구를 ( )하여 말하지 않았다.
3 의복, 기구, 장비 따위에 장치를 부착함.	㉢ 궤도	9 인공위성을 지구의 ( ) 위로 쏘아 올렸다.
4 요구나 필요에 따라 물품 따위를 제공함.	㉣ 장착	10 수도관 파열로 일주일이나 수돗물 ( )이/가 중단되었다.
5 행성, 혜성, 인공위성 따위가 중력의 영향을 받아 다른 천체의 둘레를 돌면서 그리는 곡선의 길.	㉤ 진입	11 차가 많아 고속 도로 ( )이/가 쉽지 않았다.
6 어떤 대상을 가리켜 이르는 일. 또는 그런 이름.	㉥ 지칭	12 공기에 떠다니는 ( ) 먼지는 건강에 위협이 된다.

[13~18] 보기 의 글자들을 조합하여 다음 뜻풀이에 해당하는 단어를 만드시오.

보기

심 진 질
근 전 속
재 핵 초
적 용 추
접 력

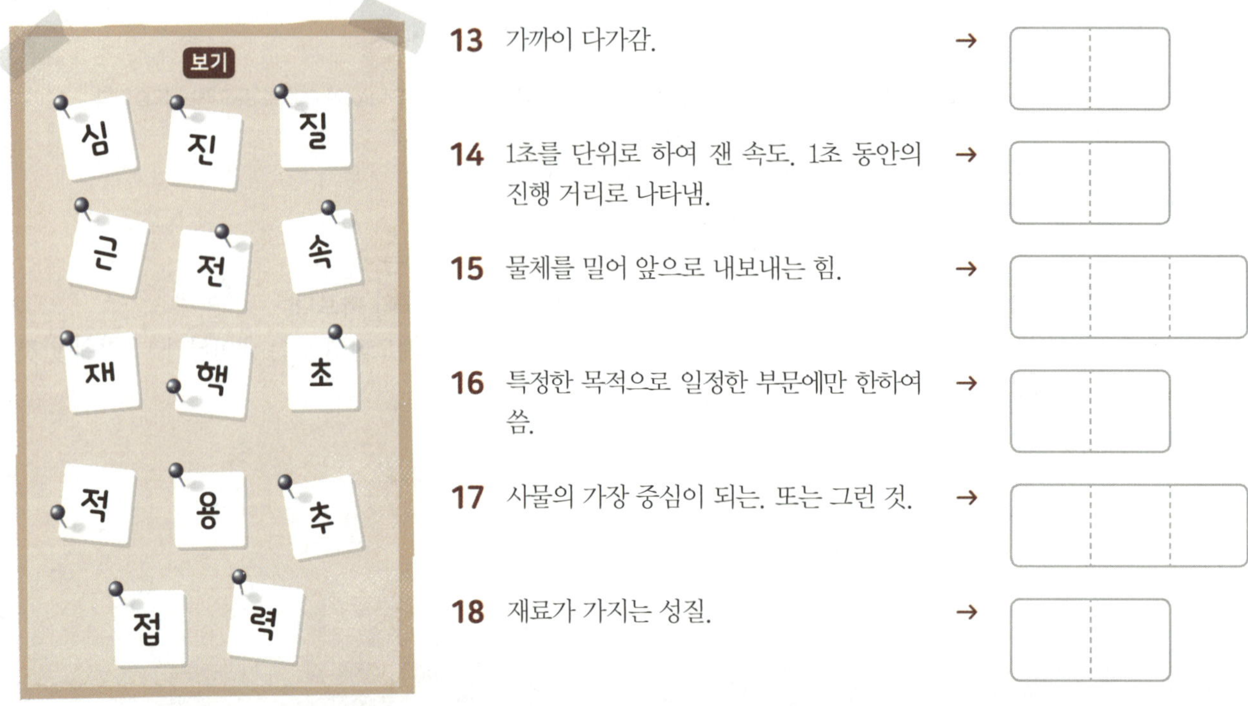

13 가까이 다가감. → ☐☐

14 1초를 단위로 하여 잰 속도. 1초 동안의 진행 거리로 나타냄. → ☐☐

15 물체를 밀어 앞으로 내보내는 힘. → ☐☐☐

16 특정한 목적으로 일정한 부문에만 한하여 씀. → ☐☐

17 사물의 가장 중심이 되는. 또는 그런 것. → ☐☐☐

18 재료가 가지는 성질. → ☐☐

어휘 특강

소리는 같지만 뜻이 다른 단어를 동음이의어(同音異義語)라고 한다.

차다[1] 동사 ←---- 동음이의어 ----→ **차다**[1] 형용사

차다

다의어

❶ 일정한 공간에 사람, 사물, 냄새 따위가 더 들어갈 수 없이 가득하게 되다.
예 버스에 사람이 가득 **차다**.

❷ 감정이나 기운 따위가 가득하게 되다.
예 그는 실의에 **찼다**.

❸ 어떤 높이나 한도에 이르는 상태가 되다.
예 쌓인 눈이 가랑이까지 **찼다**.

❶ 몸에 닿은 물체나 대기의 온도가 낮다.
예 바람이 **차다**.

❷ 인정이 없고 쌀쌀하다.
예 성격이 **차고** 매섭다.

다의어

두 가지 이상의 뜻을 가진 단어를 다의어(多義語)라고 한다.

구체적 상황이나 자료에의 적용

독해 방법 Q&A

" 선생님, 평소에 쓰지 않는 단어나 전문 용어들이 나와서 읽기가 어려울 때는 어떻게 해야 하나요?"

특히 과학이나 기술 지문은 그 성격상 우리가 평소에 잘 쓰지 않는 전문 용어가 종종 나오지. 하지만 그 단어의 뜻을 정확하게 알지 못해도 일단 지문을 읽어 나가야 해. 만약 그 용어나 개념이 중요하다면 지문 어딘가에 자세히 설명이 되어 있을 것이기 때문이지. 그리고 글 전체의 내용을 대략적으로 파악하고 나면 몰랐던 용어나 개념어의 뜻을 짐작할 수 있게 되는 경우도 많다. 그러니 일단 지문 전체를 읽고 재확인하는 것이 좋겠지? 정 읽기가 힘들 때는 해당 용어나 구를 A나 B 같은 부호로 치환해서 읽는 것도 좋다.

지문 전체를 읽기
↓
전체 내용을 바탕으로 어려웠던 부분 다시 읽기
↓
해당 용어나 문장의 내용을 짐작하기

학습 점검표

STUDY 16 의 지문과 문제를 잘 학습했는지 체크한 후, 부족한 부분이 있다면 앞으로 돌아가서 다시 살펴보자~!

지문/문제		나의 체크				보완할 부분
행성의 공전과 스윙바이의 원리		○ 1회독 ○ 2회독 이상	○ 내용	○ 지문 구조	○ 어휘	
	1	○ 맞힘 ○ 틀림	○ 내용	○ 개념&유형	○ 어휘	
	2	○ 맞힘 ○ 틀림	○ 내용	○ 개념&유형	○ 어휘	
	3	○ 맞힘 ○ 틀림	○ 내용	○ 개념&유형	○ 어휘	
SSD의 장점과 종류		○ 1회독 ○ 2회독 이상	○ 내용	○ 지문 구조	○ 어휘	
	1	○ 맞힘 ○ 틀림	○ 내용	○ 개념&유형	○ 어휘	
	2	○ 맞힘 ○ 틀림	○ 내용	○ 개념&유형	○ 어휘	

간의 구조와 간의 혈액 공급 방식

📖 지문 구조&정답 및 해설 068쪽

세부 내용 파악

우리 몸 안에서 가장 큰 장기는 간으로, 커다란 크기만큼 하는 일이 많아서 '인체의 화학 공장'이라고 한다. 우선 우리가 음식을 섭취하게 되면 위나 장에서 영양소를 흡수하게 되는데, 여기서 흡수된 여러 영양소는 대부분 혈액을 통해 간으로 이동한다. 간은 그 영양소들을 몸에서 요구하는 다른 영양소로 만들거나, 우리 몸을 위해 저장하기도 한다. 이런 것들이 가능한 이유는 간의 구조와 혈액의 공급 방식 때문이다.

간은 육각형 기둥 모양의 간소엽 이라는 작은 공장들로 이루어져 있고 그 내부는 간의 주요 기능을 수행하는 간세포로 채워져 있다. 간소엽의 중심부에는 중심 정맥이 놓여 있어 간을 거친 혈액을 간정맥으로 보내 심장으로 흐르게 한다. 그리고 육각형 기둥의 각 모서리에는 간문맥, 간동맥, 담관이 지나가고 있는데, 간문맥과 간동맥은 혈액이 다른 장기에서 간으로 유입되는 관이고, 담관은 담즙이 간에서 배출되는 관이다.

인체의 거의 모든 장기의 혈액 순환은 혈액이 동맥으로 들어와 모세혈관을 거치면서 산소와 영양소의 교환이 이루어진 다음에 정맥을 통해 나가는 방식이다. 그러나 간의 혈액 순환은 예외적으로 혈액이 간동맥과 간문맥이라는 2개의 혈관을 통해서 들어와 미세혈관을 지나 중심 정맥으로 흘러 나간다. 이 과정을 자세히 살펴보면 동맥인 '간동맥'을 통해서 들어오는 혈액은 산소를 운반하고, 소장과 간을 연결하는 혈관인 '간문맥'을 통해서 들어오는 혈액은 위나 장에서 흡수된 영양소를 간으로 이동시킨다. 이 두 혈관들은 간소엽 내부에서 점차 가늘어져 '시누소이드'라는 미세혈관으로 합쳐지는데, 시누소이드는 밭이랑처럼 길게 배열되어 있는 간세포들 사이에 위치해 있다. 시누소이드를 흐르는 혈액은 대사 활동에 필요한 산소와 영양소를 간세포에 공급하고, 간세포의 대사 활동의 결과물인 대사산물과 이산화탄소 같은 노폐물 등을 흡수하는데 이러한 과정을 '물질 교환'이라 한다. 이렇게 시누소이드를 거친 혈액은 중심 정맥으로 유입된 후, 다시 간정맥으로 합쳐져 심장으로 들어가는 것이다.

이러한 혈액 순환을 통해서 간에서는 단백질 합성이 일어난다. 식사를 통해 몸으로 들어온 단백질은 위나 장에서 아미노산의 형태로 분해되어 혈액과 함께 간으로 이동된다. 간세포는 시누소이드를 통해 공급된 아미노산을 분해하여 혈액 응고에 관여하는 새로운 단백질을 합성한다. 이때 아미노산이 분해되는 과정에서 유독 물질인 암모니아가 생성되는데, 간은 이것을 요소로 변화시켜 콩팥으로 보내어 몸 밖으로 배출하게 한다. 또한 간은 비타민 A를 저장하기도 하고, 지방의 소화를 촉진시키는 담즙을 생산하여 담관을 통해 쓸개로 보내기도 한다.

그러나 간의 일부 기능은 간세포만으로 감당할 수 없어서 간은 다른 세포의 도움을 받아야 한다. 간세포와 시누소이드 사이에 존재하는 세포들 중 쿠퍼세포는 몸 안으로 들어온 바이러스를 면역 체계에 노출시켜 몸이 면역 작용을 할 수 있도록 유도한다.

* **섭취**: 생물체가 양분을 몸속으로 빨아들이는 일.
* **유입**: 액체나 기체, 열 따위가 어떤 곳으로 흘러듦.
* **예외적**: 일반적 규칙이나 정례에서 벗어나는. 또는 그런 것.
* **노폐물**: 생체 내에서 생성된 대사산물 중 생체에서 필요 없는 것.
* **응고**: 액체 따위가 엉겨서 뭉쳐 딱딱하게 굳어짐.
* **촉진**: 다그쳐 빨리 나아가게 함.
* **면역**: 몸속에 들어온 병원(病原) 미생물에 대항하는 항체를 생산하여 독소를 중화하거나 병원 미생물을 죽여서 다음에는 그 병에 걸리지 않도록 된 상태. 또는 그런 작용.

지문 정보 확인

1. 위나 장에서 흡수된 여러 영양소는 대부분 혈액을 통해 간으로 이동된다. ( )

2. 육각형 기둥 모양인 간소엽은 중심부에 중심 정맥이 있고, 각 모서리에는 간문맥, 간동맥, 담관, 시누소이드가 있다. ( )

3. 간은 원활한 기능을 위해 다른 세포의 도움을 받기도 한다. ( )

1 **윗글에서 알 수 있는 내용으로 적절하지 <u>않은</u> 것은?**

① 쿠퍼세포는 몸이 면역 작용을 할 수 있도록 돕는다.
② 간은 우리 몸에 필요한 영양소를 만들거나 저장한다.
③ 간에서 나온 혈액은 간정맥을 통해 심장으로 흐른다.
④ 간으로 이동된 요소는 간동맥에 의해 몸 밖으로 배출된다.
⑤ 간은 다른 장기와 달리 2개의 혈관으로 혈액을 공급받는다.

2 **〈보기〉는 간소엽의 일부를 확대한 그림이다. 윗글을 바탕으로 ⓐ～ⓔ를 이해한 내용으로 적절하지 <u>않은</u> 것은?**

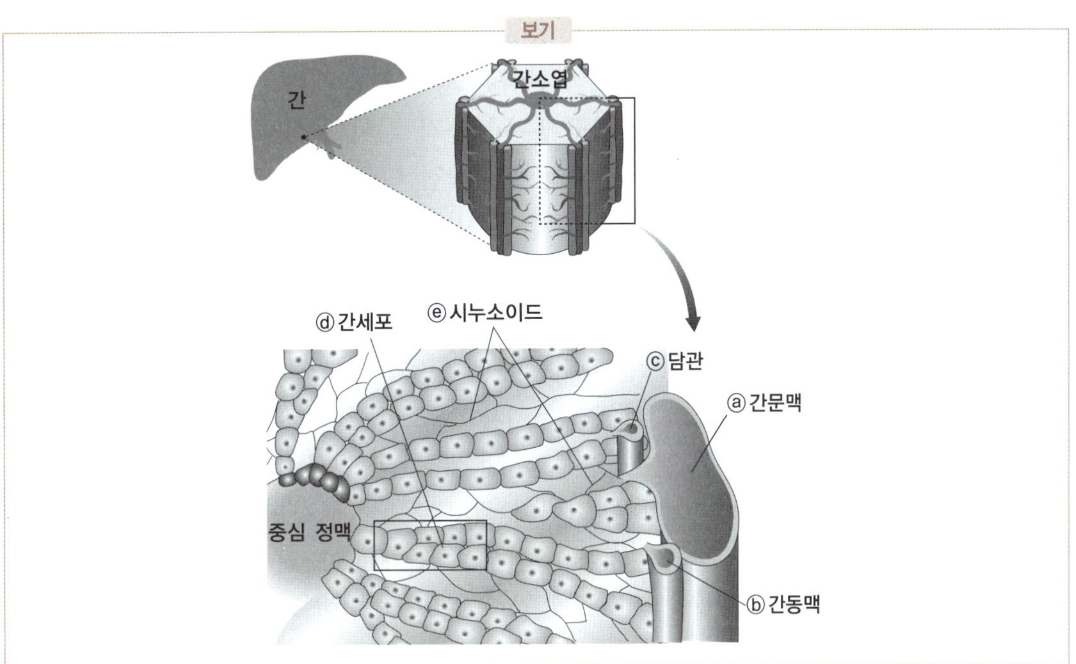

① 장에서 흡수된 영양소는 ⓐ를 통해서 간으로 들어오는군.
② 간에서 만들어진 담즙은 ⓒ를 통해 쓸개로 보내지는군.
③ ⓓ는 ⓔ에서 산소와 영양소를 공급받아 대사 활동을 하는군.
④ ⓔ에서 만들어진 노폐물은 중심 정맥으로 보내지는군.
⑤ ⓔ는 ⓐ와 ⓑ가 간소엽 내부에서 점차 가늘어져 합쳐진 것이군.

📖 지문 구조 & 정답 및 해설 **070**쪽

*인지: 어떤 사실을 인정하여 앎.

*수동적: 스스로 움직이지 않고 다른 것의 작용을 받아 움직이는. 또는 그런 것.

*획득: 얻어 내거나 얻어 가짐.

*추출: 전체 속에서 어떤 물건, 생각, 요소 따위를 뽑아냄.

*정렬: 가지런하게 줄지어 늘어섬. 또는 그렇게 늘어서게 함.

*광축: 일렬로 배열된 광학계에서, 렌즈의 중심과 초점을 연결한 선.

*능동적: 다른 것에 이끌리지 아니하고 스스로 일으키거나 움직이는. 또는 그런 것.

*발사하다: 활·총포·로켓이나 광선·음파 따위를 쏘다.

*활성화: 사회나 조직 등의 기능이 활발함. 또는 그러한 기능을 활발하게 함.

지문 정보 확인

1. 깊이 정보는 컴퓨터와 인간이 상호 작용하기 위해 필요한 정보이다. ( )

2. 수동적 깊이 센서 방식에는 두 대의 카메라가 필요하다. ( )

3. TOF 카메라는 수동적 깊이 센서 방식이 지녔던 거리의 한계를 극복했다. ( )

최근 컴퓨터로 하여금 사람의 신체 움직임을 3차원적으로 인지하게 하여, 이 정보를 기반으로 인간과 컴퓨터가 상호 작용하는 다양한 방법들이 연구되고 있다. 리모컨 없이 손짓으로 TV 채널을 바꾼다거나 몸짓을 통해 게임 속 아바타를 조종하는 것 등이 바로 그것이다. 이때 컴퓨터가 인지하고자 하는 대상이 3차원 공간 좌표에서 얼마나 멀리 있는지에 대한 정보가 필수적인데 이를 '깊이 정보'라 한다.

깊이 정보를 획득하는 방법으로 우선 수동적 깊이 센서 방식이 있다. 이는 사람이 양쪽 눈에 보이는 서로 다른 시각 정보를 결합하여 3차원 공간을 인식하는 것과 비슷한 방식으로, 두 대의 카메라로 촬영하여 획득한 2차원 영상들로부터 깊이 정보를 추출하는 것이다. 하지만 이 방식은 두 개의 영상을 동시에 처리해야 하므로 시간이 많이 걸리고, 또한 한쪽 카메라에는 보이지만 다른 카메라에는 보이지 않는 부분에 대해서는 정확한 깊이 정보를 얻기 어렵다. 두 카메라가 동일한 수평선상에 정렬되어 있어야 하고, 카메라의 광축도 평행을 이루어야 한다는 제약 조건도 따른다.

그래서 최근에는 능동적 깊이 센서 방식인 TOF(Time of Flight) 카메라를 통해 깊이 정보를 직접 획득하는 방법이 주목받고 있다. TOF 카메라는 LED로 적외선 빛을 발사하고, 그 신호가 물체에 반사되어 돌아오는 시간 차를 계산하여 거리를 측정한다. 한 대의 TOF 카메라가 1초에 수십 번 빛을 발사하고 수신하는 것을 반복하면서 밝기 또는 색상으로 표현된 동영상 형태로 깊이 정보를 출력한다.

TOF 카메라는 기본적으로 빛을 발사하는 조명과, 대상으로부터 반사되어 돌아오는 빛을 수집하는 두 개의 센서로 구성된다. 그중 한 센서는 빛이 발사되는 동안만, 나머지 센서는 빛이 발사되지 않는 동안만 활성화된다. 전자는 A 센서, 후자는 B 센서라 할 때 TOF 카메라가 깊이 정보를 획득하는 기본적인 과정은 다음과 같다. 먼저 조명이 켜지면서 빛이 발사된다. 동시에, 대상으로부터 반사된 빛을 수집하기 위해 A 센서도 켜진다. 일정 시간 후 조명이 꺼짐과 동시에 A 센서도 꺼진다. 조명과 A 센서가 꺼지는 시점에 B 센서가 켜진다. 만약 카메라와 대상 사이가 멀어서 반사된 빛이 돌아오는 데 시간이 걸려 A 센서가 활성화되어 있는 동안에 A 센서로 다 들어오지 못하면 나머지 빛은 B 센서에 담기게 된다. 결국 대상으로부터 반사된 빛이 A 센서와 B 센서로 나뉘어 담기게 되는데 이러한 과정이 반복되면서 대상과 카메라 사이가 가까울수록 A 센서에 누적되는 양이 많아지고, 멀수록 B 센서에 누적되는 양이 많아진다. 이렇게 A, B 각 센서에 누적되는 반사광의 양의 차이를 통해 깊이 정보를 얻을 수 있는 것이다.

TOF 카메라도 한계가 없는 것은 아니다. 적외선을 사용하기 때문에 태양광이 있는 곳에서는 사용하기 어렵고, 보통 10m 이내로 촬영 범위가 제한된

다. 하지만 실시간으로 빠르고 정확하게 깊이 정보를 추출할 수 있기 때문에
다양한 분야에서 응용되고 있다.

---

1 윗글의 내용과 일치하지 <u>않는</u> 것은?

① 능동적 깊이 센서 방식은 실시간으로 깊이 정보를 제공해 준다.
② 능동적 깊이 센서 방식은 한 대의 카메라로 깊이 정보를 측정할 수 있다.
③ 수동적 깊이 센서 방식은 사람이 3차원 공간을 인식하는 방법과 유사하다.
④ 수동적 깊이 센서 방식은 두 대의 카메라가 대상을 앞과 뒤에서 촬영하여 깊이 정보를 측정한다.
⑤ 컴퓨터가 대상을 3차원적으로 인지하기 위해서는 깊이 정보가 필요하다

2 〈보기〉는 TOF 카메라의 깊이 정보 측정 과정을 나타낸 것이다. 이에 대한 이해로 적절하지 <u>않은</u> 것은?

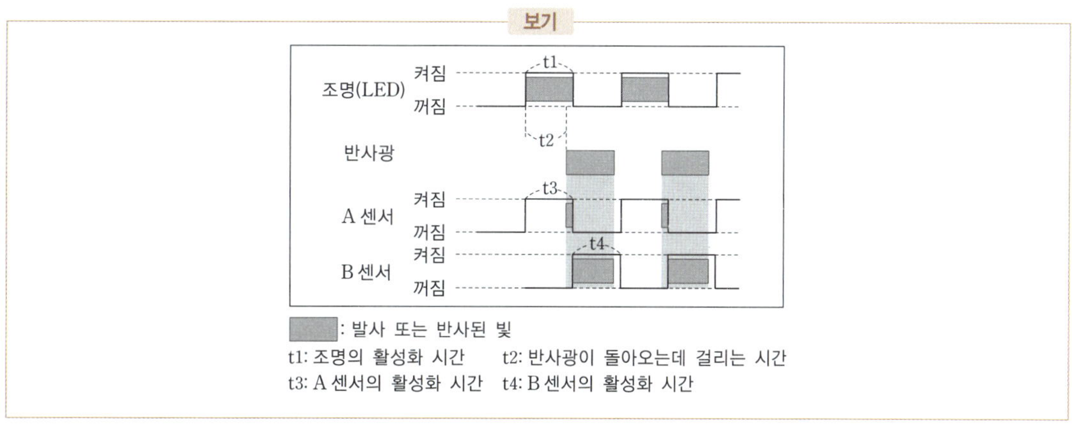

① 카메라와 물체 사이의 거리가 멀어지면 t2는 길어진다.
② t1과 t2가 같다면 반사광은 t4 동안 B 센서에만 담긴다.
③ 조명이 켜지고 t1의 종료 지점에서 B 센서가 활성화된다.
④ t2에서는 A 센서와 B 센서 모두 반사광을 감지할 수 없다.
⑤ 카메라와 물체 사이의 거리가 0이라면 t2와 t3가 같아진다.

[1~10] 〈보기〉에서 어휘의 뜻풀이 또는 예문의 (   ) 안에 들어갈 어휘 ㉠~㉤을 찾아 쓰시오.

보기

㉠ 노폐물　　㉡ 획득　　㉢ 정렬　　㉣ 섭취　　㉤ 발사하다

뜻풀이

1 생물체가 양분을 몸속으로 빨아들이는 일.　[　　]

2 생물체의 신진대사 과정에서 만들어지는 불필요한 찌꺼기.　[　　]

3 가지런하게 줄지어 늘어섬. 또는 그렇게 늘어서게 함.　[　　]

4 얻어 내거나 얻어 가짐.　[　　]

5 활 · 총포 · 로켓이나 광선 · 음파 따위를 쏘다.　[　　]

예문

6 영양분을 골고루 (　　　)하는 것이 중요하다.　[　　]

7 몸속에 쌓였던 (　　　)이/가 배출된다.　[　　]

8 그는 이번 올림픽에서 은메달을 (　　　)했다.　[　　]

9 우리 기술로 만든 인공위성을 (　　　).　[　　]

10 호루라기를 불자 사람들은 가로줄과 세로줄에 맞춰 (　　　)하였다.　[　　]

[11~15] 다음에서 설명하는 어휘가 무엇일지 사다리를 연결하고 주어진 낱자를 활용하여 쓰시오.

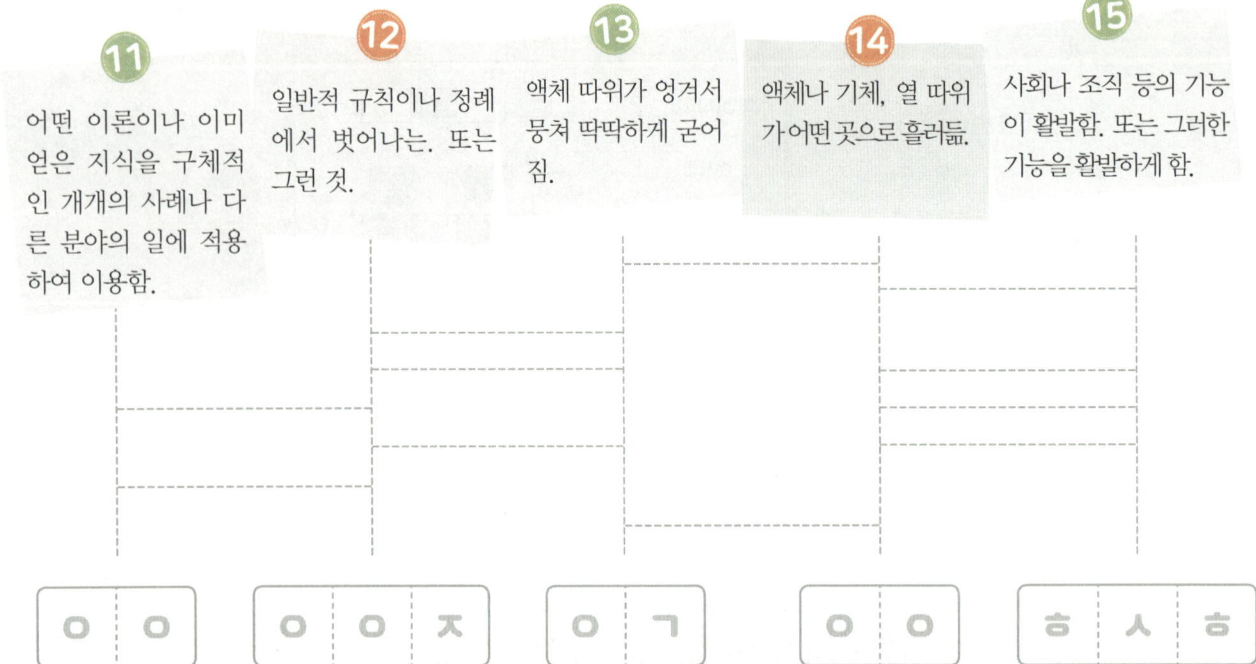

11 어떤 이론이나 이미 얻은 지식을 구체적인 개개의 사례나 다른 분야의 일에 적용하여 이용함.

12 일반적 규칙이나 정례에서 벗어나는. 또는 그런 것.

13 액체 따위가 엉겨서 뭉쳐 딱딱하게 굳어짐.

14 액체나 기체, 열 따위가 어떤 곳으로 흘러듦.

15 사회나 조직 등의 기능이 활발함. 또는 그러한 기능을 활발하게 함.

| ㅇ ㅇ | ㅇ ㅇ ㅈ | ㅇ ㄱ | ㅇ ㅇ | ㅎ ㅅ ㅎ |

어휘 특강

확실하다
틀림없이 그러하다.
예 의문점을 확실하게 밝히다.

비 틀림없다
조금도 어긋나는 일이 없다.
예 목소리로 보아 밖에 있는 사람은 여자가 틀림없다.

비 명료하다
뚜렷하고 분명하다.
예 명료한 표현.

비 분명하다
어떤 사실이 틀림이 없이 확실하다.
예 그는 내 말을 엿듣고 있었음이 분명했다.

반 불확실하다
확실하지 아니하다.
예 예측이 불확실하다.

반 불명확하다
명백하고 확실하지 아니하다.
예 개념이 불명확하다.

비 뻔하다
어떤 일의 결과나 상태 따위가 훤하게 들여다보이듯이 분명하다.
예 뻔한 거짓말.

세부 내용 파악

독해 방법 Q&A

> 선생님, 〈보기〉나 지문에서 숫자나 그래프, 계산식 같은 게 나오면 어떻게 해야 하나요?

지문이나 〈보기〉 자료에 나오는 숫자와 계산식, 그래프 등만 보면 매우 어려운 문제로 느껴질 수 있지만, 실제로는 지문을 제대로 이해했는지를 확인하는 문제란다. 국어 영역은 국어를 제대로 읽고 이해할 수 있는지를 확인하는 시험이므로 계산을 해야 하는 문제라도 지문에 나온 내용과 〈보기〉의 내용만 정확하게 읽으면 힘들이지 않고 쉽게 풀 수 있지. 또한 지문에 나온 숫자나 그래프를 간단하게 도식화해 두면 문제를 풀 때, 훨씬 수월하게 정보를 이해하고 파악할 수 있단다.

> 해당하는 지문 내용 정리하기
> +
> 〈보기〉의 내용 정리하기
> +
> 지문 내용을 도식화하기

학습 점검표

STUDY 17 의 지문과 문제를 잘 학습했는지 체크한 후, 부족한 부분이 있다면 앞으로 돌아가서 다시 살펴보자~!

지문/문제	나의 체크				보완할 부분
간의 구조와 간의 혈액 공급 방식	○ 1회독 ○ 2회독 이상	○ 내용	○ 지문 구조	○ 어휘	
	1 ○ 맞힘 ○ 틀림	○ 내용	○ 개념&유형	○ 어휘	
	2 ○ 맞힘 ○ 틀림	○ 내용	○ 개념&유형	○ 어휘	
깊이 정보를 획득하는 방법과 TOF 카메라	○ 1회독 ○ 2회독 이상	○ 내용	○ 지문 구조	○ 어휘	
	1 ○ 맞힘 ○ 틀림	○ 내용	○ 개념&유형	○ 어휘	
	2 ○ 맞힘 ○ 틀림	○ 내용	○ 개념&유형	○ 어휘	

박테리오파지의 구성과 복제 과정

구체적
상황이나
자료에의 적용

📖 지문 구조 & 정답 및 해설 072쪽

바이러스란 스스로는 증식할 수 없고 숙주 세포에 기생해야만 증식할 수 있는 감염성 병원체를 일컫는다. 바이러스는 자신의 존속을 위한 최소한의 물질만을 가지고 있기 때문에 거의 모든 생명 활동에서 숙주 세포를 이용한다. 바이러스를 구성하는 기본 물질은 유전 정보를 담은 유전 물질과 이를 둘러싼 단백질 껍질이다.

1915년 영국의 세균학자 트워트는 포도상 구균을 연구하던 중, 세균 덩어리가 녹는 것처럼 투명하게 변하는 현상을 관찰했다. 뒤이어 1917년 프랑스에서 활동하던 데렐은 이질을 연구하던 중 환자의 분변에 이질균을 녹이는 물질이 포함되어 있다는 것을 발견하고, 이 미지의 존재를 '박테리오파지'라고 불렀다. 박테리오파지는 바이러스의 일종으로 '세균을 잡아먹는 존재'라는 뜻이다.

박테리오파지는 머리와 꼬리, 꼬리 섬유로 구성되어 있다. 머리는 다면체로 되어 있고, 그 밑에는 길쭉한 꼬리가, 꼬리 밑에는 갈고리 모양의 꼬리 섬유가 붙어 있다. 머리에는 박테리오파지의 핵심이라 할 수 있는 유전 물질이 있는데, 이 유전 물질은 단백질 껍질로 보호되어 있다. 꼬리는 머릿속의 유전 물질이 세균으로 이동하는 통로 역할을 하며, 꼬리 섬유는 세균에 단단히 달라붙는 기능을 한다.

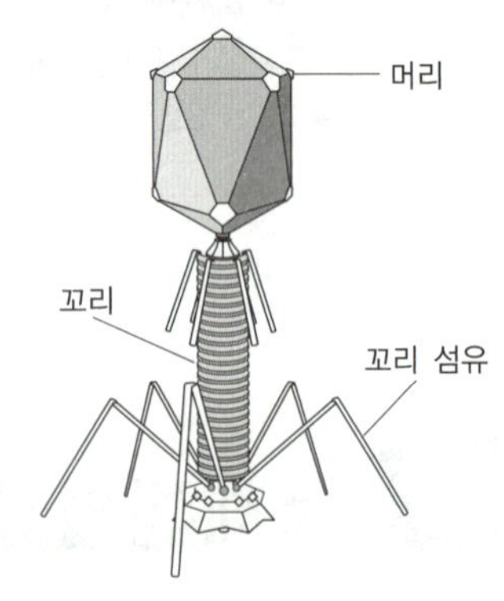

박테리오파지는 증식을 위해 세균을 이용한다. 박테리오파지가 세균을 만나면 우선 꼬리 섬유가 세균의 세포막 표면에 존재하는 특정한 단백질, 다당류 등을 인식하여 복제를 위해 이용할 수 있는 세균인지의 여부를 확인한다. 그리고 이용이 가능한 세균일 경우 갈고리 모양의 꼬리 섬유로 세균의 표면에 단단히 달라붙는다. 세균 표면에 자리를 잡은 박테리오파지는 머리에 들어 있는 유전 물질만을 세균 내부로 침투시킨다. 세균 내부로 침투한 박테리오파지의 유전 물질은 세균 내부의 DNA를 분해한다. 그리고 세균의 내부 물질과 여러 효소 등을 이용하여 새로운 박테리오파지를 형성할 유전 물질과 단백질을 만들어 낸다. 이렇게 만들어진 유전 물질과 단백질이 조립되면 새로운 박테리오파지가 복제되는 것이다.

박테리오파지에는 '독성 파지'와 '용원성 파지'가 있다. '독성 파지'는 충분한 양의 박테리오파지가 복제되면 복제를 중단하고 세균의 세포벽을 파괴하는 효소를 만든다. 그리고 그 효소로 세균의 세포벽을 터뜨리고 외부로 쏟아져 나온다. 이와 달리 '용원성 파지'는 세균을 이용하는 것은 독성 파지와 같지만 세균을 파괴하지는 않는다. 대신 세균 속에서 계속 기생하여 세균이 분열함에 따라 같이 늘어난다.

---

* **증식**: 생물이나 조직 세포 따위가 세포 분열을 하여 그 수를 늘려 감. 또는 그런 현상.

* **숙주**: 기생 생물에게 영양을 공급하는 생물.

* **기생**: 서로 다른 종류의 생물이 함께 생활하며, 한쪽이 이익을 얻고 다른 쪽이 해를 입고 있는 일. 또는 그런 생활 형태.

* **존속**: 어떤 대상이 그대로 있거나 어떤 현상이 계속됨.

* **포도상 구균**: 공 모양의 세포가 불규칙하게 모여서 포도송이처럼 된 세균.

* **이질**: 변에 곱이 섞여 나오며 뒤가 잦은 증상을 보이는 법정 전염병.

* **분변**: 똥.

* **미지**: 아직 알지 못함.

* **분열**: 하나의 세포로 이루어진 개체가 둘 이상으로 나뉘어 불어나는 무성 생식.

지문 정보 확인

1. 바이러스는 반드시 숙주 세포에 기생해야만 증식할 수 있다.
( )

2. 박테리오파지는 유전 물질이 들어 있는 머리를 숙주 세포의 세포벽에 박아 유전 물질을 침투시킨다.
( )

3. 모든 박테리오파지는 충분한 양의 복제가 이루어지면 숙주 세포를 파괴하고 외부로 나온다.
( )

1 윗글에서 언급된 '박테리오파지'에 대한 설명으로 적절하지 <u>않은</u> 것은?

① 세균을 숙주 세포로 삼아서 기생하는 바이러스이다.
② 머리에 있는 유전 물질은 단백질 껍질로 보호되어 있다.
③ 이질균을 녹이는 물질을 발견한 데렐에 의해 명명되었다.
④ 꼬리 섬유는 세균의 표면에 단단히 달라붙는 기능을 한다.
⑤ 세포막 표면에 존재하는 특정 단백질을 복제하여 증식한다.

2 윗글을 바탕으로 〈보기〉의 [A]~[E]를 이해한 것으로 적절하지 <u>않은</u> 것은?

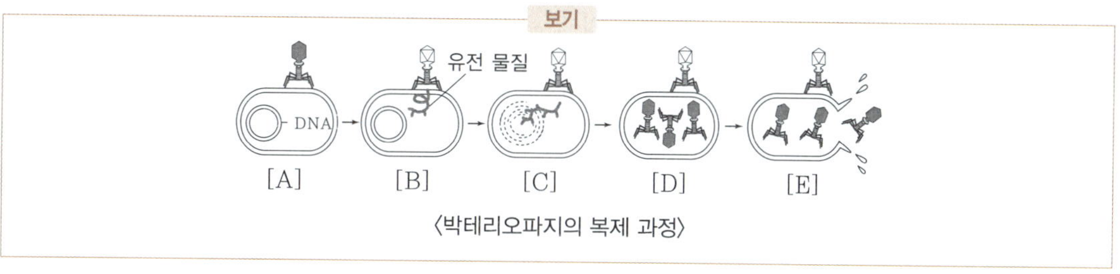

① [A]: 꼬리 섬유가 세포막 표면의 단백질, 다당류 등을 인식한 결과에 따라 유전 물질의 침투 여부가 결정되겠군.
② [B]: 박테리오파지의 머릿속에 있는 유전 물질은 꼬리를 통해 세균 안으로 유입되겠군.
③ [C]: 세균에 침투한 유전 물질은 세균의 내부 물질과 효소 등을 이용해 복제에 필요한 유전 물질과 단백질을 만들겠군.
④ [D]: 세균 속에서 기생하다 세균이 분열하는 과정에서 새로운 박테리오파지가 복제되겠군.
⑤ [E]: 복제된 박테리오파지가 세포 밖으로 터져 나오는 것을 보니 독성 파지가 증식된 것이겠군.

*구분: 일정한 기준에 따라 전체를 몇 개로 갈라 나눔.

*수행: 생각하거나 계획한 대로 일을 해냄.

*출력: 컴퓨터 따위의 기기나 장치가 입력을 받아 일을 하고 외부로 결과를 내는 일. 또는 그 결과.

*순차: 돌아오는 차례.

*피드백: 입력과 출력을 갖춘 시스템에서 출력에 의하여 입력을 변화시키는 일.

*효율적: 들인 노력에 비하여 얻는 결과가 큰. 또는 그런 것.

*파형: 물결처럼 기복이 있는 음파나 전파 따위의 모양.

컴퓨터와 같은 디지털 장치는 1과 0밖에 구분하지 못한다. 더 정확하게 말하면 실제 숫자를 구분하는 것이 아니라 신호가 왔는지(1), 오지 않았는지(0)의 정보를 구분하는 것이다. 신호 여부는 두 개의 전압 레벨, 예를 들어 5V와 0V를 사용하여 구분한다. 즉 전압 레벨이 변화하는 것을 2진수로 처리하여 디지털 회로를 설계하는 것이다. 디지털 회로의 기본 요소는 논리 게이트인데, 논리 게이트는 하나 이상의 입력 값에 대한 논리 연산을 수행하여 출력 값을 얻는다.

디지털 회로는 출력을 결정하는 방법에 따라 조합 논리 회로와 순차 논리 회로로 나눌 수 있다. 조합 논리 회로는 현재의 입력 값들만 이용하여 출력 값을 결정한다. 즉 회로를 구성하는 논리 게이트들이 입력 신호들을 받는 즉시 그것들을 조합하여 출력 신호를 발생시킨다. 반면 순차 논리 회로는 과거의 출력 값이 현재의 출력에 영향을 미친다. 출력 값이 그 시점의 입력 값뿐만 아니라 이전 상태의 출력 값에 의해서도 결정되는 것이다. 이 때문에 순차 논리 회로는 조합 논리 회로와 달리 기억 기능을 가지고 있다. 이전 상태의 출력 값은 다음 단계의 순차 논리 회로 동작을 위해 피드백 경로를 통해 다시 순차 논리 회로의 입력으로 들어가게 된다.

조합 논리 회로이든 순차 논리 회로이든 디지털 회로의 설계는 다양한 논리 게이트들을 얼마나 효율적으로 연결하느냐가 중요하다. 가장 기본적인 논리 게이트로는 NOT 게이트, AND 게이트, OR 게이트가 있다. NOT 게이트는 보통 인버터라 부르며 출력 값이 입력 값과 반대가 되도록 변환한다. 예를 들어 입력 값이 0이면 출력 값은 1이고 입력 값이 1이면 출력 값은 0이 된다. 따라서 입력 가능한 조합은 1과 0, 두 개뿐이다. AND 게이트는 입력 단자를 통해 들어오는 입력 값이 모두 1일 때만 출력 값이 1이고, 만일 한 개라도 0이면 출력 값은 0이 된다. OR 게이트는 입력 값이 어느 하나라도 1이면 출력 값이 1이 되고, 입력 값이 모두 0일 때만 출력 값이 0이 된다. 논리 게이트들의 입력 가능한 조합의 수는 2의 거듭제곱을 따른다. 즉 입력 단자가 2개면 입력 가능 조합은 4개, 입력 단자가 3개면 입력 가능 조합은 8개가 된다.

논리 게이트의 입력과 출력은 전기적 신호가 바뀌는 모습으로 나타낼 수 있다. 아래 그림은 AND 게이트에 입력 신호가 들어왔을 때, 어떤 출력 신호가 나오는지 나타낸 것이다. A와 B의 파형이 각각의 입력 단자에 들어올 때, AND 게이트는 F와 같은 파형을 출력하게 된다. 여기서 파형이란 0과 1에 해당하는 전기적 신호(0V와 5V)가 시간에 따라 연속적으로 바뀌는 모습을 표현한 것을 말한다. 다른 게이트들도 이와 마찬가지로 전기적 신호가 바뀌는 모습을 표현하여 입력 신호와 출력 신호로 나타낼 수 있다.

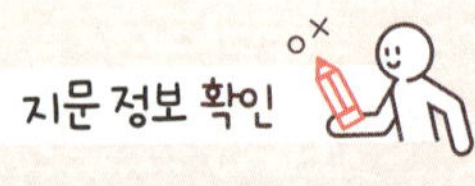

지문 정보 확인

1. 디지털 장치는 0과 1만을 이용하는 2진법을 사용한다. ( )

2. 조합 논리 회로는 이전의 출력 값이 현재의 출력 값을 결정하는 데 영향을 미친다. ( )

3. OR 게이트는 모든 입력 값이 1일 때만 출력 값이 1이 된다. ( )

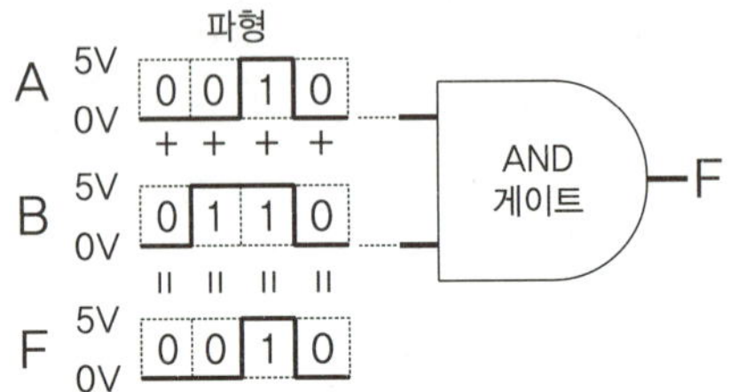

1 윗글의 내용과 일치하지 <u>않는</u> 것은?

① 어떤 논리 게이트라도 출력 값은 0과 1, 둘 중 하나이다.

② 논리 게이트의 입력과 출력은 전기적 신호가 바뀌는 모습으로 나타낼 수 있다.

③ 어떤 논리 게이트에 n개의 입력 단자가 있으면 입력 가능한 조합의 수는 2^n개이다.

④ NOT 게이트, AND 게이트, OR 게이트에서 입력 값이 모두 0이면 각각의 출력 값은 모두 0이다.

⑤ 조합 논리 회로와 순차 논리 회로는 둘 다 논리 게이트를 연결해 구현할 수 있다는 점에서는 같다.

2 윗글을 참고할 때, 〈보기〉에서 출력될 F의 파형으로 적절한 것은?

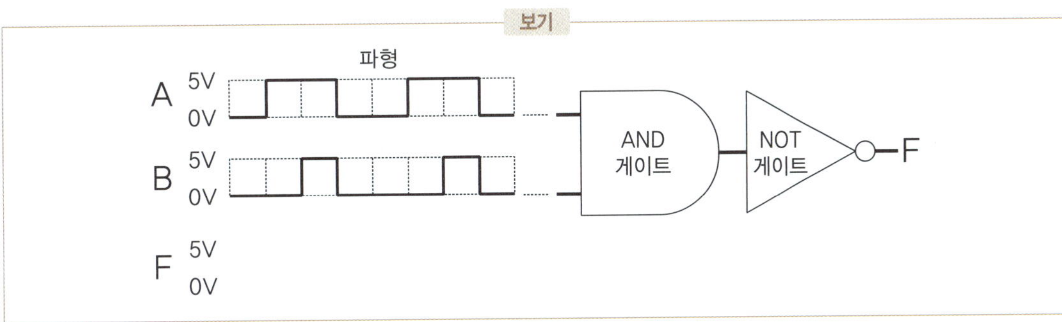

① F 5V 0V

② F 5V 0V

③ F 5V 0V

④ F 5V 0V

⑤ F 5V 0V

[1~10] 보기에서 어휘의 뜻풀이 또는 예문의 (　) 안에 들어갈 어휘 ㉠~㉤을 찾아 쓰시오.

보기

㉠ 파형　　　㉡ 구분　　　㉢ 미지
㉣ 숙주　　　㉤ 순차

1 기생 생물에게 영양을 공급하는 생물.
[　　]

4 아직 알지 못함.
[　　]

3 물결처럼 기복이 있는 음파나 전파 따위의 모양.
[　　]

2 일정한 기준에 따라 전체를 몇 개로 갈라 나눔.
[　　]

5 돌아오는 차례.
[　　]

6 바다는 아직 인류에게 (　　)의 공간이다.
[　　]

7 승객들께서는 (　　)대로 승선하십시오.
[　　]

10 겨우살이는 참나무나 버드나무를 (　　)로 하여 영양을 얻는다.
[　　]

9 음의 (　　)에 따라 소리 나는 것이 다르다.
[　　]

8 기숙사에는 남녀의 방이 (　　)되어 있다.
[　　]

[11~15] 다음에서 설명하는 어휘가 무엇일지 주어진 낱자를 활용하여 쓰시오.

11 들인 노력에 비하여 얻은 결과가 큰. 또는 그런 것.

12 생물이나 조직 세포 따위가 세포 분열을 하여 그 수를 늘려 감. 또는 그런 현상.

13 생각하거나 계획한 대로 일을 해냄.

14 입력과 출력을 갖춘 시스템에서 출력에 의하여 입력을 변화시키는 일.

15 서로 다른 종류의 생물이 함께 생활하며, 한쪽이 이익을 얻고 다른 쪽이 해를 입고 있는 일. 또는 그런 생활 형태.

• '마음'과 관련된 한자 성어의 이해 •

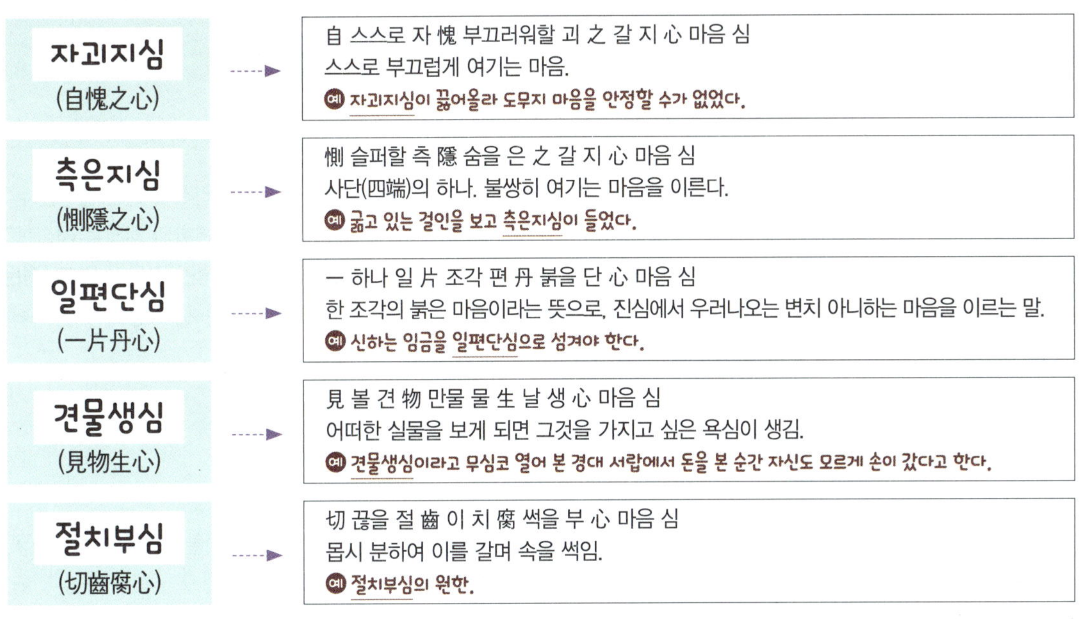

자괴지심
(自愧之心)

→ 自 스스로 자 愧 부끄러워할 괴 之 갈 지 心 마음 심
스스로 부끄럽게 여기는 마음.
예 자괴지심이 끓어올라 도무지 마음을 안정할 수가 없었다.

측은지심
(惻隱之心)

→ 惻 슬퍼할 측 隱 숨을 은 之 갈 지 心 마음 심
사단(四端)의 하나. 불쌍히 여기는 마음을 이른다.
예 굶고 있는 걸인을 보고 측은지심이 들었다.

일편단심
(一片丹心)

→ 一 하나 일 片 조각 편 丹 붉을 단 心 마음 심
한 조각의 붉은 마음이라는 뜻으로, 진심에서 우러나오는 변치 아니하는 마음을 이르는 말.
예 신하는 임금을 일편단심으로 섬겨야 한다.

견물생심
(見物生心)

→ 見 볼 견 物 만물 물 生 날 생 心 마음 심
어떠한 실물을 보게 되면 그것을 가지고 싶은 욕심이 생김.
예 견물생심이라고 무심코 열어 본 경대 서랍에서 돈을 본 순간 자신도 모르게 손이 갔다고 한다.

절치부심
(切齒腐心)

→ 切 끊을 절 齒 이 치 腐 썩을 부 心 마음 심
몹시 분하여 이를 갈며 속을 썩임.
예 절치부심의 원한.

독해 방법 Q&A

❝ 선생님, ⟨보기⟩에 그림 자료가 나오면 어떻게 접근하는 것이 좋을까요? ❞

되게 복잡해 보이는 그림이 나오면 당황스럽지? 그런데 사실은 생각만큼 어렵지 않단다. 왜냐하면 지문에서 제시된 내용을 확인하는 것이기 때문이야. 그러니 ⟨보기⟩의 그림 자료가 지문의 어떤 내용과 관련되는지를 먼저 확인하고, 그 부분을 찾아 해당 내용을 그림 자료와 구체적으로 관련시켜 보아야 해. 이때 눈으로만 확인하지 말고 그림 위에 직접 적거나 표시해 주면 좋아. 만약 지문에 그림이 나오면 그림을 보면서 지문 내용을 이해하고, 그림에 간단한 메모를 하는 것도 좋단다.

⟨보기⟩ 자료가 지문의 어떤
내용과 관련되는지 파악

⬇

해당 지문을 ⟨보기⟩ 자료와
연결 짓기

⬇

선지의 적절성 파악

학습 점검표

STUDY 18의 지문과 문제를 잘 학습했는지 체크한 후, 부족한 부분이 있다면 앞으로 돌아가서 다시 살펴보자~!

지문/문제	나의 체크					보완할 부분
박테리오파지의 구성과 복제 과정	○ 1회독 ○ 2회독 이상		○ 내용 ○ 지문 구조 ○ 어휘			
	1	○ 맞힘 ○ 틀림	○ 내용 ○ 개념&유형 ○ 어휘			
	2	○ 맞힘 ○ 틀림	○ 내용 ○ 개념&유형 ○ 어휘			
디지털 시스템 공학	○ 1회독 ○ 2회독 이상		○ 내용 ○ 지문 구조 ○ 어휘			
	1	○ 맞힘 ○ 틀림	○ 내용 ○ 개념&유형 ○ 어휘			
	2	○ 맞힘 ○ 틀림	○ 내용 ○ 개념&유형 ○ 어휘			

개념 디렉토리

과학

과학 분야의 글이란?

과학 분야의 글은 자연 과학적 시각으로 물질계와 생태계, 우주를 탐구하는 인간의 정신 활동을 담고 있는 글이다. 자연 현상이나 물리적 현상을 대상으로 하며, 그 대상의 구조나 변화의 원리를 서술한다. 과학 분야의 글은 대부분 설명적인 글이 많으며, 그 구성이 체계적이고 분석적인 경우가 많고, 전문적인 내용을 많이 포함하고 있다. 따라서 기본 개념이나 원리를 잘 이해하며 읽는 것이 중요하다. 과학 분야에는 수학, 물리학, 화학, 생명 과학, 지구 과학, 의학, 과학사 등이 포함된다.

생명 과학

- 생명 과학은 생명에 관계되는 현상이나 생물의 여러 가지 기능을 연구하는 생물학 자체에 대한 설명은 물론 의학·유전 공학 등 응용 분야까지 출제 범위가 확장되고 있다.

  예 반추 동물의 소화 과정의 특징, 단백질의 분해와 합성

물리학

- 물리학은 물질의 물리적인 성질과 그것이 나타내는 모든 현상, 그리고 그들 사이의 관계나 법칙을 연구하는 학문이다. 따라서 자연 과학의 기초적인 원리를 다루는 제재가 주를 이룬다.

  예 열역학에 대한 과학자들의 탐구 과정, 돌림힘과 알짜 돌림힘의 개념

지구 과학

- 지구 과학은 지구와 지구를 둘러싼 우주와 천체에서 일어나는 현상을 탐구하는 학문이다.

  예 달과 지구의 공전 궤도, 별의 겉보기 등급과 절대 등급

화학

- 화학은 물질의 조성과 구조, 성질 및 변화, 제법, 응용 등을 연구하는 학문이다. 주로 이론에 대한 설명, 화학적 원리에 설명 등을 다룬다.

  예 산화 작용에 의한 지방질의 산패, 원자 모형에 대한 탐구

수학

- 수학은 수량 및 공간의 성질을 연구하는 학문이다. 숫자와 기호를 바탕으로 한 인류의 수학적 사고뿐만 아니라 수학 본연의 이론적 내용 등을 다룬다.

  예 반데르발스 상태 방정식, 데카르트 좌표계의 수학적 의의

기술

기술 분야의 글이란?

기술 분야의 글은 기술의 원리가 특정 과학 이론을 바탕으로 기계나 장치에 적용되는 원리와 과정, 한계 등을 구체적으로 담고 있다. 인간의 삶을 편리하게 하는 산업 기술, 생활 기술 등 다양한 분야의 기계 장치가 작동하는 원리와 특징을 설명하는 내용이 주를 이룬다. 따라서 장치나 시스템의 작동 원리, 장치나 시스템의 구성 요소 등을 설명하는 내용이 많고, 이런 경우 기능과 특징과 관한 정보에 주목해 작동 원리를 이해해야 한다. 기술 분야의 글에는 반도체, 컴퓨터, 통신, 전자, 전기, 음향, 건축, 디지털, 의료 공학 등이 포함된다.

산업 기술

- 우리 생활 주변에서 흔히 볼 수 있는 기술과 관련된 내용을 다룬다. 현대 산업 기술에 큰 영향을 끼친 기술이나 주목할 만한 신기술을 주로 제시하는 경우가 많다.

  예 조명 기구의 발광 효율과 수명, 자동차의 연료 혼합비

정보 통신 기술

- 컴퓨터, 미디어, 영상 기기 등과 같은 정보 기기를 운영하고 관리하는 데 필요한 소프트웨어 기술과, 이러한 기술을 활용하여 정보를 생산, 가공, 보존, 전달하는 여러 방법에 대한 전문적인 내용을 주로 다룬다.

  예 디지털 데이터의 부호화 과정, 인공 신경망 기술

전자·전기 기술

- 전기와 전자의 원리를 바탕으로 이를 응용한 최첨단 분야의 기술에 대한 내용을 다룬다. 특히 반도체 분야가 발전함에 따라 반도체 공정과 부품 연구에 대한 내용이 자주 다루어지고 있다.

  예 애벌랜치 광다이오드, 포토리소그래피 공정을 이용한 반도체 생산 기술

생명·의학 기술

- 생명 공학, 의학 기술 영역의 지문은 생물체가 가지는 유전, 성장, 면역, 대사 등의 기능과 정보를 바탕으로 인간의 질병 치료, 생명 유지에 대한 내용을 포함한다. 또 의학 분야에서는 최신 의료 기기의 원리 및 의료 기술의 동향 등을 다루기도 한다.

  예 지문 인식 시스템, CT 촬영

IV 긴 지문

감정 이론과 인지주의적 이론

지문 구조&정답 및 해설 076쪽

긴 지문 읽기

* **시점:** 시간의 흐름 가운데 어느 한 순간.

* **주관:** 외부 세계·현실 따위를 인식, 체험, 평가하는 의식과 의지를 가진 존재.

* **변압기:** 전자 상호 유도 작용을 이용하여 교류 전압을 높이거나 낮추는 장치.

* **내포:** 어떤 성질이나 뜻 따위를 속에 품음.

* **배제:** 받아들이지 아니하고 물리쳐 제외함.

* **전제:** 어떠한 사물이나 현상을 이루기 위하여 먼저 내세우는 것.

* **보편적:** 모든 것에 공통되거나 들어맞는. 또는 그런 것.

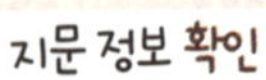

지문 정보 확인

1. 감정 이론은 정서를 감정적 요소와 동일화하였다. ( )

2. 인지주의적 이론은 감정적 요소와 인지적 요소를 조화하여 정서를 분석하였다. ( )

3. 감정 이론은 정서를 분류할 수 없고, 정서와 감정에 대한 일반적인 생각과 부합하지 않는 한계가 있다. ( )

4. 인지주의적 이론은 '공포'와 공포감을 구분하여 판단하였다. ( )

일반적으로 사람들은 정서와 감정을 동일한 것으로 여긴다. 그런데 오늘날의 심리 철학에서는 '정서'라는 개념을 특정 시점에서의 주관의 정신 상태라고 정의하면서 정서와 감정을 개념적으로 구분하고, 정서의 본질에 대해 이전부터 계속되어 온 철학적 탐구를 이어가고 있다.

정서의 본질에 대한 전통적인 논의는 크게 두 방향의 이론으로 설명할 수 있는데, 하나는 '감정 이론'이고 다른 하나는 '인지주의적 이론'이다. 다음 사례에서 드러나는 정서의 요소를 바탕으로 두 이론의 대립하는 방향성을 확인할 수 있다. 민호가 전신주 옆에서 버스를 기다리고 있을 때, 전신주 변압기에서 연기가 솟아났고 민호는 갑자기 공포에 빠져들게 된 상황을 가정해 보자. 이때 민호의 공포라는 정서에서 감정적 요소에 해당하는 것은 민호가 느끼는 공포감이라는 느낌이고, 인지적 요소에 해당하는 것은 민호가 연기를 보았을 때 '민호 자신이 위험한 상황에 처했다.'라는 명제로 표현될 수 있는 판단이나 믿음이다. 감정 이론은 전자를 중심으로 정서를 정의하는 이론이고, 인지주의적 이론은 후자를 중심으로 정서를 정의하는 이론이다.

감정 이론은 특정 정서를 그 정서가 내포하는 특정 감정 즉 자신도 모르게 생기는 느낌과 동일시하는 이론이다. 감정 이론에 따르면, 정서를 이해하는 것은 인지적인 요소가 아니라 감정적인 요소를 통해서 가능하다. 즉 상황에 대해서 어떻게 판단하고 믿느냐가 아니라 어떻게 느끼느냐를 이해하는 것을 통해서만 가능하다는 것이다. 감정 이론은 앞의 예에서 공포라는 민호의 정서를 공포감이라는 감정적 요소와 동일시하면서 민호의 정서를 이해하는 데 있어 인지적 요소는 배제한다. 인지적 요소인 판단과 믿음은 앞의 예에서 민호가 연기를 보았다고 가정했을 때 그 '연기'와 같은 구체적인 대상을 전제하는데, 감정 이론은 판단과 믿음을 배제하기 때문에 정서의 지향적인 성격을 부정한다. 또한 감정 이론을 바탕으로 할 때, 감정은 정서와 동일시되므로 의지에 의해 통제되기 힘든 감정의 속성은 그대로 정서의 속성이 된다.

감정 이론은 사람들이 일상적으로 정서를 감정과 동일시하는 보편적인 성향을 잘 설명할 수 있다는 장점을 지닌다. 사람들이 '어떤 사람이 공포의 정서 상태에 있다.'라는 말의 의미를 전달하기 위해서, 이 말보다 '어떤 사람이 공포를 느낀다.'라는 말을 더 자연스럽게 여기는 것은 정서와 감정을 동일시하는 사람들의 보편적인 성향을 잘 보여 준다. 그러나 감정 이론은 정서들을 분류하는 데 한계를 지닌다. 왜냐하면 감정 이론은 감정 외적인 인지적 요소를 배제하고 감정적 요소만을 강조하기 때문에 개별 정서의 차이를 구분하여 설명하지 못하고 단지 각각의 정서가 다르게 느껴진다고 이야기한다. 그리고 감정 이론은 정서가 규범적 성격을 가질 수 있다는 점을 설명할 수 없다. 왜냐하면 감정 이론은, 어떻게 느끼느냐에 대한 감정 외적인 상황을 고려하지 않은 채 내적인 감정과 동일시되는 정서 자체에 초점을 맞추기 때문이다. 그래서 감정 이론은 그 정서의 규범적인 적절성 여부, 즉 그 정서가 당위적인 가치 기준에 부합하는지 여부를 판단하는 것이 불가능하다.

인지주의적 이론은 정서의 인지적 요소를 정서와 동일시하거나 적어도 정서의 필수적인 요소로 인정하는 이론이다. 이 이론에 따르면, 감정 자체는 정서와 동일시될 수 없고 판단이나 믿음과 같은 인지적 요소들의 복합체에 의해 초래되는 결과일 뿐이다. 인지주의적 이론은, 앞의 예에서 민호가 자신의 머리 위에 변압기가 떨어질 수 있다고 판단하여 위험한 상황에 처했다고 믿는 것을 민호가 경험하는 공포라는 정서 상태와 동일시하거나 적어도 이 공포라는 정서를 규정하는 데 필수적인 요소로 인정한다. 그리고 민호의 공포감은 민호의 판단과 믿음의 결과로 가지게 된 감정일 뿐이라고 본다.

인지주의적 이론의 장점은 앞서 언급한 감정 이론의 두 가지 문제점을 해결할 수 있다는 것이다. 인지주의적 이론은 정서들을 개별 정서로 분류하는 것이 가능하다. 왜냐하면 사람들이 비슷하다고 생각하는 정서를 판단이나 믿음이라는 인지적 요소를 바탕으로 각각의 정서로 구분할 수 있기 때문이다. 그리고 인지주의적 이론은 정서가 규범적 성격을 가질 수 있다는 점을 설명할 수 있다. 왜냐하면 인지주의적 이론이 정서와 동일시하거나 적어도 정서의 필수적인 요소로 여기는 판단과 믿음에는 당위적인 가치 기준이 개입될 수 있기 때문이다. 그러나 인지주의적 이론은 인지적 요소만을 지나치게 강조하기 때문에, 사람들의 보편적인 성향에서 드러나는 감정적 요소를 경시하고 있다.

ⓐ감정 이론과 인지주의적 이론은 유사한 맥락에서 한계를 지니고 있다. 그래서 오늘날의 심리 철학은 두 이론을 정서의 다면적인 성격을 설명하기 위한 철학적 바탕으로 삼되, 두 이론과 달리 정서의 다면적 성격을 종합적으로 설명할 수 있는 새로운 이론적 틀을 마련하기 위해 노력하고 있다.

1 **윗글의 전개 방식에 대한 설명으로 가장 적절한 것은?**

① 중심 화제에 대한 대비되는 두 이론을 소개한 후 각 이론의 장단점을 제시하고 있다.

② 중심 화제에 대한 상반된 이론을 제시한 후 두 이론을 절충한 새로운 이론을 비판하고 있다.

③ 중심 화제에 대한 두 이론의 가설을 제시하고 통계를 바탕으로 가설의 타당성을 검증하고 있다.

④ 중심 화제에 대한 두 이론의 대표적인 학자들을 제시하고 그들이 후속 연구에 미친 영향을 소개하고 있다.

⑤ 중심 화제에 대해 새롭게 등장한 두 이론과 각각의 등장 배경을 소개하고 기존 이론의 등장 배경과 대비하고 있다.

2 윗글을 바탕으로 〈보기〉를 이해한 내용으로 적절하지 <u>않은</u> 것은?

> 집에 가던 수아는 갑자기 비가 내리자 버스 정류장에서 비를 피하고 있었다. 그때 멀리서 수아를 본 어머니가 웃는 얼굴로 우산을 들고 수아에게 다가왔다. 어머니를 만난 수아는 행복이라는 정서를 가지게 되었다.

① 감정 이론에 따르면, 수아가 집에 갈 때 어머니를 만난 특정 시점에서 가지게 된 행복이라는 정서는 수아가 느낀 감정인 행복감 자체와 동일시된다고 보겠군.

② 감정 이론에 따르면, 수아의 행복이라는 정서를 이해하려면 '수아가 비를 맞지 않게 하려고 어머니가 우산을 들고 나왔다.'라는 명제로 표현될 수 있는 요소는 배제해야겠군.

③ 인지주의적 이론에 따르면, 자신을 본 어머니의 웃는 얼굴을 보게 됨으로써 수아가 가지게 된 행복이라는 정서는 감정에서 비롯된 결과라고 보겠군.

④ 인지주의적 이론에 따르면, 수아의 행복이라는 정서를 설명하기 위해서는 어머니가 우산을 들고 수아에게 다가오는 상황을 고려해야 한다고 보겠군.

⑤ 인지주의적 이론에 따르면, 어머니의 표정과 행동이라는 구체적인 대상에 대한 수아의 판단은 수아가 가지게 된 행복이라는 정서 상태의 필수적인 요소로 인정되겠군.

3 ⓐ에 대한 설명으로 가장 적절한 것은?

① 감정 이론과 인지주의적 이론은 모두 정서가 규범적인 속성을 가질 수 있다는 점을 설명하지 못한다.

② 감정 이론과 인지주의적 이론은 모두 사람들이 느끼는 개별 정서의 차이를 구분하여 설명하지 못한다.

③ 감정 이론과 인지주의적 이론은 모두 특정 요소만을 강조하여 정서의 본질을 종합적으로 설명하지 못한다.

④ 감정 이론과 인지주의적 이론은 모두 정서에 대해서 사람들이 지니고 있는 보편적인 성향을 반영하지 못한다.

⑤ 감정 이론과 인지주의적 이론은 모두 상황에 따른 정서의 적절성 여부를 결정하는 당위적인 가치 기준을 제시하지 못한다.

* **신전**: 신령을 모신 커다란 집.
* **사원**: 종교의 교당(종교 단체의 신자들이 모여 예배나 포교를 하는 집을 통틀어 이르는 말.
* **감화**: 좋은 영향을 받아 생각이나 감정이 바람직하게 변화함. 또는 그렇게 변하게 함.
* **퇴색**: 무엇이 낡거나 몰락하면서 그 존재가 희미해지거나 볼품없이 됨을 비유적으로 이르는 말.
* **구현**: 어떤 내용이 구체적인 사실로 나타나게 함.
* **추상화**: 추상적인 것(어떤 사물이 직접 경험하거나 지각할 수 있는 일정한 형태와 성질을 갖추고 있지 않은 것)으로 됨. 또는 그렇게 만듦.
* **사조**: 한 시대의 일반적인 사상의 흐름.
* **기하학적**: 기하학(도형 및 공간의 성질에 대하여 연구하는 학문.)에 관련이 있거나 바탕을 두고 있는. 또는 그런 것.

지문 정보 확인

1. 근대에는 조각이 장소의 속박에서 벗어나 미적 대상으로 인정받았다. （　）
2. 화이트 큐브는 그 위에 올려진 조각에 공간적인 의미를 부여하는 장치로 작용하였다. （　）
3. 1960년대 발달한 미니멀리즘은 극도로 단순화된 기하학적 조각을 추구하여 무의도성을 구현했다. （　）

　　근대 이전의 조각은 고유한 미술 영역의 독립적인 작품으로서가 아니라 신전이나 사원, 왕궁과 같은 장소의 일부로서 존재했다. 중세 유럽의 성당 곳곳에 성서와 관련 있는 각종 인물이 새겨지거나 조각상으로 놓였던 것, 왕궁 안에 왕이나 귀족의 인물상들이 놓였던 것이 그 예이다. 이러한 조각은 그것이 놓여 있는 장소의 성격에 따라 종교적인 분위기를 조성하거나 왕의 권력을 상징함으로써 사람들을 감화시키는 기능을 수행하였다.

[가]
　　조각이 장소와 긴밀한 관련성을 지니고 그 장소의 맥락과 의미를 강조하는 수단으로 활용되는 경향은 근대에 들어서면서 큰 변화를 맞이했다. 종교의 영향력 및 왕권이 약화되면서 관련 장소가 지녔던 권위도 퇴색하여, 그 장소에 놓인 조각에 부여되었던 종교적, 정치적 의미도 약해진 것이다. 또 특정 장소의 상징으로서의 조각이 원래의 장소에서 물리적으로 분리되어 기존의 맥락을 상실하는 경우도 생겨났다. 이러한 상황이 전시 및 교육을 목적으로 하는 박물관, 미술관 등 근대적 장소가 출현하는 상황과 맞물리면서 조각에 대한 새로운 관점이 부각되기 시작했다. 조각이 박물관이나 미술관에 놓이면서 미적 감상의 대상인 '작품'으로서의 성격이 강조된 것이다. 사람들은 조각을 예술적인 기법이나 양식 등 순수한 미적 현상이 구현된 독립적인 작품으로 감상하게 되었다.

　　이러한 경향은 19세기 이후 미술의 흐름 속에서 더욱 두드러졌고, 작품 외적 맥락에 구속되기보다는 작품 자체에서 의미의 완결을 추구하는 경우가 많아졌다. 그래서 작품 바깥의 대상을 지시하거나 재현하기보다는 감상자의 시선을 작품에만 집중시키는 단순하고 추상화된 작품들이 이 시기부터 많이 등장하였다. 이러한 작품들은 대개 미술 전시장의 전형적인 화이트 큐브, 즉 출입구 이외에는 사방이 막힌 실내 공간 안에서 받침대 위에 놓여 실제적인 장소나 현실로부터 분리된 느낌을 주었다.

　　이렇게 조각이 특정 장소로부터 독립해 가는 경향 속에서 미니멀리즘이 등장하였다. 미니멀리즘은 1960년대에 미국을 중심으로 발달한 예술 사조로, 작품의 의미가 예술가의 의도에 의해 결정되는 것을 최소화하고 꾸밈과 표현도 최소화하여 극단적으로 단순화된 기하학적 형태를 추구했다. 미니멀리즘 작가들은 가공하지 않은 있는 그대로의 산업 재료들을 사용하는 등의 방법으로 무의도성과 단순성을 구현했기 때문에, 그 결과물은 작품이라기보다는 사물로 인식되기도 하였다. 또한 미니멀리즘 조각은 감상자들이 걸어 다니는 바닥이나 전시실 벽면과 같은 곳에 받침대 없이 놓임으로써 감상자와 작품 간의 거리를 축소하고, 동선에 따라 개별적이고 다양한 경험과 의미 형성이 가능하도록 하였다. 그 결과 미니멀리즘 조각은 단순성과 추상성을 특징으로 한다는 점에서 이전 시기의 추상 조각과 공통점을 지니면서도, 전시장이라는 실제 장소의 물리적 특성을 작품에 의도적으로 결부하여 활용했다는 점에서 차별성을 띠게 되었다. 이런 특징은 근대 이전의 조각이 장소의 특성에 종속*되어 있었던 것과도 차별화된다.

이후 미술에서는 미니멀리즘을 통해 부각된 작품과 장소 간의 관련성을 새롭게 실현하려는 시도들이 이어져 왔다. 미니멀리즘 작품이 장소와의 관련성을 모색하고 구현한 것이기는 해도 미술관이라는 공간 내부에 제한된다는 점을 간파*한 일부 예술가들은, 미술관 바깥의 도시나 자연을 작업의 장소이자 대상으로 삼아 장소와의 관련성을 다양한 방식으로 실현하려 하였다. 대지 미술은 이러한 시도 중 하나로, 대지의 표면에 형상을 디자인하고 자연 경관 속에 작품을 만들어 냄으로써 지역이나 환경 자체를 작품화하였다. 구체적인 장소의 특성을 작품 의미의 근원으로 삼는 이러한 작품들에서는 작품과 장소, 감상자 간의 상호 작용을 통해 의미가 형성된다는 특징이 드러났다.

1 윗글의 논지 전개 방식으로 가장 적절한 것은?

① 논쟁이 벌어지게 된 배경을 다각도로 분석하고 있다.
② 통념에 대한 비판을 통해 특정 이론을 도출하고 있다.
③ 하나의 현상을 해석하는 대립적인 관점을 절충하고 있다.
④ 역사적 사건에 영향을 미친 요소를 구체적으로 나열하고 있다.
⑤ 논의의 대상이 변모해 온 양상을 시간적 순서로 설명하고 있다.

2 윗글의 내용과 일치하지 <u>않는</u> 것은?

① 대지 미술가들은 자연을 창작 작업의 장소이자 대상으로 삼았다.
② 화이트 큐브는 현실로부터 작품이 분리된 느낌을 완화해 주는 역할을 하였다.
③ 왕권이 약해짐에 따라 왕의 모습을 담은 인물상에 부여되는 상징적 의미가 변화되었다.
④ 19세기 이후의 추상 조각은 감상자의 시선을 작품 외적 맥락보다 작품 자체에 집중시키는 경향이 있었다.
⑤ 미니멀리즘 작가들은 가공하지 않은 산업 재료들을 사용하여 무의도성과 단순성을 구현하기도 하였다.

3 [가]와 〈보기〉를 관련지어 이해한 것으로 가장 적절한 것은?

중세 시대에 건축, 조각, 회화는 독자적인 예술 분야가 아닌 기술이나 수공업의 영역으로 인식되었으며, 정치, 사회적 기능에 전적으로 의존하였다. 근대에 이르러 미술의 개념이 확립되고 미가 인간 행위를 지배하는 하나의 독립적 원리로 여겨지면서, 사람들은 종교적 신비감이 시들해진 상태에서 순수한 미적 체험을 추구하기 시작했다. 미술관을 포함한 박물관의 건립은 이러한 변화와 맞물린 근대적 현상이었다.

① 박물관에서 원래의 장소로 되돌아온 조각상은 건축, 조각, 회화 영역의 통합에 기여하겠군.

② 근대에 출현한 박물관은 작품이 가진 수공업으로서의 가치를 강화하는 데 초점을 두었겠군.

③ 조각상을 감상의 대상인 '작품'으로 여긴다는 것은 그것에 정치, 사회적 기능을 부여한다는 뜻이겠군.

④ 종교적인 인물상이 사원에서 박물관으로 옮겨지면서 미의 개념이 예술 분야에서 기술 분야로 확대되었겠군.

⑤ 중세의 종교 건축물의 일부였던 조각상이 원래의 장소에서 물리적으로 분리되면 원래의 종교적 신비감이 유지되기 어렵겠군.

※ 배경지식 UP
[대지 미술]

대지 미술은 사막 · 산악 · 해변 · 설원(雪原) 등의 넓은 땅을 파헤치거나 거기에 선을 새기고 사진에 수록하여 작품으로 삼기에 대체로 웅장한 스케일을 보여 준다. 이런 거대한 크기 때문에 일반적인 그림이나 조각과 달리 비행기에서 내려다 본다든지, 멀리 떨어진 곳에서 망원경 등을 이용해 봐야 하는 경우가 많다. 20세기 대지 미술의 대표작으로는 로버트 스미손이 미국 유타주 솔트레이크의 호수에 설치한 '나선형 제방'을 든다. 이 작품은 1970년,

'나선형 제방(Spiral Jetty)'

9천 달러의 제작비와 덤프트럭 2대, 트랙터 1대, 기중기 1대의 장비 사용하여 6천 5백 톤의 현무암, 흙과 모래를 써서 6일 만에 완성했다. 460m 길이의 나선형 고리 모양의 제방은 호수의 수심이 높아져 30년간 잠겨 있다가 2천 년대 중반에 다시 모습을 드러냈다.

[1~6] 어휘의 뜻풀이와 어휘 ㉠~㉺을 바르게 연결하시오.

[7~12] 예문의 (   ) 안에 들어갈 어휘 ㉠~㉺을 바르게 연결하시오.

뜻풀이	어휘	예문
1 시간의 흐름 가운데 어느 한 순간.	㉠ 간파	**7** 지금 우리는 위험한 ( )에 도달해 있다.
2 대수롭지 않게 보거나 업신여김.	㉡ 경시	**8** 그녀는 늘 내 생각을 쉽게 ( ) 하곤 했다.
3 모든 것에 공통되거나 들어 맞는. 또는 그런 것.	㉢ 시점	**9** 평등은 우리가 지향해야 할 ( )인 가치이다.
4 자주성이 없이 주가 되는 것에 딸려 붙음.	㉣ 신전	**10** 신도들은 ( )으로 몰려가 기도를 하기 시작했다.
5 속내를 꿰뚫어 알아차림.	㉤ 보편적	**11** 부부 사이는 대등한 관계이지 ( ) 관계가 아니다.
6 신령을 모신 커다란 집.	㉥ 종속	**12** 경제가 발전할수록 인명 ( ) 풍조가 더 심해지고 있다.

[13~18] **보기**의 글자들을 조합하여 다음 뜻풀이에 해당하는 단어를 만드시오.

보기

감	개	내
색	포	화
배	퇴	류
분	제	입

13 어떤 성질이나 뜻 따위를 속에 품음. →

14 무엇이 낡거나 몰락하면서 그 존재가 희미해지거나 볼품없이 됨을 비유적으로 이르는 말. →

15 종류에 따라서 가름. →

16 자신과 직접적인 관계가 없는 일에 끼어듦. →

17 받아들이지 아니하고 물리쳐 제외함. →

18 좋은 영향을 받아 생각이나 감정이 바람직하게 변화함. 또는 그렇게 변하게 함. →

어휘 특강

소리는 같지만 뜻이 다른 단어를 동음이의어(同音異義語)라고 한다.

지다⁵ 동사 ←⋯⋯ 동음이의어 ⋯⋯→ **지다²** 동사

지다

다의어

❶ 물건을 짊어서 등에 얹다.
　예 짐을 등에 **지다**.

❷ 무엇을 뒤쪽에 두다.
　예 해를 지고 걷다.

❸ 책임이나 의무를 맡다.
　예 자신이 한 말에 책임을 **져야** 한다.

❹ 신세나 은혜를 입다.
　예 어려운 시기에 나는 그녀에게 신세를 **지었다**.

❶ 해나 달이 서쪽으로 넘어가다.
　예 해가 **지다**.

❷ 꽃이나 잎 따위가 시들어 떨어지다.
　예 꽃이 **지다**.

❸ 묻었거나 붙어 있던 것이 닦이거나 씻겨 없어지다.
　예 커피 얼룩이 잘 안 **진다**.

다의어

두 가지 이상의 뜻을 가진 단어를 다의어(多義語)라고 한다.

긴 지문 읽기

독해 방법 Q&A

" 선생님, 글의 전개 방식을 정확하게 파악하려면 어떻게 해야 할까요?"

일단 글에서 말하고자 하는 내용이 무엇인지를 먼저 파악해야 해. 이를 위해서는 '무엇'에 대한 내용인지를 먼저 파악한 다음, 그것에 대한 '어떤' 것을 전달하려고 하는지를 파악해야 한단다. 그리고 문단 간의 관계를 통해 그런 내용을 어떤 방식으로 풀어나가는지를 살펴봐야지. 예를 들어 시간의 흐름에 따라 대상의 변화 과정을 설명하고 있는지, 대상의 구성 요소를 나누어서 각각을 설명하고 있는지 같은 것을 파악하는 거지. 이를 전개 방식이라고 하는데, 정의, 인과, 비교, 분석, 예시, 유추 등과 같은 설명 방식과 연역, 귀납, 유비 같은 논증 방식의 용어와 개념을 익혀 두어야 한단다.

글의 중심 내용 정리하기
⬇
중심 내용을 제시하는 방식 살펴보기
⬇
논지 전개 방식 파악하기

학습 점검표　**STUDY 19**의 지문과 문제를 잘 학습했는지 체크한 후, 부족한 부분이 있다면 앞으로 돌아가서 다시 살펴보자~!

지문/문제	나의 체크						보완할 부분
감정 이론과 인지주의적 이론	○ 1회독　○ 2회독 이상		○ 내용　○ 지문 구조　○ 어휘				
	1	○ 맞힘　○ 틀림	○ 내용	○ 개념&유형	○ 어휘		
	2	○ 맞힘　○ 틀림	○ 내용	○ 개념&유형	○ 어휘		
	3	○ 맞힘　○ 틀림	○ 내용	○ 개념&유형	○ 어휘		
작품과 장소의 관련성 변화	○ 1회독　○ 2회독 이상		○ 내용　○ 지문 구조　○ 어휘				
	1	○ 맞힘　○ 틀림	○ 내용	○ 개념&유형	○ 어휘		
	2	○ 맞힘　○ 틀림	○ 내용	○ 개념&유형	○ 어휘		
	3	○ 맞힘　○ 틀림	○ 내용	○ 개념&유형	○ 어휘		

제조물 책임법의 주요 내용

지문 구조 & 정답 및 해설 082쪽

현대 산업 사회에서는 주로 대량 생산이 이루어지기 때문에 그 과정에서 결함* 상품이 발생하고, 이에 따라 소비자의 피해도 발생한다. 이런 경우 피해를 입은 소비자가 구제*를 받기 위해서는 제조물의 제조 과정에서 제조자의 과실이 있었고 그 과실에 따른 결함으로 피해가 발생하였음을 입증*하여야 하는데 그것은 상당히 어렵다. 이에 소비자가 쉽게 피해 구제를 받을 수 있도록 하기 위해 제조물 책임법을 제정*하여 시행하고 있다.

㉮제조물 책임법은 제조업자에게 고의나 과실이 없더라도 제조물의 결함으로 인해 생명·신체·재산상의 손해를 입은 사람에 대하여 제조업자가 손해 배상* 책임을 지도록 하는 법률이다. 이 법이 적용되는 ⓐ제조물과 ⓑ제조업자의 범위를 살펴보면, 제조물은 공산품, 가공 식품 등의 제조 또는 가공된 물품을 의미하는 것으로, 일상생활에서 사용하고 있는 거의 모든 물품이 포함된다. 또한 중고품, 폐기물, 부품, 원재료도 적용 대상이 된다. 그러나 미가공 농수축산물 등은 원칙적으로 제조물의 범위에서 제외되는데, 농수축산물 등 일차 농산품에까지 확대할 경우 농업인 등이 쉽게 소송의 대상이 될 뿐만 아니라 연대 책임 조항에 의하여 유통업자와 가공업자의 과실에 대해서도 불공정하게 책임을 질 우려가 있기 때문이다. 그리고 손해 배상의 책임 주체인 제조업자에는 부품 또는 완성품의 제조업자, 제조물 수입을 업(業)으로 하는 자, 자신을 제조자 혹은 수입업자로 표시한 자가 포함된다. 제조업자를 알 수 없는 경우에는 제조물의 공급업자도 해당된다.

제조물 책임은 제조물에 결함이 존재하는가 여부에 의해 결정되는데, 결함의 유형에는 제조상의 결함, 설계상의 결함, 표시상의 결함이 있다. 제조상의 결함은 제조업자가 제조 또는 가공상의 주의 의무를 이행하였음에도 불구하고 제조물이 원래 의도한 설계와 다르게 제조 또는 가공됨으로써 안전하지 못하게 된 경우이며, 설계상의 결함은 제조업자가 소비자를 고려하여 합리적으로 설계했다면 피해나 위험을 줄이거나 피할 수 있었음에도 그렇게 하지 않아 제조물이 안전하지 못하게 된 경우를 말한다. 표시상의 결함은 제조업자가 합리적인 설명·지시·경고 또는 그밖의 표시를 하였더라면 해당 제조물에 의하여 발생할 수 있는 피해나 위험을 줄이거나 피할 수 있었음에도 이를 표시하지 않은 경우를 말한다.

그런데 피해자가 제조업자에게 손해 배상을 청구*하려면 원칙적으로 제조물의 결함 사실과 손해 발생의 사실, 그리고 제조물의 결함과 손해 발생의 인과 관계를 입증해야 한다. 하지만 소비자의 입장에서 이를 입증하는 것은 쉽지 않다. 그래서 제조물 책임법은 소비자가 제조물을 통상적*인 방법으로 사용하다가 사고가 발생했다는 사실만 입증하면 해당 제조물 자체에 결함이 있었고 그 결함으로 인하여 피해가 발생한 것으로 추정*하도록 하고 있다.

한편 제조물의 결함으로 손해가 발생한 경우에 제조업자는 다음 중 어느

---

* **결함:** 부족하거나 완전하지 못하여 흠이 되는 부분.
* **구제:** 자연적인 재해나 사회적인 피해를 당하여 어려운 처지에 있는 사람을 도와줌.
* **입증:** 어떤 증거 따위를 내세워 증명함.
* **제정:** 제도나 법률 따위를 만들어서 정함.
* **손해 배상:** 법률에 따라 남에게 끼친 손해를 물어 주는 일. 또는 그런 돈이나 물건.
* **청구:** 남에게 돈이나 물건 따위를 달라고 요구함.
* **통상적:** 특별하지 아니하고 예사로운. 또는 그런 것.
* **추정:** 미루어 생각하여 판정함.

지문 정보 확인

1. '제조물 책임법'에서 규정하는 제조물에는 미가공 농수축산물이나 중고품, 폐기물 등은 해당하지 않는다. ( )

2. '제조물 책임법'에서 규정하는 제조업자는 상황에 따라 제조물의 공급업자를 의미하기도 한다. ( )

3. 결함이 있는 제조물 자체는 '제조물 책임법'에서 규정한 손해 배상의 대상이 아니다. ( )

＊**면책:** 책임이나 책망을 면함.

＊**민법:** 개인의 권리와 관련된 법
규를 통틀어 이르는 말.

하나를 입증하면 손해 배상 책임을 면할 수 있다. 첫째, 제조업자가 해당 제조물을 공급하지 아니한 사실, 둘째, 제조업자가 해당 제조물을 공급한 때의 과학·기술 수준으로는 결함의 존재를 발견할 수 없었다는 사실, 셋째, 제조업자가 해당 제조물을 공급할 당시의 법령이 정하는 기준을 준수함으로써 제조물의 결함이 발생한 사실 등이다. 그밖에 원재료 또는 부품 제조업자의 경우에는 해당 원재료 또는 부품을 사용한 제조물 제조업자의 설계 또는 제작에 관한 지시로 인하여 결함이 발생하였다는 사실을 입증하면 책임을 지지 않아도 된다. 그러나 면책＊ 사유에 해당하더라도 제조업자가 제조물의 결함을 알면서도 적절한 피해 예방 조치를 하지 않은 경우, 또는 주의를 기울였다면 충분히 알 수 있었을 결함을 발견하지 못한 경우에는 책임을 피할 수 없다.

　제조물 책임법에 따른 제조업자의 배상 의무는 피해자의 생명·신체 또는 재산상의 손해에 대한 것으로 한정되고, 결함이 있는 제조물 자체는 민법＊에 따라 유통업자나 판매업자에게 구제받아야 한다. 예컨대, 결함이 있는 녹즙기로 인하여 손을 다쳤을 경우, 치료비는 제조업자에게 배상받고 불량품인 녹즙기는 판매업자에게 환불받을 수 있다.

1 윗글을 읽고 해결할 수 있는 질문으로 적절한 것을 〈보기〉에서 고른 것은?

보기

> ㄱ. 제조물 책임법이 제정된 배경은 무엇인가?
> ㄴ. 제조물의 결함을 해결할 수 있는 방안은 무엇인가?
> ㄷ. 제조물 책임법이 적용되는 제조물과 제조업자의 범위는 어디까지인가?
> ㄹ. 제조물 책임법상 피해자가 손해 배상을 청구할 수 있는 기한은 언제까지인가?

① ㄱ, ㄴ　　　② ㄱ, ㄷ　　　③ ㄴ, ㄷ　　　④ ㄴ, ㄹ　　　⑤ ㄷ, ㄹ

2 ㉮와 〈보기〉의 ㉯를 비교한 것으로 적절하지 <u>않은</u> 것은?

> ㉯리콜제도는 소비자의 생명·신체 및 재산상에 위해를 끼치거나 끼칠 우려가 있는 제품 결함이 발견된 경우, 제조업자 스스로 또는 정부의 강제 명령에 의해 제품의 결함 내용을 소비자에게 알리고 제품 전체를 대상으로 수거·파기 및 수리·교환·환급 등의 적절한 시정 조치를 취함으로써 결함 제품으로 인한 위해 확산을 방지하고자 하는 소비자 보호 제도이다.
> 소비자의 입장에서 보면 결함 제품에 의한 피해의 확산을 방지하여 안전한 소비 생활을 영위할 수 있도록 하며, 기업의 입장에서 보면 안전사고를 미연에 방지함으로써 소비자 피해에 대한 손해 배상의 부담을 줄일 수 있다.

① ㉮가 사후 피해 구제에 중점을 두고 있다면, ㉯는 결함 제품에 의한 피해 확산 방지에 중점을 두고 있다.

② ㉮는 결함 제품으로 인한 소비자 피해 사실에 대해, ㉯는 결함 제품에 대해 책임을 지는 제도이다.

③ ㉮와 달리 ㉯는 제품 결함이 발견된 경우 소비자에게 결함 내용을 알리는 제도이다.

④ ㉯와 달리 ㉮는 소비자의 요청이 있어야만 이행된다.

⑤ ㉮와 ㉯는 모두 제조물의 결함으로 인한 소비자의 손해 발생을 필수 조건으로 하고 있다.

3 ⓐ와 ⓑ에 대한 이해로 적절하지 <u>않은</u> 것은?

① 화장품, 건전지와 달리 고등어는 ⓐ에 포함되지 않는다.

② 중고 자동차는 ⓐ에 포함되며, 이를 수입하는 자는 ⓑ에 해당된다.

③ 복숭아 통조림은 ⓐ에 포함되고, 이를 제조한 자와 복숭아를 생산한 자 모두 ⓑ에 해당된다.

④ 자동차 부품의 결함으로 자동차가 고장이 났다면 자동차 부품을 만든 자는 ⓑ에 해당되므로 손해 배상의 책임이 있다.

⑤ 전자 제품에 결함이 발생했지만 제품을 공급했을 당시의 기술 수준으로는 발견할 수 없었던 결함이라면 ⓑ는 손해 배상에 대한 면책 요건을 갖추고 있다.

정보재의 판매 전략

📖 지문 구조&정답 및 해설 085쪽

경제학에서는 디지털화되어 있는 상품과 아날로그 형태로 존재하나 디지털화될 수 있는 상품, 이 모두를 '정보재'라 일컫는다. 예를 들어 각종 컴퓨터 소프트웨어뿐만 아니라 영화, 방송 등의 콘텐츠 및 이들을 디지털화한 것 등이 이에 해당된다. 그렇다면 정보재는 어떠한 특성이 있으며, 생산자는 어떤 전략으로 정보재를 소비자에게 판매하고 있을까? 이를 정보재의 하나인 컴퓨터 소프트웨어를 중심으로 수요와 공급 측면에서 살펴보도록 하자.

먼저 수요 측면의 특성으로 정보재를 사용하는 소비자에게서 나타나는 '잠김효과'를 들 수 있다. ㉠잠김효과란 어떤 정보재를 사용하기 시작한 소비자가 그것에 익숙해지면 다른 정보재보다 이미 사용하던 것을 계속 사용하려는 경향을 말한다. 이러한 경향은 새로운 정보재를 이용하려면 그것에 익숙해지기 위해 많은 돈, 노력, 시간 등의 '전환비용'이 필요하기 때문에 발생한다. 물론 치약이나 비누 등 일반적인 상품에도 잠김효과는 나타난다. 하지만 정보재는 그 효과가 더 강하게 나타나는 경우가 많다. 왜냐하면 가령 일부 소프트웨어 프로그램의 경우 의무 사용 기간을 지키지 않았을 때 지불해야 하는 위약금과 같은 것까지도 전환비용에 포함되기 때문이다.

정보재의 이러한 수요 측면의 특성을 고려하여 새로운 정보재를 판매하려는 기업은, 소비자가 그 정보재 사용에 익숙해지도록 일정 기간 소비자에게 상품을 무료로 사용하게 하거나 상품의 일부 기능만을 제공하는 판매 전략을 사용한다. 이는 기업이 소비자를 배려하는 것처럼 보일 수도 있지만 실제로는 수요 측면에서 드러나는 정보재의 특성에 맞는 판매 전략을 쓰는 것으로 이해할 수 있다.

다음으로 공급 측면에서, 정보재는 원본의 개발에 드는 초기 고정비용은 크지만 디지털로 생산·유통되기 때문에 원본의 복제를 통한 재생산에 투입되는 추가적인 한계비용은 매우 작다는 특성이 있다. 따라서 원본을 개발하지 않고 재생산만 하는 신규 기업이 시장에 진입할 경우 적은 비용으로 원본의 재생산이 가능하다. 원본을 개발·재생산하는 기업과 원본을 재생산만 하는 기업들이 있고 이들이 동일한 정보재로 시장에서 경쟁한다고 가정해 보자. 이러한 상황에서 가격 인하 경쟁이 일어나 정보재 가격이 낮아지면, 원본을 개발·재생산하는 기업은 초기 고정비용을 회수할 수 없어 이윤을 남길 수 없게 될 것이다. 그래서 정부는 지적재산권, 상표권, 특허권 등과 같은 법적 제도를 통해 정보재 원본을 개발·재생산하는 기업을 보호하기도 한다.

한편, 법제도의 보호를 받게 된 기업은 정보재의 소비자를 고려하여 판매 전략을 선택하게 되는데, 이는 정보재에 대한 소비자의 기호나 가치에 따른 '상품차별화'나 '가격차별화' 전략으로 나타나게 된다. 기업은 시장의 상황에 따라 두 전략을 각각 혹은 동시에 사용하기도 한다. 상품차별화 전략에는 소비자의 기호에 따라 상품의 내용이나 기능을 약간씩 다르게 만든 '버전

---

*콘텐츠: 인터넷이나 컴퓨터 통신 등을 통하여 제공되는 각종 정보나 그 내용물.

*수요: 어떤 재화나 용역을 일정한 가격으로 사려고 하는 욕구.

*공급: 교환하거나 판매하기 위하여 시장에 재화나 용역을 제공하는 일.

*위약금: 채무를 이행하지 않을 경우, 채무자가 채권자에게 손해배상 또는 제재(制裁)로서 지급할 것을 미리 약속한 돈.

*고정비용: 생산량의 변동 여하에 관계없이 불변적으로 지출되는 비용.

*투입: 사람이나 물자, 자본 따위를 필요한 곳에 넣음.

*한계비용: 생산물 한 단위를 추가로 생산할 때 필요한 총비용의 증가분.

*회수: 도로 거두어들임.

*기호: 즐기고 좋아함.

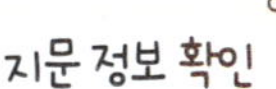
지문 정보 확인

1. 정보재는 디지털화되어 있는 상품과 아날로그 형태로 존재하나 디지털화될 수 있는 상품 모두를 일컫는다. ( )

2. 정보재는 동일한 상품인데도 가격을 차별화해서 판매하는 전략을 사용하기도 한다. ( )

3. 정보재는 초기 비용은 적게 들지만 제품을 재생산할 때 많은 비용이 드는 특징이 있다. ( )

4. 정보재는 사용자가 기존에 쓰던 것을 계속 사용하려는 경향이 일반적인 상품보다 강하게 나타난다. ( )

(version)' 등을 활용하는 방식이 있다. 그리고 가격차별화 전략은 동일한 정보재라도 소비자에 따라 가치가 달리 평가되는 경향을 활용하는 방식을 통해서 이루어진다. 생산자는 소비자의 정보를 사전에 최대한 파악하여, 모든 소비자에게 동일한 가격을 책정하기보다는 소비자가 평가하는 정보재의 가치에 따른 최대 지불 의사를 기준으로 정보재의 가격을 결정하게 된다. 가령 소비자 사이에 재판매가 불가능한 시장에서 소비자의 유형별 정보를 사전에 알고 있는 기업이 어떤 정보재를 판매하고, 각 소비자는 가격이 자신의 최대 지불 의사 금액 이하일 때 반드시 구입하며 최대 구입 횟수는 1회라고 가정한다. 그 정보재의 초기 고정비용은 1,000원, 한계비용은 0원이며, 소비자 유형에는 갑과 을이 존재하고, 최대 지불 의사 금액은 갑 유형이 800원, 을 유형이 400원이다. 만약 생산자가 두 유형의 최대 지불 의사 금액 중 하나만 선택해서 가격을 책정할 경우, 즉 800원 혹은 400원으로 책정한다고 하면 정보재를 갑 유형만 구매하는 경우와, 갑과 을 유형이 모두 구매하는 경우가 발생한다. 이때 두 경우 각각 800원의 수입만을 올릴 수 있게 된다. 그러나 생산자가 각각의 최대 지불 의사 금액을 기준으로 가격을 다르게 책정해 정보재를 각각 판매한다면, 두 유형으로부터 받은 금액의 합은 1,200원으로 초기 고정비용인 1,000원을 초과하게 되어 생산자에게 200원의 이윤이 발생하게 된다.

1 **윗글에서 다룬 내용이 <u>아닌</u> 것은?**

① 정보재의 정의
② 정보재의 종류
③ 정보재의 공급 측면에서의 특징
④ 정보재 시장에서의 법적 제도의 필요성
⑤ 정보재 시장에서의 디지털 기술의 변화 과정

2 윗글을 읽고 〈보기〉에 대해 추론한 것으로 적절하지 <u>않은</u> 것은?

　　기업의 생산관리 프로그램을 판매하는 '병'과 '정'이 있다. '병'은 2년째 자신의 제품을 이용하고 있는 ○○ 기업이 자신의 제품을 계속 사용하도록 하기 위해서, 자신과 3년 연장 계약을 체결하면 ○○ 기업에 이용 요금을 할인해 주기로 한다. 단, ○○ 기업이 계약을 파기할 경우 '병'에게 위약금을 지불해야 한다. 그런데 ○○ 기업은 새롭게 출시된 '정'의 제품이 더 좋다고 생각하여 '정'에게 구매를 문의하였다. '정'은 ○○ 기업이 '병'의 제품을 쓰고 있는 것을 알고, 자신의 제품을 사용하도록 유도하기 위해, 3년 동안 ○○ 기업이 자신의 제품을 이용한다면 '병'이 제시한 요금보다 훨씬 저렴하게 해 주겠다고 ○○ 기업에 제안했다. 그런데 ○○ 기업은 '정'의 제품을 새롭게 익혀야 하는 것에 부담을 느꼈다.

① 만약 ○○ 기업이 '병'의 제품을 계속 사용하기로 결심했다면 전환비용에 부담을 느꼈다고 볼 수 있겠군.

② ○○ 기업에 '병'이 일정 기간 동안 이용 요금의 할인을 제안한 것은 잠김효과를 강화하기 위한 것으로 볼 수 있겠군.

③ '정'이 ○○ 기업에 '병'보다 저렴한 요금을 제시한 것은 '병'의 제품에 의해 발생하는 잠김효과를 약화시키려는 전략으로 볼 수 있겠군.

④ 만약 ○○ 기업이 '병'과의 연장 계약 후 1년 만에 계약을 파기하고 '정'과 계약했다면, 발생할 위약금은 전환비용이라고 볼 수 있겠군.

⑤ 만약 ○○ 기업이 '정'과 계약했다면, 여기에는 ○○ 기업이 '병'의 제품에 의해 발생한 전환비용을 늘리려는 의도가 담겨 있다고 볼 수 있겠군.

3 기업이 ㉠을 발생시키기 위해 활용할 판매 전략으로 가장 적절한 것은?

① 정보재의 생산 계획을 세분화하여 생산 절차를 개선한다.

② 정보재의 안전한 사용을 위해 보안 유지 기술 향상에 힘쓴다.

③ 정보재 생산에 소요되는 원가 절감을 위해 생산 공정을 점검한다.

④ 정보재 유통에 드는 비용을 줄이기 위해 전국적 판매망을 구축한다.

⑤ 정보재를 무료로 제공하지만 사용 기간을 제한하여 그 이후에는 기능을 멈추게 한다.

[1~10] 〈보기〉에서 어휘의 뜻풀이 또는 예문의 (　) 안에 들어갈 어휘 ㉠~㉤을 찾아 쓰시오.

보기

㉠ 결함	㉡ 책정	㉢ 기호	㉣ 면책	㉤ 추정

뜻풀이

1 즐기고 좋아함. [　]

2 책임이나 책망을 면함. [　]

3 미루어 생각하여 판정함. [　]

4 부족하거나 완전하지 못하여 흠이 되는 부분. [　]

5 계획이나 방책을 세워 결정함. [　]

예문

6 내년의 예산을 미리 (　　)해 두어야 한다. [　]

7 사람들은 각자의 (　　)에 따라 물건을 선택하기 마련이다. [　]

8 엘리베이터가 작동하지 않은 것은 기계적인 (　　) 때문이다. [　]

9 이 사건의 책임자는 절대 (　　)이/가 불가능할 것이다. [　]

10 그를 범인으로 생각한 것은 섣부른 (　　)이었다. [　]

[11~15] 다음에서 설명하는 어휘가 무엇일지 사다리를 연결하고 주어진 낱자를 활용하여 쓰시오.

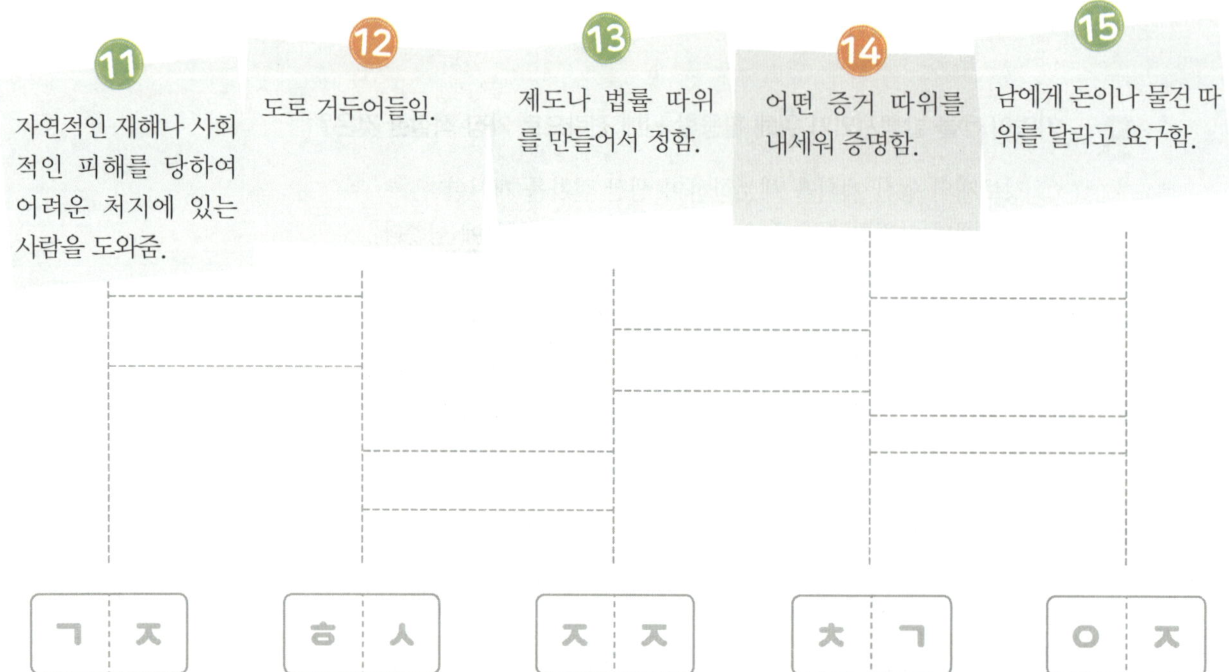

어휘 특강

비 비슷한 말 **반** 반대말

비 적합하다
일이나 조건 따위에 꼭 알맞다.
예 벼농사에 적합한 기후.

비 온당하다
판단이나 행동 따위가 사리에 어긋나지 아니하고 알맞다.
예 법을 어겼으면 처벌을 받는 것이 온당하다.

비 타당하다
일의 이치로 보아 옳다.
예 논리가 타당하다.

마땅하다
그렇게 하거나 되는 것이 이치로 보아 옳다.
예 죄를 지은 사람은 벌을 받아 마땅하다.

반 못마땅하다
마음에 들지 않아 좋지 않다.
예 못마땅한 눈초리.

반 마땅찮다
흡족하게 마음에 들지 아니하다.
예 그는 나를 늘 마땅찮게 여겼다.

비 마뜩하다
제법 마음에 들 만하다.
예 나는 그의 행동이 마뜩하지 않다.

긴 지문 읽기

독해 방법 Q&A

" 선생님, 추론이 뭐예요? 그리고 그것을 잘하려면 어떻게 준비해야 하나요?"

추론은 글 속에 제시된 사실적 정보를 바탕으로 숨겨진 의도나 입장, 전제, 주제 등을 찾아 내는 것을 말하지. 과학이나 인문 영역의 지문에서는 제시된 정보를 조합하여 새로운 정보를 이끌어 내는 문제도 종종 출제된단다. 이를 위해서는 먼저 글의 표면에 드러난 정보를 관련 있는 것끼리 연결해 보고 그것을 통해 새로운 정보를 이끌어 내는 연습을 많이 해 두어야 해. 그리고 원인과 결과를 중심으로 글을 정리하는 연습을 하는 것도 필요하단다.

> 관련 있는 정보끼리 연결하기
> ↓
> 인과 관계를 중심으로 정리하기
> ↓
> 새로운 정보 이끌어 내기

학습 점검표

STUDY 20 의 지문과 문제를 잘 학습했는지 체크한 후, 부족한 부분이 있다면 앞으로 돌아가서 다시 살펴보자~!

지문/문제		나의 체크			보완할 부분
제조물 책임법의 주요 내용	○ 1회독 ○ 2회독 이상	○ 내용 ○ 지문 구조 ○ 어휘			
	1	○ 맞힘 ○ 틀림	○ 내용 ○ 개념&유형 ○ 어휘		
	2	○ 맞힘 ○ 틀림	○ 내용 ○ 개념&유형 ○ 어휘		
	3	○ 맞힘 ○ 틀림	○ 내용 ○ 개념&유형 ○ 어휘		
정보재의 판매 전략	○ 1회독 ○ 2회독 이상	○ 내용 ○ 지문 구조 ○ 어휘			
	1	○ 맞힘 ○ 틀림	○ 내용 ○ 개념&유형 ○ 어휘		
	2	○ 맞힘 ○ 틀림	○ 내용 ○ 개념&유형 ○ 어휘		
	3	○ 맞힘 ○ 틀림	○ 내용 ○ 개념&유형 ○ 어휘		

북극 해빙이 한여름에도 녹지 않는 이유

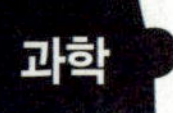

지문 구조&정답 및 해설 088쪽

* **해빙:** 바닷물이 얼어서 생긴 얼음.
* **평형:** 한쪽으로 기울지 않고 안정해 있음.
* **면적:** 면이 이차원의 공간을 차지하는 넓이의 크기.
* **설정:** 새로 만들어 정해 둠.
* **가정:** 사실이 아니거나 또는 사실인지 아닌지 분명하지 않은 것을 임시로 인정함.

지문 정보 확인

1. 온도가 서로 다른 물체들끼리 접촉하면 열적 평형이 이루어질 때까지 높은 온도에서 낮은 온도로 열에너지가 이동한다. ( )

2. 동일한 부피의 얼음일 경우 물과 접촉하는 면적이 적을수록 얼음이 늦게 녹는다. ( )

3. 얼음이 녹는 시간은 부피에 반비하고, 물과 접촉하는 면에 비례한다. ( )

냉수 속 얼음은 1시간을 넘기지 못하고 모두 녹아버린다. 반면 북극 해빙 또한 얼음이지만, 10℃가 넘는 한여름에도 다 녹지 않고 바다에 떠 있다. 왜 해빙의 수명은 냉수 속 얼음보다 긴 걸까?

해빙의 수명이 긴 이유를 알기 위해서는 냉수 속 얼음에 작용하는 열에너지의 전달에 관한 두 가지 원리를 먼저 살펴볼 필요가 있다. 첫째, 열에너지는 온도가 높은 곳에서 낮은 곳으로 전달되는데, 이 때문에 온도가 다른 물체들이 서로 접촉하면 '열적 평형'을 이루려고 한다. 열적 평형은 접촉한 물체들의 열이 똑같아져 서로 어떠한 영향도 주거나 받지 않는 상태이다. 예를 들어 3℃인 냉장고 속에 얼음이 든 냉수를 오랜 시간 동안 두면, 냉수와 얼음의 온도는 모두 3℃가 되어 얼음이 모두 녹아 버릴 것이다. 둘째, 열에너지는 두 물체 사이의 접촉 면을 통해서만 전달되며, 접촉 면이 클수록 전달되는 열에너지의 양은 커진다. 앞서 말한 상황에서는 열에너지가 냉수와 얼음이 맞닿는 면을 통해 전달되므로, 얼음이 냉수와 더 많이 맞닿을수록 전달되는 열에너지도 커진다. 따라서 열적 평형을 이루기 전까지 두 물체 간 전달되는 열에너지의 양은 둘 사이의 온도 차, 접촉 시간, 접촉 면의 면적과 비례함을 알 수 있다.

그러면 얼음이 모두 녹아 물로 변하는 데에는 시간이 얼마나 걸릴까? 이를 알아내기 위해서 3℃로 유지되는 냉수 속에 정육면체인 얼음 하나를 완전히 잠기게 해서 공기와 접촉할 수 없는 상황을 설정해 보자. 실험 결과 한 변의 길이가 1cm인 정육면체 얼음이 완전히 녹는 시간은 약 2시간이다. 한편, 같은 냉수 속에 한 변의 길이가 1cm인 정육면체 얼음 8개를 담근다고 해 보자. 8개의 얼음이 모두 물에 잠겨 있을 때에도 얼음이 완전히 녹는 데에 걸리는 시간은 여전히 약 2시간이다. 왜냐하면 각각의 얼음 주변을 물이 완전히 둘러싸고 있어 각각의 얼음이 접촉한 면적은 모두 같으며, 각각의 얼음의 부피는 동일하기 때문이다. 즉, 물에서 각각의 얼음으로 전달되는 열에너지의 양은 물과 얼음의 접촉 면이 모두 동일하다면 개수가 얼마든 변함이 없다.

그런데 한 변의 길이가 1cm인 정육면체 8개를 붙여 한 변의 길이가 2cm인 정육면체 하나로 만들어 냉수 속에 넣는다면 어떻게 될까? 이때는 결과가 달라진다. 얼음덩어리 전체의 부피는 8cm³로 같지만, 물과 접촉한 정육면체 얼음의 총 면적이 달라지기 때문이다. 한 변의 길이가 1cm인 정육면체 얼음 8개가 각각 물에 잠겨 있다고 할 때의 물에 접촉하는 얼음의 총 면적은 48cm²이지만, 이것을 붙여 각 변의 길이를 2cm로 만든 정육면체 얼음이 물과 접촉하는 총 면적은 24cm²이다. 물과 접촉하는 면적이 절반으로 줄었기 때문에 같은 시간 동안 물에서 얼음으로 전달되는 열에너지의 양도 반으로 줄어들게 된다. 따라서 이 얼음이 다 녹는 데 필요한 시간은 2배만큼 늘어난 약 4시간가량이다.

이를 북극 해빙에 적용해 보자. 이때 해빙은 정육면체이며 공기와 접촉하지만 공기와 열에너지를 교환하지 않는다고 가정하자. 해빙은 바다 위에 떠 있기에 물에 잠긴 정육면체 얼음과 달리 바닥 부분만 바닷물과 접촉하고 있다. 그래서 바닷물의 열에너지는 해빙과 바닷물이 접촉하는 바닥 부분으로만 전달된다. 이는 정육면체의 여섯 면 중 한 면만 닿는 것이기 때문에, 같은 부피의 해빙은 물에 잠긴 정육면체 얼음덩어리보다 녹는 시간이 6배 오래 걸린다. 따라서 수명이 훨씬 긴 것이다.

북극 해빙이 쉽게 녹지 않는 또 다른 이유는 부피와 면적 간의 관계 때문이다. 먼저 얼음이 녹는다는 것은 얼음의 부피가 없어진다는 것이기 때문에, 얼음의 부피가 클수록 녹아야 할 얼음의 양은 많다. 또한 얼음이 녹는 것은 앞서 살펴봤듯이 얼음이 물에 닿는 면적과 관련이 있기 때문에, 물에 닿는 면적이 넓을수록 얼음이 녹는 양은 많다. 따라서 얼음이 녹는 시간은 부피가 클수록 길어지고 물에 닿는 면적이 클수록 짧아짐을 알 수 있다. 여기서 길이가 L배 커지면 면적은 L^2, 부피는 L^3만큼 비례하여 커진다는 '제곱-세제곱 법칙'을 적용하면 얼음이 녹는 시간은 L배만큼 길어짐을 알 수 있다. 예를 들어 한 변의 길이가 2cm인 정육면체 얼음은 한 변의 길이가 1cm인 정육면체 얼음보다 길이가 2배 길기 때문에 녹는 시간도 2배 긴 약 4시간가량이 된다. 또한 여기서 면적이 늘어나는 것보다 부피가 늘어나는 비율이 훨씬 큼도 알 수 있다. 북극 해빙의 면적은 수천만㎢가 넘지만 부피는 이보다 계산하기 어려울 정도로 매우 크기 때문에 해빙이 녹는 시간은 그만큼 늘어나는 것이다. 결국 해빙은 실제 다양한 조건을 고려하더라도 물에 닿는 면이 한 면뿐이고, 닿는 면적에 비해 부피가 매우 크기 때문에 10℃가 넘는 북극의 한여름에도 다 녹지 않고 바다에 떠 있을 수 있는 것이다.

1 **윗글을 읽을 때 사용할 독서 전략으로 가장 적절한 것은?**

① 질문에 대한 글쓴이의 추론 과정을 분석하며 읽는 것이 좋겠군.
② 질문에서 묻는 개념의 변천 과정에 주목하며 읽는 것이 좋겠군.
③ 질문에 대한 다양한 의견들을 서로 비교해 가며 읽는 것이 좋겠군.
④ 질문과 관련된 사람들의 일반적인 생각을 비판하며 읽는 것이 좋겠군.
⑤ 질문에 대한 글쓴이의 입장과 반대되는 의견을 찾으며 읽는 것이 좋겠군.

2 윗글의 내용으로 적절하지 <u>않은</u> 것은?

① 북극 해빙의 면적은 부피에 반비례한다.
② 열에너지는 온도가 높은 곳에서 낮은 곳으로 이동한다.
③ 북극 해빙은 물에 닿는 면이 한 면이어서 녹는 시간이 길어진다.
④ 얼음이 물과 접촉하는 면적과 전달되는 열에너지의 양은 비례한다.
⑤ 열적 평형 상태에서는 접촉한 두 물체 간 열에너지의 전달이 일어나지 않는다.

3 윗글을 바탕으로 〈보기〉를 추론한 내용 중 가장 적절한 것은?

　시우는 윗글을 읽고 얼마 전에 다녀온 석빙고를 떠올린 뒤, 한여름에 석빙고의 정육면체 얼음들을 녹지 않게 하기 위한 가장 효율적인 방법이 무엇인지에 대해 탐구해 보았다.

① 얼음들을 원형으로 만들어 보관한다.
② 얼음들을 일정 간격을 두고 보관한다.
③ 얼음들을 한 줄로 높이 세워 보관한다.
④ 얼음들의 표면에 차가운 물을 뿌려서 보관한다.
⑤ 얼음들을 정육면체 한 덩어리로 만들어 보관한다.

지문 구조&정답 및 해설 091쪽

식물의 생장*에는 물이 필수적이다. 동물과 달리 식물은 잎에서 광합성을 통해 생장에 필요한 양분을 만들어 내는데, 물은 바로 그 원료가 된다. 물은 지구 중심으로부터 중력을 받기 때문에 높은 곳에서 낮은 곳으로 흐르지만, 식물은 지구 중심과는 반대 방향으로 자란다. 따라서 식물이 줄기 끝에 달려 있는 잎에 물을 공급하려면 중력의 반대 방향으로 물을 끌어 올려야 한다. 미국의 캘리포니아 레드우드 국립공원에는 세계에서 키가 가장 큰 세쿼이아가 있다. 이 나무는 키가 무려 112m에 이르며, 뿌리는 땅속으로 약 15m까지 뻗어 있다고 한다. 따라서 물이 뿌리에서 나무의 꼭대기에 있는 잎까지 도달하려면 127m나 끌어 올려져야 한다. 펌프 같은 장치도 보이지 않는데 대체 물이 어떻게 그 높은 곳까지 올라갈 수 있는 것일까? 식물은 어떤 힘을 이용하여 뿌리에서부터 잎까지 물을 끌어 올릴까? 식물이 물을 뿌리에서 흡수하여 잎까지 보내는 데는 뿌리압, 모세관 현상, 증산 작용으로 생긴 힘이 복합적으로 작용한다.

호박이나 수세미의 잎을 모두 떼어 내고 뿌리와 줄기만 남기고 자른 후 뿌리 끝을 물에 넣어 보면, 잘린 줄기 끝에서는 물이 힘차게 솟아오르지는 않지만 계속해서 올라온다. 뿌리털을 둘러싼 세포막을 경계로 안쪽은 땅에 비해 여러 가지 유기물*과 무기물*들이 더 많이 섞여 있어서 뿌리 바깥보다 용액의 농도*가 높다. 다시 말해 뿌리털 안은 농도가 높은 반면, 흙 속에 포함되어 있는 물은 농도가 낮다. 이때 농도의 균형을 맞추기 위해 흙 속에 있는 물 분자는 뿌리털의 세포막을 거쳐 물 분자가 상대적으로 적은 뿌리 내부로 들어온다. 이처럼 농도가 낮은 흙 속의 물을 농도가 높은 뿌리 쪽으로 이동시키는 힘이 생기는데, 이를 뿌리압이라고 한다. 즉 뿌리압이란 뿌리에서 물이 흡수될 때 밀고 들어오는 압력으로, 물을 위로 밀어 올리는 힘이다.

물이 담긴 그릇에 가는 유리관을 꽂아 보면 유리관을 따라 물이 올라가는 것을 관찰할 수 있다. 이처럼 가는 관과 같은 통로를 따라 액체가 올라가거나 내려가는 것을 모세관* 현상이라고 한다. 모세관 현상은 물 분자와 모세관 벽이 결합하려는 힘이 물 분자끼리 결합하려는 힘보다 더 크기 때문에 일어난다. 따라서 관이 가늘어질수록 물이 올라가는 높이가 높아진다. 식물체 안에는 뿌리에서 줄기를 거쳐 잎까지 연결된 물관이 있다. 물관은 말 그대로 물이 지나가는 통로인데, 지름이 $75\mu m$(마이크로미터, $1\mu m=0.001mm$)로 너무 가늘어 눈으로는 볼 수 없다. 이처럼 식물은 물관의 지름이 매우 작기 때문에 ㉠모세관 현상으로 물을 밀어 올리는 힘이 생긴다.

뜨거운 햇볕이 내리쬐는 더운 여름철에는 큰 나무가 만들어 주는 그늘이 그렇게 고마울 수가 없다. 나무가 만들어 주는 그늘이 건물이 만들어 주는 그늘보다 더 시원한 이유는 무엇일까? 나무의 잎은 물을 수증기 상태로 공기 중으로 내보내는데, 이때 물이 주위의 열을 흡수하기 때문에 나무의 그늘 아래

---

*생장: 나서 자람. 또는 그런 과정.

*유기물: 생체를 이루며, 생체 안에서 생명력에 의하여 만들어지는 물질.

*무기물: 생명을 지니지 않은 물질을 통틀어 이르는 말. 물, 흙, 공기, 돌, 광물 따위가 있음.

*농도: 용액 따위의 진함과 묽음의 정도.

*모세관: 털과 같이 가느다란 관.

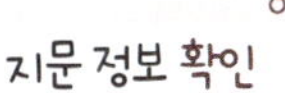

지문 정보 확인

1. 식물은 뿌리압, 모세관 현상, 증산 작용 등이 복합적으로 작용하여 물을 끌어올릴 수 있다. (　)

2. 식물의 물관이 굵고 튼튼할수록 뿌리에 있는 물을 잎까지 이동시키는 힘이 크다. (　)

3. 증산 작용은 식물이 물을 끌어 올리는 원동력이며 가장 큰 힘이다. (　)

가 건물이 만드는 그늘보다 훨씬 시원한 것이다. 식물의 잎에는 기공이라는 작은 구멍이 있다. 기공을 통해 공기가 들락날락하거나 잎의 물이 공기 중으로 증발하기도 한다. 이처럼 식물체 내의 수분이 잎의 기공을 통하여 수증기 상태로 증발하는 현상을 ㉡증산 작용이라고 한다. 가로 세로가 10×10cm인 잔디밭에서 1년 동안 증산하는 물의 양을 조사한 결과, 놀랍게도 55톤이나 되었다. 이는 1리터짜리 페트병 5만 5천 개 분량에 해당하는 물의 양이다. 상수리나무는 6~11월 사이에 약 9,000kg의 물을 증산하며, 키가 큰 해바라기는 맑은 여름날 하루 동안 약 1kg의 물을 증산한다.

기공의 크기는 식물의 종류에 따라 다른데 보통 폭이 $8\mu m$, 길이가 $16\mu m$ 정도밖에 되지 않는다. 크기가 $1cm^2$인 잎에는 약 5만 개나 되는 기공이 있으며, 그 대부분은 잎의 뒤쪽에 있다. 이 기공을 통해 그렇게 엄청난 양의 물이 공기 중으로 증발해 버린다. 증산 작용은 물을 식물체 밖으로 내보내는 작용으로, 뿌리에서 흡수된 물이 줄기를 거쳐 잎까지 올라가는 원동력이다. 잎의 세포에서는 물이 공기 중으로 증발하면서 아래쪽의 물 분자를 끌어 올리는 현상이 일어난다. 즉, 물 분자들은 서로 잡아당기는 힘으로써 연결되는데, 이는 물 기둥을 형성하는 것과 같다. 사슬처럼 연결된 물 기둥의 한쪽 끝을 이루는 물 분자가 잎의 기공을 통해 빠져 나가면 아래쪽 물 분자가 끌어 올려지는 것이다. 증산 작용에 의한 힘은 잡아당기는 힘으로 식물이 물을 끌어 올리는 요인 중 가장 큰 힘이다.

1 윗글의 내용과 일치하지 <u>않는</u> 것은?

① 식물의 종류에 따라 기공의 크기가 다르다.
② 식물의 뿌리압은 중력과 동일한 방향으로 작용한다.
③ 식물이 광합성 작용을 하기 위해서는 반드시 물이 필요하다.
④ 뿌리에서 잎까지 물 분자들은 사슬처럼 서로 연결되어 있다.
⑤ 물관 내에서 물 분자와 모세관 벽이 결합하려는 힘으로 물이 위로 이동한다.

2 ㉠과 ㉡에 대한 설명으로 적절하지 <u>않은</u> 것은?

① ㉠은 관의 지름에 따라 물이 올라가는 높이가 달라진다.
② ㉡이 일어나면 물이 식물체 내에서 빠져 나와 주변의 온도를 낮춘다.
③ ㉠에 의해서는 물의 상태가 바뀌지 않고, ㉡에 의해서는 물의 상태가 바뀐다.
④ ㉠으로 물을 위로 밀어 올리는 힘이, ㉡으로 물을 위에서 잡아당기는 힘이 생긴다.
⑤ ㉠에 의해 식물이 물을 밀어 올리는 힘보다 ㉡에 의해 식물이 물을 끌어 올리는 힘이 더 작다.

3 학생이 〈보기〉와 같은 실험을 하였다. 윗글을 바탕으로 〈보기〉에 대한 반응으로 적절한 것은?

보기

크기와 종류가 같은 식물 셋을 (가)는 줄기만, (나)는 줄기와 잎만을 남겨 비닐을 씌운다. (다)는 뿌리, 줄기, 잎을 그대로 둔다. 셋을 물에 담아 햇빛 등이 동일한 조건에서 변화를 관찰하였다.

① (가)보다 (나)의 비닐 안쪽 면에 물방울이 덜 맺힐 것이다.
② (가)의 용기에 담긴 물이 (나), (다)의 용기에 담긴 물보다 더 많이 줄어들 것이다.
③ (나)에서는 한 가지 힘이, (다)에서는 두 가지 힘이 작용하여 물이 이동한다.
④ (가), (나), (다) 모두 물 분자들이 연결된 물 기둥이 형성될 것이다.
⑤ (가), (나), (다) 모두 공기가 식물 내부로 출입하는 현상이 일어나지 않는다.

어휘 확인

[1~10] 보기 에서 어휘의 뜻풀이 또는 예문의 (   ) 안에 들어갈 어휘 ㉠~㉢을 찾아 쓰시오.

보기

㉠ 가정　　㉡ 생장　　㉢ 설정
㉣ 원동력　　㉤ 평형

1 새로 만들어 정해 둠.
[   ]

2 어떤 움직임의 근본이 되는 힘.
[   ]

3 한쪽으로 기울지 않고 안정해 있음.
[   ]

4 나서 자람. 또는 그런 과정.
[   ]

5 사실이 아니거나 또는 사실인지 아닌지 분명하지 않은 것을 임시로 인정함. [   ]

6 그는 아무리 어렵고 힘든 일이 있어도 심리적 (   )을/를 유지한다. [   ]

7 이 작품은 등장인물의 (   )에서부터 문제가 있다. [   ]

8 이 식물은 매우 빠르게 자라기 때문에 (   ) 기간이 짧은 종으로 널리 알려져 있다. [   ]

9 경찰은 일단 알리바이가 없는 사람이 범인이라는 (   )을/를 세웠다. [   ]

10 정보화 사회에서 정보와 지식은 국가 발전의 (   )이/가 된다. [   ]

[11~15] 다음에서 설명하는 어휘가 무엇일지 주어진 낱자를 활용하여 쓰시오.

11 생명을 지니지 않은 물질을 통틀어 이르는 말. 물, 흙, 공기, 돌, 광물 따위가 있음.

12 털과 같이 가느다란 관.

13 바닷물이 얼어서 생긴 얼음.

14 용액 따위의 진함과 묽음의 정도.

15 면이 이차원의 공간을 차지하는 넓이의 크기.

어휘 특강

● 유의 관계에 따른 고유어, 한자어의 높임 표현 ●

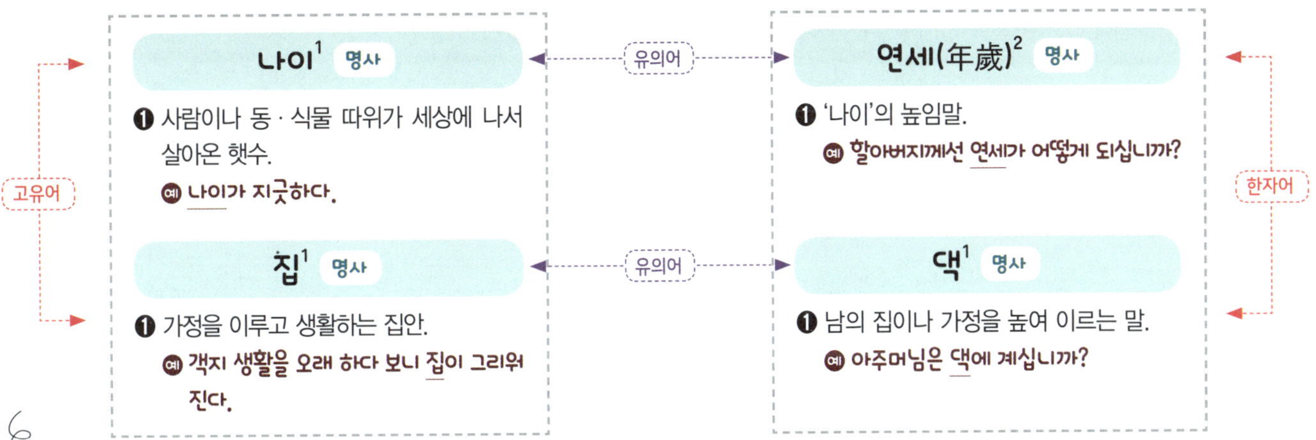

우리말은 고유어와 한자어가 유의 관계(유의어)를 이루는 경우가 많다. '이름'과 '성함'의 예처럼 일반적으로 고유어는 다의어가 많은 반면, 한자어는 구체적인 의미를 지니는 경우가 많아 한자어가 고유어를 보완하는 역할을 한다. 그런데 한자를 중시했던 관습 때문에 한자어가 높임의 의미를 지니고 있는 경우도 있다.

독해 방법 Q&A

> " 선생님, 과학이나 기술에 대한 배경지식을 쌓아 두면 많은 도움이 되나요?"

당연히 배경지식이 많을수록 글을 더 잘 읽을 수 있겠지. 그러나 그렇게 하려면 시간도 많이 들고 배워야 할 것이 너무 많단다. 따라서 학교에서 과학이나 기술 수업을 할 때 교과서에 나오는 기초 개념을 이해하는 정도면 돼. 국어 영역의 독서는 지문 내에 모두 근거가 있으니까 말이야. 그래도 최근의 인공지능이나 유비쿼터스, 나노 기술처럼 오늘날 중요하게 취급되는 과학 기술에 관한 지식 정도는 따로 공부해 두면 좋겠지? 무엇보다도 제시된 글을 정확하게 읽으면서 정리하는 것이 가장 중요하다는 것은 잊지 마.

교과서의 기초 개념 정리하기
+
자주 언급되는 용어 공부하기
+
배경 지식 축적하기

학습 점검표 STUDY 21 의 지문과 문제를 잘 학습했는지 체크한 후, 부족한 부분이 있다면 앞으로 돌아가서 다시 살펴보자~!

지문/문제	나의 체크					보완할 부분
북극 해빙이 한여름에도 녹지 않는 이유	○ 1회독　○ 2회독 이상		○ 내용　○ 지문 구조　○ 어휘			
	1	○ 맞힘　○ 틀림	○ 내용	○ 개념&유형	○ 어휘	
	2	○ 맞힘　○ 틀림	○ 내용	○ 개념&유형	○ 어휘	
	3	○ 맞힘　○ 틀림	○ 내용	○ 개념&유형	○ 어휘	
식물이 물을 끌어 올리는 원리	○ 1회독　○ 2회독 이상		○ 내용　○ 지문 구조　○ 어휘			
	1	○ 맞힘　○ 틀림	○ 내용	○ 개념&유형	○ 어휘	
	2	○ 맞힘　○ 틀림	○ 내용	○ 개념&유형	○ 어휘	
	3	○ 맞힘　○ 틀림	○ 내용	○ 개념&유형	○ 어휘	

memo

메가스터디
중학국어
비문학
독해 연습
3

메가스터디
중학국어
비문학
독해 연습

지문 구조
& 정답 및 해설

메가스터디

중학국어

비문학

독해 연습

지문 구조

& 정답 및 해설

구성과 특징

➕ **이 교재는** 영역별, 난이도별 엄선된 42개 비문학 제재를 체계적으로 연습할 수 있는 기본서입니다.

➕ **이 교재는** 중학생이 알아야 할 2015 개정 교육과정의 국어 읽기 영역 성취 기준에 기반한 독해 스킬을 문제를 통해 파악할 수 있는 기본서입니다.

➕ **이 교재는** 중학생들이 한 번에 학습하기 적절한 분량인 두 개의 지문(제재)으로 하나의 STUDY를 구성하여 비문학 독해에서의 효율적 학습 시스템을 적용한 기본서입니다.

본문의 지문을 다시 한 번 제시하여
문제 해설을 확인할 때 더욱 편리하도록 하였습니다.

지문 내용을 문단별 판서 형태로 정리하여 보여 주면서
핵심 내용의 이해를 돕도록 하였습니다.

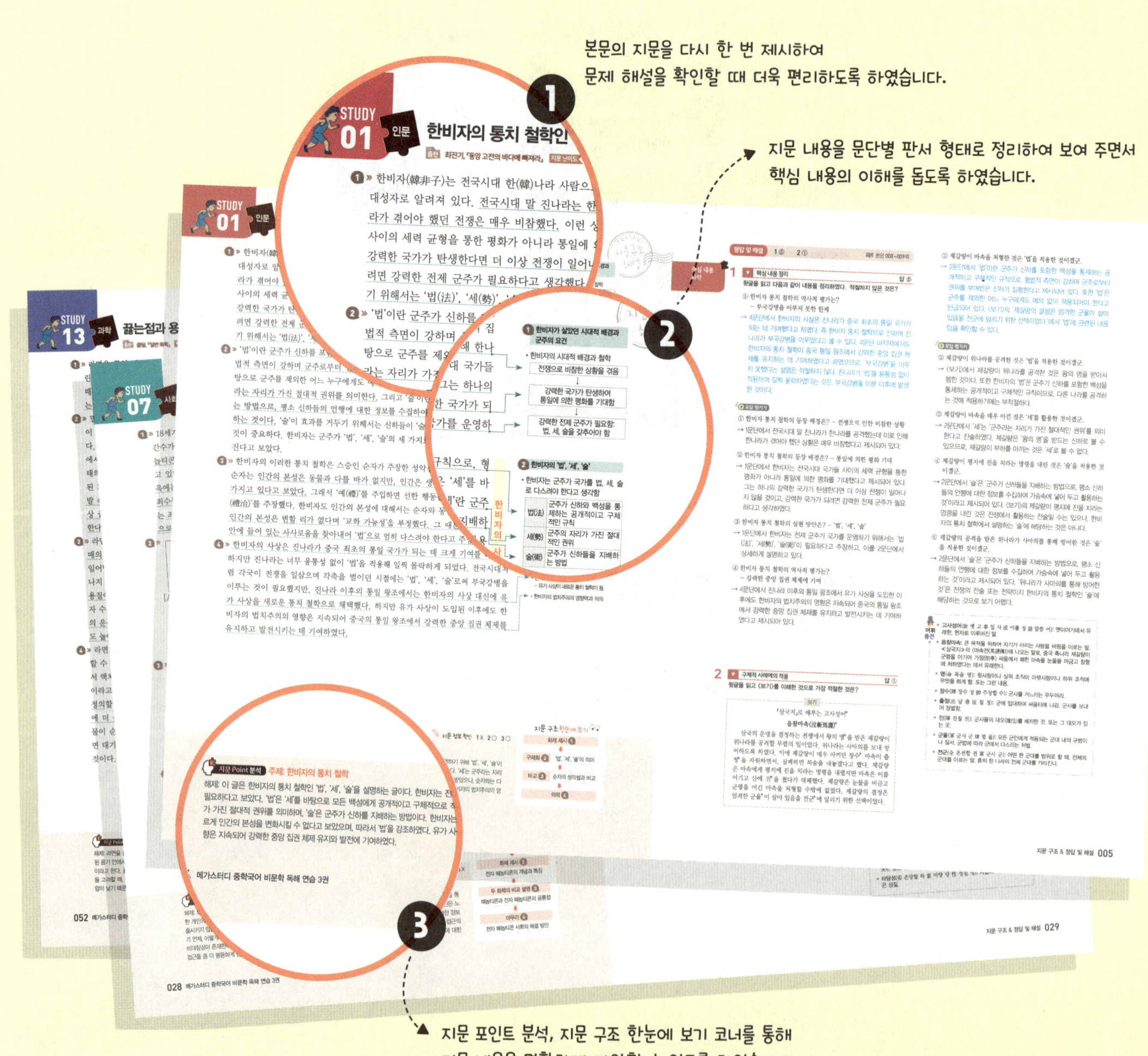

지문 포인트 분석, 지문 구조 한눈에 보기 코너를 통해
지문 내용을 명확하게 파악할 수 있도록 하였습니다.

상세한 정답 해설과 오답 챙기기 해설을 통해
문제의 정오답을 꼼꼼하게 이해할 수 있도록 하였습니다.

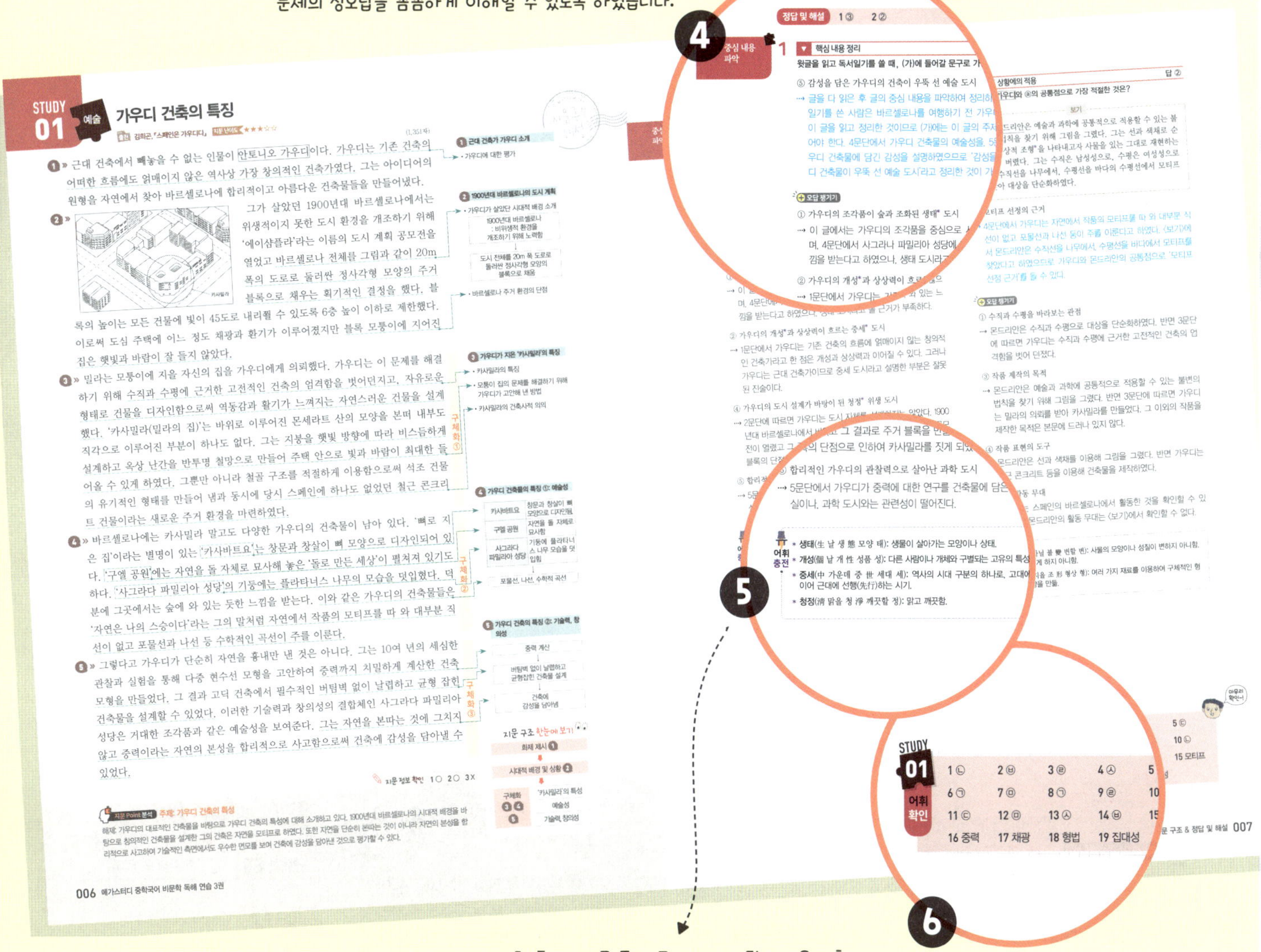

어휘 충전 코너를 통해 문제에 제시된 어려운 어휘,
개념어 등을 학습할 수 있도록 하였습니다.

본문 어휘 확인 정답을
체크하도록 하였습니다.

한비자의 통치 철학

출전 최진기, 『동양 고전의 바다에 빠져라』 **지문 난이도** ★★☆☆☆

(1,226자)

❶ » 한비자(韓非子)는 전국시대 한(韓)나라 사람으로 중국 철학사에서 법가(法家)의 집대성자로 알려져 있다. 전국시대 말 진나라는 한나라를 공격했는데 이로 인해 한나라가 겪어야 했던 전쟁은 매우 비참했다. 이런 상황에서 한비자는 전국시대 국가들 사이의 세력 균형을 통한 평화가 아니라 통일에 의한 평화를 기대했다. 그는 하나의 강력한 국가가 탄생한다면 더 이상 전쟁이 일어나지 않을 것이고, 강력한 국가가 되려면 강력한 전제 군주가 필요하다고 생각했다. 나아가 전제 군주가 국가를 운영하기 위해서는 '법(法)', '세(勢)', '술(術)'이 필요하다고 주장했다.

❷ » '법'이란 군주가 신하를 포함한 백성을 통제하는 공개적이고 구체적인 규칙으로, 형법적 측면이 강하며 군주로부터 권위를 부여받은 신하가 집행한다. '법'은 '세'를 바탕으로 군주를 제외한 어느 누구에게도 예외 없이 적용되어야 한다. 이때 '세'란 군주라는 자리가 가진 절대적 권위를 의미한다. 그리고 '술'이란 군주가 신하들을 지배하는 방법으로, 평소 신하들의 언행에 대한 정보를 수집하여 가슴속에 넣어 두고 활용하는 것이다. '술'이 효과를 거두기 위해서는 신하들이 '술'을 눈치 채지 못하게 하는 것이 중요하다. 한비자는 군주가 '법', '세', '술'의 세 가지로 다스려야 국가가 부강해진다고 보았다.

❸ » 한비자의 이러한 통치 철학은 스승인 순자가 주장한 성악설의 영향을 받은 것이다. 순자는 인간의 본성은 동물과 다를 바가 없지만, 인간은 생각할 수 있는 '려(慮)'를 가지고 있다고 보았다. 그래서 '예(禮)'를 주입하면 선한 행동을 할 수 있다며 '예치(禮治)'를 주장했다. 한비자도 인간의 본성에 대해서는 순자와 동일하게 생각했지만, 인간의 본성은 변할 리가 없다며 '교화 가능성'을 부정했다. 그 때문에 인간의 본성 안에 들어 있는 사사로움을 찾아내어 '법'으로 엄히 다스려야 한다고 주장했다.

❹ » 한비자의 사상은 진나라가 중국 최초의 통일 국가가 되는 데 크게 기여를 하였다. 하지만 진나라는 너무 융통성 없이 '법'을 적용해 일찍 몰락하게 되었다. 전국시대처럼 각국이 전쟁을 일삼으며 각축을 벌이던 시절에는 '법', '세', '술'로써 부국강병을 이루는 것이 필요했지만, 진나라 이후의 통일 왕조에서는 한비자의 사상 대신에 유가 사상을 새로운 통치 철학으로 채택했다. 하지만 유가 사상이 도입된 이후에도 한비자의 법치주의의 영향은 지속되어 중국의 통일 왕조에서 강력한 중앙 집권 체제를 유지하고 발전시키는 데 기여하였다.

---

1 **한비자가 살았던 시대적 배경과 군주의 요건**

• 한비자의 시대적 배경과 철학

┌ 전쟁으로 비참한 상황을 겪음 ┐

┌ 강력한 국가가 탄생하여 통일에 의한 평화를 기대함 ┐

┌ 강력한 전제 군주가 필요함: 법, 세, 술을 갖추어야 함 ┐

2 **한비자의 '법', '세', '술'**

• 한비자는 군주가 국가를 법, 세, 술로 다스려야 한다고 생각함

법(法)	군주가 신하와 백성을 통제하는 공개적이고 구체적인 규칙
세(勢)	군주의 자리가 가진 절대적인 권위
술(術)	군주가 신하들을 지배하는 방법

한비자의 사상

3 **순자와 한비자의 성악설 비교**

• 한비자에게 영향을 준 순자의 성악설

• 순자의 성악설과 한비자의 성악설의 차이점: 교화 가능성의 유무 → 한비자가 '법'을 강조한 이유

비교

4 **한비자의 사상이 기여한 점과 의의**

• 한비자의 사상이 미친 영향

• 진나라 이후 통일 왕조 – 유가 사상이 새로운 통치 철학이 됨

• 한비자의 법치주의의 영향력과 의의

✏ **지문 정보 확인** 1 X 2 ○ 3 ○

지문 구조 한눈에 보기

화제 제시 ❶

↓

구체화 ❷	'법', '세', '술'의 의미

↓

비교 ❸	순자의 성악설과 비교

↓

의의 ❹

지문 Point 분석 주제: 한비자의 통치 철학

해제: 이 글은 한비자의 통치 철학인 '법', '세', '술'을 설명하는 글이다. 한비자는 전제 군주가 국가를 운영하기 위해 '법', '세', '술'이 필요하다고 보았다. '법'은 '세'를 바탕으로 모든 백성에게 공개적이고 구체적으로 적용되는 규칙을 의미한다. '세'는 군주라는 자리가 가진 절대적 권위를 의미하며, '술'은 군주가 신하를 지배하는 방법이다. 한비자는 스승인 순자의 영향을 받았으나, 순자와는 다르게 인간의 본성을 변화시킬 수 없다고 보았으며, 따라서 '법'을 강조하였다. 유가 사상이 도입된 이후에도 한비자의 법치주의의 영향은 지속되어 강력한 중앙 집권 체제 유지와 발전에 기여하였다.

중심 내용 파악

1 ▼ **핵심 내용 정리**   답 ⑤

윗글을 읽고 다음과 같이 내용을 정리하였다. 적절하지 않은 것은?

⑤ 한비자 통치 철학의 역사적 평가는?
– 부국강병을 이루지 못한 한계

⋯ 4문단에서 한비자의 사상은 진나라가 중국 최초의 통일 국가가 되는 데 기여했다고 하였다. 즉 한비자 통치 철학으로 인하여 진나라가 부국강병을 이루었다고 볼 수 있다. 4문단 마지막에서도 한비자의 통치 철학이 중국 통일 왕조에서 강력한 중앙 집권 체제를 유지하는 데 기여하였다고 하였으므로, '부국강병'을 이루지 못했다는 설명은 적절하지 않다. 진나라가 '법'을 융통성 없이 적용하여 일찍 몰락하였다는 것은, 부국강병을 이룬 이후에 발생한 것이다.

➕ **오답 챙기기**

① 한비자 통치 철학의 등장 배경은? – 전쟁으로 인한 비참한 상황

⋯ 1문단에서 전국시대 말 진나라가 한나라를 공격했는데 이로 인해 한나라가 겪어야 했던 상황은 매우 비참했다고 제시되어 있다.

② 한비자 통치 철학의 등장 배경은? – 통일에 의한 평화 기대

⋯ 1문단에서 한비자는 전국시대 국가들 사이의 세력 균형을 통한 평화가 아니라 통일에 의한 평화를 기대했다고 제시되어 있다. 그는 하나의 강력한 국가가 탄생한다면 더 이상 전쟁이 일어나지 않을 것이고, 강력한 국가가 되려면 강력한 전제 군주가 필요하다고 생각하였다.

③ 한비자 통치 철학의 실현 방안은? – '법', '세', '술'

⋯ 1문단에서 한비자는 전제 군주가 국가를 운영하기 위해서는 '법(法)', '세(勢)', '술(術)'이 필요하다고 주장하고, 이를 2문단에서 상세하게 설명하고 있다.

④ 한비자 통치 철학의 역사적 평가는?
– 강력한 중앙 집권 체제에 기여

⋯ 4문단에서 진나라 이후의 통일 왕조에서 유가 사상을 도입한 이후에도 한비자의 법치주의의 영향은 지속되어 중국의 통일 왕조에서 강력한 중앙 집권 체제를 유지하고 발전시키는 데 기여하였다고 제시되어 있다.

구체적 사례에의 적용

2 ▼ **구체적 사례에의 적용**   답 ①

윗글을 읽고 〈보기〉를 이해한 것으로 가장 적절한 것은?

보기

『삼국지』로 배우는 고사성어*

읍참마속(泣斬馬謖)*

　삼국의 운명을 결정하는 전쟁에서 왕의 명*을 받은 제갈량이 위나라를 공격할 무렵의 일이었다. 위나라는 사마의를 보내 방어하도록 하였다. 이에 제갈량이 매우 아끼던 장수* 마속이 출정*을 자원하면서, 실패하면 목숨을 내놓겠다고 했다. 제갈량은 마속에게 평지에 진을 치라는 명령을 내렸지만 마속은 이를 어기고 산에 진*을 쳤다가 대패했다. 제갈량은 눈물을 머금고 군령을 어긴 마속을 처형할 수밖에 없었다. 제갈량의 결정은 엄격한 군율*이 살아 있음을 전군*에 알리기 위한 선택이었다.

① 제갈량이 마속을 처형한 것은 '법'을 적용한 것이겠군.

⋯ 2문단에서 '법'이란 군주가 신하를 포함한 백성을 통제하는 공개적이고 구체적인 규칙으로, 형법적 측면이 강하며 군주로부터 권위를 부여받은 신하가 집행한다고 제시되어 있다. 또한 '법'은 군주를 제외한 어느 누구에게도 예외 없이 적용되어야 한다고 언급되어 있다. 〈보기〉의 '제갈량의 결정은 엄격한 군율이 살아 있음을 전군에 알리기 위한 선택이었다.'에서 '법'에 관련된 내용임을 확인할 수 있다.

➕ **오답 챙기기**

② 제갈량이 위나라를 공격한 것은 '법'을 적용한 것이겠군.

⋯ 〈보기〉에서 제갈량이 위나라를 공격한 것은 왕의 명을 받아서 행한 것이다. 또한 한비자의 '법'은 군주가 신하를 포함한 백성을 통제하는 공개적이고 구체적인 규칙이므로, 다른 나라를 공격하는 것에 적용하기에는 부적절하다.

③ 제갈량이 마속을 매우 아낀 것은 '세'를 활용한 것이겠군.

⋯ 2문단에서 '세'는 '군주라는 자리가 가진 절대적인 권위'를 의미한다고 진술하였다. 제갈량은 '왕의 명'을 받드는 신하로 볼 수 있으므로, 제갈량이 부하를 아끼는 것은 '세'로 볼 수 없다.

④ 제갈량이 평지에 진을 치라는 명령을 내린 것은 '술'을 적용한 것이겠군.

⋯ 2문단에서 '술'은 '군주가 신하들을 지배하는 방법으로, 평소 신하들의 언행에 대한 정보를 수집하여 가슴속에 넣어 두고 활용하는 것'이라고 제시되어 있다. 〈보기〉의 제갈량이 평지에 진을 치라는 명령을 내린 것은 전쟁에서 활용하는 전술일 수는 있으나, 한비자의 통치 철학에서 설명하는 '술'에 해당하는 것은 아니다.

⑤ 제갈량의 공격을 받은 위나라가 사마의를 통해 방어한 것은 '술'을 적용한 것이겠군.

⋯ 2문단에서 '술'은 '군주가 신하들을 지배하는 방법으로, 평소 신하들의 언행에 대한 정보를 수집하여 가슴속에 넣어 두고 활용하는 것'이라고 제시되어 있다. '위나라가 사마의를 통해 방어한 것'은 전쟁의 전술 또는 전략이지 한비자의 통치 철학인 '술'에 해당하는 것으로 보기 어렵다.

어휘 충전

＊ **고사성어(故** 옛 고 事 일 사 成 이룰 성 語 말씀 어): 옛이야기에서 유래한, 한자로 이루어진 말.

＊ **읍참마속(泣** 울 읍 斬 벨 참 馬 말 마 謖 일어날 속): 큰 목적을 위하여 자기가 아끼는 사람을 버림을 이르는 말. 《삼국지》의 〈마속전(馬謖傳)〉에 나오는 말로, 중국 촉나라 제갈량이 군령을 어기어 가정(街亭) 싸움에서 패한 마속을 눈물을 머금고 참형에 처하였다는 데서 유래한다.

＊ **명(命** 목숨 명): 윗사람이나 상위 조직이 아랫사람이나 하위 조직에 무엇을 하게 함. 또는 그런 내용.

＊ **장수(將** 장수 장 帥 주장할 수): 군사를 거느리는 우두머리.

＊ **출정(出** 날 출 征 칠 정): 군에 입대하여 싸움터에 나감. 군사를 보내어 정벌함.

＊ **진(陣** 진칠 진): 군사들의 대오(隊伍)를 배치한 것. 또는 그 대오가 있는 곳.

＊ **군율(軍** 군사 군 律 법 율): 모든 군인에게 적용되는 군대 내의 규범이나 질서. 군법에 따라 군에서 다스리는 처벌.

＊ **전군(全** 온전할 전 軍 군사 군): 어떤 한 군대를 범위로 할 때, 전체의 군대를 이르는 말. 흔히 한 나라의 전체 군대를 가리킨다.

가우디 건축의 특징

출전 김희곤, 「스페인은 가우디다」 | 지문 난이도 ★★★☆☆

(1,351자)

① » 근대 건축에서 빼놓을 수 없는 인물이 안토니오 가우디이다. 가우디는 기존 건축의 어떠한 흐름에도 얽매이지 않은 역사상 가장 창의적인 건축가였다. 그는 아이디어의 원형을 자연에서 찾아 바르셀로나에 합리적이고 아름다운 건축물들을 만들어냈다.

② »

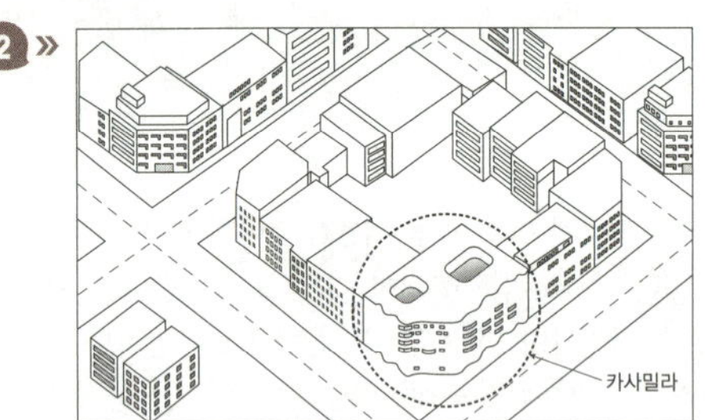

그가 살았던 1900년대 바르셀로나에서는 위생적이지 못한 도시 환경을 개조하기 위해 '에이샴플라'라는 이름의 도시 계획 공모전을 열었고 바르셀로나 전체를 그림과 같이 20m 폭의 도로로 둘러싼 정사각형 모양의 주거 블록으로 채우는 획기적인 결정을 했다. 블록의 높이는 모든 건물에 빛이 45도로 내리쬘 수 있도록 6층 높이 이하로 제한했다. 이로써 도심 주택에 어느 정도 채광과 환기가 이루어졌지만 블록 모퉁이에 지어진 집은 햇빛과 바람이 잘 들지 않았다.

③ » 밀라는 모퉁이에 지을 자신의 집을 가우디에게 의뢰했다. 가우디는 이 문제를 해결하기 위해 수직과 수평에 근거한 고전적인 건축의 엄격함을 벗어던지고, 자유로운 형태로 건물을 디자인함으로써 역동감과 활기가 느껴지는 자연스러운 건물을 설계했다. '카사밀라(밀라의 집)'는 바위로 이루어진 몬세라트 산의 모양을 본떠 내부도 직각으로 이루어진 부분이 하나도 없다. 그는 지붕을 햇빛 방향에 따라 비스듬하게 설계하고 옥상 난간을 반투명 철망으로 만들어 주택 안으로 빛과 바람이 최대한 들어올 수 있게 하였다. 그뿐만 아니라 철골 구조를 적절하게 이용함으로써 석조 건물의 유기적인 형태를 만들어 냄과 동시에 당시 스페인에 하나도 없었던 철근 콘크리트 건물이라는 새로운 주거 환경을 마련하였다.

④ » 바르셀로나에는 카사밀라 말고도 다양한 가우디의 건축물이 남아 있다. '뼈로 지은 집'이라는 별명이 있는 '카사바트요'는 창문과 창살이 뼈 모양으로 디자인되어 있다. '구엘 공원'에는 자연을 돌 자체로 묘사해 놓은 '돌로 만든 세상'이 펼쳐져 있기도 하다. '사그라다 파밀리아 성당'의 기둥에는 플라타너스 나무의 모습을 덧입혔다. 덕분에 그곳에서는 숲에 와 있는 듯한 느낌을 받는다. 이와 같은 가우디의 건축물들은 '자연은 나의 스승이다'라는 그의 말처럼 자연에서 작품의 모티프를 따 와 대부분 직선이 없고 포물선과 나선 등 수학적인 곡선이 주를 이룬다.

⑤ » 그렇다고 가우디가 단순히 자연을 흉내만 낸 것은 아니다. 그는 10여 년의 세심한 관찰과 실험을 통해 다중 현수선 모형을 고안하여 중력까지 치밀하게 계산한 건축 모형을 만들었다. 그 결과 고딕 건축에서 필수적인 버팀벽 없이 날렵하고 균형 잡힌 건축물을 설계할 수 있었다. 이러한 기술력과 창의성의 결합체인 사그라다 파밀리아 성당은 거대한 조각품과 같은 예술성을 보여준다. 그는 자연을 본따는 것에 그치지 않고 중력이라는 자연의 본성을 합리적으로 사고함으로써 건축에 감성을 담아낼 수 있었다.

✎ 지문 정보 확인 1 ○ 2 ○ 3 X

지문 구조 해설

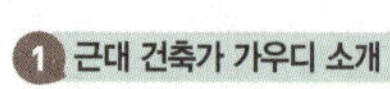

1 근대 건축가 가우디 소개
- 가우디에 대한 평가

2 1900년대 바르셀로나의 도시 계획
- 가우디가 살았던 시대적 배경 소개

> 1900년대 바르셀로나
> : 비위생적 환경을 개조하기 위해 노력함

> 도시 전체를 20m 폭 도로로 둘러싼 정사각형 모양의 블록으로 채움

- 바르셀로나 주거 환경의 단점

3 가우디가 지은 '카사밀라'의 특징
- 카사밀라의 특징
- 모퉁이 집의 문제를 해결하기 위해 가우디가 고안해 낸 방법
- 카사밀라의 건축사적 의의

구체화 ①

4 가우디 건축물의 특징 ①: 예술성

카사바트요	창문과 창살이 뼈 모양으로 디자인됨
구엘 공원	자연을 돌 자체로 묘사함
사그라다 파밀리아 성당	기둥에 플라타너스 나무 모습을 덧입힘

↓

포물선, 나선, 수학적 곡선

구체화 ②

5 가우디 건축의 특징 ②: 기술력, 창의성

중력 계산

↓

버팀벽 없이 날렵하고 균형잡힌 건축물 설계

↓

건축에 감성을 담아냄

구체화 ③

지문 구조 한눈에 보기

화제 제시	**1**

↓

시대적 배경 및 상황	**2**

↓

구체화	'카사밀라'의 특성
3 **4**	예술성
5	기술력, 창의성

🧑 지문 Point 분석 주제: 가우디 건축의 특성

해제: 가우디의 대표적인 건축물을 바탕으로 가우디 건축의 특성에 대해 소개하고 있다. 1900년대 바르셀로나의 시대적 배경을 바탕으로 창의적인 건축물을 설계한 그의 건축은 자연을 모티프로 하였다. 또한 자연을 단순히 본따는 것이 아니라 자연의 본성을 합리적으로 사고하여 기술적인 측면에서도 우수한 면모를 보여 건축에 감성을 담아낸 것으로 평가할 수 있다.

중심 내용 파악

1 ▼ 핵심 내용 정리   답 ③

윗글을 읽고 독서일기를 쓸 때, (가)에 들어갈 문구로 가장 적절한 것은?

③ 감성을 담은 가우디의 건축이 우뚝 선 예술 도시

⋯ 글을 다 읽은 후 글의 중심 내용을 파악하여 정리하는 문제이다. 일기를 쓴 사람은 바르셀로나를 여행하기 전 가우디에 관련된 이 글을 읽고 정리한 것이므로 (가)에는 이 글의 주제가 담겨 있어야 한다. 4문단에서 가우디 건축물의 예술성을, 5문단에서 가우디 건축물에 담긴 감성을 설명하였으므로 '감성을 담은 가우디 건축물이 우뚝 선 예술 도시'라고 정리한 것이 가장 적절하다.

➕ 오답 챙기기

① 가우디의 조각품이 숲과 조화된 생태* 도시

⋯ 이 글에서는 가우디의 조각품을 중심으로 서술하고 있지 않으며, 4문단에서 사그라나 파밀리아 성당에 가면 숲에 와 있는 느낌을 받는다고 하였으나, 생태 도시라고 볼 근거가 부족하다.

② 가우디의 개성*과 상상력이 흐르는 중세* 도시

⋯ 1문단에서 가우디는 기존 건축의 흐름에 얽매이지 않는 창의적인 건축가라고 한 점은 개성과 상상력과 이어질 수 있다. 그러나 가우디는 근대 건축가이므로 중세 도시라고 설명한 부분은 잘못된 진술이다.

④ 가우디의 도시 설계가 바탕이 된 청정* 위생 도시

⋯ 2문단에 따르면 가우디는 도시 자체를 설계하지는 않았다. 1900년대 바르셀로나에서 비위생적 도시 환경을 개조하기 위한 공모전이 열렸고 그 결과로 주거 블록을 만들어 내게 되었으며, 주거 블록의 단점으로 인하여 카사밀라를 짓게 되었다.

⑤ 합리적인 가우디의 관찰력으로 살아난 과학 도시

⋯ 5문단에서 가우디가 중력에 대한 연구를 건축물에 담은 것은 사실이나, 과학 도시와는 관련성이 떨어진다.

어휘 충전

* **생태**(生 날 생 態 모양 태): 생물이 살아가는 모양이나 상태.
* **개성**(個 낱 개 性 성품 성): 다른 사람이나 개체와 구별되는 고유의 특성.
* **중세**(中 가운데 중 世 세대 세): 역사의 시대 구분의 하나로, 고대에 이어 근대에 선행(先行)하는 시기.
* **청정**(淸 맑을 청 淨 깨끗할 정): 맑고 깨끗함.

2 ▼ 다른 상황에의 적용   답 ②

안토니오 가우디와 ⓐ의 공통점으로 가장 적절한 것은?

> **보기**
>
> ⓐ 몬드리안은 예술과 과학에 공통적으로 적용할 수 있는 불변*의 법칙을 찾기 위해 그림을 그렸다. 그는 선과 색채로 순수한 추상적 조형*을 나타내고자 사물을 있는 그대로 재현하는 방법을 버렸다. 그는 수직은 남성성으로, 수평은 여성성으로 보고 수직선을 나무에서, 수평선을 바다의 수평선에서 모티프를 찾아 대상을 단순화하였다.

② 모티프 선정의 근거

⋯ 4문단에서 가우디는 자연에서 작품의 모티프를 따 와 대부분 직선이 없고 포물선과 나선 등이 주를 이룬다고 하였다. 〈보기〉에서 몬드리안은 수직선을 나무에서, 수평선을 바다에서 모티프를 찾았다고 하였으므로 가우디와 몬드리안의 공통점으로 '모티프 선정 근거'를 들 수 있다.

➕ 오답 챙기기

① 수직과 수평을 바라보는 관점

⋯ 몬드리안은 수직과 수평으로 대상을 단순화하였다. 반면 3문단에 따르면 가우디는 수직과 수평에 근거한 고전적인 건축의 엄격함을 벗어 던졌다.

③ 작품 제작의 목적

⋯ 몬드리안은 예술과 과학에 공통적으로 적용할 수 있는 불변의 법칙을 찾기 위해 그림을 그렸다. 반면 3문단에 따르면 가우디는 밀라의 의뢰를 받아 카사밀라를 만들었다. 그 이외의 작품을 제작한 목적은 본문에 드러나 있지 않다.

④ 작품 표현의 도구

⋯ 몬드리안은 선과 색채를 이용해 그림을 그렸다. 반면 가우디는 철근 콘크리트 등을 이용해 건축물을 제작하였다.

⑤ 주요 활동 무대

⋯ 가우디는 스페인의 바르셀로나에서 활동한 것을 확인할 수 있다. 반면 몬드리안의 활동 무대는 〈보기〉에서 확인할 수 없다.

어휘 충전

* **불변**(不 아닐 불 變 변할 변): 사물의 모양이나 성질이 변하지 아니함. 또는 변하게 하지 아니함.
* **조형**(造 지을 조 形 형상 형): 여러 가지 재료를 이용하여 구체적인 형태나 형상을 만듦.

마무리 확인~!

STUDY 01

어휘 확인

1 ⓛ	2 ⓗ	3 ⓔ	4 ⓢ	5 ⓒ
6 ⓙ	7 ⓜ	8 ⓖ	9 ⓓ	10 ⓛ
11 ⓒ	12 ⓟ	13 ⓐ	14 ⓗ	15 모티프
16 중력	17 채광	18 형법	19 집대성	

(1,725자)

1 ▶ 18세기 경험론의 대표적인 철학자 흄은 '모든 지식은 경험에서 나온다.'라고 주장하면서, 이성을 중심으로 진리를 탐구했던 데카르트의 합리론을 비판하고 경험을 중심으로 한 새로운 철학 이론을 구축하려 하였다. 그러나 지나치게 경험만을 중시한 나머지, 그는 과학적 탐구 방식 및 진리를 인식하는 문제에 대해서도 비판하기에 이른다. 그 결과 ㉠흄은 서양 근대 철학사에서 극단적인 회의주의자로 평가받는다.

2 ▶ 흄은 지식의 근원을 경험으로 보고 이를 인상과 관념으로 구분하여 설명하였다. 인상은 오감(五感)을 통해 얻을 수 있는 감각이나 감정 등을 말하고, 관념은 인상을 머릿속에 떠올리는 것을 말한다. 가령, 혀로 소금의 '짠맛'을 느끼는 것은 인상이고, 머릿속으로 '짠맛'을 떠올리는 것은 관념이다. 인상은 단순 인상과 복합 인상으로 나뉘는데, 단순 인상은 단일 감각을 통해 얻은 인상을, 복합 인상은 단순 인상들이 결합된 인상을 의미한다. 따라서 '짜다'는 단순 인상에, '짜다'와 '희다'등의 단순 인상들이 결합된 소금의 인상은 복합 인상에 해당한다. 그리고 단순 인상을 통해 형성되는 관념을 단순 관념, 복합 인상을 통해 형성되는 관념을 복합 관념이라 한다. 흄은 단순 인상이 없다면 단순 관념이 존재하지 않는다고 보았다. 그런데 '황금 소금'은 현실에 존재하지 않기 때문에 그 자체에 대한 복합 인상은 없지만, '황금'과 '소금'각각의 인상이 존재하기 때문에 복합 관념이 존재할 수 있다. 따라서 복합 관념은 복합 인상이 없더라도 존재할 수 있다. 하지만 흄은 '황금 소금'처럼 인상이 없는 관념은 과학적 지식이 될 수 없다고 말하였다.

3 ▶ 흄은 과학적 탐구 방식으로서의 인과 관계에 대해서도 비판적 태도를 보였다. 그는 인과 관계란 시공간적으로 인접한 두 사건이 반복해서 발생할 때 갖는 관찰자의 습관적인 기대에 불과하다고 말하였다. 즉, '까마귀 날자 배 떨어진다.'라는 속담이 의미하는 것처럼 인과 관계는 필연적 관계임을 확인할 수 없다는 것이다. 그는 '까마귀가 날아오르는 사건'과 '배가 떨어지는 사건'을 관찰할 수는 있지만, '까마귀가 날아오르는 사건이 배가 떨어지는 사건을 야기했다.'라는 생각은 추측일 뿐 두 사건의 인과적 연결 관계를 관찰할 수 없다고 주장한다. 결국 인과 관계란 시공간적으로 인접한 두 사건에 대한 주관적 판단에 불과하므로, 이런 방법을 통해 얻은 과학적 지식이 필연적이라는 생각은 적합하지 않다고 흄은 비판하였다.

4 ▶ [A] ┌ 또한 흄은 진리를 알 수 있는가의 문제에 대해서도 회의적인 태도를 취했다. 전통적인 진리관에서는 진술의 내용이 사실(事實)과 일치할 때 진리라고 본다. 하지만 흄은 진술 내용이 사실과 일치하는지의 여부를 판단할 수 없다고 보았다. 예를 들어 '소금이 짜다.'라는 진술이 진리가 되기 위해서는 실제 소금이 짜야 한다. 그런데 흄에 따르면 우리는 감각 기관을 통해서만 세상을 인식할 수 있기 때문에 실제 소금이 짠지는 알 수 없다. 그러므로 '소금이 짜다.'라는 진술

경험론 ①

경험론 ②

경험론 ③

지문 구조 해설

1 경험을 중시한 흄의 경험론
- 흄의 경험론의 핵심 내용
- 흄의 경험론
 – 기존의 이성 중심의 합리론과 대비됨

2 흄의 경험론 ① – 인상이 없는 관념은 과학적 지식이 될 수 없음
- 경험의 구성 요소

인상	–	관념
오감을 통해 얻을 수 있는 감정이나 감각		인상을 머릿속에 떠올리는 것

- 흄의 경험론 ①
 – 경험(인상)이 없는 것은 과학적 지식이 될 수 없음. (모든 지식은 경험에서 나옴)

3 흄의 경험론 ② – 인과 관계로 얻은 과학적 지식의 필연성에 대한 비판
- 인과 관계에 대한 흄의 비판적 견해
 ① 인과 관계는 관찰자의 습관적 기대일 뿐임
 ② 시공간으로 인접한 두 사건에 대한 주관적 판단임
- 흄의 경험론 ②
 – 인과 관계를 통한 과학적 지식은 필연적이지 않음

4 흄의 경험론 ③ – 진리 의식에 대한 비판
- 전통적 진리관에서의 진리
- 전통적 진리관과 대조되는 흄의 생각

✎ 지문 정보 확인 1○ 2X 3○

👆 지문 Point 분석 **주제: 흄의 경험론의 특징과 철학사적 의의**

해제: 경험을 중심으로 새로운 철학 이론을 구축한 흄의 경험론에 대해 설명하고 있는 글이다. 흄은 모든 지식의 근원을 경험으로 보고 이를 오감(五感)을 통해 얻을 수 있는 감각이나 감정 등을 의미하는 인상과 인상을 머릿속에 떠올리는 관념으로 구분하여 설명했다. 한편 흄은 인과 관계를 통해 얻은 과학적 지식이 필연적이라는 생각은 적합하지 않고, 경험을 통해 얻은 과학적 지식도 그것이 진리인지의 여부는 확인할 수 없다고 보았다. 흄은 당시 이성만을 중시했던 철학 사조에 경험을 중심으로 지식 및 진리의 문제를 탐구했다는 점에서 근대 철학에 새로운 방향성을 제시했다는 평가를 받고 있다.

지문 구조 한눈에 보기 👀

화제 제시 **1**
↓

구체화 **2 3 4**	흄의 경험론 ①
	흄의 경험론 ②
	흄의 경험론 ③

| ↓ |
| 비판 및 의의 – **5** |

은 '내 입에는 소금이 짜게 느껴진다.'라는 진술에 불과할 뿐이다. 따라서 비록 경험을 통해 얻은 과학적 지식이라 하더라도 그것이 진리인지의 여부는 확인할 수 없다는 것이 흄의 입장이다.

▶ 흄의 경험론 ③
– 경험을 통해 얻은 지식도 진리 여부는 확인할 수 없음

5 》 이처럼 흄은 경험론적 입장을 철저하게 고수한 나머지, 과학적 지식조차 회의적으로 바라보았다는 점에서 비판을 받기도 했다. 하지만 그는 이성만 중시했던 당시 철학 사조에 반기를 들고 경험을 중심으로 지식 및 진리의 문제를 탐구했다는 점에서 근대 철학에 새로운 방향성을 제시했다는 평가를 받는다.

5 흄의 경험론의 철학사적 의의
▶ 흄의 경험론에 대한 비판적 견해
▶ 흄의 경험론의 철학사적 의의

정답 및 해설 1 ⑤ 2 ② 📖 본문 014~015쪽

1 ▼ 추론적 이해 답 ⑤

[A]를 바탕으로 할 때, ㉠의 이유로 가장 적절한 것은?

⑤ 경험을 통해서도 진리를 확인할 수 없다고 보았기 때문에

⋯ [A]에서 흄은 진리를 알 수 있는가의 문제에 대해서도 회의적인 태도를 취했는데. 즉 경험을 통해 얻은 과학적 지식이라 하더라도 그것이 진리인지의 여부는 확인할 수 없다고 보았다. 따라서 ㉠에서 흄이 극단적인 회의주의자로 평가받는 이유는 '경험을 통해서도 진리를 확인할 수 없다고 보았기 때문'이라고 할 수 있다.

＋ 오답 챙기기

① 인상이 없는 지식은 진리가 아니라고 보았기 때문에

⋯ 4문단에서 흄은 경험(인상)을 통해 얻은 과학적 지식도 그것이 진리인지의 여부는 확인할 수 없다고 했다. 따라서 흄이 극단적인 회의주의자로 평가받는 이유는 인상이 있어도 그 지식이 진리인지의 여부는 확인할 수 없다고 보았기 때문이므로 ㉠의 이유로 적절하지 않다.

② 이성만으로는 진리를 탐구할 수 없다고 보았기 때문에

⋯ 1문단에서 흄은 이성을 중심으로 진리를 탐구했던 데카르트의 합리론을 비판한다고 했으므로 흄의 견해와 일치하지만 [A]를 바탕으로 한 것이 아니므로 적절하지 않다.

③ 실재 세계의 모습은 끊임없이 변한다고 보았기 때문에

⋯ 흄이 '실재 세계의 모습은 끊임없이 변한다.'고 보았는지는 글에서 확인할 수 없다.

④ 주관적 판단으로 진리를 찾을 수 있다고 보았기 때문에

⋯ 3문단에서 흄은 인과 관계란 시공간적으로 인접한 두 사건에 대한 주관적 판단에 불과하므로, 이런 방법을 통해 얻은 과학적 지식이 필연적이라는 생각은 적합하지 않다고 했다.

2 ▼ 구체적 상황에의 적용 답 ②

윗글에서 언급된 '흄'의 관점에서 〈보기〉를 이해한 것으로 적절하지 <u>않은</u> 것은?

보기

② 사과를 보면서 '빨개'라고 느끼는 것은 복합 인상에 해당한다.

⋯ 2문단에 따르면 단순 인상은 단일 감각을 통해 얻은 인상을, 복합 인상은 단순 인상들이 결합된 인상을 의미하는데 '짜다'는 단순 인상에, '짜다'와 '희다' 등의 단순 인상들이 결합된 소금의 인상은 복합 인상에 해당한다. 따라서 사과를 보면서 '빨개'라고 느끼는 것은 단일 감각인 시각을 통해 얻은 인상이므로 복합 인상이 아닌 단일 인상에 해당한다.

＋ 오답 챙기기

① 사과를 보면서 달콤한 맛을 떠올리는 것은 관념에 해당한다.

⋯ 2문단에서 혀로 소금의 '짠맛'을 느끼는 것은 인상이고, 머릿속으로 '짠맛'을 떠올리는 것은 관념이라고 했으므로 사과를 보면서 달콤한 맛을 떠올리는 것은 관념에 해당한다.

③ 사과의 실제 색을 알 수 없으므로 '이 사과는 빨개.'라는 생각은 '내 눈에는 이 사과가 빨갛게 보여.'라는 의미일 뿐이다.

⋯ 4문단에서 흄은 '소금이 짜다.'라는 진술은 '내 입에는 소금이 짜게 느껴진다.'라는 진술에 불과하다고 했으므로 '이 사과는 빨개.'라는 생각 역시 '내 눈에는 이 사과가 빨갛게 보여.'라는 의미일 뿐이라고 볼 수 있다.

④ 사과를 먹는 것과 피부가 고와지는 것 사이의 인과적 연결 관계를 관찰할 수 없다.

⋯ 3문단에서 흄은 '까마귀가 날아오르는 사건'과 '배가 떨어지는 사건'을 관찰할 수는 있지만, '까마귀가 날아오르는 사건이 배가 떨어지는 사건을 야기했다.'라는 생각은 추측일 뿐 두 사건의 인과적 연결 관계를 관찰할 수 없다고 했으므로 '사과를 먹는 것과 피부가 고와지는 것 사이의 인과적 연결 관계도 관찰할 수 없다.'고 볼 수 있다.

⑤ '매일 사과를 먹으니 피부가 고와졌어.'라는 생각은 반복되는 경험을 통해 형성*된 습관적 기대에 불과하다.

⋯ 3문단에서 흄은 인과 관계란 시공간적으로 인접한 두 사건이 반복해서 발생할 때 갖는 관찰자의 습관적인 기대에 불과하다고 했으므로 '매일 사과를 먹으니 피부가 고와졌어.'라는 생각도 반복되는 경험을 통해 형성된 습관적 기대에 불과하다고 볼 수 있다.

어휘 충전 * 형성(形 모양 형 成 이룰 성): 어떤 모양을 이룸.

키네틱 아트의 특징과 의의

출전 이정인, 「키네틱 아트란 무엇인가」　**지문 난이도** ★★★☆☆

(1,098자)

1 ≫ 미술에서 '키네틱 아트'는 움직임을 의미하는 그리스어 키네티코스에서 유래한 말로 움직임을 중시하거나 그것을 주요 요소로 하는 예술 작품을 뜻한다. 키네틱 아트는 산업 혁명에서 비롯된 대량 생산과 기술의 발달로 인해 급격하게 기계 문명 사회로 변화하던 시기를 배경으로 출현하였다. '키네틱'이라는 단어가 조형 예술에 최초로 사용된 것은 1920년대의 일이다.

1 키네틱 아트의 개념과 등장 배경
- 키네틱 아트의 개념
- 키네틱 아트의 등장 배경

2 ≫ 키네틱 아트 작가들은 기계의 움직임을 예술적 요소로 수용하여 작품 전체나 일부를 움직이게 함으로써 창작 의도를 표현하고자 했다. 이러한 움직임은 바람이나 빛과 같은 외부적인 자연의 힘이나 동력 장치와 같은 내부적인 힘에 의해 구현되었다. 또한 대상을 사실적으로 재현하는 것이 아니라 추상적 구조물처럼 보이도록 창작하였다.

구체화 ①

2 키네틱 아트의 표현 방법
- 키네틱 아트의 표현 방법
- ① 작품을 움직이게 함
- ② 사실적 재현이 아닌 추상적 구조물로 보임

3 ≫ 키네틱 아트는 '우연성'과 '비물질화'를 중요한 조형 요소로 제시하였다. '우연성'은 작품의 예측 불가능한 움직임을 통해 나타나는데 여기에는 감상자의 움직임이나 위치 등에 의한 작품의 형태 변화도 포함된다. '비물질화'는 작품이 고정되지 않고 계속 움직이는 상태를 의미한다. 정지된 물체는 고정되어 있기 때문에 물질화되어 있는 반면, '비물질화'는 물체가 계속 움직여 물체의 형태가 고정되지 않는 특성과 관련된다. 예를 들어 뒤샹의 ㉠「자전거 바퀴」는 감상자가 손으로 바퀴를 회전하도록 한 작품이다. 이 작품에는 감상자가 바퀴를 돌리는 속도에 따라 바퀴살이 다양한 모습으로 보이는 '우연성'과 바퀴살이 고정되지 않고 움직이는 '비물질화'가 나타난다.

구체화 ②

3 키네틱 아트의 조형 요소
- 키네틱 아트의 조형 요소

우연성	비물질화
작품의 예측 불가능한 움직임	작품이 고정되지 않고 계속 움직임

- 키네틱 아트의 조형 요소인 우연성과 비물질화를 갖춘 작품의 예

4 ≫ 키네틱 아트의 이러한 조형 요소들은 감상자들의 시각을 자극하여 작품에 주의를 집중시키는 효과를 준다. 작품이 보여주는 다양하고 예측 불가능한 움직임으로 감상자들이 풍부한 이미지를 상상할 수 있도록 한 것이다. 이를 통해 기존 미술에서 작품 감상에 대해 수동적이었던 감상자들로 하여금 보다 능동적인 태도를 갖도록 하였다.

부연

4 키네틱 아트의 조형 요소의 효과
- 키네틱 아트의 조형 요소가 주는 효과
- 키네틱 아트의 조형 요소가 주는 효과의 결과: 감상자의 능동적 태도

5 ≫ 키네틱 아트는 작품의 움직임에 의미를 부여하고 작품과 감상자의 상호 작용을 중시함으로써 다양한 실험적 예술의 길을 열어 주었다. 1960년대에 들어서서 키네틱 아트는 새로운 첨단 매체를 활용하여 변화무쌍한 움직임을 보여주는 비디오 아트, 레이저 아트, 홀로그래피 아트 등과 같은 예술이 출현하게 되는 계기를 제공하였다.

5 키네틱 아트의 예술사적 의의
- 키네틱 아트의 예술사적 의의
  - 다양한 실험적 예술의 길을 열어 줌
  - 비디오 아트, 레이저 아트 등의 새로운 예술 출현 계기를 제공함

✏ **지문 정보 확인** 1○ 2✕ 3✕

지문 Point 분석　주제: 키네틱 아트의 특징과 예술사적 의의

해제: 산업 혁명으로 인해 급격하게 기계 문명 사회로 변화하던 시기를 배경으로 출현한 현대 예술의 한 분야인 키네틱 아트에 대해 설명하고 있는 글이다. '키네틱 아트'는 움직임을 중시하거나 그것을 주요 요소로 하는 예술 작품을 뜻하는 말로 '우연성'과 '비물질화'를 중요한 조형 요소로 제시하였다. '우연성'은 작품의 예측 불가능한 움직임을 통해 나타나고, '비물질화'는 작품이 고정되지 않고 계속 움직이는 상태를 의미한다. 키네틱 아트의 이러한 조형 요소들은 감상자들이 작품에 주의를 집중시키도록 하여 기존 미술에서 작품 감상에 대해 수동적이었던 감상자들로 하여금 보다 능동적인 태도를 갖도록 하였다. 이처럼 키네틱 아트는 작품의 움직임에 의미를 부여하고 작품과 감상자의 상호 작용을 중시함으로써 다양한 실험적 예술의 길을 열어 주었다.

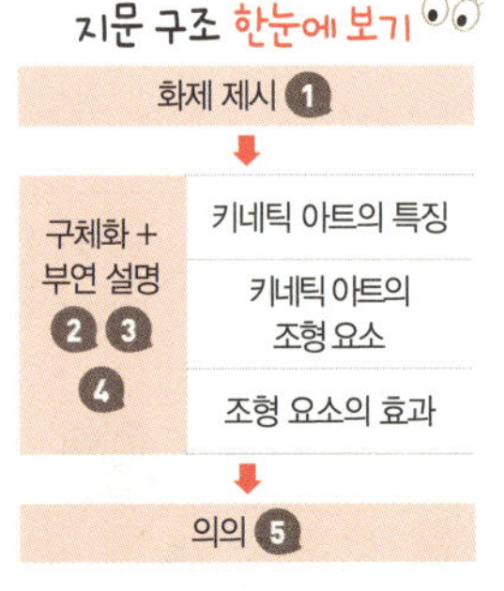

1 ▼ 핵심 내용 파악   답 ③

윗글에서 언급*된 내용이 아닌 것은?

③ 키네틱 아트의 제작 과정

⋯ 1문단에서 키네틱 아트의 어원과 키네틱 아트의 등장 배경을, 3문단에서 키네틱 아트의 조형 요소를, 5문단에서 키네틱 아트의 예술사적 의의를 설명하고 있다. 3문단에서 키네틱 아트에 해당되는 구체적인 작품을 예를 들어 설명하고 있지만 키네틱 아트의 제작 과정에 대해서는 설명하고 있지 않다.

➕ 오답 챙기기

① 키네틱 아트의 어원*

⋯ 1문단에서 '키네틱 아트'는 '움직임을 의미하는 그리스어 키네티코스에서 유래한 말'이라고 그 어원을 설명하고 있다.

② 키네틱 아트의 등장 배경

⋯ 1문단에서 키네틱 아트는 '산업 혁명에서 비롯된 대량 생산과 기술의 발달로 인해 급격하게 기계 문명 사회로 변화하던 시기를 배경으로 출현하였다.'고 그 등장 배경을 설명하고 있다.

④ 키네틱 아트의 조형 요소

⋯ 3문단에서 키네틱 아트의 조형 요소로 '우연성'과 '비물질화'를 제시하고 있다. '우연성'은 작품의 예측 불가능한 움직임을 통해 나타나는데 여기에는 감상자의 움직임이나 위치 등에 의한 작품의 형태 변화도 포함된다고 했고, '비물질화'는 작품이 고정되지 않고 계속 움직이는 상태를 의미한다고 설명하고 있다.

⑤ 키네틱 아트의 예술사적 의의

⋯ 5문단에서 키네틱 아트는 작품의 움직임에 의미를 부여하고 작품과 감상자의 상호 작용을 중시함으로써 다양한 실험적 예술의 길을 열어 주어 비디오 아트, 레이저 아트, 홀로그래피 아트 등과 같은 예술이 출현하게 되는 계기를 제공하였다고 그 예술사적 의의를 설명하고 있다.

> **어휘 충전**
> * 언급(言 말씀 언 及 미칠 급): 어떤 문제에 대해 말함.
> * 어원(語 말씀 어 源 근원 원): 어떤 단어의 근원적인 형태. 또는 어떤 말이 생겨난 근원.

2 ▼ 추론적 이해   답 ②

㉠과 〈보기〉의 「4분 33초」가 공통적으로 전제하고 있는 것은?

> **보기**
>
> 　1952년 미국의 전위 예술가인 존 케이지는 새로운 피아노 작품 「4분 33초」를 발표하였다. 그런데 피아니스트는 피아노를 치지 않고 일정 시간에 맞춰 피아노 뚜껑을 열었다 닫았다 할 뿐이었다. 청중들은 연주를 기다리며 웅성거리다가 4분 33초가 흘러 피아니스트가 퇴장하자 크게 술렁거렸다. 존 케이지는 「4분 33초」를 통해 연주를 기다리는 동안 청중들의 기침 소리, 불평 소리, 각종 소음 등 공연장에서 뜻하지 않게 발생한 모든 소리가 훌륭한 연주가 될 수 있다는 생각을 나타냈다.

② 우연적 요소와 감상자의 참여가 예술을 구성하는 중요한 원리가 될 수 있다.

⋯ 3문단에서 '우연성'은 작품의 예측 불가능한 움직임을 통해 나타나는데 여기에는 감상자의 움직임이나 위치 등에 의한 작품의 형태 변화도 포함된다고 했다. ㉠의 「자전거 바퀴」는 감상자가 직접 손으로 바퀴를 회전하도록 한 작품으로 감상자의 참여가 있고, 감상자가 바퀴를 돌리는 속도에 따라 바퀴살이 다양한 모습으로 보이는 '우연성'이 나타난다. 〈보기〉의 「4분 33초」에도 작가는 청중들의 기침 소리, 불평 소리, 각종 소음(감상자의 참여) 등 공연장에서 뜻하지 않게 발생한 모든 소리(우연성)가 훌륭한 연주가 될 수 있다고 했으므로 이 작품에도 감상자의 참여와 우연적 요소가 나타나 있다. 따라서 두 작품이 지닌 공통된 전제는 우연적 요소와 감상자의 참여라고 볼 수 있다.

➕ 오답 챙기기

① 사회 구조의 변화에 따라 예술은 기계 문명에 대한 예찬*을 표명* 해야 한다.

⋯ ㉠의 「자전거 바퀴」와 〈보기〉의 「4분 33초」 모두 기계 문명에 대한 예찬을 표명하고 있지는 않다.

③ 첨단 매체*를 활용해야 변화무쌍*한 움직임이 강조되는 예술 작품을 만들 수 있다.

⋯ ㉠의 「자전거 바퀴」와 〈보기〉의 「4분 33초」 모두 첨단 매체를 활용하고 있지는 않다.

④ 제한된 시간 내에 감상이 이루어질 때, 작가와 감상자의 상호 작용이 더욱 긴밀해진다*.

⋯ 〈보기〉의 「4분 33초」는 제한된 시간에 감상을 하는 것이지만, ㉠의 「자전거 바퀴」는 언제든지 볼 수 있는 작품이므로 제한된 시간 내에 감상이 이루어지는 것과는 관련이 없다.

⑤ 작가의 창작 의도가 직접적으로 노출*되었을 때, 감상자가 풍부한 상상력을 발휘할 수 있다

⋯ ㉠의 「자전거 바퀴」와 〈보기〉의 「4분 33초」 모두 작가의 창작 의도가 직접적으로 노출되고 있지는 않다.

> **어휘 충전**
> * 예찬(禮 예절 예 讚 기릴 찬): 훌륭한 것, 아름다운 것, 좋은 것을 존경하고 찬양함.
> * 표명(表 겉 표 明 밝을 명): 의사·태도 따위를 분명하게 드러냄.
> * 매체(媒 중매 매 體 몸 체): 어떤 작용을 널리 전달하는 데 매개가 되는 것.
> * 변화무쌍(變 변할 변 化 될 화 無 없을 무 雙 쌍 쌍): 변화가 비할 데 없이 심함.
> * 긴밀하다(緊 긴할 긴 密 촘촘할 밀): 서로의 관계가 매우 가까워 빈틈이 없다.
> * 노출(露 드러낼 로 出 날 출): 겉으로 드러나거나 드러냄.

STUDY 02 어휘 확인

1 ㉢	2 ㉣	3 ㉠	4 ㉥	5 ㉡
6 ㉢	7 ㉠	8 ㉡	9 ㉣	10 ㉥
11 유래	12 사조	13 조형	14 반기	15 동력

STUDY 03 [인문] 막스 뮐러의 에우다이모니아

출전 박찬국, 『목적론적 입장에서 본 행복』 지문 난이도 ★★★★☆

(1,212자)

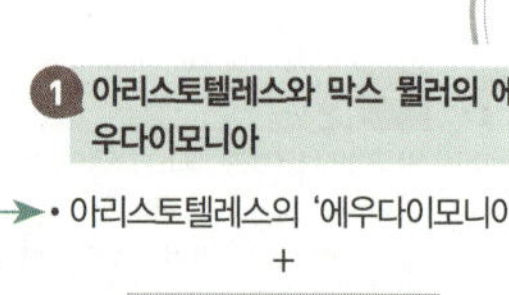

❶ » 그리스어인 '에우다이모니아(eudaimonia)'는 일반적으로 '행복'이라고 번역된다. 현대인들은 행복을 물질적인 것을 통해 느끼는 안락이나 단순한 쾌감과 동일시하는 경향이 있다. 그러나 아리스토텔레스는 에우다이모니아를 현대인들이 생각하는 행복과는 다르게 설명한다. 그는 에우다이모니아를 인간 고유의 기능인 이성을 발휘하여 그것을 완전하게 실현한 상태라고 규정하였다. 막스 뮐러는 아리스토텔레스가 말한 에우다이모니아에 시간적 속성을 부여하여 이를 세 가지 측면으로 나누어 설명하였다. 막스 뮐러의 견해는 다음과 같다.

❶ 아리스토텔레스와 막스 뮐러의 에우다이모니아
- 아리스토텔레스의 '에우다이모니아'
  + 시간적 속성 부여
  ⇩
  막스 뮐러의 에우다이모니아

❷ » 첫째, '감각적 향유로서의 에우다이모니아'는 먹고 마시는 행위와 같은 신체적 감각을 통한 향유가 이성의 테두리 안에서 이루어질 때 얻게 되는 것이다. 인간은 정신과 신체의 통일체로서 존재하기 때문에 감각을 통한 향유도 무시할 수 없다. 다만 감각적 향유가 이성을 벗어나 타인을 배려하지 않고 극단적 탐닉에 빠질 때에는 부정적인 것으로 인식된다. 그런데 감각적 향유 자체는 찰나적인 것이므로 감각적 향유의 과정에서 실현할 수 있는 에우다이모니아는 순간적인 것으로 규정된다.

첫 번째 측면

❷ 감각적 향유로서의 에우다이모니아
- 감각적 향유로의 에우다이모니아
  – 신체적 감각을 통한 향유가 이성의 테두리 안에서 이루어질 때 얻게 되는 것
- 순간성

❸ » 둘째, '공동체적 삶을 통해 실현할 수 있는 에우다이모니아'는 공동체 속에서 인간이 자유를 누리면서도 이성을 발휘하여 책임 있는 행동을 함으로써 얻게 되는 것이다. 인간의 이성은 공동체의 훈육을 통해서만 개발될 수 있으므로 인간은 공동체를 떠나서 에우다이모니아를 구하려고 해서는 안 된다. 그런데 공동체에서의 인간의 행위는, 수시로 변화하는 역사적 상황 속에서 이루어지기 때문에 이러한 에우다이모니아는 역사적 시간에 의해 규정되는 것이다.

두 번째 측면

❸ 공동체적 삶을 통해 실현할 수 있는 에우다이모니아
- 공동체적 삶을 통해 실현할 수 있는 에우다이모니아
  – 공동체 속에서 인간이 자유를 누리면서도 이성을 발휘하여 책임 있는 행동을 함으로써 얻게 되는 것
- 역사성

❹ » 셋째, '관조(觀照)의 삶을 통해 실현할 수 있는 에우다이모니아'는 인간이 세계의 영원한 질서를 인식하게 됨으로써 얻을 수 있는 것이다. 여기서 '관조'란 쾌락을 목적으로 하는 향락적 활동이나 부를 목적으로 하는 영리적 활동이 아니라, 감각적으로 포착할 수 없는 영원불변한 진리를 학문을 통해 바라보는 영혼의 활동을 말한다. 이는 이성을 통해 이루어지며 인간에게 가장 궁극적인 에우다이모니아를 가져다준다. 이러한 에우다이모니아는 시간적 한계를 뛰어넘는 영원성을 갖는다.

세 번째 측면

❹ 관조의 삶을 통해 실현할 수 있는 에우다이모니아
- 관조의 삶을 통해 실현할 수 있는 에우다이모니아
  – 인간이 세계의 영원한 질서를 인식하게 됨으로써 얻을 수 있는 것
- 영원성

❺ » 뮐러에 따르면 인간의 이성을 통해 실현되는 에우다이모니아는 모두 그 자체로 의미가 있다. 그리고 그는 에우다이모니아의 순간성, 역사성, 영원성이 서로 무관한 것이 아니므로, 인간은 전 생애에 걸쳐 이 세 가지 에우다이모니아를 함께 구현하기 위해 노력해야 한다고 보았다.

❺ 세 가지 에우다이모니아 구현의 필요성
- 에우다이모니아 구현의 필요성

✎ 지문 정보 확인 1○ 2✕ 3✕

지문 구조 한눈에 보기

화제 제시 **❶**

구체화 **❷ ❸** — 순간성 / 역사성
❹ — 영원성

⬇

구현의 필요성 **❺**

지문 Point 분석 **주제: 막스 뮐러가 말한 에우다이모니아에 대한 세 가지 측면**

해제: 막스 뮐러는 아리스토텔레스가 말한 에우다이모니아에 시간적 속성을 부여하여 세 가지 측면에서 각각의 구현에 대해 설명하였다. 먼저 감각적 향유로서의 에우다이모니아는 이성의 테두리 안에서 이루어질 때 얻게 되는 것으로 보았으며, 공동체적 삶을 통해 실현할 수 있는 에우다이모니아는 인간의 이성이 공동체의 훈육을 통해서만 개발될 수 있기 때문에 공동체의 중요성을 강조하였다. 마지막으로 관조의 삶을 통해 실현할 수 있는 에우다이모니아는 인간이 세계의 영원한 질서를 인식하게 됨으로써 얻을 수 있는 것으로 보았다. 이 각각은 서로 무관한 것이 아니기 때문에 인간은 전 생애에 걸쳐 모두 구현될 수 있도록 노력해야 한다고 보았다.

1

▼ 세부 정보의 확인   답 ③

윗글을 통해 파악할 수 있는 내용으로 적절하지 <u>않은</u> 것은?

③ 인간은 공동체를 벗어나서 에우다이모니아를 얻을 수 있다.

⋯ 3문단에 따르면 인간의 이성은 공동체의 훈육을 통해서만 개발
될 수 있으므로 인간은 공동체를 떠나서 에우다이모니아를 구할
수 없다고 하였다.

➕ 오답 챙기기

① 현대인들은 행복을 물질적 안락이나 쾌감과 동일시하는 경향이
있다.

⋯ 1문단에서 현대인들은 행복을 물질적인 것을 통해 느끼는 안락
이나 단순한 쾌감과 동일시하는 경향이 있음을 언급하고 있다.

② 뮐러는 시간적 속성*을 부여하여 에우다이모니아를 설명하였다.

⋯ 1문단에서 막스 뮐러는 아리스토텔레스가 말한 에우다이모니아
에 시간적 속성을 부여하여 세 가지 측면으로 나누어 설명하였
다고 언급하였다.

④ 관조*는 향락이나 영리*를 추구하지 않는 영혼의 활동이다.

⋯ 4문단에서 관조의 삶을 통해 실현할 수 있는 에우다이모니아는
쾌락과 부를 목적으로 하는 영리적 활동이 아닌 영혼의 활동이
라고 언급하였다.

⑤ 뮐러가 설명하는 에우다이모니아는 모두 인간의 이성을 통해 실
현되는 것으로 서로 무관한* 것이 아니다.

⋯ 5문단에서 인간의 이성을 통해 실현되는 에우다이모니아는 모
두 그 자체로 의미가 있기 때문에 인간의 전 생애에 걸쳐 구현
될 필요가 있다고 언급하였다.

> **어휘**
> **충전**
> * **속성**(屬 무리 속 性 성품 성): 사물의 특징이나 성질.
> * **관조**(觀 볼 관 照 비출 조): 고요한 마음으로 사물이나 현상을 관찰하
>   거나 비추어 봄.
> * **영리**(營 경영할 영 利 이로울 리): 재산상의 이익을 꾀함. 또는 그 이익.
> * **무관하다**(無 없을 무 官 벼슬 관): 관계나 상관이 없다.

2

▼ 비판적 이해   답 ②

**윗글을 읽은 학생이 '뮐러'의 입장에서 〈보기〉의 Ⓐ에 대해 보일 수 있는
반응으로 가장 적절한 것은?**

> **보기**
>
> Ⓐ디오게네스는 일체의 물질적 욕심을 배제*하고 최소한의
> 생활필수품만으로 살아가는 삶, 즉 자연에 따르는 삶을 통해
> 인간은 궁극적인 행복을 얻을 수 있다고 보았다. 그는 인간이
> 자연에 따르는 삶을 살아가기 위해서는 부끄러움을 없애고, 이
> 를 통해 사람들이 지켜야 할 모든 사회적 관습*이나 권위에서
> 벗어나야 한다고 말했다. 인간의 행복은 이와 같이 자유롭고
> 단순한 생활에서 비롯된다고 본 것이다.

② Ⓐ는 공동체 사회 안에서 인간이 가져야 할 책임 있는 행동을 간
과*하고 있군.

⋯ 3문단에서 '공동체적 삶을 통해 실현할 수 있는 에우다이모니아'
라는 뮐러의 입장을 설명하며 공동체 속에서 인간이 자유를 누리
면서도 이성을 발휘하여 책임 있는 행동을 함으로써 에우다이모
니아를 얻을 수 있다고 하였다. 〈보기〉에서는 사회적 관습이나 권
위에서 벗어남으로써 인간의 행복이 추구될 수 있다고 보았기 때
문에 뮐러의 입장에서 보았을 때는 공동체 사회 내에서 인간이 가
져야 할 책임 있는 행동이 간과되고 있음을 언급할 수 있다.

➕ 오답 챙기기

① Ⓐ는 사회적 관습에서 벗어나 공동체 일원*으로서의 자유를 추구*
하고 있군.

⋯ 〈보기〉에서 사회적 관습이나 권위에서 벗어난 자유롭고 단순한
생활을 통해 행복을 얻을 수 있다고 제시하고 있기 때문에 공동
체 일원으로서의 자유를 추구하고 있다고 보기 어렵다.

③ Ⓐ는 인간이 이성에 바탕을 두어 자연을 변화시키려는 삶을 추구
한다고 보는군.

⋯ 〈보기〉에서 디오게네스는 인간이 자연을 따르는 삶을 통해 궁극
적인 행복을 얻을 수 있다고 보았기 때문에 이성에 바탕을 두어
자연을 변화시키려 한다는 입장은 적절하지 않다.

④ Ⓐ는 위계질서가 존재하는 사회 안에서 공동체의 질서도 유지될
수 있다고 보는군.

⋯ 〈보기〉에서 디오게네스는 사람들이 사회적 관습이나 권위에서
벗어나 행복을 추구해야 한다고 언급하고 있기 때문에 위계질서
의 존재를 언급하는 것은 적절하지 않다.

⑤ Ⓐ는 공동체 내에서 자유를 누린다면 물질적 욕심을 최소화하는
삶을 추구할 수 있다고 보는군.

⋯ 3문단에서 뮐러는 공동체 속에서 인간이 자유를 누리면서도 이
성을 발휘하여 책임 있는 행동을 함으로써 행복을 얻을 수 있다
고 보았다. 그러나 〈보기〉의 디오게네스는 사회적 관습이나 권위
에서 벗어난 생활을 추구하고 있으며, 물질적인 욕심을 최소화
하는 것에 동의하더라도 공동체 내에서 실현될 수 있다고 보지
않는다.

> **어휘**
> **충전**
> * **배제**(排 물리칠 배 除 덜 제): 받아들이지 아니하고 물리쳐 제외함.
> * **관습**(慣 버릇 관 習 익힐 습): 어떤 사회에서 오랫동안 지켜 내려와 그
>   사회 성원들이 널리 인정하는 질서나 풍습.
> * **간과**(看 볼 간 過 지날 과): 큰 관심 없이 대강 보아 넘김.
> * **일원**(一 하나 일 員 관원 원): 단체에 소속된 한 구성원.
> * **추구**(追 쫓을 추 求 구할 구): 목적을 이룰 때까지 뒤좇아 구함.

지휘자의 음악 해석

출전 최은규, 「지휘자의 음악 해석」 지문 난이도 ★★★★☆

(1,924자)

1 » 지휘자와 오케스트라가 베토벤의 교향곡을 소리로 재현해 내지 않는다면 베토벤의 명곡은 결코 우리 앞에 '생생한 소리'로서 존재할 수 없다. 지휘자와 오케스트라가 작곡가의 악보를 소리로 바꾸는 과정에서 '음악 해석'이라는 것이 이루어진다. 지휘자는 자신의 음악적 관점을 리허설을 통해 전달하고, 여러 가지 손동작과 표정, 몸짓 등으로 감정을 표현하거나 음악의 느낌을 단원들에게 전달하며 훌륭한 연주를 이끌어 낸다. 그 순간 지휘자는 단지 박자만 맞추는 것이 아니라 음악을 해석하고 있는 것이다.

2 » 일반인들에게 음악 해석이란 말은 조금 낯설지도 모른다. 엄연히 작곡가가 남긴 악보가 있고, 지휘자나 연주자는 악보에 써 있는 대로 음악을 지휘하거나 연주를 하면 될 테니 연주의 차이도 거기서 거기 아니냐고 할 수도 있다. 하지만 막상 악보를 보고 연주를 해보면 이것이 간단한 문제가 아니라는 것을 알게 된다. 가령 '점점 느리게 연주하라'는 뜻의 '리타르단도'라든가 '점점 빠르게 연주하라'는 뜻의 '스트린젠도'라는 기호가 나타났을 때 과연 어디서부터 어떻게 느려져야 하고 어떻게 빨라져야 할까? 작곡가가 아무리 악보를 정교하게 그린다 해도 작곡가는 연주자들에게 자신이 의도한 음악을 정확하게 전달해 낼 수 없다. 이것이 바로 '악보의 불완전성'이며 이 불완전성이야말로 다양한 음악 해석을 가능하게 한다.

3 » 그럼 베토벤의 『교향곡 5번』이 지휘자의 관점에 따라 얼마나 다르게 연주될 수 있는지 살펴보자. 1악장 도입부만 해도 지휘자마다 천차만별이다. 베토벤 『교향곡 5번』을 여는 '따따따딴~'의 네 음은 베토벤의 운명이 문을 두드리는 소리라고 해서 흔히 '운명의 동기'라고 불린다. 운명의 동기가 나타나는 1악장의 첫 페이지에 베토벤은 '알레그로 콘 브리오'즉 '빠르고 활기 있게'연주하라고 적어 놓았다. 그리고 그 옆에는 정확한 템포를 지시하기 위해 2분 음표를 메트로놈 108로 연주하라고 적어 놓았다. 1악장은 2/4박자의 곡이므로 2분 음표의 템포는 곧 한 마디의 템포인 셈인데, 한 마디를 메트로놈 108의 속도로 연주한다는 것은 연주자들을 긴장시킬 만한 매우 빠른 템포이다.

4 » 하지만 정확하고 무자비하기로 유명한 지휘자 토스카니니는 정확하게 베토벤이 원하는 템포 그대로 운명의 동기를 연주한다. 그리고 운명의 동기를 반복적으로 구축하며 운명이 추적해오는 것 같은 뒷부분도 사정없이 몰아친다. 그의 해석으로 베토벤 음악의 추진력은 더욱 돋보인다.

5 » 반면 음악을 주관적으로 해석하기로 유명한 푸르트벵글러는 베토벤이 적어 놓은 메트로놈 기호에 별로 신경을 쓰지 않았다. 푸르트벵글러의 지휘로 재탄생한 운명의 노크 소리는 매우 느린 템포로 연주된다. 그럼에도 불구하고 한 음 한 음 힘 있고 또렷하게 표현된 그 소리는 그 어느 노크 소리보다 가슴을 울리는 웅장함을 담고 있다. 두 번째 노크 소리의 여운이 끝나기가 무섭게 시작되는 '운명의 추적' 부분에서도 푸르트벵글러는 이 작품에 대한 독특한 시각을 보여 준다. 그는 여기서 도입부의 느린 템포와는 전혀 다른 매우 빠른 템포로 음악을 이끌어 가면서 웅장하게 표현된 운명의 동기와는 대조적으로 더욱 긴박감 넘치는 운명의 추적을 느끼게 한다. 푸르트벵글러는 비록 1악장 도입부에서 베토벤이 적어 놓은 메트로놈 기호를 지키지는 않았다. 하지만 도입부에 나타난 두 번의 노크 소리를 느리고 웅장하게 연주한 후 뒷부분의 음악은 빠르고 긴박감 넘치게 이끌어 감으로써 베토벤 음악이 지닌 웅장함과 역동성을 더욱 잘 부각시키고 있다. 그렇다면 푸르트벵글러의 해석이 틀렸다고 할 수 있을까? 악보에 충실하고자 했던 토스카니니와 악보 너머의 음악적 느낌에 더 충실하고자 했던 푸르트벵글러 중 누가 옳은 것일까?

✎ 지문 정보 확인 1○ 2✕ 3✕

지문 구조 해설

1 음악을 해석하는 지휘자의 역할

지휘자의 역할 → 지휘자는 단지 박자만 맞추는 게 아니라 음악을 해석하며 훌륭한 연주를 이끌어 냄

2 다양한 음악적 해석을 가능하게 하는 악보의 불완전성

악보의 불완전성 → 악보는 작곡가가 의도한 음악을 정확하게 전달해 낼 수 없어 불완전성을 지니고 있음
↓
지휘자로 하여금 다양한 해석을 가능하게 함

3 베토벤 「교향곡 5번」의 악보 설명

작품 예시

• 음악 해석의 예시
• 1악장 도입 악보에 대한 설명
 – 악보에는 1악장을 '빠르고 활기 있게' 연주하라고 적어 놓음. 정확한 템포 지시를 위해 메트로놈 박자 속도(108)도 명시함

4 토스카니니의 베토벤 「교향곡 5번」 해석 방식

해석 예시 ①

토스카니니 → 베토벤의 악보 그대로 정확하게 연주함

5 푸르트벵글러의 베토벤 「교향곡 5번」 해석 방식

해석 예시 ②

푸르트벵글러 → 베토벤의 악보 기호에 충실히 따르기보다 자신의 주관적인 음악적 느낌에 따라 연주함

• 푸르트벵글러의 해석이 주는 느낌

지문 구조 한눈에 보기

화제 제시 **1**
↓
상술 **2** 악보의 불완전성
↓
구체화 **3 4 5** 예시를 통한 음악 해석의 차이
↓
마무리 **6**

지문 Point 분석 주제: 지휘자의 다양한 음악 해석

해제: 지휘자는 작곡가의 악보를 소리로 바꾸는 과정에서 자신만의 '음악 해석'이 이루어진다. 작곡가는 연주자들에게 자신이 의도한 음악을 정확하게 전달할 수 없기 때문에 '악보의 불완전성'이 나타나며, 이로 인해 다양한 음악 해석을 가능하게 한다. 예를 들어 베토벤의 「교향곡 5번」을 놓고 지휘자 토스카니니는 베토벤이 원하는 대로 정확하게 연주한다면 지휘자 푸르트벵글러는 주관적으로 해석하여 템포를 연주한다. 이처럼 여러 가지 '다름'을 허용함으로써 클래식 음악은 더욱 생동감을 가지게 되는 것이다.

❻ » 음악에선 틀린 음을 연주하는 것 이외에 틀린 것이란 없다. 틀린 것이 아니라 다른 것이다. 여러 가지 '다름'을 허용하는 것이야말로 클래식 음악을 더욱 생동감 넘치는 현재의 음악으로 재현하는 원동력이 된다.

정답 및 해설 　1 ③　 2 ②　　　📖 본문 022~023쪽

1 　▼ 세부 정보의 확인　　　　　　답 ③

'음악 해석'에 대한 이해로 적절한 것은?

③ 악보의 불완전성으로 인해 지휘자는 다양한 관점에서 음악을 연주하는 것이 가능하다.

┅ 2문단에서 작곡가는 연주자들에게 자신이 의도한 음악을 정확하게 전달해 낼 수 없기 때문에 '악보의 불완전성'이 생기며 이를 통해 다양한 음악 해석을 가능하게 한다고 하였다.

➕ 오답 챙기기

① 지휘자는 연주자에게 악보의 기호대로 정확하게 연주할 수 있도록 요구해야만 한다.

┅ 4~5문단을 살펴보면 토스카니니와 푸르트벵글러는 자신의 관점에 따라 연주자에게 음악을 다르게 연주할 수 있도록 지휘하고 있음을 알 수 있다.

② 악보를 통해 작곡가의 의도를 연주자에게 완벽하게 전달하는 것이 가능하다.

┅ 2문단에서 작곡가는 연주자들에게 자신이 의도한 음악을 정확하게 전달해 낼 수 없음을 언급하고 있다.

④ 음악 해석은 지휘자나 연주자가 작곡가의 악보를 정확하게 외울 때 이루어진다.

┅ 1문단에서 '음악 해석'이란 지휘자가 자신의 관점에 따라 다양하게 연주하는 것이라고 하였으며, 5문단에서 푸르트벵글러는 베토벤이 적어 놓은 박자 기호를 무시한 채 자신의 주관적인 해석에 따라 연주하고 있다.

⑤ 지휘자는 최대한 자신의 주관적인 감정을 배제한 채 음악의 느낌을 전달해야 한다.

┅ 1문단에서 지휘자는 자신의 관점에 따라 여러 가지 손동작과 표정, 몸짓 등으로 감정을 표현하거나 음악의 느낌을 연주자에게 전달할 수 있다고 언급하였다.

2 　▼ 비판적 이해　　　　　　답 ②

윗글을 바탕으로 〈보기〉에 대해 보인 반응으로 적절하지 <u>않은</u> 것은?

> **보기**
>
> 　베토벤 당시의 호른으로는 재현부에서 C장조로 낮아진 제2주제의 팡파르를 연주할 수 없었다. 그래서 베토벤은 자신의 「교향곡 5번」 1악장 재현부에서 제2주제 팡파르를 호른과 음색이 가장 유사한 목관 악기인 바순으로 연주하도록 했다. 그러나 19세기에 관악기의 개량이 이루어지면서 어떤 음이든 연주할 수 있는 호른이 널리 보급*되었다. 그러자 어떤 지휘자들은 베토벤 「교향곡 5번」 1악장의 재현부에서 제2주제 팡파르를 호른으로 연주해야 한다고 주장했다. 하지만 어떤 지휘자들은 베토벤이 악보에 적어 놓은 그대로 바순의 연주를 고집했다.

② 토스카니니는 베토벤이 악보에 적어 놓은 기호를 호른으로 연주하는 데 동참했겠군.

┅ 〈보기〉에서는 베토벤이 「교향곡 5번」을 작곡할 당시 악기 호른의 한계로 인해 악보에 기재된 바순으로 연주할 수밖에 없던 상황을 제시하고 있다. 이후 호른의 개량이 이루어지면서 이에 대해 지휘자들의 상반된 입장을 보여 주고 있다. 4문단에서 토스카니니는 정확하게 악보를 연주하는 데 중점을 두는 지휘자임을 알 수 있다. 따라서 토스카니니는 베토벤이 악보에 적어 놓은 그대로 바순으로 연주하자는 입장을 가질 것이다.

➕ 오답 챙기기

① 베토벤은 당시 악기의 한계 때문에 자신이 의도한 바를 정확하게 구현하지 못했겠군.

┅ 〈보기〉에서 베토벤이 「교향곡 5번」을 작곡할 때 당시 호른으로는 팡파르를 연주할 수 없었기 때문에 호른과 음색이 유사한 바순으로 연주하게 하였음을 알 수 있다.

③ 호른이나 바순 이외에 자신의 음악적 해석에 따라 다른 악기로 연주하는 지휘자도 있었겠군.

┅ 5문단에서 푸르트벵글러처럼 악보를 주관적으로 해석하는 지휘자가 있듯이 바순이나 호른보다 베토벤 악보에 적합한 악기가 있다고 생각될 경우 다른 악기를 이용하는 지휘자도 있을 수 있다.

④ 호른으로 연주해야 한다고 주장하는 지휘자들은 푸르트벵글러와 마찬가지로 음악을 주관적으로 해석한 것으로 볼 수 있군.

┅ 베토벤이 악보에 적어 놓은 대로 바순으로 연주하지 않고 호른으로 연주해야 한다고 주장한 지휘자들은 음악을 주관적으로 해석한 것이다. 푸르트벵글러 역시 5문단에서 언급하듯 자신의 주관적인 해석에 따라 악보를 연주하는 지휘자이다.

⑤ 윗글의 글쓴이는 호른이나 바순 이외에 다양한 악기로 베토벤의 교향곡을 연주해도 지휘자의 연주에 대해서 틀렸다고 생각하지 않겠군.

┅ 6문단에서 글쓴이는 '음악에선 틀린 음을 연주하는 것 이외에 틀린 것이란 없다'라고 언급하며 '다름'을 허용하는 것이 음악의 생동감 넘치는 재현 방식임을 언급하고 있다. 따라서 호른이나 바순 이외에 다른 악기로 연주하는 지휘자가 있어도 이에 대해 틀렸다고 생각하지 않을 것이다.

📌 **어휘 충전** * 보급(普 널리 보 及 미칠 급): 널리 펴서 많은 사람들에게 골고루 미치게 하여 누리게 함.

STUDY 03 어휘 확인

1 ㉡	2 ㉢	3 ㉠	4 ㉤	5 ㉣
6 ㉢	7 ㉣	8 ㉠	9 ㉤	10 ㉡
11 쾌감	12 구현	13 동일시	14 규정	15 향유

인성론의 세 가지 학설

출전 강신주, 『철학 VS 철학』 | 지문 난이도 ★★★★☆

(1,909자)

1 » 중국 역사에서 전국 시대는 전쟁으로 점철된 시대였다. 여러 사상가들이 혼란한 정국을 수습하고 백성들을 고통에서 벗어나게 하기 위한 대안을 마련하였는데, 이 과정에서 그들의 이론을 뒷받침할 형이상학적 체계로서의 인성론이 대두되었다. 인성론은, 인간의 본성은 선하다는 성선설, 인간의 본성이 악하다는 성악설, 인간의 본성에는 애초에 선과 악이라는 구분이 전혀 없다는 성무선악설 등으로 분류될 수 있다. 맹자와 순자를 비롯한 사상가들은 인간 본성에 대한 이론적 탐구에서 더 나아가 사회적·정치적 관점으로 인성론을 구성하고 변형시켜 왔다.

2 » 맹자의 성선설이 국가 공권력에 저항하기 위해 호족들 및 지주들이 선한 본성을 갖춘 자신들을 간섭하지 말라는 이념적 논거로 사용되었다면, 순자나 법가의 성악설은 군주가 국가 공권력을 정당화할 때 그 논거로서 사용되었던 것이다. 즉 선악이란 윤리적 개념이 정치적 개념과 불가분의 관계에 놓여 있다는 사실을 확인할 수 있다. 성선설에 따르면 개체가 외부의 강제적인 간섭 없이도 '정치적 질서'를 낳고 유지할 수 있다고 본 반면, 성악설에 따르면 외부의 간섭이 없을 경우 개체는 '정치적 무질서'를 초래할 뿐인 존재라고 본 것이다.

3 » 한편 ㉠고자는 성무선악설을 통해 인간이 가지고 있는 식욕과 같은 자연적인 욕구가 본성이므로 이를 정치적이면서 동시에 윤리적인 범주로서의 선과 악의 개념으로 다룰 수 없다고 주장했다. 그는 인간의 본성을 '소용돌이치는 물'로 비유했는데, 이러한 관점은 소용돌이처럼 역동적인 삶의 의지를 지닌 인간을 규격화함으로써 그 역동성을 마비시키려는 일체의 외적 간섭에 저항하는 입장을 취하도록 하였다.

4 » ㉡맹자는 인간의 본성을 외적인 규제와는 무관한 역동적인 것으로 간주한 고자의 인성론을 비판하였다. 맹자는 살아있는 버드나무와 그것으로 만들어진 나무 술잔의 비유를 통해, 나무 술잔으로 쓰일 수 있는 본성이 이미 버드나무 안에 있다고 보았다. 맹자는 인간이 선천적으로 지닌 이러한 본성을 인의예지 네 가지로 규정하였다. 고통에 빠진 타인을 측은히 여기는 동정심, 즉 측은지심은 인간이라면 누구나 갖고 있다고 보고, 측은한 마음은 인간의 의식적 노력에서 나온 것이 아니라 불쌍한 타인을 목격할 때 저절로 내면 깊은 곳에서 흘러나온다고 본 것이 맹자의 관점이었다. 다시 말해 인간은 스스로의 노력으로 본성을 실현할 수 있는 존재, 즉 타인의 힘이 아닌 자력으로 수양할 수 있는 존재라고 보았다. 이것이 바로 맹자 수양론의 기본 전제이다.

5 » 모든 인간은 선한 본성을 지니고 있고, 이 선한 본성의 실현은 주체 자신의 노력에 의해서만 가능하다는 맹자의 성선설을 순자는 사변적이고 낙관적이며 현실 감각이 결여된 주장으로 보았다. 선한 인간이 되기 위해서 인간은 국가 질서, 학문, 관습 등과 같은 외적인 것에 의존할 필요가 없다고 본 맹자의 논리는 현실 사회에서 국가 공권력과 사회 규범의 역할을 전적으로 부정하는 논거로도 사용될 수 있었기 때문이다. ㉢순자의 견해처럼 인간의 본성이 악하다고 전제할 때 그것을 교정하고 순치할 수 있는 외적인 강제력, 다시 말해 국가 권력이나 전통적인 제도들이 부각될 수 있다. 국가 질서와 사회 규범을 정당화하기 위한 순자의 견해는 성악설뿐만 아니라 현실주의적 인간관에서 비롯되었다.

6 » 순자는 인간의 욕망이 무한하지만 그것을 충족시켜 줄 재화는 매우 한정되어 있다고 보고 이런 모순을 해결하기 위해서 국가에 의해 예(禮)가 만들어졌다는 입장을 견지하였다. 만약 인간에게 외적인 공권력과 사회 규범이 없는 경우를 가정한다면 인간들은 자신들의 욕망 충족에 있어 턱없이 부족한 재화를 놓고 일종의 전쟁 상태에 빠지게 될 것이고, 그 결과 사회는

성선설·성악설

성무선악설

비판 ①

비판 ②

---

1 인성론의 등장배경과 세 가지 학설
- 인성론의 등장 배경
  - 전쟁으로 인한 혼란한 정국 수습
  - 백성의 평안한 삶을 위한 대안 마련
- 인성론의 세 가지 학설
  - 성선설
  - 성악설
  - 성무선악설

2 정치적 이념의 논거로 사용된 성선설과 성악설
- 사상가들의 정치적 이념 논거로 사용된 인성론
- 성선설과 성악설의 정치에 관한 대립적 관점

3 고자의 성무선악설의 특징
- 성무선악설의 관점
  - 성선설과 성악설에 대한 반박

4 고자의 성무선악설에 대한 맹자의 비판적 견해
- 성무선악설에 대한 맹자의 비판적 견해
- 인간이 지닌 네 가지 본성: 인의예지
- 성선설의 기본 입장: 측은지심

5 맹자의 성선설에 대한 순자의 비판적 견해 ①
- 성선설에 대한 순자의 비판적 견해
- 순자의 견해
  - 국가 공권력의 필요성 역설

6 맹자의 성선설에 대한 순자의 비판적 견해 ②
- 사회가 무질서한 상태로 빠지게 되는 원인
- 국가의 공권력이 필요한 이유

✎ 지문 정보 확인 1 X 2 ○ 3 X

지문 구조 한눈에 보기

화제 제시 **1**

상술 **2 3**	성선설, 성악설
	성무선악설

↓

비판 **4 5**	성무선악설 비판
	성선설 비판 ①
6	성선설 비판 ②

지문 Point 분석 주제: 인성론의 세 가지 학설과 인성론의 정치적 수단화

해제: 중국 역사에 인성론이 나타나게 된 배경과 인성론을 대표하는 세 가지 학설에 대해 설명하고 있는 글이다. 맹자는 성선설을, 순자는 성악설을, 고자는 성무선악설을 주장했다. 한편 이러한 인성론은 사상가들의 정치적 입장을 정당화하는 이념적인 수단으로 사용되었는데, 맹자의 성선설이 국가 공권력에 저항하기 위해 호족들 및 지주들이 선한 본성을 갖춘 자신들을 간섭하지 말라는 이념적 논거로 사용되었다면, 순자나 법가의 성악설은 군주가 국가 공권력을 정당화할 때 그 논거로서 사용되었다. 이에 대해 순자는 맹자의 성선설을 낙관적이며 현실 감각이 결여된 것으로 비판하면서 인간의 악한 본성과 이기적 욕망이 사회적 혼란과 정치적 무질서를 초래하므로 국가 공권력의 필요성을 주장했다.

걷잡을 수 없는 무질서 상태로 전락하게 될 것이다. 맹자의 성선설이 비현실적일 뿐만 아니라 정치적 질서를 해칠 가능성이 있다고 본 순자의 비판은, 바로 인간과 사회에 대한 이와 같은 견해로부터 나온 것이다.

• 성선설에 대한 순자의 비판적 견해

정답 및 해설　1 ②　2 ②　📖 본문 026~027쪽

1 ▼ 논지 전개 방식 파악　　　　　　　답 ②

윗글에 대한 설명으로 가장 적절한 것은?

② 인성론의 등장 배경과 다양한 견해를 소개하고 있다.

⋯ 1문단에서 중국 전국 시대에 여러 사상가들이 혼란한 정국을 수습하기 위한 과정에서 그들의 이론을 뒷받침할 형이상학적 체계로서 인성론이 대두되었다고 그 등장 배경을 언급한 후에, 인성론의 세 가지 학설인 맹자의 성선설, 순자의 성악설, 고자의 성무선악설을 소개하고 있다.

➕ 오답 챙기기

① 인성에 대한 세 견해의 장단점을 비교하고 있다.

⋯ 1문단에서 인성론의 세 가지 학설인 맹자의 성선설, 순자의 성악설, 고자의 성무선악설에 대해 소개하고 있지만, 이 세 견해에 대한 장단점을 비교해서 설명하고 있지는 않다.

③ 인성론의 역사적 의의와 한계에 대해 분석하고 있다.

⋯ 1문단에서 '맹자와 순자를 비롯한 사상가들은 인간 본성에 대한 이론적 탐구에서 더 나아가 사회적·정치적 관점으로 인성론을 구성하고 변형시켜 왔다.'고 인성론이 정치적 수단으로 사용되었음을 설명하고 있다. 이를 인성론의 역사적 의의로도 볼 수 있으나, 인성론에 대한 한계는 글에 제시되어 있지 않다.

④ 인성론이 등장한 시대적 상황을 구체적 자료를 통해 제시하고 있다.

⋯ 1문단에서 중국 전국 시대에 여러 사상가들이 혼란한 정국을 수습하기 위한 과정에서 그들의 이론을 뒷받침할 형이상학적 체계로서 인성론이 대두되었다는 시대적 상황은 언급되어 있으나, 시대적 상황에 대한 구체적 자료는 제시되어 있지 않다.

⑤ 인성에 대한 두 견해를 제시하며 이를 절충한 이론을 소개하고 있다.

⋯ 1문단에서 인성론의 세 가지 학설인 맹자의 성선설, 순자의 성악설, 고자의 성무선악설에 대해 설명하고 있지만, 이를 절충한 이론은 글에 제시되어 있지 않다.

뒷받침 사례 파악

2 ▼ 구체적 사례에의 적용　　　　　　　답 ②

㉠~㉢의 관점에서 〈보기〉를 이해한 것으로 적절하지 <u>않은</u> 것은?

> 보기
>
> 　가난과 배고픔 때문에 빵을 훔친 장발장은 체포되어 19년 동안 감옥 생활을 한다. 출소*한 장발장은 신분증에 전과가 적혀 있어 잠잘 곳도, 일자리도 구할 수 없게 된다. 오직 미리엘 주교만은 이런 그를 따뜻하게 맞아주었으나, 장발장은 은촛대를 훔치다가 경관에게 붙잡힌다. 하지만 미리엘 주교는 은촛대는 장발장이 훔친 것이 아니라 선물로 준 것이라고 말하며 사랑을 베풀어 주었고, 이에 감동받은 장발장은 정체를 숨기고 선행을 베풀며 살아간다.

② ㉠: 미리엘 주교가 은촛대를 장발장에게 준 선물이라고 말한 것은 역동적 삶의 의지를 규격화하려는 행위로 볼 수 있다.

⋯ 3문단에서 고자는 인간의 본성을 '소용돌이치는 물'로 비유하면서 소용돌이처럼 역동적인 삶의 의지를 지닌 인간을 규격화함으로써 그 역동성을 마비시키려는 일체의 외적 간섭에 저항하는 입장을 취한다고 했다. 하지만 장발장이 은촛대를 훔쳤음에도 불구하고 미리엘 주교가 장발장에게 선물로 준 것이라고 거짓말을 한 것은 장발장을 감옥에 보내지 않으려는 미리엘 주교의 착한 본성에서 나온 것이지, 장발장의 역동적 삶의 의지를 규격화하려는 행위로는 볼 수 없다. 오히려 미리엘 주교가 사실을 이야기해서 장발장이 다시 감옥에 간다면 장발장의 삶이 규격화 될 수도 있다.

➕ 오답 챙기기

① ㉠: 장발장이 배가 고파 빵을 먹고 싶은 것은 인간의 자연스러운 욕구에서 비롯된 것으로 이해할 수 있다.

⋯ 3문단에서 고자는 '성무선악설을 통해 인간이 가지고 있는 식욕과 같은 자연적인 욕구가 본성'이라고 했다. 이로 볼 때 장발장이 배가 고파 빵을 먹고 싶은 것은 인간의 자연스러운 욕구인 식욕에 해당되므로 고자가 말하는 인간의 본성에 해당된다고 할 수 있다.

③ ㉡: 미리엘 주교가 장발장에게 편히 쉴 곳을 마련해 준 것은 불쌍한 사람을 측은히 여기는 마음에 따른 것으로 이해할 수 있다.

⋯ 4문단에서 맹자는 '고통에 빠진 타인을 측은히 여기는 동정심, 즉 측은지심은 인간이라면 누구나 갖고 있다고 보고, 측은한 마음은 인간의 의식적 노력에서 나온 것이 아니라 불쌍한 타인을 목격할 때 저절로 내면 깊은 곳에서 흘러나온다.'고 했다. 이로 볼 때 미리엘 주교가 갈 곳 없는 장발장에게 안식처를 마련해 준 것은 맹자가 주장한 불쌍한 사람을 측은히 여기는 측은지심에서 비롯된 것이라 할 수 있다.

④ ㉡: 장발장이 선행을 베풀며 살아가는 모습은 스스로의 노력으로 선한 본성을 실현하는 것으로 볼 수 있다.

⋯ 4문단과 5문단에서 맹자는 '모든 인간은 선한 본성을 지니고 있고, 인간은 스스로의 노력으로 본성을 실현할 수 있는 존재, 즉 타인의 힘이 아닌 자력으로 수양할 수 있는 존재'라고 보았다. 이로 볼 때 장발장이 선행을 베풀며 살아가는 모습은 스스로의 노력으로 선한 본성을 실현한 것으로 볼 수 있다.

⑤ ㉢: 장발장이 체포되어 수감된 것은 본성을 바로잡기 위한 사회 규범에 의거*한 것으로 볼 수 있다.

⋯ 6문단에서 순자는 인간에게 외적인 공권력과 사회 규범이 없다면 본성이 악한 인간들은 자신들의 욕망 충족에 있어 부족한 재화를 놓고 일종의 전쟁 상태에 빠지게 될 것이라고 했다. 이는 인간의 악한 본성을 바로 잡기 위해서는 인간에게 외적인 공권력과 사회 규범이 필요하다는 것을 의미한다. 이로 볼 때 빵을 훔친 장발장을 체포하여 수감한 것은 본성을 바로잡기 위한 사회 규범에 의거한 것으로 볼 수 있다.

🎩 **어휘 충전**

* **출소**(出 날 출 所 바소): 형기를 마치고 구치소나 교도소에서 석방되어 나옴.
* **의거**(依 의지할 의 據 의거할 거): 어떤 사실이나 원리에 근거함.

뒤러 판화의 특징과 의의

출전 E.H. 곰브리치, 『서양 미술사』　지문 난이도 ★★☆☆☆

(1,128자)

1 » 신에 대한 관심이 인간에게로 넘어온 르네상스 시대의 예술에서는 명확하고 사실적인 재현이 가장 중요한 '미(美)의 요소'로 받아들여졌다. '독일 미술의 아버지'라 불리는 알브레히트 뒤러는 북유럽 르네상스를 대표하는 작가이다.

> **1 북유럽 르네상스의 대표적 작가 뒤러**
> ▸ 르네상스 시대 예술의 특징

2 » 뒤러가 북유럽 르네상스의 위대한 화가로 명성을 얻은 이유는 그의 뛰어난 판화 작품에서 찾을 수 있다. 판화는 나무, 금속, 돌 같은 딱딱한 표면에 이미지를 만든 후, 잉크를 칠해서 종이를 대고 눌러 영상(映像)을 얻는 기법으로, 뒤러 이전의 판화는 흑백의 대조를 위주로 한 단순한 하급 미술 장르에 머물러 있었다. 그런데 뒤러는 '해칭 기법'을 통해 판화의 단순성을 사실성의 경지로 끌어올렸다. 해칭 기법이란 판화나 소묘에서 사용된 방법으로 가늘고 세밀한 평행선이나 교차선을 활용하여 대상의 입체감이나 음영을 표현하는 묘사법이다. 가령, 밝은 곳에 비해 어두운 곳에 가는 선들을 더 빽빽하게 구성하여 명암을 드러내는 것이다. 뒤러는 이러한 방법으로 대상의 명암과 질감, 양감을 유화 못지않게 표현하여 사실성을 구현하였다.

특징 ①

> **2 뒤러의 판화 특징 ① – 해칭 기법**
> ▸ 뒤러가 명성을 얻은 이유
> ▸ 판화의 재료와 제작 과정
> ▸ 뒤러 판화의 특징 ①
> 　– 해칭 기법 활용으로 사실성 구현
> ▸ 해칭 기법의 개념

3 » 뒤러의 판화에서 볼 수 있는 또 다른 특징은, 과학적인 연구를 통해 '선 원근법'을 실현하여 그림의 사실성을 높였다는 점이다. 선 원근법은 정교한 비례 계산을 통해 가까운 것은 크게, 먼 것은 작게 보이게 하여 공간감과 거리감을 드러내는 원근법이다. 뒤러는 이러한 원근법을 사용하여 실내 배경과 자연의 풍경을 더욱 사실적으로 표현하였다.

특징 ②

> **3 뒤러의 판화 특징 ② – 선 원근법**
> ▸ 뒤러 판화의 특징 ②
> 　– 선 원근법으로 사실성 구현
> ▸ 선 원근법의 원리

4 » 또한 이탈리아 미술과 북유럽 미술의 특성을 모두 확인할 수 있다는 점도 뒤러 판화의 특징 중 하나이다. 당시 이탈리아에서는 해부학에 근거하여 인체와 동물의 부드러운 선을 매우 사실적으로 표현하였는데, 뒤러는 이러한 점을 자신의 작품에 적용하였다. 뿐만 아니라 그는 북유럽 미술의 특징인 세부 묘사의 정교함과 화면을 가득 채운 여백 없는 구성으로 사실성을 구현하였다.

특징 ③

> **4 뒤러의 판화 특징 ③ – 이탈리아와 북유럽 미술을 복합적으로 제시**
> ▸ 뒤러 판화의 특징 ③
> 　– 이탈리아 미술과 북유럽 미술의 특징을 복합적으로 지님
> ▸ 이탈리아 미술의 특징
> ▸ 북유럽 미술의 특징

5 » 뒤러 이전의 판화는 회화에 비하여 하위 장르로 인식되어 왔다. 판화는 복제의 수단으로 자주 이용되면서 판화의 예술적 가치가 제대로 인정받지 못했기 때문이다. 하지만 뒤러는 오늘날의 창작판화처럼 밑그림부터 판의 새김까지 직접 제작함은 물론, 판화에 사실성이라는 회화적 요소를 구현해 냄으로써 판화가 가지는 기존의 한계를 뛰어넘어 독자적인 작품으로 인정받는 계기를 마련하였다.

> **5 뒤러의 판화가 지니는 예술적 의의**
> ▸ 뒤러의 판화가 지니는 예술적 의의

✎ 지문 정보 확인　1 ○　2 ○　3 ✕

지문 Point 분석　주제: 르네상스 시대 예술의 특징을 충실히 구현한 뒤러 판화의 특징과 예술사적 의의

해제: 북유럽 르네상스의 대표적 작가인 뒤러의 판화 특징과 예술사적 의의에 대해 설명하고 있는 글이다. 뒤러는 판화에 해칭 기법과 원근법을 활용하여 르네상스 시대 예술의 특징인 사실성을 충실히 구현해 냈다. 뒤러 판화의 또 다른 특징은 이탈리아 미술과 북유럽 미술의 특성이 모두 나타난다는 점인데, 인체와 동물의 부드러운 선을 매우 사실적으로 표현한 이탈리아 미술의 특징을 자신의 작품에 적용하였고, 또 북유럽 미술의 특징인 세부 묘사의 정교함과 화면을 가득 채운 여백 없는 구성으로 사실성을 구현하였다. 뒤러 판화의 이러한 사실성은 판화에 사실성이라는 회화적 요소를 구현해 냄으로써 판화가 가지는 기존의 한계를 뛰어넘어 독자적인 작품으로 인정받는 계기를 마련하였다.

지문 구조 한눈에 보기

화제 제시 **1**
↓

구체화	해칭 기법 **2 3**
	선 원근법
	복합적 특성 **4**

↓
의의 **5**

1 ▼ 핵심 정보 파악   답 ⑤

윗글에서 언급되지 <u>않은</u> 것은?

⑤ 북유럽과 이탈리아 미술의 대조적 특성

⋯▸ 4문단에서 '인체와 동물의 부드러운 선을 매우 사실적으로 표현했다'는 이탈리아 미술의 특징과 '세부 묘사의 정교함과 화면을 가득 채운 여백 없는 구성'이라는 북유럽 미술의 특징은 언급하고 있지만, 북유럽과 이탈리아 미술을 비교하여 대조적인 특성을 설명하고 있지는 않다.

➕ 오답 챙기기

① 선 원근법의 원리*와 효과

⋯▸ 3문단에서 '선 원근법은 정교한 비례 계산을 통해 가까운 것은 크게, 먼 것은 작게 보이게 하여 공간감과 거리감을 드러내는 기법으로, 이러한 원근법을 사용하여 실내 배경과 자연의 풍경을 더욱 사실적으로 표현하였다.'고 한 부분에서 선 원근법의 원리와 효과를 확인할 수 있다.

② 뒤러 판화의 예술적 의의

⋯▸ 5문단에서 뒤러가 판화에 사실성이라는 회화적 요소를 구현해 냄으로써 판화가 가지는 기존의 한계를 뛰어넘고, 하위 장르로 인식되던 이전의 판화와 달리 독자적인 작품으로 인정받게 되었다는 설명이 제시되었다.

③ 판화의 재료와 제작 과정

⋯▸ 2문단에서 '판화는 나무, 금속, 돌 같은 딱딱한 표면에 이미지를 만든 후, 잉크를 칠해서 종이를 대고 눌러 영상을 얻는'다고 하였다.

④ 르네상스 시대의 예술의 특징

⋯▸ 1문단에서 르네상스 시대의 예술에서는 명확하고 사실적인 재현이 중요한 미의 요소로 받아들여졌다고 설명하고 있다. 이 부분을 통해 르네상스 시대의 예술 특징을 알 수 있다.

> 어휘 충전
> * **원리**(原 근원 원 理 다스릴 리): 사물의 기본이 되는 이치나 법칙. 원칙.

2 ▼ 구체적 사례에의 적용   답 ②

윗글을 읽은 독자가 〈보기〉의 작품에 대해 감상한 것으로 적절하지 <u>않은</u> 것은?

보기

알브레히트 뒤러, 〈벽 옆에 있는 성모〉

---

② 화면을 가득 채운 구성을 통해 풍경을 구성하고 있는 대상들의 단순성을 드러내고 있군.

⋯▸ 4문단에 따르면 뒤러가 화면을 가득 채운 여백 없는 구성으로 판화의 사실성을 구현한 것은 사실이다. 하지만 2문단에서 뒤러 이전의 판화는 흑백의 대조를 위주로 한 단순한 하급 미술 장르였다면, 뒤러는 해칭 기법을 통해 판화의 단순성을 사실성의 경지로 끌어올렸다고 설명하였으므로 대상들의 단순성을 드러내고 있다는 설명은 적절하지 않다.

➕ 오답 챙기기

① 가늘고 세밀*한 선으로 여인이 입고 있는 옷의 굴곡*과 명암*을 드러내고 있군.

⋯▸ 2문단에 따르면 뒤러는 가늘고 세밀한 선을 활용하는 해칭 기법을 통해 대상의 명암과 질감, 양감을 유화 못지않게 표현하여 사실성을 구현하였다고 하였다. 따라서 ①은 이 작품에 대한 적절한 진술로 볼 수 있다.

③ 여인의 허리에 걸려 있는 장식을 세부적으로 정교*하게 묘사하여 사실성을 드러내고 있군.

⋯▸ 4문단에서 뒤러의 판화에는 북유럽 미술의 특징인 '세부 묘사의 정교함과 화면을 가득 채운 여백 없는 구성으로 사실성'이 구현되어 있다고 하였다. 이를 참고로 할 때 ③은 적절한 진술로 볼 수 있다.

④ 아이의 볼과 팔의 부드러운 선을 사실적으로 표현하여 인체의 특징을 실감나게 드러내고 있군.

⋯▸ 4문단에서 뒤러의 판화에는 이탈리아의 미술의 특징인 인체와 동물의 부드러운 선이 매우 사실적으로 표현되어 있다고 설명하고 있다. 따라서 ④는 적절한 진술로 볼 수 있다.

⑤ 정교한 비례 계산을 통해 가까이 있는 인물들은 크게, 멀리 있는 건물들은 작게 묘사하여 원근감을 드러내고 있군.

⋯▸ 3문단에서 뒤러는 '정교한 비례 계산을 통해 가까운 것은 크게, 먼 것은 작게 보이게 하여 공간감과 거리감을 드러내는 원근법'을 사용하였다고 설명하고 있다. 따라서 이 진술은 적절하다.

> 어휘 충전
> * **세밀**(細 가늘 세 密 빽빽할 밀): 자세하고 꼼꼼함.
> * **굴곡**(屈 굽을 굴 曲 굽을 곡): 이리저리 꺾이고 굽음.
> * **명암**(明 밝을 명 暗 어두울 암): 밝음과 어둠.
> * **정교**(精 찧을 정 巧 교묘할 교): 솜씨나 기술 따위가 정밀하고 교묘함.

STUDY **04** 어휘 확인

	1 ⑪	2 ㉠	3 ㉤	4 ㉣	5 ㉢
	6 ㉪	7 ㉦	8 ㉧	9 ㉨	10 ㉩
	11 ㉭	12 ㉫	13 측은	14 순치	15 양감
	16 견지	17 개체	18 음영		

마무리 확인~!

의무론적 관점과 목적론적 관점

출전 정성훈 외, 『사람의 목숨을 살릴 수 있다면, 다른 도덕 규칙은 어길 수 있는 것인가』　지문 난이도 ★★☆☆☆

(1,062자)

1 » 다음 상황을 생각해 보자. A가 등교하는 길에 다리가 불편한 할머니가 횡단보도를 건너는 것을 도와 달라고 하였다. 지금 학교에 가지 않으면 지각을 하여 벌점을 받게 된다. A는 할머니를 도와야 할까, 아니면 학교에 가야 할까? 이런 상황을 도덕적 딜레마라 한다. 이런 상황에서 개인 행위의 옳고 그름을 판단하는 기준이 필요하다. 이러한 기준을 우리는 크게 두 가지 관점에서 제시할 수 있다. 하나는 의무론적 관점이고 다른 하나는 목적론적 관점이다.

2 » 의무론적 관점은 행위에 대한 도덕적 판단이 도덕 법칙에 따라 이루어져야 한다고 보았다. 이 관점은 도덕 법칙을 지키려는 의지를 의무로 보았으며 결과와 무관하게 행위 자체의 옳고 그름에 주목하였다. 도덕 법칙은 언제나 타당하고 보편적인 것이기에 '왜'라는 질문은 성립하지 않는다. 따라서 좋지 않은 결과를 초래하더라도 도덕 법칙은 지켜야 한다. 이런 의미에서 의무론적 관점을 법칙론이라고도 한다.

3 » 그러나 의무론적 관점에는 한계가 있다. 두 개의 옳은 도덕 법칙이 충돌할 때 의무론적 관점에 따르면 결정을 내릴 수 없다. 예를 들어 1번 철로에는 3명의 인부가, 2번 철로에는 5명의 인부가 일을 하고 있을 때 브레이크가 고장 난 기차의 기관사는 어떤 길을 선택해야 할까? 의무론적 관점은 이 상황에서 어떤 철로를 선택해야 할지 결정을 내릴 수 없다.

4 » 한편, 목적론적 관점은 행복이나 쾌락을 인간이 추구해야 할 목적으로 보았다. 이 관점은 오로지 최선의 결과를 가져오는 행위가 옳은 행위이며, 경험을 통하여 도덕을 얻을 수 있다고 생각하였다. 도덕은 '보다 많은 사람들에게 보다 많은 행복을 가져오는 행위'이다. 따라서 어떤 행위를 결정할 때는 미래에 있을 결과를 고려해야 한다. 이런 의미에서 목적론적 관점을 결과론이라고도 한다.

5 » 그러나 목적론적 관점도 한계가 있다. 똑같은 결과라도 사람마다 판단이 달라질 수 있기 때문이다. 위의 예에서 1번 철로를 선택하는 것이 목적론적 관점에서는 옳은 선택이지만 1번 철로에 있던 인부의 가족에게 물었을 경우 대답은 달라질 것이다. 이런 문제 때문에 목적론적 관점은 도덕 법칙에 대해 많은 예외를 허용할 우려가 있다.

---

1 딜레마 상황에서 옳고 그름을 판단하는 두 가지 기준
- A가 처한 딜레마
- 도덕적 딜레마 상황에서 개인 행위의 옳고 그름을 판단하는 두 가지 기준
  - 의무론적 관점
  - 목적론적 관점

2 의무론적 관점의 개념과 특징
- 의무론적 관점의 입장
- 의무론적 관점의 특징
  - 도덕 법칙 중시

관점 ①

3 의무론적 관점의 한계
- 의무론적 관점의 한계
- 의무론적 관점이 가지는 한계의 예
  - 두 개의 옳은 도덕 법칙이 충돌하는 상황

한계

4 목적론적 관점의 개념과 특징
- 목적론적 관점의 입장
  - 최선의 결과를 가져오는 행위가 옳은 행위
- 목적론적 관점에서 보는 '도덕'의 의미

관점 ②

5 목적론적 관점의 한계
- 목적론적 관점의 한계
  - 도덕 법칙에 대해 많은 예외를 허용할 우려가 있음
- 목적론적 관점이 가지는 한계의 예

한계

✎ 지문 정보 확인　1 X　2 ○　3 ○

지문 구조 한눈에 보기

문제 제시 **1**	
관점 제시 + 한계 **2** **3**	의무론적 관점
	한계
관점 제시 + 한계 **4** **5**	목적론적 관점
	한계

지문 Point 분석　**주제: 의무론적 관점과 목적론적 관점의 특징과 한계**

해제: 이 글은 딜레마 상황에서 개인 행위의 옳고 그름을 판단하는 기준을 제시하는 관점인 의무론적 관점과 목적론적 관점에 대해 설명하고 있는 글이다. 의무론적 관점은 도덕 법칙을 지키려는 의지를 의무로 보았으며, 결과와 무관하게 행위 자체의 옳고 그름에 주목한다. 반면 목적론적 관점은 오로지 최선의 결과를 가져오는 행위가 옳은 행위라고 보았다. 의무론적 관점과 목적론적 관점은 모두 각각의 한계를 가지고 있다.

1 ▼ 전개 방식의 확인   답 ③

윗글에 쓰인 전개 방식으로 적절한 것은?

③ 중심 대상의 개념을 밝히고 사례를 들어 설명하고 있다.

⋯ 이 글에서는 의무론적 관점과 목적론적 관점의 개념과 특징에 대해 설명하고 있다. 그리고 3문단과 5문단에서 철로에서 일하는 인부들의 사례를 들어 의무론적 관점과 목적론적 관점의 한계를 이해하기 쉽게 설명하였다.

✚ 오답 챙기기

① 다른 대상과 비교하여 가설을 입증*하고 있다.

⋯ 의무론적 관점과 목적론적 관점을 각각 설명하며 차이점에 대해 언급하고 있지만, 이를 통해 가설을 입증하는 것은 아니다.

② 통념의 문제점을 제시하며 주장을 강조하고 있다.

⋯ 이 글은 의무론적 관점과 목적론적 관점의 개념과 특징, 한계에 대해 설명하는 글이며, 통념의 문제점을 제시하며 주장을 강조하고 있지 않다.

④ 서로 다른 관점을 절충*하면서 결론을 이끌어 내고 있다.

⋯ 이 글에서는 의무론적 관점과 목적론적 관점을 각각 설명하며 차이점에 대해 언급하고 있을 뿐, 두 관점을 절충하면서 결론을 이끌어 내지는 않았다.

⑤ 관점의 문제점을 지적한 후 합리적*인 대안을 제시하고 있다.

⋯ 이 글에서는 의무론적 관점과 목적론적 관점의 한계를 각각 설명하고 있으나, 한계를 극복할 수 있는 합리적인 대안을 제시하지는 않았다.

어휘 충전
* **입증**(立 설 입 證 증거 증): 어떤 증거 따위를 내세워 증명함.
* **절충**(折 꺾을 절 衷 속마음 충): 서로 다른 사물이나 의견, 관점 따위를 조절하여 서로 잘 어울리게 함.
* **합리적**(合 합할 합 理 다스릴 리 的 과녁 적): 이론이나 이치에 합당한. 또는 그런 것.

2 ▼ 세부 내용 파악   답 ④

목적론적 관점을 다음과 같이 정리할 때 적절하지 <u>않은</u> 것은?

> **질문1.** 목적론에서 옳다고 보는 행위는 무엇일까?
> • 행복이나 쾌락을 가져오는 행위. ⋯⋯⋯⋯⋯ ①
> • 최선의 결과를 가져오는 행위. ⋯⋯⋯⋯⋯⋯ ②
>
> **질문2.** 목적론적 관점의 특징은 무엇일까?
> • 도덕은 가능한 많은 행복을 추구하려는* 의도를 지님. ⋯⋯ ③
> • 어떤 행위를 위한 결정은 행위 자체를 바탕으로 내림. ⋯⋯ ④
>
> **질문3.** 목적론적 관점의 한계는 무엇일까?
> • 도덕 법칙에 예외를 많이 허용할 수 있음. ⋯⋯⋯⋯⋯⋯ ⑤

④ 어떤 행위를 위한 결정은 행위 자체를 바탕으로 내림.

⋯ 4문단에 따르면 목적론적 관점은 행복이나 쾌락을 인간이 추구해야 할 목적으로 보았다. 이 관점은 오로지 최선의 결과를 가져오는 행위가 옳은 행위이며 경험을 통하여 도덕을 얻을 수 있다고 생각하였다. 반면 2문단에서 의무론적 관점은 도덕 법칙을 지키려는 의지를 의무로 보며 결과와 무관하게 행위 자체의 옳고 그름에 주목하여 행위 자체를 바탕으로 결정을 내린다고 하였다. 따라서 ④의 설명은 목적론적 관점의 특징이 아니라, 의무론적 관점의 특징에 해당한다.

✚ 오답 챙기기

① 행복이나 쾌락을 가져오는 행위.

⋯ 4문단에서 목적론적 관점은 행복이나 쾌락을 인간이 추구해야 할 목적으로 보았다고 하였으며 도덕을 '보다 많은 사람들에게 보다 많은 행복을 가져오는 행위'라고 정의하였다.

② 최선의 결과를 가져오는 행위.

⋯ 4문단에서 목적론적 관점은 오로지 최선의 결과를 가져오는 행위를 옳은 행위로 본다고 말하고 있다.

③ 도덕은 가능한 많은 행복을 추구하려는 의도를 지님.

⋯ 4문단에서 목적론적 관점에서 생각하는 도덕은 '보다 많은 사람들에게 보다 많은 행복을 가져오는 행위'라고 하였다.

⑤ 도덕 법칙에 예외를 많이 허용할 수 있음.

⋯ 5문단에서 목적론적 관점의 한계로 똑같은 결과라도 사람마다 판단이 달라질 수 있기 때문에, 도덕 법칙에 대해 많은 예외를 허용할 우려가 있다고 하였다.

어휘 충전
* **추구하다**(追 쫓을 추 求 구할 구): 목적을 이룰 때까지 뒤쫓아 구하다.

인상주의와 후기 인상주의의 경향

출전 박우찬, 『추상, 세상을 뒤집다』　지문 난이도 ★★★☆☆

(1,344자)

1 » 사진이 등장하면서 회화는 대상을 사실적으로 재현(再現)하는 역할을 사진에 넘겨주게 되었고, 그에 따라 화가들은 회화의 의미에 대해 고민하게 되었다. 19세기 말 등장한 인상주의와 후기 인상주의는 전통적인 회화에서 중시되었던 사실주의적 회화 기법을 거부하고 회화의 새로운 경향을 추구하였다.

2 » 인상주의 화가들은 색이 빛에 의해 시시각각 변화하기 때문에 대상의 고유한 색은 존재하지 않는다고 생각하였다. 인상주의 화가 모네는 대상을 사실적으로 재현하는 회화적 전통에서 벗어나기 위해 빛에 따라 달라지는 사물의 색채와 그에 따른 순간적 인상을 표현하고자 하였다.

3 » 모네는 대상의 세부적인 모습보다는 전체적인 느낌과 분위기, 빛의 효과에 주목했다. 그 결과 빛에 의한 대상의 순간적 인상을 포착하여 대상을 빠른 속도로 그려 내었다. 그에 따라 그림에 거친 붓 자국과 물감을 덩어리로 찍어 바른 듯한 흔적이 남아 있는 경우가 많았다. 이로 인해 대상의 윤곽이 뚜렷하지 않아 색채 효과가 형태 묘사를 압도하는 듯한 느낌을 준다. 이와 같은 기법은 그가 사실적 묘사에 더 이상 치중하지 않았음을 보여 주는 것이었다. 그러나 모네 역시 대상을 '눈에 보이는 대로' 표현하려 했다는 점에서 이전 회화에서 추구했던 사실적 표현에서 완전히 벗어나지는 못했다는 평가를 받았다.

4 » 후기 인상주의 화가들은 재현 위주의 사실적 회화에서 근본적으로 벗어나는 새로운 방식을 추구하였다. 후기 인상주의 화가 세잔은 "회화에는 눈과 두뇌가 필요하다. 이 둘은 서로 도와야 하는데, 모네가 가진 것은 눈뿐이다."라고 말하면서 사물의 눈에 보이지 않는 형태까지 찾아 표현하고자 하였다. 이러한 시도는 회화란 지각되는 세계를 재현하는 것이 아니라 대상의 본질을 구현해야 한다는 생각에서 비롯되었다.

5 » 세잔은 하나의 눈이 아니라 두 개의 눈으로 보는 세계가 진실이라고 믿었고, 두 눈으로 보는 세계를 평면에 그리려고 했다. 그는 대상을 전통적 원근법에 억지로 맞추지 않고 이중 시점을 적용하여 대상을 다른 각도에서 바라보려 하였고, 이를 한 폭의 그림 안에 표현하였다. 또한 질서 있는 화면 구성을 위해 대상의 선택과 배치가 자유로운 정물화를 선호하였다.

6 » 세잔은 사물의 본질을 표현하기 위해서는 '보이는 것'을 그리는 것이 아니라 '아는 것'을 그려야 한다고 주장하였다. 그 결과 자연을 관찰하고 분석하여 사물은 본질적으로 구, 원통, 원뿔의 단순한 형태로 이루어졌다는 결론에 도달하였다. 이를 회화에서 구현하기 위해 그는 이중 시점에서 더 나아가 형태를 단순화하여 대상의 본질을 표현하려 하였고, 윤곽선을 강조하여 대상의 존재감을 부각하려 하였다. 회화의 정체성에 대한 고민에서 비롯된 ⊙그의 이러한 화풍은 입체파 화가들에게 직접적인 영향을 미치게 되었다.

---

1 새로운 경향을 추구한 인상주의와 후기 인상주의
- 사진 등장 이전, 기존의 회화가 맡아 온 역할
- 사진의 등장 이후 새로운 회화의 경향

2 빛을 중시한 인상주의 화가들
- 인상주의 화가의 생각
  – 빛에 의해 색이 시시각각 변화하므로 대상의 고유한 색은 존재하지 않음
- 인상주의 화가 모네의 회화 기법

3 사실적 묘사에 치중하지 않은 모네의 기법
- 모네의 기법
  – 대상의 순간적 인상을 포착, 빠르게 그려 냄. → 대상의 세부적인 모습보다는 전체적인 느낌에 주목 → 사실적인 묘사에 치중 x
- 모네에 대한 평가

4 대상의 본질을 구현하려 한 후기 인상주의 화가들
- 후기 인상주의의 대표적인 화가
- 후기 인상주의 화가의 회화
  – 사물의 눈에 보이지 않는 형태까지 찾아 표현하고자 함 → 대상의 본질 구현 추구

5 대상을 다양한 각도로 바라본 세잔의 기법
- 세잔의 기법
  – 두 눈으로 보는 세계를 평면에 그리고자 함. → 이중 시점 적용

6 입체파 화가들에게 영향을 미친 세잔의 화풍
- 세잔이 바라본 세계의 모습
  – 사물은 본질적으로 단순한 형태들로 이루어졌다고 결론 내림 → 형태 단순화, 윤곽선 강조
- 세잔의 화풍이 미친 영향

인상주의

후기 인상주의

✎ 지문 정보 확인　1 ○　2 X　3 ○

지문 구조 한눈에 보기

화제 제시 **1**

↓

이론 1 **2**	인상주의
부연 **3**	모네의 화풍

↓

이론 2 **4**	후기 인상주의
부연 **5 6**	세잔의 화풍

지문 Point 분석　주제: 인상주의와 후기 인상주의의 특징

해제: 이 글은 인상주의와 후기 인상주의가 새로운 회화의 경향을 어떻게 발전시켰는지를 설명하고 있는 글이다. 인상주의를 대표하는 화가 모네는 빛에 따라 달라지는 사물의 색채와 그에 따른 순간적 인상을 표현하고자 하였다. 이에 비해 후기 인상주의 화가 세잔은 모네를 비판하며 사물의 눈에 보이지 않는 형태까지 찾아 표현하고자 하였다. 세잔의 이러한 화풍은 후에 입체파 화가들에게 직접적인 영향을 미치게 되었다.

세부 내용 파악

1　▼ 세부 정보의 확인　답 ④

윗글의 내용과 일치하지 <u>않는</u> 것은?

④ 모네는 대상의 고유한* 색 표현을 위해서 전통적인 원근법을 거부하였다.

⋯ 2문단에 따르면 인상주의 화가들은 색이 빛에 의해 시시각각 변화하기 때문에 대상의 고유한 색은 존재하지 않는다고 생각하였다. 인상주의를 대표하는 화가 모네 역시 빛에 따라 달라지는 사물의 색채와 그에 따른 순간적 인상을 표현하고자 하였기 때문에, 모네가 대상의 고유한 색을 표현하고자 했다는 설명은 적절하지 않다.

➕ 오답 챙기기

① 사진은 화가들이 회화의 의미를 고민하는 계기가 되었다.

⋯ 1문단에서 사진이 등장하면서 회화는 대상을 사실적으로 재현하는 역할을 사진에 넘겨주게 되었고, 그에 따라 화가들은 회화의 의미에 대해 고민하게 되었다고 말하였다.

② 전통 회화는 대상을 사실적으로 묘사하는 것을 중시했다.

⋯ 1문단에서 인상주의와 후기 인상주의는 전통적인 회화에서 중시되었던 사실주의적 회화 기법을 거부하고 새로운 경향을 추구했다고 하였으므로 전통 회화는 대상을 사실적으로 묘사하는 것을 중시했음을 알 수 있다.

③ 모네의 작품은 색채 효과가 형태 묘사를 압도하는* 듯한 느낌을 주었다.

⋯ 3문단에서 모네는 빛에 의한 대상의 순간적 인상을 포착하여 대상을 빠른 속도로 그려 내었기 때문에 대상의 윤곽이 뚜렷하지 않아 색채 효과가 형태 묘사를 압도하는 듯한 느낌을 준다고 하였다.

⑤ 세잔은 사물이 본질적으로 구, 원통, 원뿔의 형태로 구성되어 있다고 보았다.

⋯ 6문단에서 세잔은 자연을 관찰하고 분석하여 사물은 본질적으로 구, 원통, 원뿔의 단순한 형태로 이루어졌다는 결론에 도달하였다고 말하고 있다.

> 어휘 충전
> * **고유하다**(固 굳을 고 有 있을 유): 본래부터 가지고 있어 특유하다.
> * **압도하다**(壓 누를 압 倒 넘어질 도): 보다 뛰어난 힘이나 재주로 남을 눌러 꼼짝 못 하게 하다.

⋯ 5문단에 따르면 세잔은 이중 시점을 적용하여 대상을 다른 각도에서 바라보며 대상의 본질을 표현하고자 하였다. 〈보기〉에서는 입체파 화가들이 사물의 본질을 표현하기 위해 대상을 여러 각도에서 바라보는 관점으로 해체하였다가 재구성하는 방식을 취하였다고 설명하고 있다. 따라서 대상을 다른 각도에서 바라보고 이를 한 폭의 그림 안에 표현하였던 세잔의 화풍이 이후에 나타난 입체파 화가들에게 직접적인 영향을 주었다는 것을 추론할 수 있다.

➕ 오답 챙기기

② 대상을 복잡한 형태로 추상화하여 대상의 전체적인 느낌을 부각하는 방법을 시도하였기 때문에

⋯ 세잔은 대상을 복잡한 형태로 추상화하여 대상의 전체적인 느낌을 부각하는 방법을 시도하지 않았다. 오히려 사물을 단순한 형태로 바라보려고 하였다.

③ 사물을 최대한 정확하게 묘사하기 위해 전통적 원근법을 독창적인 방법으로 변용시켰기 때문에

⋯ 세잔은 사물을 최대한 정확하게 묘사하려고 한 것이 아니고 대상의 본질을 표현하고자 하였으며, 전통적 원근법을 독창적인 방법으로 변용한 것이 아니라 이중 시점이라는 새로운 시점을 적용하였다.

④ 시시각각 달라지는 자연을 관찰하고 분석하여 대상의 인상을 그려 내는 화풍을 정립하였기* 때문에

⋯ 시시각각 달라지는 자연을 관찰하여 순간적 인상을 표현하고자 한 것은 모네를 비롯한 인상주의 화가들의 기법이며, 세잔은 후기 인상주의 화가이기 때문에 이에 해당하지 않는다.

⑤ 지각되는 세계를 있는 그대로 표현하기 위해 사물을 해체하여 재구성하는 기법을 창안하였기* 때문에

⋯ 지각되는 세계를 있는 그대로 표현하기 위해 사물을 해체하여 재구성하는 기법을 세잔이 창안하였다는 내용은 이 글에서 확인할 수 없다.

> 어휘 충전
> * **정립하다**(定 정할 정 立 설 립): 정하여 세우다.
> * **창안하다**(創 시작할 창 案 생각 안): 어떤 방안, 물건 따위를 처음으로 생각하여 내다.

2　▼ 추론적 이해　답 ①

〈보기〉를 바탕으로 할 때, 세잔의 화풍을 ㉠과 같이 평가한 이유로 가장 적절한 것은?

> **보기**
>
> 　입체파 화가들은 사물의 본질을 표현하고자 대상을 입체적 공간으로 나누어 단순화한 후, 여러 각도에서 바라보는 관점으로 사물을 해체하였다가 화폭 위에 재구성하는 방식을 취하였다. 이러한 기법을 통해 관찰자의 위치와 각도에 따라 각기 다르게 보이는 대상의 다양한 모습을 한 화폭에 담아내려 하였다.

① 대상의 본질을 드러내기 위해 다양한 각도에서 바라보아야 한다는 관점을 제공하였기 때문에

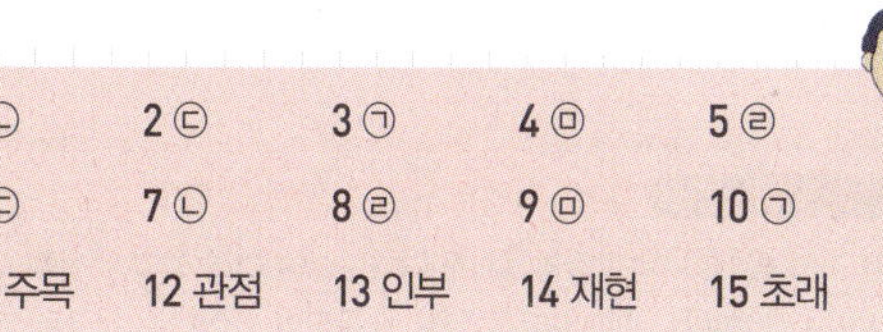

기억의 단계에서 망각의 양상

출전 이정모 외, 『기억의 단계에서 망각의 양상』 **지문 난이도** ★★★★☆

(1,514자)

1 » 인간을 흔히 망각의 동물이라고 한다. 망각이란 기억과 반대되는 개념으로 일종의 기억 실패에 해당한다. 기억은 외부의 정보를 기억 체계에 맞게 부호로 바꾸어 저장 및 인출하는 것으로 부호화 단계, 저장 단계, 인출 단계로 나뉜다. 심리학에서는 기억 실패가 기억의 세 단계 중 어느 단계에서 일어난다고 보느냐에 따라 망각 현상을 각기 다르게 설명한다.

1 망각의 개념과 기억의 단계
- 망각: 기억 실패
- 기억의 3단계와 망각

부호화	
저장	→ 어느 단계에서 기억 실패가 일어나느냐에 따라 망각을 다르게 설명함
인출	

2 » ㉠부호화 단계와 관련하여 망각을 설명하는 입장에서는 외부 정보가 부호화되는 과정에서 정보의 일부가 생략되거나 왜곡되어 망각이 일어난다고 본다. 부호화란 외부 정보를 기억의 체계에 맞게 변환하는 과정으로, 부호에는 음운 부호와 의미 부호 등이 있다. 음운 부호는 외부 정보가 발음될 때 나는 소리에 초점을 둔 부호이고, 의미 부호는 외부 정보의 의미에 초점을 둔 부호이다. 가령 '8255'라는 숫자를 부호화할 때, [팔이오오]라는 소리로 부호화하는 것은 전자에 해당하고, '빨리 오오.'와 같이 의미로 부호화하는 것은 후자에 해당한다. 의미 부호는 외부 정보가 갖는 의미에 집중하여 부호화하는 것이므로, 음운 부호에 비해 정교화가 잘 일어난다. 정교화는 외부 정보를 배경지식이나 상황 맥락 등의 부가 정보와 밀접하게 관련시키는 것이다. 부호화 단계에서 망각을 설명하는 학자들은 정교화가 잘된 정보가 그렇지 않은 정보보다 기억에 유리하여 망각이 잘 일어나지 않는다고 주장한다.

부호화 단계

2 부호화 단계에서 망각을 설명하는 입장
- 부호화: 외부 정보를 기억 체계에 맞게 변환하는 과정

음운 부호	의미 부호
소리에 초점을 둔 부호	의미에 초점을 둔 부호

의미 부호가 음운 부호보다 정교화가 잘 일어남

- 부호화 단계에서의 망각
  - 정교화가 잘된 정보가 그렇지 않은 정보보다 기억에 유리함

3 » ㉡저장 단계에서 망각이 일어난다고 보는 입장에서는 망각을 부호화 단계에서의 문제가 아니라, 저장 단계에서 정보가 사라지는 현상으로 설명한다. 즉 망각은 부호화가 되어 저장된 정보 중 사용하지 않는 정보가 시간의 경과에 따라 상실된다는 것이다. 독일의 심리학자 에빙하우스는 학습을 통해 저장된 단어가 시간의 경과에 따라 망각되는 양상을 알아보는 실험을 하였다. 그 결과 학습이 끝난 직후부터 망각이 일어나기 시작해서 1시간이 지나자 학습한 단어의 약 44% 정도가 망각되었다. 이를 근거로 저장 단계에서 망각을 설명하는 학자들은 망각은 저장 단계에서 일어나는 현상이며 시간의 흐름에 비례하여 나타난다고 주장하였다. 그리고 학습 직후 복습을 해야 학습 효과가 높다는 것을 강조하였다.

저장 단계

3 저장 단계에서 망각을 설명하는 입장
- 저장 단계에서의 망각
  - 부호화되어 저장된 정보 중 사용하지 않는 정보가 시간의 경과에 따라 상실됨
- 에빙하우스의 실험

학습으로 저장된 단어 중 44%가 1시간 후 망각됨
↓
망각은 저장 단계에서 일어나며 시간의 흐름에 비례함

4 » ㉢인출 단계에서 망각이 일어난다고 보는 입장에서는 망각을 저장된 정보가 제대로 인출되지 못하여 나타나는 현상으로 설명한다. 즉 망각은 저장된 정보가 사라지는 것이 아니라, 이를 밖으로 끄집어내지 못해서 나타난다는 것이다. 저장된 정보를 인출해 내기 위해서는 적절한 인출 단서가 필요하다. 일반적으로 저장된 정보와 인출 단서가 밀접할 경우 인출이 잘 되지만, 그렇지 않으면 인출 실패로 망각이 일어날 가능성이 크다. 가령 '사랑'이라는 단어를 인출할 때 이와 의미상 연관이 큰 '애인'이라는 단어를 인출 단서로 사용하면 인출이 잘 되지만, 이와 관련이 먼 '책상'이라는 단어를 인출 단서로 사용하면 인출이 잘 되지 않는다. 인출 단계에서의 망각은 저장된 정보를 인출할 만한 단서가 부족하거나 부적절해서 나타나는 현상이므로, 시간이 흐르더라도 적절한 인출 단서만 제시되면 저장된 정보가 떠오를 수 있다.

인출 단계

4 인출 단계에서 망각을 설명하는 입장
- 인출 단계에서의 망각
  - 망각은 저장된 정보를 밖으로 끄집어내지 못해서 나타나는 것
- 인출 실패의 이유

지문 정보 확인 1 ○ 2 ○ 3 X

지문 구조 한눈에 보기

화제 제시 **1**

구체화	**2 3**	부호화 단계에서 망각을 설명하는 입장
		저장 단계에서 망각을 설명하는 입장
	4	인출 단계에서 망각을 설명하는 입장

지문 Point 분석 **주제: 기억의 단계에 따른 망각의 양상**

해제: 기억 실패가 어느 단계에서 일어나느냐에 따라 망각 현상을 다르게 설명한 글이다. 부호화 단계에서의 망각은 외부 정보를 부호화하는 과정에서 정보 일부가 생략, 왜곡되어 일어나는 것으로 본다. 저장 단계에서의 망각은 저장 단계에서 정보가 사라지는 현상을 망각이라 한다. 또한 인출 단계에서의 망각은 적절한 인출 단서가 없어서 정보가 제대로 인출되지 못하는 현상을 의미한다.

1　▼ 서술 방법 파악　　답 ①

윗글에 대한 설명으로 가장 적절한 것은?

① 특정 현상을 설명하는 다양한 관점*을 제시하고 있다.

⋯ 이 글은 망각 현상을 기억의 3단계에 따라 세 가지 관점에서 설명한 글이다. 즉, 망각 현상이라는 특정 현상을 설명하는 다양한 관점을 제시하였다고 볼 수 있다.

➕ 오답 챙기기

② 특정 현상을 소개하는 이론의 문제점을 설명하고 있다.

⋯ 이 글에서는 특정 현상에 관련된 관점을 소개하고 있지만, 이 이론의 문제점을 서술하고 있지는 않다.

③ 특정 현상과 관련된 통념*을 제시하고 이를 반박하고 있다.

⋯ 이 글은 특정 현상에 관련된 통념을 제시하고 있지 않고, 이를 반박하는 내용 역시 제시되지 않는다. 망각을 설명하는 다양한 관점을 차례대로 보여 주고 있을 뿐, 서로 다른 입장을 반박하고 있지 않다.

④ 특정 현상을 설명하는 여러 이론의 타당성*을 비교하고 있다.

⋯ 망각이라고 하는 특정 현상을 설명하는 여러 관점을 서술하고 있으나, 이것들의 타당성을 비교하고 있지는 않다.

⑤ 특정 현상에 대한 상반된* 주장을 제시한 후 이를 절충하고* 있다.

⋯ 이 글은 특정 현상에 대해 상반된 주장을 제시하고 있지 않다. 기억의 각 단계에서 망각이라고 하는 현상을 어떻게 설명하는지에 대한 내용이 나와 있지만, 이것이 서로 상반된다고 보기에는 어려움이 있다. 또한 이에 대해 절충하는 부분도 없다.

> **어휘 충전**
> * **관점**(觀 볼 관 點 점 점): 사물이나 현상을 관찰할 때, 그 사람이 보고 생각하는 태도나 방향 또는 처지.
> * **통념**(通 통할 통 念 생각 념): 일반적으로 널리 통하는 개념.
> * **타당성**(妥 온당할 타 當 마땅할 당 性 성품 성): 어떤 의견, 주장, 논설 따위에 반대하여 말하다.
> * **상반되다**(相 서로 상 反 돌이킬 반): 서로 반대되거나 어긋나게 되다.
> * **절충하다**(折 꺾을 절 衷 속마음 충): 서로 다른 사물이나 의견, 관점 따위를 알맞게 조절하여 서로 잘 어울리게 하다.

정보 및 내용의 추리

2　▼ 구체적 사례에의 적용　　답 ②

㉠~㉢에서 단어 학습과 관련된 〈보기〉의 대화를 설명한다고 할 때, 그 내용으로 적절하지 않은 것은?

> **보기**
>
> 다련: 단어를 외울 때 기존*에 알고 있는 단어와 연관* 지어서 암기하면 좀 더 오래 기억할 수 있어.
>
> 수민: 단어를 소리로 외우지 않고 용례*를 보며 의미에 집중하여 외우는 것이 오래 기억되지만, 시간이 많이 걸린다는 것이 흠이야.
>
> 예린: 단어 시험 볼 때는 다 맞았는데, 시험이 끝난 후 며칠 뒤에 다시 보니 그 단어들이 기억나지 않아 속상해.
>
> 서정: 외운 단어를 잊어버리지 않으려면, 학습 직후부터 반복적으로 복습을 하는 것이 최고인 것 같아.
>
> 석현: 좀 전까지도 알고 있는 단어였는데, 갑자기 말하려니까 혀끝에서만 빙빙 돌 뿐 생각이 나지 않아 답답해.

---

② ㉠: 수민은 단어를 음운 부호로 부호화하는 과정이 시간이 많이 걸린다는 것을 말하고 있다.

⋯ 2문단의 설명에 따르면, 수민이가 '단어를 소리로 외우지 않고 용례를 보며 의미에 집중하여 외우는 것'은 단어를 음운 부호가 아니라 의미 부호로 부호화한 것이다. 또한 용례를 보면서 단어를 암기하는 것은 정교화와 관련이 있다. 수민이 단어를 암기하는 데 시간이 많이 걸린 이유는 단어를 사전의 용례와 관련해서 정교화하는 데 시간이 오래 걸렸기 때문이므로, 단어를 음운 부호로 부호화하는 과정에서 시간이 오래 걸린 것이라는 설명은 적절하지 않다.

➕ 오답 챙기기

① ㉠: 다련은 단어를 정교화하는 것이 기억에 효과적이라는 것을 언급하고 있다.

⋯ 2문단에서 정교화가 잘 된 정보가 그렇지 않은 정보보다 기억에 유리하다고 설명하였다. 다련이 기존에 알고 있는 단어와 새로운 단어를 연관 지어서 암기한다고 한 것은 부호화 단계에서의 정교화와 관련이 있다.

③ ㉡: 예린이 단어들을 기억하지 못하는 것은 시간의 경과에 따라 저장 단계에서 망각이 일어났기 때문이다.

⋯ 예린이 시험을 보고 나서 시간이 지나자 단어들이 기억나지 않는다는 것은 저장 단계에서의 망각과 관련되는 진술이다. 3문단에 따르면 저장 단계에서 망각이 일어난다고 보는 관점에서는 저장된 정보 중 사용하지 않는 정보는 시간의 경과에 따라 상실된다고 설명한다.

④ ㉡: 서정이 복습을 중요하게 여기는 이유는 학습 직후부터 망각이 시작되기 때문이다.

⋯ 서정은 학습 직후부터 망각이 발생하기 때문에 복습을 중요하게 여긴다고 서술하였다. 이와 같은 생각은 저장 단계에서 망각이 일어난다는 관점이다. 이에 따르면 망각은 시간의 흐름에 비례하여 나타나기 때문에 학습 직후 복습을 해야 효과가 높다고 하였다.

⑤ ㉢: 석현에게 단어와 관련이 큰 적절한 인출 단서를 주면 단어가 생각날 수도 있다.

⋯ 석현이는 알고 있는 단어이지만, 갑자기 말하려니까 생각이 나지 않아 답답하다고 하였다. 이와 관련하여 4문단에서는 인출 단계에서 망각이 일어난다고 보는 입장에서는 단어를 기억하지 못하는 이유가 적절한 인출 단서가 없기 때문이라고 하였다. 따라서 적절한 인출 단서를 주면 기억이 회복되어 저장된 정보가 떠오를 수 있다.

> **어휘 충전**
> * **기존**(旣 이미 기 存 있을 존): 이미 존재함.
> * **연관**(聯 잇닿을 연 關 빗장 관): 사물이나 현상이 일정한 관계를 맺는 일.
> * **용례**(用 쓸 용 例 법식 례): 쓰고 있는 예. 또는 용법의 보기.

단청의 기법과 효과

출전 임영주, 「단청」 **지문 난이도** ★★☆☆☆

(1,280자)

1 » 단청이라 하면 일반적으로 목조 건물에 여러 가지 색으로 무늬를 그려 아름답게 장식하는 것을 말한다. 단청은 건물의 보존 효과를 높이기 위해서 시작되었는데, 이후 여러 가지 색감으로 문양을 더함으로써 보존 효과뿐만 아니라 장식성과 상징적 의미도 부여하게 되었다.

2 » 단청의 문양은 건축물의 성격에 따라, 그리고 나타내고자 하는 의미에 따라 달라진다. 예를 들어 봉황은 주로 궁궐에만 사용되었고, 사찰에는 주로 불교적 소재들이 문양으로 사용되었다. 또 극락왕생의 의미를 나타낼 때는 연꽃 문양을 그리고 자손의 번창을 나타낼 때는 박쥐 문양을 그렸다.

3 » 단청은 붉은색을 의미하는 '단(丹)'과 푸른색을 의미하는 '청(靑)'을 결합하여 만든 단어이다. 이처럼 상반된 색을 뜻하는 두 글자가 결합된 '단청(丹靑)'은 대비되는 두 색의 조화로운 관계를 의미한다.

4 » 하지만 단청에서 붉은색과 푸른색만을 쓴 것은 아니었다. 단청은 오방색을 기본으로 하여 채색하는데, 여기서 오방색이란 오행의 각 기운과 직결된 청(靑), 백(白), 적(赤), 흑(黑), 황(黃)의 다섯 가지 기본색을 말한다. 단청을 할 때에는 이 오방색을 적절히 섞어 여러 가지 다른 색을 만들어 썼는데, 이 색들을 적색 등의 더운 색 계열과 청색 등의 차가운 색 계열로 구분하여 사용하였다.

5 » 단청의 가장 대표적인 기법으로는 '빛 넣기', '보색 대비', '구획선 긋기'등이 있다.

6 » 빛 넣기는 문양에 백색 분이나 먹을 혼합하여 적절한 명도 변화를 주는 것으로, 한 계열에서 명도가 가장 높은 단계를 '1빛', 그보다 낮은 단계는 '2빛' 등으로 말한다. 빛 넣기를 통한 문양의 명도 차이는 시각적 율동성을 이끌어내어 결과적으로 단순한 평면성을 탈피하는 시각적 효과를 얻을 수 있다. 즉 명도가 낮은 빛은 물러나고 명도가 높은 빛은 다가서는 듯한 느낌을 주게 된다.

7 » 보색 대비는 ㉠더운 색 계열과 차가운 색 계열을 서로 엇바꾸면서 색의 층을 조성함으로써 색의 조화를 이끌어내는 것을 말한다. 예를 들어 오색구름 문양을 단청할 때 더운 색과 차가운 색을 엇바꾸면서 대비시키는 방법이 그것인데, 이것을 통해 색의 조화를 이끌어낼 수 있으며 문양의 시각적 장식 효과를 더욱 높일 수 있다.

8 » 구획선 긋기는 색과 색 사이에 흰 분으로 선을 긋는 것을 말하는데, 특히 보색 대비가 일어나는 색과 색 사이에는 빠짐없이 구획선 긋기를 한다. 이 기법을 사용하면 문양의 색조를 더욱 두드러지게 하는 효과를 얻을 수 있다.

9 » 이러한 빛 넣기와, 보색 대비 그리고 구획선 긋기 등의 기법을 활용함으로써 시각적 단층을 형성함으로써 단청의 각 문양은 전체적으로 안정감을 얻게 된다.

---

1 단청의 개념과 기능
- 단청의 개념
- 단청이 생겨난 이유
- 단청의 기능

2 단청에 사용된 문양의 의미
- 건축물의 성격과 의미에 따라 달라지는 단청 문양의 예
  - 봉황: 궁궐에 사용
  - 연꽃: 극락왕생
  - 박쥐: 자손의 번창

3 단청에 사용된 색채 대비와 그 의미

단청	붉은 색 + 푸른 색

↓

두 색의 조화로운 관계를 의미함

4 단청에 사용된 다양한 색
- 단청의 오방색
  - 청, 백, 적, 흑, 황 → 오방색을 적절히 섞어 여러 색을 만들어 사용함

5 단청의 기법 소개
- 단청 기법
  - 빛 넣기, 보색 대비, 구획선 긋기

6 단청의 기법 ① - 빛 넣기
- 빛 넣기
  - 문양에 백색분이나 먹을 혼합하여 명도 변화를 주는 것
  → 단순한 평면성을 탈피하는 효과를 줌

7 단청의 기법 ② - 보색 대비
- 보색 대비
  - 더운 색과 차가운 색을 엇바꾸면서 색의 층을 조성함
  → 색의 조화. 문양의 시각적 장식 효과를 높임

8 단청의 기법 ③ - 구획선 긋기
- 구획선 긋기
  - 색과 색 사이에 흰 분으로 선을 긋는 것 → 문양의 색조를 두드러지게 함

9 단청 기법의 사용 효과
- 시각적 단층을 형성하여 전체적 안정감 획득

단청의 색

기법 ①

기법 ②

기법 ③

지문 구조 한눈에 보기

화제 제시 **1**

↓

구체화 + 부연
2 3 4

↓

기법	
5 6 7	빛 넣기
	보색 대비
8 9	구획선 긋기

✎ 지문 정보 확인 1 X 2 X 3 ○

지문 Point 분석 **주제: 단청의 기법과 그 효과**

해제: 한국 전통 예술 양식을 대표하는 단청을 소재로 하여 단청이 가지는 상징적 의미와 기법을 소개하고 있다. 단청은 건축물 보존을 위해 시작되었으나 이후 여러 가지 색감과 문양을 더하여 장식성과 상징적 의미를 부여하였다. '빛 넣기', '보색 대비', '구획선 긋기'의 기법에 대한 설명과 함께, 이를 통해 얻을 수 있는 효과를 소개하고 있다.

1 ▼ 세부 정보 이해   답 ⑤

윗글의 내용과 일치하지 <u>않은</u> 것은?

⑤ 단청에서는 주변 경관*과의 조화를 위해 구획선 긋기를 사용한다.

┈➤ 8문단에서 구획선 긋기는 색과 색 사이에 흰 분으로 선을 긋는 것을 말하며 이 기법을 활용하였을 때 문양의 무늬와 색조를 더욱 두드러지게 하는 효과를 얻을 수 있다고 하였다. 따라서 ⑤의 설명은 이 글의 내용과 맞지 않다.

➕ 오답 챙기기

① 단청은 오방색을 기본으로 하여 채색한다.

┈➤ 4문단에서 단청은 오방색을 기본색으로 하고 이 오방색을 적절히 섞어 다른 색을 만들어 사용한다고 하였다.

② 단청의 명도 조절에는 백색 분이나 먹을 사용한다.

┈➤ 6문단에서 단청의 명도 변화는 문양에 백색 분이나 먹을 혼합하여 조절한다고 설명하고 있다.

③ 단청은 건축물의 보존* 효과를 높이기 위해 시작되었다.

┈➤ 1문단에 따르면 단청은 건물의 보존 효과를 높이기 위해서 시작되었다고 하였다.

④ 건축물의 성격에 따라 그려지는 단청의 문양은 다르다.

┈➤ 2문단에 따르면 단청의 문양은 건축물의 성격과 나타내고자 하는 의미에 따라 달라진다고 하였으므로, ④번은 적절한 내용이다.

> **어휘 충전**
> * **경관**(景 볕 경 觀 볼 관): 산이나 들, 강, 바다 따위의 자연이나 지역의 풍경.
> * **보존**(保 지킬 보 存 있을 존): 잘 보호하고 간수하여 남김.

2 ▼ 내용의 구체적 적용   답 ①

윗글을 바탕으로 〈보기〉를 이해한 내용으로 적절하지 <u>않은</u> 것은?

보기

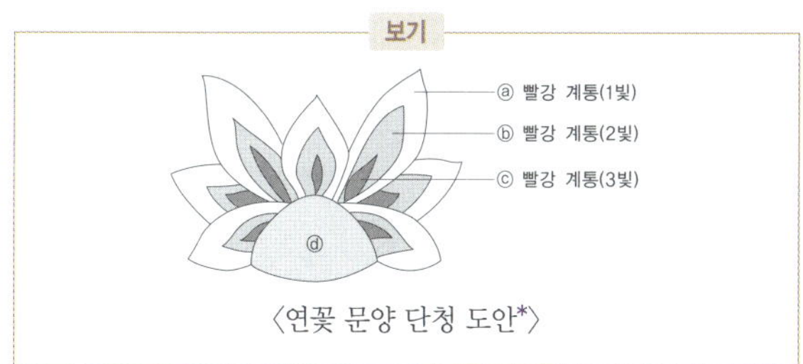

〈연꽃 문양 단청 도안*〉

① ⓐ와 ⓑ의 보색 대비를 통하여 문양의 색조는 더욱 두드러지겠군.

┈➤ ⓐ와 ⓑ는 둘 다 빨강 계통의 빛깔이며 명도를 다르게 조절한 것이다. 따라서 둘의 관계는 보색 대비가 아니라 빨강 계통의 빛 넣기에 해당하므로 색의 대비를 통하여 문양의 색조를 두드러지게 한다는 설명은 적절하지 않다.

➕ 오답 챙기기

② ⓒ는 ⓐ에 비해 보는 사람 입장에서 물러나는 듯한 느낌을 받을 수 있겠군.

┈➤ 6문단에서 명도가 낮은 빛은 물러나고 명도가 높은 빛은 다가서는 듯한 느낌을 준다고 하였다. ⓒ는 ⓐ에 비해 명도가 낮으므로 적절한 설명이다.

③ ⓐ, ⓑ, ⓒ는 명도에 변화를 주는 것으로 문양의 시각적 율동성*을 이끌어내는 효과가 있겠군.

┈➤ 6문단에서 빛 넣기를 통한 문양의 명도 차이는 시각적 율동성을 이끌어내어 단순한 평면성을 탈피하는 효과가 있다고 하였다.

④ 보색 대비가 이루어지도록 하기 위해서는 ⓓ에 청색 계통의 색을 칠해야겠군.

┈➤ 7문단에서 보색 대비는 더운 색 계열과 차가운 색 계열을 서로 엇바꾸면서 대비시키는 방법이라고 하였다. 따라서 ⓐ~ⓒ와 보색 대비를 이루려면 청색 계통의 차가운 색을 칠해야 한다.

⑤ 〈보기〉의 문양이 건축물에 단청이 되었을 경우 극락왕생이라는 상징적 의미를 더하는 효과가 있겠군.

┈➤ 2문단에서 극락왕생의 의미를 나타낼 때는 연꽃 문양을 그린다고 하였으므로 적절한 설명이다.

> **어휘 충전**
> * **도안**(圖 그림 도 案 책상 안): 미술 작품을 만들 때의 형상, 모양, 색채, 배치, 조명 따위에 관하여 생각하고 연구하여 그것을 그림으로 설계하여 나타낸 것.
> * **율동성**(律 법 율 動 움직일 동 性 성품 성): 일정한 규칙에 따라 일정한 시기에 변화하여 움직이는 성질.

3 ▼ 사실적 이해   답 ①

㉠을 활용하는 이유로 가장 적절한 것은?

① 시각적 장식 효과를 얻기 위해

┈➤ ㉠은 보색 대비에 관한 설명이고, 7문단에서 보색 대비의 효과는 색의 조화를 이끌어내고 문양의 시각적 장식 효과를 높이는 것이라고 하였다.

➕ 오답 챙기기

② 여러 가지 빛을 만들어내기 위해

┈➤ 보색 대비에 관한 설명이 아니고, 이 글을 통해 확인할 수 있는 내용이 아니다.

③ 명도의 차이를 분명히 드러내기 위해

┈➤ 명도는 빛 넣기를 통해 조절하므로 ㉠에 대한 설명이 아니다.

④ 단청 작업 시 빛 넣기를 쉽게 하기 위해

┈➤ 빛 넣기를 쉽게 하는 방법은 본문에 드러나 있지 않다.

⑤ 자연 만물의 변화무쌍*한 모습을 드러내기 위해

┈➤ 자연 만물의 변화무쌍한 모습을 드러낸다는 것은 본문에 나오지 않는 내용이다.

> **어휘 충전**
> * **변화무쌍**(變 변할 변 化 될 화 無 없을 무 雙 쌍 쌍): 변하는 정도가 비할 데 없이 심함.

STUDY 06 어휘 확인

1 ⓓ	2 ⓒ	3 ㉠	4 ⓛ	5 ⓔ
6 ⓒ	7 ㉠	8 ⓔ	9 ⓓ	10 ⓛ
11 왜곡	12 음운	13 단서	14 명도	15 번창

전자 패놉티콘 시대의 도래

출전 홍성욱, 『패놉티콘: 감시와 역감시의 역사』 | **지문 난이도** ★★★☆☆

(1,334자)

❶ » 18세기 영국의 공리주의자인 벤담이 처음 제안한 원형 감옥인 패놉티콘은 한 명의 간수가 수백 명의 죄수를 감시할 수 있다. 전체적으로 동심원 구조로 되어 있는 패놉티콘은 간수가 있는 중앙의 공간을 항상 어둡게 유지하여 죄수는 자신이 감시당하고 있다는 사실은커녕 간수의 존재 자체도 알 수 없었다. 반면 바깥쪽의 둥그런 감옥에는 건물 내부를 향한 창이 있어서 자신들의 모습이 간수에게 시시각각 포착되어 죄수들은 늘 감시받고 있다는 느낌을 가지게 되었다. 벤담은 이런 패놉티콘의 구조는 죄수들에게 규율과 감시를 내면화해서 스스로를 감시하게 하기 때문에 최소 비용으로 최대 효과를 볼 수 있는 획기적인 방법이라 주장하였다.

화제 ①

❷ » 1970년대 중반 이른바 정보 혁명의 시대가 도래하면서 '전자 감시'가 패놉티콘을 통한 감시와 흡사하다는 인식이 급속히 퍼지면서 당시에는 큰 관심을 끌지 못했던 벤담의 패놉티콘은 다시 주목을 받기 시작했다. 우리가 살아가고 있는 정보화 사회에서는 컴퓨터 데이터베이스를 통해 막대한 양의 정보가 수집되고 [A] 있으며 CCTV는 도로와 거리, 건물 내·외에 자리 잡고 우리의 일상을 지켜보고 있다. 또한 신용 카드와 같은 전자 결제를 통해 나의 소비 정보가 고스란히 드러나고, 심지어는 전화 통화, 문자 내용까지도 저장되어 필요할 땐 다시 복원할 수 있다. 바야흐로 정보 수집을 통한 다양한 감시와 통제, 즉 '전자 패놉티콘'의 시대가 시작된 것이다.

화제 ②

❸ » 여기서 '정보'는 벤담의 패놉티콘에서의 '시선'을 대신해서 규율과 통제의 기제로 작용한다. 일단 이 둘은 '불확실성'의 공통점이 있다. 죄수가 늘 자신을 보고 있다고 생각하는 간수 때문에 매사의 행동에 조심하는 것처럼, 정보가 수집되는 사람은 자신에 대한 정보가 언제, 어떻게 열람될지 확신할 수 없기 때문에 자신의 행동에 주의를 기울인다. 이 둘의 또 다른 공통점으로 '비대칭성'을 들 수 있다. 패놉티콘에 죄수는 볼 수 없고 간수만 볼 수 있게 만든 시선의 비대칭성이 있다면 전자 패놉티콘에는 수집된 정보에 대한 접근의 비대칭성이 존재한다. 방대하게 수집된 정보를 열람할 때 접근자의 신분에 따른 차등을 두는 것이다.

화제 비교

❹ » 정보 혁명의 시대를 거쳐 정보의 바다인 21세기를 살아가는 우리는 '전자 패놉티콘'에 어떻게 대처해야 할까? 단순히 생각해보면 전자 패놉티콘의 두 가지 부정적인 속성을 해결하면 의외로 답은 간단할 수 있다. 우리를 막연한 불안감, 불확실성에 떨게 하는 무차별적인 정보의 과다 수집을 금하고, 이미 수집된 정보에 대한 접근을 좀 더 평등하게 만드는 것이다. 공유할 수 있는 정보를 투명하게 공개할 때 보통 사람들이 권력자를 감시하는 역감시의 결과도 낳을 수 있고 이는 투명한 사회를 향한 첫걸음이 될 것이다.

지문 구조 해설

1 패놉티콘의 기원과 구조
- 패놉티콘의 기원
- 패놉티콘의 구조적 특징
  - 동심원 구조
  - 죄수가 있는 중앙 공간은 어두움
  - 건물 내부를 향한 창이 있음
- 패놉티콘의 구조적 특징으로 인한 장점

2 전자 패놉티콘 시대의 특징과 도래
- 전자 패놉티콘이 출현하게 된 계기
- 전자 패놉티콘의 사회의 특징
- 전자 패놉티콘의 개념
  - 정보 수집을 통한 다양한 감시

3 패놉티콘과 전자 패놉티콘의 공통점 – 불확실성, 비대칭성
- 패놉티콘과 전자 패놉티콘의 공통점, 차이점
  - 공통점: 불확실성과 비대칭성
  - 차이점: 패놉티콘은 '시선', 전자 패놉티콘은 '정보'를 사용하여 통제함

패놉티콘	전자 패놉티콘
불확실성과 비대칭성	
시선	정보

4 전자 패놉티콘 시대에 대한 대처 방안
- 정보 공개에 대한 불확실성과 정보에 대한 접근의 비대칭성
- 전자 패놉티콘 사회의 해결 방안
- 역감시의 개념

지문 구조 한눈에 보기

화제 제시 ❶
패놉티콘의 개념과 특징
↓
화제 제시 ❷
전자 패놉티콘의 개념과 특징
↓
두 화제의 비교 설명 ❸
패놉티콘과 전자 패놉티콘의 공통점
↓
마무리 ❹
전자 패놉티콘 사회의 해결 방안

✏ 지문 정보 확인 1○ 2○ 3✗

지문 Point 분석 **주제: 전자 패놉티콘의 특징과 대처 방안**

해제: 1970년대 정보 혁명의 시대가 오면서 나타난 '전자 패놉티콘'에 대해 설명하고 있는 글이다. 전자 패놉티콘은 정보 수집을 통한 개인의 다양한 감시와 통제를 의미하는데, 이것은 18세기 영국의 공리주의자인 벤담이 처음 제안한 소수의 감독자가 자신은 노출시키지 않은 채 모든 수용자를 감시할 수 있는 형태의 원형 감옥 '패놉티콘'에서 비롯되었다. 전자 패놉티콘에는 개인에 대한 정보가 언제, 어떻게 열람될지 확신할 수 없는 불확실성과 방대하게 수집된 정보를 열람할 때 접근자의 신분에 따른 차등을 두는 접근의 비대칭성이 존재한다. 이러한 전자 패놉티콘에 대한 해결 방안은 무차별적인 정보의 과다 수집을 금하고, 이미 수집된 정보에 대한 접근을 좀 더 평등하게 만드는 것이다.

1 ▼ 핵심 정보 파악   답 ③

윗글을 읽고 해결할 수 있는 질문으로 적절하지 <u>않은</u> 것은?

③ 패놉티콘이 초기에 주목*받지 못한 원인은?

⋯ 이 글은 1문단에서 패놉티콘의 기원과 구조적 특징을, 2문단에서 전자 패놉티콘 사회의 특징을, 3문단에서 패놉티콘과 전자 패놉티콘의 공통점과 차이점을, 4문단에서 전자 패놉티콘 사회의 문제점을 해결할 수 있는 방안에 대해 설명하고 있다. 그리고 2문단에서는 패놉티콘이 초기에 주목 받지 못했다는 내용은 제시되어 있지만 주목 받지 못한 원인이나 이유에 대해서는 설명하고 있지 않다.

➕ 오답 챙기기

① 전자 패놉티콘 사회의 특징은?

⋯ 2문단에서 우리가 살아가고 있는 정보화 사회에서는 컴퓨터 데이터베이스를 통해 막대한 양의 정보가 수집되고 있으며 CCTV는 우리의 일상을 지켜보고 있고, 또한 신용 카드와 같은 전자 결제를 통해 나의 소비 정보가 고스란히 드러나는 등 정보 수집을 통한 다양한 감시와 통제를 의미하는 '전자 패놉티콘'의 사회의 특징에 대해 설명하고 있다.

② 패놉티콘의 기원*과 구조적 특징은?

⋯ 1문단에서 패놉티콘은 18세기 영국의 공리주의자인 벤담이 처음 제안한 감옥으로 전체적으로 동심원 구조로 되어 있다고 설명하고 있다.

④ 패놉티콘과 전자 패놉티콘의 공통점과 차이점은?.

⋯ 3문단에서 벤담의 패놉티콘에서는 '시선'이, 전자 패놉티콘에서는 '정보'가 규율과 통제의 기제로 작용한다고 하면서 패놉티콘과 전자 패놉티콘의 차이점을 설명하고 있다. 또한 패놉티콘과 전자 패놉티콘의 공통점으로 '불확실성'과 '비대칭성'이 있다고 설명하고 있다.

⑤ 전자 패놉티콘 사회의 문제점을 해결할 수 있는 방안은?

⋯ 4문단에서 전자 패놉티콘 사회에 대처해야 하는 방안으로 전자 패놉티콘이 지니고 있는 두 가지 부정적인 속성을 해결하면 된다고 설명하고 있다. 즉 무차별적인 정보의 과다 수집을 금하고, 이미 수집된 정보에 대한 접근을 좀 더 평등하게 만들면 된다고 하였다.

어휘 충전
* **주목**(注 물댈 주 目 눈 목): 관심을 가지고 주의 깊게 살핌.
* **기원**(起 일어날 기 源 근원 원): 사물이 처음으로 생김. 또는 그런 근원.

---

2 ▼ 자료 활용을 통한 비판적 이해   답 ③

관점 비교를 통한 평가

〈보기〉의 자료를 활용하여 〈조건〉에 맞게 구상한 내용으로 가장 적절한 것은?

> 보기
>
> 서구에서는 19세기 초엽부터 정부가 주체가 되어 국민에 대한 대대적인 조사 활동을 벌였는데, 나이, 가족 수, 가구, 수입, 주거 환경, 범죄 기록, 작업 환경, 질병 등의 광범위*한 조사였다. 정부는 이 조사 결과를 분석하여 새로운 법률과 정책을 위한 기초 자료로 활용하였는데, 이는 오늘날 모든 국민에게 기초적인 삶의 질을 보장하는 복지 사회로 가는 초석이 되었다.

③ 양날의 검처럼 쓰는 사람에 따라 이로울 수도 불리할 수도 있는 거야. 사회현상에 대해 한쪽 면만 보고 편협한* 생각을 하는 것은 문제가 있어.

⋯ [A]에서는 정보 수집에 대한 부정적인 인식을, 〈보기〉에서는 정보를 잘 활용하면 이로운 방향으로 쓸 수 있다는 긍정적인 인식을 보이고 있다. 〈보기〉의 관점에서 [A]를 비판하라고 하였으므로, 수집된 정보가 유용하게 쓰일 수 있으니 정보 수집에 대해 부정적으로만 생각하지 말라는 내용이 제시되어야 한다. 또한 문맥에 맞는 비유적인 표현을 사용하라고 하였는데, '양날의 검'이라는 비유적 표현을 사용하여 정보 공개에 장단점이 있음을 설명하고 있는 ③이 가장 적절하다.

➕ 오답 챙기기

① 정보화 사회의 역기능만을 중점적으로 다루고 해결책을 제시한 글쓴이의 태도는 문제가 있어. 좀 더 새로운 시각이 필요하겠어.

⋯ [A]에 대한 비판적인 고찰이 담겨 있기는 하지만, 문맥에 맞는 비유적인 표현은 활용하지 않았다.

② 소 잃고 외양간 고친다는 말이 있잖아. 이미 정보화 사회의 폐해*는 돌이킬 수 없는 지경이 되어 버렸는데 낙관적 전망만 해서는 안 되겠지.

⋯ '소 잃고 외양간 고친다'는 비유적 표현을 사용하였지만, [A]에 대한 비판적인 고찰을 담지 않았다. 오히려 [A]의 입장에서 〈보기〉의 자료를 비판하였다.

④ 시간은 천금이라고 했어. 복지 국가 건설이라는 커다란 목표를 실현하기 위해서 국민 개개인의 희생이 어느 정도 필요하다는 의견은 타당성*이 있어.

⋯ '시간은 천금'이라는 비유적 표현을 사용하였지만, [A]와 〈보기〉 모두 국민 개개인의 희생이 필요하다는 입장과는 거리가 멀다.

⑤ 구슬이 서 말이라도 꿰어야 보배라는 말처럼 아무리 좋은 정책이라도 기초가 부실하다면 그 효과는 오래가지 않을 것이라는 생각에 전적으로 동감해.

⋯ '구슬이 서 말이라도 꿰어야 보배'라는 비유적 표현을 사용하였지만, [A]와 〈보기〉와는 관련 없는 내용에 대해 말하고 있다.

어휘 충전
* **광범위**(廣 넓을 광 範 법 범 圍 둘레 위): 범위가 넓음. 또는 넓은 범위.
* **편협하다**(偏 치우칠 편 狹 좁을 협): 한쪽으로 치우쳐 도량이 좁고 너그럽지 못하다.
* **폐해**(弊 폐단 폐 害 해로울 해): 어떤 일이나 행동에서 나타나는 옳지 못한 경향이나 해로운 현상으로 인해 생기는 해.
* **타당성**(妥 온당할 타 當 마땅 당 性 성질 성): 사물의 이치에 맞는 옳은 성질.

환경 설계를 통한 범죄 예방 (CPTED)

출전 박승일, 「신자유주의 통치성과 '환경 설계를 통한 범죄 예방(CPTED)'」 지문 난이도 ★★★★☆

(2,095자)

1 ▶ 범죄란 사회 질서를 파괴하고 타인의 육체나 정신에 고통을 주거나 재산 또는 명예에 손상을 입히는 행위로, 사회의 안녕과 개인의 안전에 해를 끼친다. 그래서 사람들은 여러 논의를 통해 범죄 발생률을 낮추려고 노력해 왔고, 그 결과 탄생한 것이 바로 '범죄학'이다.

2 ▶ ⊙'고전주의 범죄학'은 법적 규정 없이 시행됐던 지배 세력의 불합리한 형벌 제도를 비판하며 18세기 중반에 등장했다. 고전주의 범죄학에서는 범죄를 포함한 인간의 모든 행위는 자유 의지에 입각한 합리적 판단에 따라 이루어지므로, 범죄에 비례해 형벌을 부과할 경우 개인의 합리적 선택에 의해 범죄가 억제될 수 있다고 보았다. 고전주의 범죄학의 대표자인 베카리아는 형벌은 법으로 규정해야 하고, 그 법은 누구나 이해할 수 있도록 문서로 만들어야 한다고 강조했다. 또한 형벌의 목적은 사회 구성원에 대한 범죄 행위의 예방이며, 따라서 범죄를 저지를 경우 누구나 법에 의해 확실히 처벌받을 것이라는 두려움이 범죄를 억제할 것이라고 확신했다. 이러한 고전주의 범죄학의 주장은 각 국가의 범죄 및 범죄자에 대한 입법과 정책에 많은 영향을 끼쳤다.

3 ▶ 19세기 중반 이후 사회 혼란으로 범죄율과 재범률이 증가하자, 범죄의 원인을 과학적으로 증명하려 한 ⓒ'실증주의 범죄학'이 등장했다. 실증주의 범죄학은 고전주의 범죄학의 비과학성을 비판하며, 범죄의 원인을 개인의 자유 의지로는 통제할 수 없는 생물학적·심리학적·사회학적 요소에서 찾으려 했다. 이 분야의 창시자인 롬브로소는 범죄 억제를 위해서는 범죄자들의 개별적 범죄 기질을 도출하고 그 기질에 따른 교정이나 교화, 또는 치료를 실시해야 한다고 생각했다. 이를 위해 그는 범죄자만의 특성과 행위 원인을 연구하여 범죄자들의 유형을 구분하고 그 유형에 따라 형벌을 달리할 것을 주장했다. 그는 출생부터 범죄자의 기질을 타고나 범죄를 저지를 수밖에 없는 범죄자의 경우 초범일지라도 무기한 구금을 해야 하지만, 우발적으로 범죄를 저지른 범죄자의 수감에는 반대했고, 이러한 생각은 이후 집행 유예 제도의 이론적 기초가 되었다. 비록 차별과 편견이 개입됐다는 비판을 받기는 했지만, 롬브로소의 연구는 이후 범죄 생물학, 범죄 심리학, 범죄 사회학의 탄생과 발전에 큰 영향을 끼쳤다.

4 ▶ 이러한 범죄학의 큰 흐름들은 범죄를 억제하려는 그동안의 법체계와 정책의 근간이 되어 왔다. 하지만 1970년대 이후 이러한 시도들의 범죄 감소 효과에 대한 비판이 일면서, 환경에 의한 범죄 유발 요인과 환경 개선을 통한 범죄 기회의 감소 효과 등을 연구하는 '환경 범죄학'이 주목받기 시작했다. 이러한 가운데 건축학이나 도시 설계 전문가들은 범죄의 원인과 예방의 해법을 환경과 디자인에서 찾아야 한다고 주장했다. 바로 '셉테드(CPTED)'라 불리는 범죄 예방 설계가 그것이다. 셉테드는 건축 설계나 도시 계획 등을 통해 대상 지역의 방어적 공간 특성을 높여, 범죄 발생 가능성을 줄이고 지역 주민들이 안전감을 느끼도록 하여 궁극적으로 삶의 질을 향상시키는 종합적인 범죄 예방 전략을 의미한다.

5 ▶ 셉테드는 다음의 원리로 이루어진다. 우선 '자연적 감시의 원리'는 공간과 시설물에 대한 가시권을 확보하고 잠재적 범죄자의 은폐 장소를 최소화시킴으로써 내부인이나 외부인의 행동을 주변 사람들이 자연스럽게 관찰할 수 있게 만드는 것이다. 다음으로 '접근 통제의 원리'는 보행로, 조경, 문 등을 통해 사람들의 통행을 일정한 경로로 유도하여 허가받지 않은 사람들의 출입을 통제하거나 차단하는 것을 말한다. '영역성의 원리'는 안과 밖이라는 공간 영역을 조성하여 외부인의 침범 기준을 명확히 확립하는 것을 말한다. 이 외에도 공공장소 및 시설에 대한 내부인들의 활발한 사용을 유도하여 그 근방의 범죄를 감소시킨다는 '활동의 활성화 원리', 공공장소와 시설물이 처음 설계된 대로 지속적으로 유지 및 관리되어야 한다는 '유지 및

✎ 지문 정보 확인 1○ 2X 3○

---

1 범죄학의 발생 배경
- 범죄의 개념과 부정적 속성
- 범죄학의 발생 배경

2 고전주의 범죄학의 특징과 의의
- 고전주의 범죄학의 발생 배경
- 고전주의 범죄학에서 본 범죄의 발생 원인
- 형벌의 목적 및 효과
- 고전주의 범죄학의 의의

고전주의 범죄학

3 실증주의 범죄학의 특징과 의의
- 실증주의 범죄학의 발생 배경
- 실증주의 범죄학에서 본 범죄의 발생 원인
- 실증주의 범죄학의 특징
  - 범죄를 자유 의지로 통제할 수 없음 ↔ 고전주의 범죄학
  - 범죄자의 유형을 구분, 형벌을 달리함
- 실증주의 범죄학의 의의

실증주의 범죄학

4 환경 범죄학의 등장과 셉테드의 개념
- 환경 범죄학의 등장 배경과 개념
- 셉테드의 개념 및 목적

환경 범죄학

5 셉테드의 구성 원리와 공통적 속성

셉테드의 구성 원리
- 자연적 감시의 원리
- 접근 통제의 원리
- 영역성의 원리
- 활동의 활성화 원리
- 유지 및 관리의 원리

지문 Point 분석 주제: 환경 설계를 통한 범죄 예방책인 셉테드의 개념과 구성 원리

해제: 건축 설계나 도시 계획 등을 통해 대상 지역의 방어적 공간 특성을 높여, 범죄 발생 가능성을 줄이고 지역 주민들이 안전감을 느끼도록 하는 종합적 범죄 예방 대책인 '셉테드'에 대해 설명하고 있는 글이다. 셉테드는 범죄를 억제하기 위한 정책의 근간이 되어 왔던 고전주의 범죄학, 실증주의 범죄학의 범죄 감소 효과에 대한 비판이 일면서 등장한 개념으로 범죄의 원인과 예방의 해법을 환경과 디자인에서 찾아야 한다고 보았다. 셉테드는 자연적 감시의 원리, 접근 통제의 원리, 영역성의 원리, 활동의 활성화 원리, 유지 및 관리의 원리로 이루어지며, 우리나라는 2005년부터 셉테드를 도입하여 도시 설계와 건축물에 범죄 예방 설계 활용을 본격화하기 시작했다.

지문 구조 한눈에 보기

화제 제시 **1**

↓

이론 1 **2**	고전주의 범죄학
이론 2 **3**	실증주의 범죄학

↓

이론 3 + 부연 설명	환경 범죄학
4 5 6	셉테드의 원리

관리의 원리'가 있다. 이 모든 원리는 범죄 예방의 전략과 목표를 범죄자 개인이 아닌 도시 및 건축 환경의 설계와 계획에 두고 있다는 점에서 공통적이다.

6 » 우리나라는 2005년 즈음부터 셉테드를 도입하여 도시 설계와 건축물에 범죄 예방 설계 활용을 본격화하기 시작했다. 그동안의 법과 정책, 그리고 셉테드가 동시에 강화된다면 좀 더 안전한 사회를 만들 수 있을 것이다.

6 우리나라 셉테드의 도입 현황과 의의

정답 및 해설   1 ④   2 ③   📖 본문 050~051쪽

1 ▼ 논지 전개 방식 파악   답 ④

윗글에 대한 설명으로 가장 적절한 것은?

④ 통시적 관점에서 문제 해결을 위한 방법들을 설명하고 있다.

⋯ 이 글은 18세기 고전주의 범죄학부터 1970년 이후의 환경 범죄학까지, 범죄 발생률을 낮추기 위한 범죄학의 논의 과정을 시대 흐름에 따라 제시한 글이다.

➕ 오답 챙기기

① 예상되는 반론을 반박하며 주장을 강화하고 있다.

⋯ 이 글에서는 기존 범죄학을 비판하며 새로운 범죄학의 흐름을 제시, 설명하고 있다. 하지만 특정 범죄학의 입장에서 그 주장을 변호하거나 반박하고 있지 않다.

② 필자의 관점을 명시한 후 다른 관점과 비교하고 있다.

⋯ 이 글은 범죄학의 세 개의 관점, 고전주의 범죄학과 실증주의 범죄학, 환경 범죄학을 설명하고 있을 뿐, 특정 범죄학을 지지하거나 주장하고 있지 않다.

③ 핵심 개념의 가치와 효용을 비유적으로 제시하고 있다.

⋯ 2문단에서는 고전주의 범죄학이 미친 영향을, 3문단에서는 실증주의 범죄학의 의의를 밝히고 있으며, 5, 6문단에서 셉테드의 원리와 의의를 설명하고 있으므로 핵심 개념의 가치와 효용을 제시하였다고 할 수 있으나, 이를 비유적으로 제시한 것은 아니다.

⑤ 두 이론의 장점을 절충하여 새로운 이론으로 통합하고 있다.

⋯ 이 글은 시대의 흐름에 따라 달라지는 범죄학의 이론을 설명하고 있을 뿐, 새로운 이론을 제시하고 있지는 않다.

2 ▼ 내용 간의 의미 관계 파악   답 ③

관점 비교를 통한 평가

㉠과 ㉡에 대한 이해로 적절하지 **않은** 것은?

③ ㉠은 ㉡과 달리 연구의 초점*을 범죄의 처벌보다는 범죄의 원인에 두고 있군.

⋯ 2문단에서 ㉠'고전주의 범죄학'은 형벌의 목적을 사회 구성원에 대한 범죄 행위의 예방에 두었으며, 범죄를 저지를 경우 누구나 법에 의해 확실히 처벌받을 것이라는 두려움이 범죄를 억제할 것이라고 했다. 이로 볼 때 ㉠'고전주의 범죄학'은 연구의 초점을 범죄의 원인보다는 범죄의 처벌에 두고 있다고 볼 수 있다. 이에 비해 3문단에서 ㉡'실증주의 범죄학'은 범죄의 원인을 생물학적 · 심리학적 · 사회학적 요소에서 찾으려 했고, 범죄자만의 특성과 행위 원인을 연구하여 범죄자들의 유형을 구분하고 그 유형에 따라 형벌을 달리해야 한다고 했다. 이로 볼 때 범죄의 처벌보다는 범죄의 원인에 연구의 초점을 두고 있는 것은 ㉠이 아니라 ㉡이다.

➕ 오답 챙기기

① ㉠은 법적 근거 없이 부과*된 형벌은 정당하지 않다고 지적하고 있군.

⋯ 2문단에서 고전주의 범죄학의 대표자인 베카리아는 형벌은 법으로 규정해야 하고, 그 법은 누구나 이해할 수 있도록 문서로 만들어야 한다고 했다.

② ㉡은 범죄자들의 특성과 행위 원인을 바탕으로 범죄자의 유형을 구분해야 한다고 말하고 있군.

⋯ 3문단에서 ㉡'실증주의 범죄학'의 창시자인 롬브로소는 범죄자만의 특성과 행위 원인을 연구하여 범죄자들의 유형을 구분하고 그 유형에 따라 형벌을 달리해야 한다고 했다.

④ ㉠은 ㉡과 달리 범죄에 따른 형벌을 예외 없이 적용하는 것이 범죄율을 낮출 수 있다고 보고 있군.

⋯ 2문단에서 ㉠'고전주의 범죄학'은 범죄를 저지를 경우 누구나 법에 의해 확실히 처벌받을 것이라는 두려움이 범죄를 억제할 것이라고 했다. 이에 비해 3문단에서 ㉡'실증주의 범죄학'은 우발적으로 범죄를 저지른 범죄자의 수감에는 반대한다고 했다. 따라서 ㉠은 ㉡과 달리 범죄에 따른 형벌을 예외 없이 적용하는 것이 범죄율을 낮출 수 있는 것으로 본다고 할 수 있다.

⑤ ㉡은 ㉠과 달리 인간의 자유 의지를 통해서는 범죄 욕구를 제어* 할 수 없다고 판단하고 있군.

⋯ 2문단에서 ㉠'고전주의 범죄학'은 범죄를 포함한 인간의 모든 행위는 자유 의지에 입각한 합리적 판단에 따라 이루어진다고 했다. 이에 비해 ㉡'실증주의 범죄학'은 범죄의 원인을 개인의 자유 의지로는 통제할 수 없는 생물학적 · 심리학적 · 사회학적 요소에서 찾으려 한다고 했다. 따라서 ㉡은 ㉠과 달리 인간의 자유 의지를 통해서는 범죄 욕구를 제어할 수 없는 것으로 판단한다고 할 수 있다.

어휘 충전

* **초점**(焦 그을릴 초 點 점찍을 점): 관심이나 흥미가 집중되는 사물의 중심 부분.
* **부과**(賦 부세 부 課 매길 과): 세금이나 책임, 일 따위를 부담하게 함.
* **제어**(制 절제할 제 御 막을 어): 감정 · 충동 · 생각 따위를 막거나 누름.

STUDY 07 어휘 확인

1 ㉰	2 ㉷	3 ㉠	4 ㉑	5 ㉡
6 ㉣	7 ㉢	8 ㉤	9 ㉥	10 ㉠
11 ㉡	12 ㉦	13 ㉢	14 ㉑	15 손상
16 도래	17 교화	18 제안	19 조경	

조세의 효율성과 공평성

출전 이준구, 『경제학 원론』 · 지문 난이도 ★★★☆☆

(1,262자)

1 » 조세는 국가의 재정을 마련하기 위해 경제 주체인 기업과 국민들로부터 거두어들이는 돈이다. 그런데 국가가 조세를 강제로 부과하다 보니 경제 주체의 의욕을 떨어뜨려 경제적 순손실을 초래하거나 조세를 부과하는 방식이 공평하지 못해 불만을 야기하는 문제가 나타난다. 따라서 조세를 부과할 때는 조세의 효율성과 공평성을 고려해야 한다.

1 조세 부과 시 고려해야 할 효율성과 공평성
- 조세의 정의
- 조세를 부과할 때 고려해야 할 요건 – 효율성과 공평성

2 » 우선 조세의 효율성에 대해서 알아보자. 상품에 소비세를 부과하면 상품의 가격 상승으로 소비자가 상품을 적게 구매하기 때문에 상품을 통해 얻는 소비자의 편익이 줄어들게 되고, 생산자가 상품을 팔아서 얻는 이윤도 줄어들게 된다. 소비자와 생산자가 얻는 편익이 줄어드는 것을 경제적 순손실이라고 하는데 조세로 인하여 경제적 순손실이 생기면 경기가 둔화될 수 있다. 이처럼 조세를 부과하게 되면 경제적 순손실이 불가피하게 발생하게 되므로, 이를 최소화하도록 조세를 부과해야 조세의 효율성을 높일 수 있다.

[효율성]

2 조세의 효율성을 높이기 위한 방안
- 조세 효율성 높이기 위한 방안 – 경제적 순손실을 최소화

3 » 조세의 공평성은 조세 부과의 형평성을 실현하는 것으로, 조세의 공평성이 확보되면 조세 부과의 형평성이 높아져서 조세 저항을 줄일 수 있다. 공평성을 확보하기 위한 기준으로는 편익 원칙과 능력 원칙이 있다. 편익 원칙은 조세를 통해 제공되는 도로나 가로등과 같은 공공재를 소비함으로써 얻는 편익이 클수록 더 많은 세금을 부담해야 한다는 원칙이다. 이는 공공재를 사용하는 만큼 세금을 내는 것이므로 납세자의 저항이 크지 않지만, 현실적으로 공공재의 사용량을 측정하기가 쉽지 않다는 문제가 있고 조세 부담자와 편익 수혜자가 달라지는 문제도 발생할 수 있다.

[공평성 ①]

3 조세의 공평성을 확보하기 위한 기준① – 편익 원칙
- 조세의 공평성
- 조세의 공평성을 확보하기 위한 기준 – 편익 원칙: 조세를 통해 제공되는 공공재를 소비함으로써 얻는 편익이 클수록 더 많은 세금을 부담해야 한다는 원칙

4 » 능력 원칙은 개인의 소득이나 재산 등을 고려한 세금 부담 능력에 따라 세금을 내야 한다는 원칙으로 조세를 통해 소득을 재분배하는 효과가 있다. 능력 원칙은 수직적 공평과 수평적 공평으로 나뉜다. 수직적 공평은 소득이 높거나 재산이 많을수록 세금을 많이 부담해야 한다는 원칙이다. 이를 실현하기 위해 특정 세금을 내야 하는 모든 납세자에게 같은 세율을 적용하는 비례세나 소득 수준이 올라감에 따라 점점 높은 세율을 적용하는 누진세를 시행하기도 한다.

[공평성 ②]

4 조세의 공평성을 확보하기 위한 기준 ② – 능력 원칙
- 조세의 공평성을 확보하기 위한 기준 – 능력 원칙: 세금 부담 능력에 따라 세금을 내야 한다는 원칙
- 능력 원칙의 분류
- 수직적 공평: 소득이나 재산이 많을수록 세금을 많이 부담해야 한다는 원칙. → 비례세, 누진세

5 » 수평적 공평은 소득이나 재산이 같을 경우 세금도 같게 부담해야 한다는 원칙이다. 그런데 수치상의 소득이나 재산이 동일하더라도 실질적인 조세 부담 능력이 달라, 내야 하는 세금에 차이가 생길 수 있다. 예를 들어 소득이 동일하더라도 부양 가족의 수가 다르면 실질적인 조세 부담 능력에 차이가 생긴다. 이와 같은 문제를 해결하여 공평성을 높이기 위해 정부에서는 공제 제도를 통해 조세 부담 능력이 적은 사람의 세금을 감면해 주기도 한다.

[공평성 ③]

5 능력 원칙 중 하나인 수평적 공평
- 능력 원칙의 분류
- 수평적 공평: 소득이나 재산이 같을 경우 세금도 같게 부담해야 한다는 원칙

✎ 지문 정보 확인 1○ 2○ 3✗

지문 Point 분석 주제: 조세 부과 시 고려해야 할 요건인 효율성과 공평성

해제: 국가는 조세를 강제로 부과하기 때문에 부과할 때 조세의 효율성과 공평성을 고려해야 한다. 조세의 효율성은 조세를 부과할 때 발생할 수 있는 경제적 순손실을 최소화하는 것을 말한다. 조세의 공평성은 조세 부과의 형평성을 실현하는 것으로 조세 저항을 막기 위한 목적이 있다. 조세의 공평성 원칙으로 편익 원칙과 능력 원칙이 있으며, 편익 원칙은 공공재를 소비함으로써 얻는 편익이 클수록 더 많은 세금을 부담해야 한다는 원칙이다. 능력 원칙에는 개인의 소득이나 재산에 따라 세금을 달리 내는 수직적 공평과 소득이나 재산이 같을 경우 세금도 같이 부담하는 수평적 공평이 있다.

지문 구조 한눈에 보기

| 화제 제시 **1** |
| 구체화 1 **2** : 조세의 효율성 |
| 구체화 2 : 조세의 공평성 |
| **3 4** : 수직적 공평 |
| **5** : 수평적 공평 |

1 　▼ 내용 전개 방식 파악　답 ④

윗글에 대한 설명으로 가장 적절한 것은?

④ 대상을 기준에 따라 분류한 뒤 각각의 특성을 설명하고 있다.

┅ 이 글에서는 조세를 부과할 때 고려해야 할 요건으로 효율성과 공평성을 제시하고 있으며 이때 공평성을 편익 원칙과 능력 원칙으로 분류하여 제시하였다. 또한 능력 원칙을 다시 수직적 공평과 수평적 공평으로 분류하여 설명하고 있다.

➕ 오답 챙기기

① 대상에 대한 쟁점*들을 문답* 방식으로 설명하고 있다.

┅ 대상에 대해 쟁점이 될 만한 사안들을 소개하고 있지 않으며 문답 방식도 나타나지 않는다.

② 대상의 개념을 그와 유사한 대상에 빗대어 소개하고 있다.

┅ 효율성과 공평성, 편익 원칙과 능력 원칙, 수직적 공평과 수평적 공평에 대한 개념을 소개하고 있으나, 그와 유사한 대상에 빗대어 소개하는 유추의 방식은 나타나지 않는다.

③ 통념*을 반박하며 대상이 가진 속성을 새롭게 조명*하고 있다.

┅ 일반적으로 널리 통하는 개념에 대해 반박하는 입장이 나타나지 않으며, 조세 부과 시 고려해야 할 요건들에 대해 새롭게 조명하고 있는 부분도 제시되지 않는다.

⑤ 상반된 두 입장의 장단점을 분석한 뒤, 이를 절충*하여 제시하고 있다.

┅ 조세 부과 원칙들은 서로 상반된 입장을 가지고 있지 않으며, 이 글에서는 이론들에 대한 장단점을 분석한 뒤 이를 절충하여 결론을 제시하고 있지 않다.

어휘 충전

* **쟁점**(爭 다툴 쟁 點 점찍을 점): 서로 다투는 중심이 되는 점.
* **문답**(問 물을 문 答 대답할 답): 물음과 대답. 또는 서로 묻고 대답함.
* **통념**(通 통할 통 念 생각할 념): 일반적으로 널리 통하는 개념.
* **조명**(照 비출 조 明 밝을 명): 어떤 대상을 일정한 관점으로 바라봄.
* **절충**(折 꺾을 절 衷 속마음 충): 서로 다른 사물이나 의견, 관점 따위를 알맞게 조절하여 서로 잘 어울리게 함.

2 　▼ 구체적 사례에의 적용　답 ②

구체적 상황이나 자료에의 적용

〈보기〉는 경제 수업의 일부이다. 윗글을 바탕으로 할 때, 선생님의 질문에 적절하게 답한 학생을 모두 골라 바르게 묶은 것은?

보기

선생님: 여러분, 아래 표는 소득을 기준으로, A, B, C의 세금 공제 내역을 가정한 것입니다. 표를 보고 조세의 공평성이 어떻게 적용되었는지 각자 분석해 볼까요?

구분	소득 (만 원)	세율 (%)	공제액 (만 원)	납부액 (만 원)	공제 항목
A	3,000	5	0	150	공제 없음
B	3,000	5	100	50	부양가족 2인
C	4,000	10	100	300	부양가족 2인

성근: A와 달리 B에게 공제 혜택을 부여함으로써 조세의 공평성이 강화되고 있어요. ┄┄┄┄┄┄┄┄┄ ㄱ

수지: B가 A와 달리 부양가족* 공제를 받은 것은 편익 원칙을 고려한 것이네요. ┄┄┄┄┄┄┄┄┄┄┄ ㄴ

현욱: B와 C의 납부액에 차이가 있는 것은 능력 원칙을 적용하여 세금을 징수*했기 때문이에요. ┄┄┄┄┄ ㄷ

유미: B의 세율이 5%이고, C의 세율이 10%인 것은 수평적 공평을 위한 누진세*가 적용된 결과겠네요. ┄┄┄┄ ㄹ

② ㄱ, ㄷ

┅ 〈보기〉의 A~C는 소득과 부양가족 수에 따라 세율과 공제액이 달라져 최종적으로 납부액에도 차이가 발생하고 있다.

　ㄱ. 성근: A와 B는 소득은 같지만 B는 부양가족이 있기 때문에 5문단에서 언급하듯 실질적인 조세 부담 능력이 달라질 수 있다. 이를 해결하여 조세의 공평성을 높이기 위해 정부에서는 공제 제도를 통해 조세 부담 능력이 적은 사람의 세금을 감면해 주기도 하므로 조세의 공평성이 강화되고 있는 것이 맞다.

　ㄷ. 현욱: B와 C의 납부액에 차이가 있는 것은 부양가족 수는 같지만 C의 소득이 더 높기 때문이다. 이는 수직적 공평, 수평적 공평이 적용되는 능력 원칙이 적용된 결과이기 때문에 적절한 설명이다.

➕ 오답 챙기기

① ㄱ, ㄴ / ③ ㄷ, ㄹ / ④ ㄱ, ㄴ, ㄹ / ⑤ ㄴ, ㄷ, ㄹ

ㄴ

┅ 수지: B가 A와 달리 부양가족 공제를 받은 것은 실질적인 조세 부담 능력을 고려한 것이기 때문에 편익 원칙이 아니라 능력 원칙을 고려한 것이다.

ㄹ

┅ 유미: 4문단에서 수직적 공평을 소득이 높거나 재산이 많을수록 세금을 많이 부담해야 한다는 원칙이라고 언급하고 있다. 소득 수준이 올라갈수록 높은 세율을 적용하는 누진세를 시행한다고 하였는데 B와 C의 경우 소득의 차이로 인해 납부하는 세금이 다름을 알 수 있다. 따라서 수평적 공평이 아니라 수직적 공평으로 인한 결과임을 알 수 있다.

어휘 충전

* **부양가족**(扶 도울 부 養 기를 양 家 집 가 族 겨레 족): 처자나 부모 형제 등 자기가 부양하고 있는 가족. 또는 부양하여야 하는 가족.
* **징수**(徵 부를 징 收 거둘 수): 나라, 공공 단체, 지주 등이 돈, 곡식, 물품 따위를 거두어들임.
* **누진세**(累 묶을 누 進 나아갈 진 稅 세금 세): 과세 대상의 수량이나 값이 증가함에 따라 점점 높은 세율을 적용하는 세금.

대량 소비 시대의 소비 형태

출전 안광복, 『베블런과 브룩스로 읽는 소비의 종말』 지문 난이도 ★★★★☆

(1,381자)

1 » 18세기 산업혁명으로 시작된 생산 혁명은 19세기 백화점이 일으킨 유통 혁명을 통해 소비 혁명으로 이어졌다. 대량 소비 시대가 되자 사람들의 소비 형태도 바뀌었다. 무엇을 소유했는지 여부에 따라 사람을 판단하면서 사람들은 주위를 의식하며 자기를 나타내기 위한 상품을 고르게 되었다. 소비를 결정하는 요인이 '필요'가 아니라 '자기 과시'로 옮겨간 것이다.

2 » 이와 같은 현상에 주목한 베블런은 자신의 책 『유한계급 이론』을 통해 개별 소비자의 소비 형태는 독립적으로 이루어지지 않고 다른 소비자의 영향을 받는다고 주장했다. 그는 '나는 보통 사람들과 신분이 다르다'는 점을 과시하는 부유층이나 이를 모방하려는 계층이 과시적 소비를 한다고 말했다. 과시적 소비가 일어나면 저렴한 상품 대신 고가의 상품에 대한 수요가 증가해 가격이 오르는데도 수요가 줄어들지 않고 오히려 증가하는 현상이 일어난다. 이렇게 과시적 소비로 인해 가격이 올라도 수요가 늘어나는 현상을 '베블런 효과'라고 한다. 그리고 이러한 과시적 소비의 대상이 되는 상품을 '베블런 재(財)'라고 한다.

3 » 라이벤스타인은 이와 같은 현상을 보다 깊이 있게 다루어 '밴드왜건 효과'와 '스놉 효과'를 발표하였다. 과시적 소비는 일부 상류층과 신흥 부유층을 중심으로 일어나는 것이 보통이지만 주위 사람들이 이를 흉내 내면서 사회 전체로 퍼져나가는 현상을 밴드왜건 효과라고 이름 붙인 것이다. 밴드왜건은 행진할 때 대열의 선두에서 행렬을 이끄는 악대차를 의미하는데 악단이 지나가면 사람들이 영문도 모르고 무작정 뒤따르면서 군중들이 더욱더 불어나는 것에 비유한 것으로 밴드왜건 효과는 '모방 효과'라고도 부른다.

4 » 그런데 모방 효과가 널리 퍼져 더 이상 과시적 소비가 차별 효용을 상실하게 될 때 일부 사람들은 평범한 사람들이 접근할 수 있는 상품 대신 더욱 진귀한 물건을 찾는다. 이로 인해 기존 상품의 수요가 줄어들게 되는데 이를 '스놉 효과'라고 한다. 즉 모방 효과와는 반대로 특정 제품에 대한 소비가 증가하게 되면 그 제품의 수요가 줄어들고 새로운 상품의 수요로 옮겨 가는 현상이다. 보통 가격이 비싸서 쉽게 구매하기 어려운 고가의 명품 등이 이에 해당되는데, 명품이라 알려진 제품이 대대적인 판촉 행사를 한 후 단골 고객이 줄어드는 현상으로 설명할 수 있다. 이는 '남보다 돋보여야 한다.'는 속물근성에 기반을 두고 있어 '속물 효과'라고도 부른다.

5 » 이와 같이 베블런은 재화의 가격이 하락하면 소비량이 증가한다는 기존의 경제 이론과는 다른 관점에서 현실의 소비 형태를 설명했고, 라이벤스타인은 현대인들이 주위 사람들의 소비 형태에 따라 자신의 소비 형태를 결정하는 두 가지 모습을 이론으로 나타내었다. 그들의 연구는 소비 형태로 계층을 판단하는 현대 자본주의 사회의 모습을 설명할 수 있다는 점에서 의의가 있다.

1 소비 결정 요인이 자기 과시가 된 대량 소비 시대
- '자기 과시' 소비 형태의 등장 배경

등장 배경		경향
19세기 소비혁명	→	필요가 아닌 자기 과시 형태의 소비로 변화함

2 베블런 효과의 의미
- 베블런의 주장

베블런 효과	과시적 소비로 인해 가격이 올라도 수요가 늘어남

베블런 이론

3 밴드왜건 효과의 의미
- 라이벤스타인의 밴드왜건 효과

밴드왜건 효과	부유층의 과시적 소비를 주위 사람들이 흉내 내면서 사회 전체로 퍼지는 현상, 모방 효과라고도 함

라이벤스타인 견해

4 스놉 효과의 의미
- 라이벤스타인의 스놉 효과

스놉 효과	특정 제품에 대한 소비가 증가하게 되면 그 제품의 수요가 줄어들고 새로운 상품의 수요로 옮겨 가는 현상

5 베블런과 라이벤스타인 연구의 의의
- 베블런과 라이벤스타인의 연구의 의의
  - 소비 형태로 계층을 판단하는 현대 자본주의 사회의 모습을 설명할 수 있음

지문 구조 한눈에 보기

✏ 지문 정보 확인 1 X 2 ○ 3 ○

🧠 지문 Point 분석 **주제: 대량 소비 시대의 소비 현상**

해제: 19세기 소비 혁명이 일어나면서 사람들의 소비 형태는 '자기 과시'로 변화하였다. 이와 같은 현상에 주목하여 베블런은 사람들의 과시적 소비로 인해 가격이 올라도 수요가 늘어나는 '베블런 효과'를 주장하였다. 또한 라이벤스타인은 부유층의 과시적 소비를 주위 사람들이 흉내 내면서 사회 전체에 퍼지는 '밴드왜건 효과'와 과시적 소비가 효용을 상실할 때 일부 사람들이 더욱 진귀한 물건을 찾는 '스놉 효과'를 발표하였다. 베블런과 라이벤스타인의 연구는 소비 형태로 계층을 판단하는 현대 자본주의 사회의 모습을 설명할 수 있다는 데 의의가 있다.

1　▼ 내용 전개 방식 파악　　　　　　답 ④

윗글의 내용 전개 방식으로 적절한 것은?

④ 소개된 각각의 이론의 특징을 요약하고 그 의의를 밝히고 있다.

┅➤ 이 글은 대량 소비 시대의 소비 현상에 주목하여 베블런과 라이벤스타인의 경제 이론을 소개하고 있다. 2문단에서는 베블런의 이론을, 3~4문단에서는 라이벤스타인의 이론을 소개한 뒤 5문단에서 각각 이론들의 특징을 요약하고 베블런과 라이벤스타인의 연구가 가지는 의의를 밝히고 있다.

➕ 오답 챙기기

① 대상의 변천* 과정을 시간의 흐름에 따라 살펴보고 있다.

┅➤ 각각의 이론에 대한 특징을 설명할 뿐 시간의 흐름에 따른 대상의 변천 과정은 나타나지 않는다.

② 하나의 개념을 다양한 관점에서 분석적으로 살펴보고 있다.

┅➤ 이론의 개념을 다양한 각도에서 살피고 있지 않으며 현상에 대한 설명만 제시하고 있다.

③ 다양한 사례를 일정한 기준에 의해 구분하여 나열하고 있다.

┅➤ 현상에 대한 사례는 제시되어 있지만 다양한 사례를 기준에 의해 구분하여 나열하고 있지 않다.

⑤ 상반되는 학설*을 제시하여 비교를 통해 상대적 우위*를 가리고 있다.

┅➤ 각각의 이론은 소비 현상에 대한 관점을 드러낼 뿐 상반되는 학설이 아니며, 글에서 비교를 통해 상대적 우위를 가리고 있다고 볼 수 없다.

> **어휘 충전**
> * **변천**(變 변할 변 遷 옮길 천): 세월의 흐름에 따라 바뀌고 변함.
> * **학설**(學 배울 학 說 말씀 설): 학술적 문제에 대하여 주장하는 이론 체계.
> * **우위**(優 넉넉할 우 位 자리 위): 남보다 나은 위치나 수준.

2　▼ 구체적 사례에의 적용　　　　　　답 ①

윗글을 참고하여 〈보기〉를 분석한 것으로 적절한 것은?

> **보기**
>
> 　한 창고형 할인점의 명품 진열대. ㉮어느 재벌가의 며느리가 들고 나와 유명해진 이 가방의 판매 가격은 ㉯시중가보다 최대 30% 할인되었지만 수백만 원대에 이릅니다. ㉰정가 판매를 고수*하던 상품이지만 전 세계 최초로 할인점에서 판매하여 화제가 되고 있습니다. ㉱매장 직원은 '인기 상품'이라며 구매를 유도합니다. 이러한 현상을 놓고 ㉲일부 서민들에게 명품 과시욕을 부추긴다는 비판도 나오고 있습니다. ○○○ 뉴스 박△△입니다.

① ㉮는 스놉 효과에 따라 더 고가의 진귀한* 상품을 찾으려 하겠군.

┅➤ 3문단에서 상류층과 부유층들이 과시적 소비를 하면 주위 사람들이 이를 흉내 내면서 사회 전체로 퍼져나간다고 하였다. 그리고 4문단에서는 이러한 모방 효과로 인하여 과시적 소비가 더 이상 차별 효용이 없을 때 부유층은 기존 상품 대신 더욱 진귀한 물건을 찾는다고 하였다. 따라서 〈보기〉에서 상품의 할인을

통해 더 많은 사람들이 가방을 구입하는 모방 효과가 일어나면 ㉮는 기존 상품을 소비하지 않고 더 고가의 진귀한 상품을 소비하고자 하는 스놉 효과가 나타날 것이다.

➕ 오답 챙기기

② ㉯는 베블런 효과에 따라 재화의 가격이 하락하면 수요가 증가한다는 관점으로 세운 판매 전략이군.

┅➤ 베블런 효과는 과시적 소비로 인해 가격이 올라도 수요가 늘어나는 현상을 말한다. 할인 판매를 하면 소비량이 증가한다는 관점은 기존의 경제 이론이다.

③ ㉰는 사람들의 모방 효과를 어렵게 하여 단골 고객을 유지하는데 실패하게 하는 판매 전략으로 볼 수 있군.

┅➤ 정가 판매를 고수하는 것은 단골 고객이 줄어드는 현상을 막기 위한 것으로 '속물 효과'를 고려한 전략이다.

④ ㉱의 판매 전략은 스놉 효과를 통해 수요를 늘리고자 하는 것이군.

┅➤ 매장 직원이 인기 상품이라고 홍보하는 것은 3문단에서 나타나듯 모방 효과에 기반하여 이 상품이 다른 사람들이 갖고자 하는 과시적 소비의 대상이 될 수 있음을 노린 전략이다.

⑤ ㉲는 과시적 욕구보다 자신의 필요에 따라 상품을 선택하는 경우가 더욱 많겠군.

┅➤ 1문단에서는 소비를 결정하는 요인이 '필요'가 아니라 '자기 과시'로 옮겨가고 있음을 언급하고 있으며 이에 따라 ㉲는 과시를 위한 가방 구매 욕구가 상승할 것이라고 추론할 수 있다.

> **어휘 충전**
> * **고수**(固 굳을 고 守 지킬 수): 차지한 물건이나 형세 따위를 굳게 지킴.
> * **진귀하다**(珍 보배 진 貴 귀할 귀): 보배롭고 보기 드물게 귀하다.

STUDY 08　어휘 확인

1 ㉢	2 ㉣	3 ㉤	4 ㉠	5 ㉡
6 ㉡	7 ㉠	8 ㉣	9 ㉤	10 ㉢
11 부과	12 둔화	13 야기	14 군중	15 감면

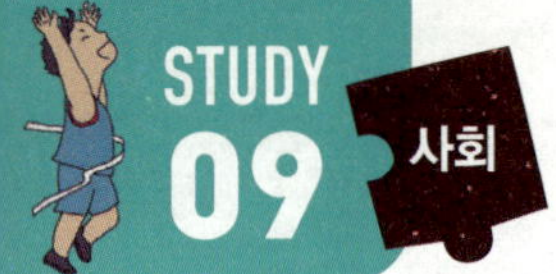

무역의 이익과 수출입 재화의 결정 방법

출전 도미니크 살바토레, 『국제무역론』　지문 난이도 ★★★☆☆

(1,653자)

1 » 두 나라가 자발적으로 무역을 하기 위해서는 두 나라 모두 이익을 얻을 수 있어야 한다. 만일 무역 당사국이 이익을 전혀 얻지 못하거나 손실을 본다면, 이 나라는 무역을 하지 않을 것이기 때문이다. 그러면 무역을 통해 이익이 발생할 수 있는 이유는 무엇일까? 또 무역에서 수출입 재화는 각각 어떻게 결정될까?

2 » A국과 B국에서 자동차와 신발을 생산하는 상황을 가정해 보자. 아래 〈그림〉과 같이 A국은 이용 가능한 생산 요소를 모두 투입하여 최대 자동차 10대 혹은 신발 1,000켤레를 만들 수 있다. 한편, B국에서는 동일한 조건하에 자동차 3대 또는 신발 600켤레를 생산할 수 있다.

3 » 이때 국가 간 비교 우위 산업의 차이에 의해서 무역의 이익이 발생할 수 있다. 비교 우위란 어떤 재화 생산의 기회비용이 다른 나라보다 작은 경우를 의미하며, 이때 기회비용이란 그 재화 생산으로 인해 포기해야 하는 다른 재화의 가치를 말한다. 위의 상황에서 A국이 자동차를 1대 더 생산하기 위해서는 신발 생산을 100켤레 줄여야 한다. 즉, A국 입장에서 자동차 1대 생산의 기회비용은 신발 100켤레와 같다. 한편, B국은 자동차 1대 생산의 기회비용이 신발 200켤레가 된다. 이 경우 A국의 자동차 생산의 기회비용이 B국의 그것보다 작으므로, A국이 자동차 생산에 있어 비교 우위를 갖고 있다. 반면, B국은 신발 생산에 있어 비교 우위를 갖게 된다.

4 » 따라서 A국이 자동차를 특화해 B국에 수출하고, B국은 신발을 특화해 A국에 수출하면 무역을 하지 않을 때에 비해 양국 모두 이익을 얻을 수 있다. 위 〈그림〉에서 A국이 자동차만 10대 생산(a)하고 B국이 신발만 600켤레를 생산(b)해서 양국이 무역을 한다고 하자. 이때 A국이 자동차 2대를 수출하고 그 대신 B국으로부터 신발 300켤레를 수입한다면, A국은 자동차 8대와 신발 300켤레의 조합(a′)을, B국은 자동차 2대와 신발 300켤레의 조합(b′)을 소비할 수 있다. 즉 무역을 통해 양국은 무역 이전에는 생산할 수 없었던 재화량의 조합을 생산하는 것과 같은 효과를 갖게 되어 무역을 통한 이익을 얻을 수 있다.

5 » 이처럼 각국의 비교 우위 산업이 존재하는 이유에 대해 20세기 초의 경제학자 헥셔는 국가 간 생산 요소 부존량의 상대적 차이가 비교 우위를 낳는다고 보았다. 그에 따르면, 각국은 타국에 비해 상대적으로 풍부한 생산 요소를 집약적으로 사용하는 재화의 생산에 비교 우위를 갖는다. 즉 재화마다 각 생산 요소들이 투입되는 비율이 다르기 마련인데, 어떤 재화 생산에 특정 생산 요소가 집약적으로 사용된다면 그 생산 요소를 다른 나라들에 비해 풍부하게 보유하고 있는 국가가 해당 재화의 생산에 비교 우위를 갖게 된다는 것이다. 예를 들어, 어떤 국가가 자동차·선박 등 자본 집약재의 수출국이고 신발·의류 등 노동 집약재의 수입국이라면, 그 국가는 타

지문 구조 해설 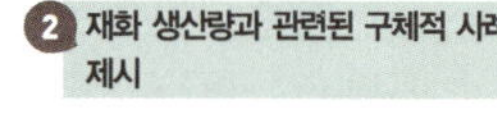

1 무역의 전제 조건 및 무역과 관련된 화제 제시
- 무역이 이루어지기 위한 전제 조건

2 재화 생산량과 관련된 구체적 사례 제시
- 중심 화제 설명을 위한 구체적 상황 제시

3 무역 이익이 발생하는 이유 – 국가 간 비교 우위 산업의 차이
- 무역 이익이 발행하는 이유
- 비교 우위의 개념
- 기회비용의 개념
- 비교 우위의 예
  - A국: 자동차 1대 생산의 기회비용 : 1000÷10 = 신발 100켤레
  - B국: 자동차 1대 생산의 기회비용 : 600÷3 = 신발 200켤레
  - → A국의 자동차 생산 기회비용이 B국보다 작으므로 A국은 자동차 생산에 비교 우위가 있고, B국은 신발 생산에 비교 우위가 있음

4 수출과 수입 재화의 결정 방법 – 비교 우위에 있는 재화 수출
- 수출입 재화의 결정 방법
  - 타국에 비해 비교 우위가 있는 재화를 수출함

5 각 국의 비교 우위 산업이 존재하는 이유
- 각국의 비교 우위 산업이 존재하는 이유

사례 제시

사례 분석 ①

사례 분석 ②

✎ 지문 정보 확인　1 ○　2 ○　3 ✕

지문 구조 한눈에 보기

화제 제시 **1**

사례 및 구체화 **2** **3**	A·B국 사례
4	비교 우위

부연 **5** **6**	비교 우위의 이유
	비교 우위의 변화

지문 Point 분석　**주제: 국가 간의 무역에서 이익이 발생하는 이유와 수출입 재화의 결정 방법**

해제: 국가 간의 무역에서 이익이 발생하는 이유와 수출입 재화의 결정 방법을 비교 우위론과 관련지어 설명하고 있는 글이다. 비교 우위론에 따르면 타국에 비해 상대적으로 기회비용이 작은 재화, 즉 비교 우위에 있는 재화를 특화해 수출하면 양국 모두 무역을 통해 이익을 얻을 수 있다. 한편 경제학자 헥셔에 따르면 국가 간 생산 요소 부존량의 상대적 차이가 비교 우위를 낳으며 각국의 비교 우위 산업은 국가 간 생산 요소 부존량의 상대적 차이가 변화함에 따라 바뀔 수도 있다고 설명하고 있다.

국에 비해 자본은 상대적으로 풍부하고 노동은 그렇지 않다고 판단할 수 있다.

6 » 각국의 비교 우위 산업은 국가 간 생산 요소 부존량의 상대적 차이가 변화함에 따라 바뀔 수도 있다. 우리나라도 과거 경공업 위주의 노동 집약적 산업에서 자본 집약적인 중화학 공업, 최근의 지식 집약적인 IT 산업까지 주요 산업 및 수출품이 변화해 왔다. 이는 경제 성장에 따라 각 생산 요소들의 부존 비율이 변화함으로써 우리나라의 비교 우위 산업이 변화해 왔기 때문이다.

6 각 국의 비교 우위 산업의 변화와 그 요인
- 각국의 비교 우위 산업의 변화 요인
- 우리나라의 비교 우위 산업의 변화

글의 구조 및 내용 전개 방식 파악

1

▼ **내용 전개 방식 파악** 답 ①

윗글에 대한 설명으로 적절하지 않은 것은?

① 단계적인 순서에 따라 이론의 한계를 지적하고 있다.

⋯ 이 글은 비교 우위론을 단계적으로 설명하고 있다. 하지만 이론의 한계는 지적하고 있지 않으므로 ①의 진술은 적절하지 않다.

➕ **오답 챙기기**

② 권위자의 견해를 들어 현상의 원인을 설명하고 있다.

⋯ 5문단에서 각국의 비교 우위 산업이 존재하는 이유에 대해 20세기 초의 경제학자 헥셔의 의견을 제시하고 있다.

③ 질문을 던짐으로써 독자의 관심을 유도하고 있다.

⋯ 1문단에서 '무역을 통해 이익이 발생할 수 있는 이유는 무엇일까? 또 무역에서 수출입 재화는 각각 어떻게 결정될까?'라고 하면서 질문을 통해 중심 화제를 제시하고 있다.

④ 핵심 개념을 설명하여 독자의 이해를 돕고 있다.

⋯ 3문단에서 글의 핵심 개념인 '비교 우위'와 '기회비용'을 설명하여 독자의 이해를 돕고 있다.

⑤ 가상적 상황을 예로 들어 현상을 설명하고 있다.

⋯ 2문단에서 A국과 B국의 자동차와 신발을 생산하는 가상적 상황을 설정하고, 3, 4문단에서는 국가 간 비교 우위 산업의 차이에 의해 무역 이익이 발생하는 현상을 설명하고 있다.

2

▼ **구체적 상황에의 적용** 답 ③

윗글에 근거하여 〈보기〉의 상황을 이해한 것으로 적절하지 않은 것은?

보기

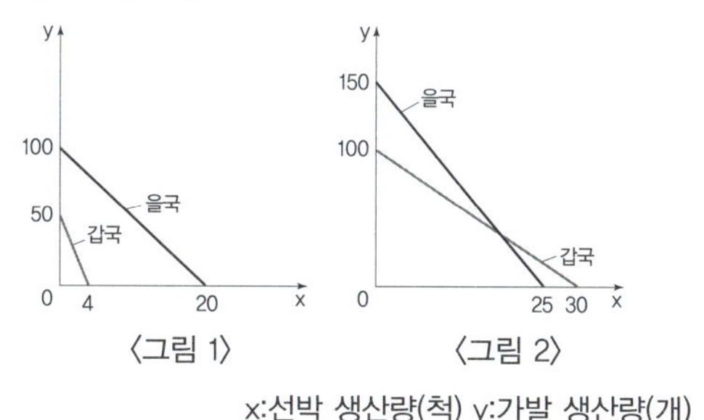

③ 2017년, 선박 생산의 기회비용은 을국이 갑국에 비해 2배 이상 클 것이다.

⋯ 〈그림 2〉를 보면 갑국은 2017년 선박 30척, 가발 100개를 최대 생산할 수 있으므로 선박 생산의 기회비용은 3.3(100÷30=3.3)이 되고, 을국은 2017년 선박 25척, 가발 150개를 최대 생산할 수 있으므로 선박 생산의 기회비용은 6(150÷25=6)이 된다. 따라서 선박 생산의 기회비용은 을국이 갑국보다 크지만 2배 이상 큰 것은 아니다.

➕ **오답 챙기기**

① 1970년, 갑국이 선박을 2척 더 생산하기 위해서는 가발 생산을 25개 줄여야 했을 것이다.

⋯ 〈그림 1〉에서 갑국의 선박 1개 생산의 기회비용이 가발 12.5(=50÷4)개 이므로 갑국이 선박 2척을 더 생산하기 위해서는 가발 생산을 25개 줄여야 한다.

② 1970년, 갑국은 을국에 비해 자본보다는 노동이 상대적으로 풍부했을 것이다.

⋯ 〈그림 1〉에 따르면 1970년에 선박 생산에 있어서는 을국이, 가발 생산에 있어서는 갑국이 비교 우위를 지니고 있다. 〈보기〉에서 가발은 노동 집약적 재화이고, 선박은 자본 집약적 재화라고 했으므로 1970년, 갑국은 을국에 비해 노동이 상대적으로 풍부했을 것이다.

④ 2017년, 을국은 갑국에 비해 노동의 부존 비율이 상대적으로 클 것이다.

⋯ 갑국의 선박 1개 생산의 기회비용은 가발 100÷30(=3.3)개이고, 을국은 가발 150÷25(=6개)이므로 2017년, 을국은 갑국에 비해 가발 생산에 비교 우위를 지니고 있다. 〈보기〉에서 가발은 노동 집약적 재화이고, 선박은 자본 집약적 재화라고 했으므로 을국은 갑국에 비해 노동의 부존 비율이 상대적으로 클 것이다.

⑤ 2017년, 갑국이 을국에 선박 1척을 수출하고 을국으로부터 가발 4개를 수입한다면, 무역 전에 비해 갑국이 소비할 수 있는 재화량의 조합이 늘어날 것이다.

⋯ 〈그림 2〉에서 갑국의 선박 1개 생산의 기회비용은 가발 100÷30(=3.3)개이므로 2017년 갑국이 을국에 선박 1척을 수출하고 을국으로부터 가발 4개를 수입한다면, 무역 전에 비해 갑국의 재화량 조합은 늘어나게 된다.

삶과 역사의 관계

출전 이상엽, 「니체의 역사」　**지문 난이도** ★★★★☆

(1,431자)

1 » 역사가 삶을 가르치고 삶을 규정하는 조건이라면, 삶이 역사와 어떤 방식으로 관계를 가질 때 역사의 올바른 의미가 드러나는 것일까? 역사는 삶에 기여해야 한다. 삶이 역사와 관계를 맺는 것을 '기념비적 역사', '골동품적 역사', '비판적 역사'로 나누어 볼 수 있다.

2 » 기념비적 역사는 과거의 위대함에 대한 회상을 통해 새로운 위대함의 가능성을 촉진하는 역사이다. 이는 '인간'의 개념을 더욱 확대하고 아름답게 성취하게 하여 인간 현존의 모습을 보다 차원 높게 만든다. 그러나 기념비적 역사를 통해 과거의 위대함이 우상 숭배적으로 찬양되어 생성과 변화가 무시된다면, 역사적 상황이나 시대적 필요와 아무 관련이 없는 특정한 위대함에 대한 광신주의가 탄생할 것이다. 과거에 대한 일방적 의미 규정, 특정한 역사적 위대함에 대한 숭배와 모방의 강요는 기념비적 역사가 지닌 위험이다.

3 » 골동품적 역사는 오래된 과거를 찾아 보존하면서 전승하는 역사이다. 여기에서는 실증적 사실의 확인은 중요하지 않다. 골동품적 역사는 전통과 매개되어, 인간은 이를 통해 비로소 자신의 유래를 알고 자신을 이해하며 더욱 확장하게 된다. 비범한 대상에 대한 관심에서 시작하는 기념비적 역사와는 달리 골동품적 역사는 일상적 습관과 관습을 규정하고 보존하며, 민족의 역사적 고유성 속에서 민족 구성원 모두를 결합시키는 귀속성의 감정을 만들어낸다. 이는 골동품적 역사를 통해 현재의 인간이 전통과 유래를 인식함으로써 행복을 느낀다는 것이다. 그러나 골동품적 역사는 과거에 대한 미라(mirra)적 숭배로 미래적 삶에 대한 뿌리를 송두리째 뽑아낼 수 있다. 이와 함께 그것은 굳은 관습으로 전락할 수 있다. 즉 골동품적 역사는 삶을 단지 보존할 줄만 알 뿐 생산할 줄은 모르게 되는 것이다.

4 » 비판적 역사는 과거를 숭상하거나 보존하기 위해서가 아니라 과거를 부정하기 위한 역사이다. 비판적 역사의 유용성은 과거의 절대화와 고착화에 대항하여 삶을 과거의 폭력으로부터 해방시킨다는 데 있다. 역사적 전통은 인간에 의해 창출된 것이므로 그 안에는 판결 받아야 할 정치적 특권, 지배적 관습 등이 존재한다. 비판적 역사는 이들을 폭로하고 파괴한다. 이때 판결 기준은 절대적이고 선험적인 정의가 아니라 자기 자신의 욕구에 따른 삶 자체이다. 비판적 역사는 보존되고 전승된 과거와 투쟁을 벌여 새로운 관습과 본능을 창안하고자 한다. 인간은 비판적 역사를 통해 능동적이고 주체적으로 자신이 원하는 과거를 만들고 정당화하는 것이다. 비판적 역사 역시 위험성을 가지고 있다. 억압과 지배로부터 해방의 의지를 품었으나, 새로운 삶의 가능성을 위한 과거 부정의 척도를 세울 수 없는 비판적 역사가는 단지 과거만을 파괴하는 결과를 초래할 수 있다.

5 » 인간은 기념비적, 골동품적, 비판적 관점에서 과거를 사용하여 자신이 원하는 역사를 만들어내야 한다. 이를 통해 역사는 우리의 삶에 의미 있고 유용한 것으로 기능해야 하는 것이다.

지문 구조 해설

1 삶과 역사의 관계에 따른 역사의 분류
- 화제 제시: 삶과 역사의 관계
- 삶과 역사의 관계에 따른 역사의 분류
  – 기념비적, 골동품적, 비판적 역사

2 기념비적 역사의 의의와 한계
- 기념비적 역사의 개념
  – 과거의 위대함에 대한 기념
- 기념비적 역사의 의의
- 기념비적 역사의 한계

3 골동품적 역사의 의의와 한계
- 골동품적 역사의 개념
  – 과거를 보존하고 전승함
- 골동품적 역사의 의의
- 골동품적 역사의 한계

4 비판적 역사의 의의와 한계
- 비판적 역사의 개념
  – 과거를 부정함
- 비판적 역사의 의의
- 비판적 역사의 한계

5 역사의 올바른 기능
- 글쓴이의 견해 ①
- 글쓴이의 견해 ②
  – 역사의 올바른 기능

분류 ① / 분류 ② / 분류 ③

✎ 지문 정보 확인　1 ○　2 ✕　3 ○

지문 구조 한눈에 보기

화제 제시 **1**	
분류 **2 3**	기념비적 역사
	골동품적 역사
4	비판적 역사
마무리 **5**	

지문 Point 분석　**주제: 삶과 역사의 관계에 따른 기념비적, 골동품적, 비판적 역사의 의의와 한계**

해제: 삶과 역사의 관계에 따라 분류한 기념비적, 골동품적, 비판적 역사의 의의와 한계에 대해 설명하고 있는 글이다. 세 가지 분류 모두 긍정적인 측면과 부정적인 측면을 가지고 있으므로 어느 하나의 관점만 취하는 것이 아니라 세 가지 역사를 통하여 인간은 자신이 원하는 역사를 만들어야 하고, 역사는 인간의 삶에 의미 있고 유용한 것으로 기능해야 한다.

글의 구조 및 내용·전개 방식 파악

1 ▼ 내용 전개 방식 파악   답 ①

윗글의 내용 전개 방식으로 가장 적절한 것은?

① 중심 화제를 관점에 따라 유형화하고 각각의 장·단점을 설명하고 있다.

⋯ 1문단에서 삶과 역사의 관계에 따라 역사를 기념비적, 골동품적, 비판적 역사로 유형화하여 분류하고 있다. 그리고 2, 3, 4문단에서는 각각 기념비적, 골동품적, 비판적 역사의 장점(의의)과 단점(한계)을 설명하고 있다.

➕ 오답 챙기기

② 중심 화제와 관련한 논의 내용을 정리하고 새로운 이론을 제시하고 있다.

⋯ 5문단에서 '인간은 기념비적, 골동품적, 비판적 관점에서 과거를 사용하여 자신이 원하는 역사를 만들어내야 한다.'라고 하여 중심 화제와 관련한 논의 내용을 정리하고 있다고 볼 수 있으나, 새로운 이론을 제시하고 있지는 않다.

③ 중심 화제를 다룬 두 이론의 차이를 설명하고 구체적 사례에 적용하고 있다.

⋯ 3문단에서 '비범한 대상에 대한 관심에서 시작하는 기념비적 역사와는 달리 골동품적 역사는 일상적 습관과 관습을 규정하고 보존하며, 민족의 역사적 고유성 속에서 민족 구성원 모두를 결합시키는 귀속성의 감정을 만들어낸다.'라고 하여 기념비적 역사와 골동품적 역사의 차이점을 설명하고 있다. 하지만 이를 구체적 사례에 적용하고 있지는 않다.

④ 중심 화제에 대한 통념의 문제점을 지적하고 반대되는 견해를 제시하고 있다.

⋯ 2, 3, 4문단에서 중심 화제인 기념비적, 골동품적, 비판적 역사의 문제점에 대해서 지적하고 있지만, 이들 중심 화제에 대한 통념을 제시하고 있지는 않으며 이에 대한 반대되는 견해도 없다.

⑤ 중심 화제의 개념을 정의하며 이론을 소개하고 이론의 발전 가능성을 언급하고 있다.

⋯ 2, 3, 4문단에서 중심 화제인 기념비적, 골동품적, 비판적 역사의 개념을 정의하며 이에 대한 이론을 소개하고 있지만, 이 이론들의 발전 가능성을 언급하고 있지는 않다.

2 ▼ 구체적 사례에의 적용   답 ①

윗글을 바탕으로 〈보기〉를 이해한 내용으로 적절하지 <u>않은</u> 것은?

> **보기**
>
> (가) 조선 시대의 관습이었던 가부장적 가족 제도가 지닌 모순을 밝힘으로써 남녀평등에 근거한 합리적인 가족 제도를 제시하였다.
> (나) 이순신 장군을 국가를 구한 영웅으로 높이 평가하여 동상을 세우고 특정한 날을 기념일로 정하고 있다.
> (다) 한반도에서 가장 오래된 과거의 정치 공동체로 알려진 고조선을 우리 역사의 시작으로 규정하고 단군을 우리의 시조*로 만들어 우리 스스로를 단군의 자손으로 설정했다.

① (가)에서 가부장적 가족 제도에 문제가 있다고 판단한 것은 절대적인 정의에 근거한 것이겠군.

⋯ (가)는 조선 시대의 관습이었던 가부장적 가족 제도가 지닌 모순을 밝힌다고 했으므로, 4문단에서 설명하고 있는 과거를 부정하기 위한 역사인 비판적 역사의 사례에 해당된다. 비판적 역사는 절대적이고 선험적인 정의가 아니라 자기 자신의 욕구에 따른 삶을 평가 기준으로 삼는다. 즉, ①의 '가부장적 가족 제도에 문제가 있다고 판단한 것은 절대적인 정의에 근거한 것'이라는 진술은 적절하지 않다.

➕ 오답 챙기기

② (가)에서 제시한 새로운 가족 제도는 과거에 대한 부정을 통해 창안*한 새로운 관습으로 볼 수 있군.

⋯ 4문단에서 비판적 역사는 과거를 부정하기 위한 역사이고, 보존되고 전승된 과거와 투쟁을 벌여 새로운 관습과 본능을 창안한다고 했다. 이로 볼 때 (가)에서 제시한 '새로운 가족 제도'는 '가부장적 가족 제도'라는 과거에 대한 부정을 통해 창안한 새로운 관습으로 볼 수 있다.

③ (나)는 이순신의 위대함을 기리고 보존함으로써 인간 현존의 모습을 보다 높은 차원으로 만들기 위한 것이겠군.

⋯ (나)는 이순신 장군을 국가를 구한 영웅으로 높이 평가하고 있으므로, 2문단에서 설명하고 있는 과거의 위대함에 대한 회상을 통해 새로운 위대함의 가능성을 촉진하는 역사인 기념비적 역사의 사례에 해당된다. 2문단에서 기념비적 역사는 과거의 위대함에 대한 회상을 통해 새로운 위대함의 가능성을 촉진하는 역사이고, 이는 인간 현존의 모습을 보다 차원 높게 만든다고 했다. 이로 볼 때 (나)는 이순신의 위대함을 기리고 보존함으로써 인간 현존의 모습을 보다 높은 차원으로 만들기 위한 행위로 볼 수 있다.

④ (다)에서 단군을 시조로 만들 때, 단군의 실체를 규명*하는 것은 중요하게 여기지 않았겠군.

⋯ (다)는 고조선을 우리 역사의 시작으로 규정하고 단군을 우리의 시조로 만들어 우리 스스로를 단군의 자손으로 설정했으므로, 3문단에서 설명하고 있는 전통과 매개되어 인간은 이를 통해 비로소 자신의 유래를 알고 자신을 이해하며 더욱 확장하게 된다는 골동품적 역사의 사례에 해당된다고 볼 수 있다. 3문단에서 골동품적 역사는 오래된 과거를 찾아 보존하고 전승하는 역사로, 과거에 대한 실증적 사실의 확인은 중요하지 않다고 했다. 따라서 (다)에서 단군을 우리의 시조로 만들 때 단군의 실체를 규명하는 것은 중요하지 않은 문제로 볼 수 있다.

⑤ (다)는 우리나라 국민들이 단군의 자손임을 인식하게 하여 한 민족으로서의 귀속성을 느끼게 하기 위한 것이겠군.

⋯ 3문단에서 골동품적 역사는 민족의 역사적 고유성 속에서 민족 구성원 모두를 결합시키는 귀속성의 감정을 만들어낸다고 했다. 이로 볼 때 (다)는 우리나라 국민들이 단군의 자손임을 인식하게 하여 한 민족으로서의 귀속성을 느끼게 하기 위한 것으로 볼 수 있다.

어휘 충전

* **시조**(始 비로소 시 祖 할아비 조): 한 겨레의 맨 처음이 되는 조상.
* **창안**((創 비롯할 창 案 책상 안): 어떤 방안, 물건 따위를 처음으로 생각해 냄.
* **규명**(糾 꼴 규 明 밝을 명): 어떤 사실을 캐고 따져서 밝힘.

STUDY 09 어휘 확인

1 ㉢	2 ㉣	3 ㉠	4 ㉤	5 ㉡
6 ㉡	7 ㉣	8 ㉠	9 ㉢	10 ㉤
11 실증	12 전락	13 전승	14 고착	15 매개

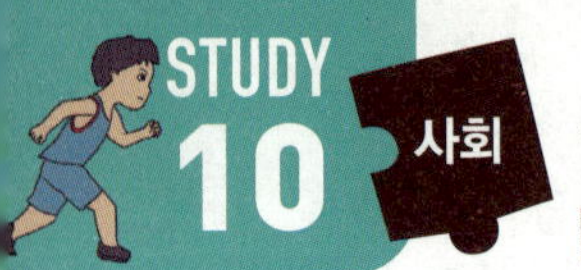

경매를 통한 가격 결정 방식

출전 박정호, 「고급 커피의 가격은 어떻게 결정되는가」 **지문 난이도** ★★★★☆

(1,543자)

1 » 희소성 높은 최고급 커피의 생두 가격은 어떻게 결정될까? 그것은 바로 경매이다. 경매를 통한 가격 결정 방식은 수요자들이 해당 재화의 가치를 서로 다르게 평가하고 있거나, 해당 재화의 가치를 정확히 가늠할 수 없을 때 주로 사용된다. 커피나무는 환경에 민감한 식물로, 일조량과 온도와 토질에 따라서 생두의 맛과 품질이 천차만별이다. 그래서 같은 지역이라 하더라도 매년 커피 생두의 품질이 달라지는 것이다. 이처럼 생두의 품질이 매년 다양한 이유로 달라지는 상황에서 해당 커피 생두의 가치를 결정하는 가장 수월한 방법은 단연 경매라 할 수 있다.

2 » 경매를 통한 가격 결정 방식을 사용하는 또 다른 이유는 구매자와 판매자의 숫자가 극단적으로 불일치할 때 가격을 결정하는 유용한 방법이기 때문이다. 특정 재화의 판매자가 한 명인데, 이를 구매하고자 하는 사람이 여러 명이라면 경매를 통해 가장 높은 가격을 지불하고자 하는 사람에게 판매할 수 있다. 최고급 커피 생두 역시 이러한 이유에서 경매로 가격을 결정한다. 이 밖에도 골동품, 미술품 등은 현재 동일한 이유로 경매를 통해 가격을 결정하고 있다. 이와는 반대로 특정 재화의 구매자는 한 명인데, 이를 판매하고자 하는 사람이 여러 명일 경우에도 경매는 유용한 방식이다. 가장 저렴한 가격을 제시한 사람에게서 구매하면 되기 때문이다. 현재 전투기와 같이 정부만이 유일한 구매자라 할 수 있는 국방 관련 물품이 일종의 경매인 경쟁 입찰로 결정된다.

3 » 경매는 입찰 방식의 공개 여부에 따라 공개 구두 경매와 밀봉 입찰 경매로 구분할 수 있다. 먼저 공개 구두 경매는 경매에 참여하는 사람들을 모두 한 자리에 모아 놓고 누가 어떠한 조건으로 경매에 응하는지를 공개적으로 진행하는 방식을 말한다. 이러한 공개 구두 경매는 다시 영국식 경매와 네덜란드식 경매로 구분할 수 있다. ㉠영국식 경매는 오름 경매 방식으로, 우리가 가장 흔히 접하는 낮은 가격부터 시작해서 가장 높은 가격을 제시한 사람이 낙찰자가 되는 방식을 말한다. 이러한 영국식 경매를 통해 가격을 결정하고 있는 대표적인 품목으로는 와인과 앞서 소개한 최고급 생두가 여기에 해당한다.

4 » 이와는 반대로 판매자가 높은 가격부터 제시해 가격을 점점 낮추면서 가장 먼저 응찰한 사람을 낙찰자로 정하는 방식이 ㉡네덜란드식 경매다. 이것이 내림 경매 방식이다. 내림 경매 방식은 튤립 재배로 유명한 네덜란드에서 오래 전부터 이용해오던 방식이며, 국내에서도 수산물 도매시장에서 생선 가격을 결정할 때 이 방식을 통해 가격을 결정한다.

5 » 공개적으로 진행되는 경매와는 달리 경매 참여자들이 서로 어떠한 가격에 응찰했는지를 확인할 수 없는 밀봉 입찰 경매가 있다. 밀봉 입찰 경매는 낙찰자가 지불하는 금액을 어떻게 결정하느냐에 따라 최고가 밀봉 경매와 차가 밀봉 경매로 구분된다. 최고가 밀봉 경매는 응찰자 중 가장 높은 가격을 적어 냈을 때 낙찰이 되는 것으

종류 ①

종류 ②

✎ **지문 정보 확인** 1 ○ 2 X 3 X

---

1 경매를 통한 가격 결정 방식이 사용되는 경우 ①
- 경매를 통한 가격 결정 방식이 쓰이는 경우
  - 수요자들이 해당 재화의 가치를 서로 다르게 평가하는 경우
  - 해당 재화의 가치를 정확히 가늠할 수 없는 경우

2 경매를 통한 가격 결정 방식이 사용되는 경우 ②
- 구매자와 판매자의 숫자가 극단적으로 불일치할 경우
  - 특정 재화의 판매자가 한 명인데, 구매하고자 하는 사람이 여러 명일 때
  - 특정 재화의 구매자는 한 명인데, 이를 판매하고자 하는 사람이 여러 명일 때
- 경매로 가격을 결정하는 물품의 사례

3 공개 구두 경매의 개념과 영국식 경매의 특징
- 입찰 방식 공개 여부에 따른 경매 유형
- 공개 구두 경매의 개념
- 공개 구두 경매의 세부 유형
- 영국식 경매: 오름 경매 방식

4 네덜란드식 경매의 특징
- 네덜란드식 경매: 내림 경매 방식

5 밀봉 입찰 경매의 개념과 유형
- 밀봉 입찰 경매의 개념
- 밀봉 입찰 경매의 세부 유형
  - 최고가 밀봉 경매: 낙찰자가 자신이 적어 낸 금액을 지불하는 방식
  - 차가 밀봉 경매: 낙찰자가 입찰가 중 두 번째로 높은 금액을 지불하는 방식

지문 구조 한눈에 보기

화제 제시 + 부연 설명 **1** **2**

↓

종류 1 **3** **4**	영국식 경매 네덜란드식 경매

↓

종류 2 **5** **6**	밀봉 입찰 경매

지문 Point 분석 **주제: 경매의 개념과 유형**

해제: 이 글은 경매가 가격 결정 방식으로 사용되는 이유와 그 세부 유형에 대해 설명하는 글이다. 경매는 수요자들이 재화의 가치를 서로 다르게 평가하고 있거나, 해당 재화의 가치를 정확히 가늠할 수 없을 때 주로 사용되며, 구매자와 판매자의 숫자가 극단적으로 불일치할 때도 유용하다. 경매는 크게 공개 구두 경매와 밀봉 입찰 경매로 구분되며, 공개 구두 경매는 영국식 경매와 네덜란드식 경매로, 밀봉 입찰 경매는 최고가 밀봉 경매와 차가 밀봉 경매로 각각 다시 구분된다.

로 낙찰자는 자신이 적어 낸 금액을 지불한다. 차가 밀봉 경매의 낙찰자 결정 방식은 최고가 밀봉 경매와 동일하다. 그러나 낙찰자가 지불하는 금액은 자신이 적어 낸 금액이 아니라 응찰자가 적어 낸 금액 중 두 번째로 높은 금액이다.

전제와 내용의 추리

1 ▼ 추론적 이해   답 ⑤

㉠과 ㉡에 대한 이해로 적절하지 않은 것은?

⑤ 경매에 참가한 사람이 다수일 경우 ㉠과 ㉡ 모두 가장 먼저 응찰한 사람이 낙찰자가 된다.

⋯ ㉠은 영국식 경매로 낮은 가격부터 시작해서 가장 높은 가격을 제시한 사람이 낙찰자가 되는 방식이다. ㉡은 네덜란드식 경매로 판매자가 높은 가격부터 제시해 가격을 점점 낮추면서 가장 먼저 응찰한 사람을 낙찰자로 정하는 방식이다. ㉡의 경우 가장 먼저 응찰한 사람이 낙찰자가 되지만 ㉠에서는 가장 높은 가격을 제시한 사람이 낙찰자가 된다.

➕ 오답 챙기기

① ㉠은 경매에 참여한 사람이 경쟁자가 제시한 입찰 금액을 알 수 있다.

⋯ ㉠과 ㉡은 모두 공개 구두 경매에 속하며, 공개 구두 경매는 경매에 참여하는 사람들을 모두 한 자리에 모아 놓고 누가 어떠한 조건으로 경매에 응하는지를 공개적으로 진행하는 방식이기 때문에 ㉠은 경매에 참여한 사람이 경쟁자가 제시한 입찰 금액을 알 수 있다.

② 희소성이 있는 최고급 생두는 ㉠의 방식을 통해 가격을 결정하는 대표적 품목*이다.

⋯ 3문단에 따르면 최고급 생두는 영국식 경매를 통해 가격을 결정하고 있는 대표적인 품목에 해당한다.

③ ㉡ 방식에서 낙찰 가격은 경매에서 최초로 제시된 금액보다 높아질 수 없다.

⋯ ㉡은 내림 경매 방식으로, 판매자가 높은 가격부터 제시해 가격을 점점 낮추면서 가장 먼저 응찰한 사람을 낙찰자로 정하는 방식이기 때문에 낙찰 가격은 최초로 제시된 금액보다 높아질 수 없다.

④ ㉠과 ㉡ 모두 경매에 나온 재화*의 낙찰 가격을 알 수 있다.

⋯ ㉠과 ㉡은 모두 누가 어떠한 조건으로 경매에 응하는지를 공개적으로 진행하는 방식인 공동 구매 경매에 속하기 때문에 재화의 낙찰 가격을 알 수 있다.

> 
> **어휘 충전**
> * **품목**(品 물건 품 目 눈 목): 물품 종류의 이름.
> * **재화**(財 재물 재 貨 재물 화): 재물. 돈이나 그 밖의 값나가는 모든 물건

2 ▼ 구체적 사례에의 적용   답 ②

윗글을 바탕으로 할 때, 〈보기〉의 ㉠~㉣에 들어갈 내용으로 적절한 것은?

> **보기**
>
> '밀봉* 입찰 경매'로 진행되는 경매에 A, B, C 세 사람이 각각 10만 원, 8만 원, 6만 원으로 입찰에 참가하였다. 이 경매가 '최고가 밀봉 경매'라면 낙찰자는 (㉠)이며 낙찰자가 지불*할 금액은 (㉡)이다. '차가 밀봉 경매'라면 낙찰자는 (㉢)이며 낙찰자가 지불할 금액은 (㉣)이다.

② ㉠: A ㉡: 10만 원 ㉢: A ㉣: 8만 원

⋯ 최고가 밀봉 경매는 응찰자 중 가장 높은 가격을 적어낸 사람이 자신이 적은 금액을 지불하는 방식이다. 이를 〈보기〉에 적용하면 낙찰자(㉠)는 가장 높은 가격인 10만 원을 적어낸 A이며, 지불 금액(㉡)은 자신이 적어낸 10만 원이다. 차가 밀봉 경매는 응찰자 중 가장 높은 가격을 적어낸 사람이 낙찰되나, 두 번째로 높은 금액을 지불하는 방식이다. 이를 〈보기〉의 예시에 적용한다면 낙찰자(㉢)는 가장 높은 가격을 적은 A이고, 지불 금액(㉣)은 두 번째로 높은 금액인 8만 원이다.

➕ 오답 챙기기

① ㉠: A ㉡: 10만 원 ㉢: A ㉣: 10만 원

⋯ 차가 밀봉 방식에서는 두 번째로 높은 금액을 지불한다. 따라서 ㉣은 8만 원이다.

③ ㉠: A ㉡: 8만 원 ㉢: B ㉣: 8만 원

⋯ 최고가 밀봉 경매의 지불 금액인 ㉡과 차가 밀봉 경매의 낙찰자인 ㉢이 적절하지 않다.

④ ㉠: B ㉡: 8만 원 ㉢: B ㉣: 6만 원

⋯ 최고가 밀봉 경매나 차가 밀봉 경매 모두 낙찰자는 가장 높은 가격을 적어낸 A이다.

⑤ ㉠: B ㉡: 8만 원 ㉢: C ㉣: 6만 원

⋯ 최고가 밀봉 경매나 차가 밀봉 경매 모두 가장 높은 가격을 적어낸 사람이 낙찰자가 된다. 따라서 ㉠과 ㉢ 모두 낙찰자는 A이다.

> **어휘 충전**
> * **밀봉**(密 빽빽할 밀 封 봉할 봉): 단단히 붙여 꼭 봉함.
> * **지불**(支 지탱할 지 拂 떨칠 불): 돈을 내어 줌. 또는 값을 치름.

조선 시대의 양천제와 반상제

출천 김돈 외, 「노비를 줄이고 양인을 늘리다 '반상과 양천'」　지문 난이도 ★★★★☆

(1,369자)

1 » 고려 말 중앙 집권 체제의 약화와 왕권의 쇠퇴 속에서 조선 왕조를 세운 신흥 사대부들은 지주층이었기 때문에 노비 노동력이 필요했다. 그러나 이들은 강력한 중앙 집권 체제의 확립을 위해 국역(國役) 대상인 양인 계층의 폭을 넓히려 하였다. 따라서 노비가 꼭 있어야 하더라도 되도록 양인을 더 많이 확보하려는 것이 새 왕조가 추구한 국역 정책의 기본 방향이었다.

2 » 이처럼 국역 대상의 확보를 새 왕조 통치 체제의 발판으로 추구하면서, 법제적으로 모든 사회 구성원을 일단 양인과 천인으로 나누었다. 이들 사이에는 의무와 권리에서 차등이 있었는데 먼저 의무 면에서 양인 남자는 국역인 군역(軍役)과 요역(徭役)의 의무가 있었다. 이에 비해 천인은 군역에서 철저히 배제되었다.

3 » 권리 면에서 양인과 천인은 신체와 생명의 보호와 같은 인간의 기본권을 공권력으로 보장받을 수 있는지에서 뚜렷이 차이가 났다. 천인인 노비는 재산으로 보아 매매·상속·양도·증여의 대상이 되었으며, 사는 곳을 옮길 자유가 없었다. 노비와 양인이 싸우면 노비가 한 등급 더 무거운 벌을 받는 것은 양·천 사이의 법적 지위의 차이를 잘 보여준다. 그보다 권리 면에서 양·천의 가장 분명한 차이는 관직 진출권이 있느냐는 것이었다. 양인 중에도 관직 진출권이 제한된 사람이 적지 않았으나 양인은 일단 관직 진출권이 있었다. 더러 노비가 국가에 큰 공로를 세워 정규 관직인 유품직(流品職)을 받기도 하였으나 이때는 반드시 양인이 되는 종량(從良) 절차를 먼저 밟아야 했다.

4 » 그러나 이러한 양·천 구분은 국가의 법적 구분이었지, 실제 사회 구성은 좀 더 복잡했다. 양·천이라는 법적 구분 아래 사회 구성원은 상급 신분층인 양반 계층, 의관·역관과 같은 기술관이나 서얼등의 중인 계층, 양인 중 수가 가장 많았던 평민 계층, 노비가 주류인 천민 계층으로 나뉘었다.

5 » 조선을 양반 관료 사회라고 규정하듯이 양반은 정치·사회·경제 면에서 갖가지 특권과 명예를 독점적으로 누리면서 그 아래인 중인·평민·천민과는 격을 달리했다. 이를 반상(班常)이라는 말로 표현한다. 반상은 곧 신분을 지배자와 피지배자로 나눈 것으로서, 반상의 반(班)에는 중인이 들어가지 않았지만 상(常)에는 평민부터 노비까지 포함되었다. 이러한 구분은 법적 구분과는 달리 사회 통념상으로 최고 신분인 양반의 지배자적 위치를 돋보이게 하려는 의식에서 생겼다고 하겠다.

6 » 이처럼 국가 차원의 법적 규범인 양천제와 당시 실제 계급 관계를 반영한 사회 통념상 구분인 반상제가 서로 섞여 중세의 신분 구조를 이루었다. 중세 사회가 발전하면서 신분 구조는 양천제라는 법제적 틀에서 차츰 사회 통념상의 신분 규범이 규정 요소로 확고히 자리 잡는 방향으로 변화했다. 이는 지주제의 확대와 발전, 그리고 조선 사회의 안정과 변동을 나타내는 것이기도 하였다.

양천제 ①

1 조선 왕조 국역 정책의 기본 방향
- ▸ 지주층이었던 신흥 사대부가 양인을 늘리려고 한 이유

2 양인과 천인 간 의무의 차이
- ▸ 사회 구성원의 법제적 구분 : 양인과 천인
- ▸ 양인 남자의 의무 : 군역, 요역
- ▸ 천인 : 군역에서 철저히 배제

양천제 ②

3 양인과 천인 간 권리의 차이

양인	– 인간의 기본권을 공권력으로 보장받음 – 관직 진출권이 있음
천인	– 재산으로 간주됨 – 관직 진출권이 없음

4 조선 시대 실제 사회 구성
- ▸ 조선 시대 실제 사회 계층 구분
  - 양반 계층
  - 중인 계층
  - 평민 계층
  - 천민 계층

반상제

5 사회 통념상의 신분 제도
- ▸ 반상의 개념

반	상급 신분층. 양반
상	평민부터 노비를 모두 포함

- → 최고 신분인 양반의 지배자적 위치를 돋보이게 하려는 의식

6 조선 시대 신분 구조의 변천
- ▸ 중세의 신분 구조
  - 법적 규범인 양천제 + 사회 통념상 구분인 반상제
- ▸ 조선 시대 신분 구조의 변천
  - 양천제 → 반상제

✎ 지문 정보 확인　1 ○　2 X　3 X

지문 Point 분석　**주제: 조선 시대 신분 제도의 종류와 특징**

해제: 조선 왕조는 강력한 중앙 집권 체제의 확립을 위하여 국역 대상인 양인 계층의 폭을 넓히고자 하였다. 이로 인해 양인과 천인의 확고한 구분이 생겨났고 둘 사이에는 의무와 권리의 확연한 차이가 존재했다. 하지만 국가의 법적 구분인 양천제보다 실제 사회 구성은 복잡했으며, 실제 계급 관계를 반영한 사회 통념상 구분인 반상제와 양천제는 서로 섞여 중세의 신분 구조를 이루었다. 중세 사회가 발전하면서 신분 구조는 반상제 쪽으로 기울어 확고히 자리 잡는 방향으로 변화했다.

1 ▼ 세부 정보의 확인   답 ⑤

윗글을 통해 알 수 있는 내용으로 적절하지 <u>않은</u> 것은?

⑤ 조선의 국역 정책은 노동력 확보를 위해 노비의 수를 최대한 늘리는 것을 우선시하였다.

… 1문단에 따르면 조선 왕조는 강력한 중앙 집권 체제의 확립을 위해 국역 대상인 양인의 폭을 넓히려 하였다. 노비가 꼭 있어야 하더라도 되도록 양인의 수를 늘리려 한 것이 조선 시대 국역 정책의 기본 방향이라고 하였기 때문에 노동력 확보를 위해 노비의 수를 최대한 늘리려 했다는 설명은 적절하지 않다.

➕ 오답 챙기기

① 중인은 반상제에서 '반'에 포함되지 않았다.

… 5문단에서 반상의 '반'에는 중인이 들어가지 않았지만 '상'에는 평민부터 노비까지 포함되었다고 하였다.

② 양인 가운데 평민층의 수가 양반층의 수보다 더 많았다.

… 4문단에서 '양인 중 수가 가장 많았던 평민 계층'이라고 하였기 때문에 평민층의 수가 양반층의 수보다 더 많았다는 것을 추론할 수 있다.

③ 조선 시대 사회 구성원*은 사회 통념상 네 계층으로 나뉘었다.

… 4문단에서 조선 시대 사회 구성원은 사회 통념상 양반 계층, 중인 계층, 평민 계층, 천민 계층의 네 계층으로 나뉘었음을 확인할 수 있다.

④ 지주제의 확대와 발전은 양천제에서 반상제로의 변화와 관련이 있었다.

… 6문단에서 조선 시대의 신분 구조는 양천제라는 법제적 틀에서 차츰 사회 통념상의 신분 규범인 반상제로 변화했고, 이것은 지주제의 확대와 발전, 그리고 조선 사회의 안정과 변동을 나타낸다고 말하였다.

> **어휘충전** * 구성원(構 얽을 구 成 이룰 성 員 관원 원): 어떤 조직이나 단체를 이루고 있는 사람들.

2 ▼ 핵심 정보 추론   답 ③

'채수'의 견해를 윗글과 관련 지어 이해한 내용으로 가장 적절한 것은?

> **보기**
>
> 　사헌부 대사헌 채수가 아뢰었다. "어제 전지*를 보니 역관, 의관을 권장하고 장려하고자 능통하고 재주가 있는 자는 동서 양반에 발탁하여 쓰라고 특별히 명령하셨다니 듣고 놀랐습니다. 무릇 벼슬에는 높고 낮은 것이 있고 직책에는 가볍고 무거운 것이 있습니다. 의관, 역관은 사대부 반열에 낄 수 없습니다. 의관, 역관 무리는 모두 미천한 계급 출신으로 사족(士族)이 아닙니다."
>
> —『성종실록(成宗實錄)』—
>
> *전지: 상벌(賞罰)에 관한 임금의 명(命)을 그 맡은 관아에 전달하던 일.

③ 의관, 역관과 같은 중인을 동서 양반에 발탁*하려는 임금의 조치에 반대하는 것은 양반의 지배자적 위치를 돋보이게 하려는 의식을 반영한 것이겠군.

… 〈보기〉의 채수는 기술직인 중인을 양반에 발탁하려는 임금의 명령에 반대하는 주장을 하고 있다. 이 글의 5문단에서 반상의 반(班)에는 중인이 들어 있지 않았다고 하였으며, 반상제는 사회 통념상으로 최고 신분인 양반의 지배자적 위치를 돋보이게 하려는 의식에서 생겨났다고 말하고 있다. 따라서 중인을 동서 양반에 발탁하는 것을 반대한, 채수의 의견은 양반의 지배자적 위치를 돋보이게 하려는 의식을 반영한 것이라고 할 수 있다.

➕ 오답 챙기기

① 벼슬에는 높고 낮음이 있고 직책에는 가볍고 무거운 것이 있다고 한 것은 당시 모든 사회 구성원을 양인과 천인으로 나누려는 의도로 볼 수 있군.

… 〈보기〉의 채수는 중인 계층을 양반에 발탁할 수 없다는 주장을 하고 있다. 이것은 모든 사회 구성원은 양인과 천인으로 나눈 양천제보다는 양반의 지배자적 위치를 돋보이게 하려던 반상제의 내용에 해당한다.

② 의관, 역관 무리는 모두 미천한* 계급 출신으로 사족이 아니라고 한 것은 국가의 법적 규범인 양천제가 흔들릴 것에 대한 위기감을 드러낸 것이군.

… 3문단에 따르면 양천제에서 양인은 일단 관직 진출권이 있다. 따라서 〈보기〉의 채수가 말하는 중인 계층을 양반에 포함시킬 수 없다는 주장은 양천제보다는 반상제와 관계된 내용이다.

④ 기술직을 권장하는* 대책을 세우고 시행하는 데 대해 우려를 나타낸 것은 양반들이 누려온 독점적 권력이 중인에게 집중될 것에 대한 불만을 표시한 것으로 보아야겠군.

… 양반들이 누려온 독점적 권력을 중인과 나눠 가지는 것을 우려하는 것이라 볼 수 있으나 권력이 중인에게 집중될 것이라는 걱정이나 불만은 찾을 수 없다.

⑤ 재주가 있는 자를 양반에 발탁하도록 한 임금의 명령에 놀라움을 드러낸 것은 신분에 따라 공권력*으로 인간의 기본권을 보장받을 수 있는 범위에 대한 시각차를 보여주는군.

… 공권력으로 인간의 기본권을 보장받을 수 있는 범위에 대한 시각차는 양인과 천인의 구별에서 나타나는 내용이므로, 중인을 양반에 발탁할 수 없다는 주장과는 관련이 없다.

> **어휘충전**
> * 발탁(拔 뺄 발 擢 뽑을 탁): 여러 사람 가운데서 쓸 사람을 뽑음.
> * 미천하다(微 작을 미 賤 천할 천): 신분이나 지위 따위가 하찮고 천하다.
> * 권장하다(勸 권할 권 獎 권면할 장): 권하고 장려하다.
> * 공권력(公 공변될 공 權 권세 권 力 힘 력): 국가나 공공 단체가 국민에게 명령하고 강제할 수 있는 힘.

STUDY 10 어휘확인

1 ㉣	2 ㉢	3 ㉠	4 ㉿	5 ㉡
6 ㉠	7 ㉤	8 ㉣	9 ㉠	10 ㉤
11 ㉿	12 ㉢	13 재화	14 양도	15 응찰
16 국역	17 입찰	18 구두		

STUDY 11 · 사회

경국대전에 나타난 조선의 근대적인 법

출전 최연식 외, 『'경국대전'과 유교국가 조선의 예치』　**지문 난이도** ★★★☆☆

(1,524자)

1 » 프랑스의 법률가 몽테스키외는 동양의 유교 사회를 '법이 아닌 도덕에 의해 다스려지는 사회'라고 말했다. 동양의 유교 사회를 근대적인 법이 부재하고 백성들에게 도덕만을 강조하는, 합리성이 ⓐ결여된 사회로 판단한 것이다. 그렇다면 유교를 통치 이념으로 삼았던 조선도 '법이 아닌 도덕'에 의해 다스려진 사회였을까? 이 질문에 대한 답은 조선 시대의 법전인 『경국대전』에서 찾을 수 있다.

2 » 서양인들이 동양의 유교 사회에 근대적인 법이 부재한다고 판단한 근거 중 첫 번째는 법적 안정성이 떨어진다는 것이다. 경국대전이 편찬되기 전까지 조선은 왕이 바뀔 때마다 기존의 법전에 왕의 명령을 덧붙이는 방식으로 법전을 새로 편찬했다. 이로 인해 법 조항 사이에 통일성이 없어졌고 결국 안정적인 법 집행이 어려운 지경에까지 이르렀다. 이에 세조는 기존 법전과 왕들의 명령을 통일성 있게 정리해 나감과 동시에 우리 고유의 관습법을 반영하여 법 조항을 상세히 기록해 나갔다. 이 작업은 30여 년간 이어졌고 성종 때에 이르러 경국대전은 완성되었다. 시대가 변하더라도 크게 바꿀 필요가 없는 법을 만들겠다는 편찬 의도대로 경국대전은 조선이 왕의 절대적인 권한을 ⓑ용인하지 않고 법에 의해 안정적으로 운영되는 데 그 역할을 다했다.

3 » 서양인들의 두 번째 판단 근거는 유교 사회의 법은 합목적성을 갖추고 있지 않다는 것이다. 경국대전 편찬에 참여한 학자 최항은 '사람은 욕망이 싹트면서 선한 바탕을 잃어버린다. 그래서 덕치를 이상으로 하되, 현실에서는 법을 수단으로 삼아야 한다.'고 말했다. 백성들을 옥죄어 오로지 상벌로만 다스리는 것은 유교의 이상에 ⓒ부합하지 않는다고 생각하고 법이 덕치라는 이상을 위한 수단으로 사용되어야 한다는 것이다. 이에 따라 경국대전에는 사형을 집행할 때에는 세 차례에 걸쳐 상황을 ⓓ참작할 자료가 있는지 조사하고 충분한 논의 후 형량을 조정하여 왕이 최종적인 판결을 내려야 한다는 '삼복 제도'가 명시되어 있다. 이는 법으로써 죄인을 처벌하는 데에만 목적을 두지 않고 법을 수단으로 하여 백성을 덕으로 다스리려는 목적을 이루고자 한 것이라 볼 수 있다.

4 » 서양인들의 마지막 판단 근거는 법에 평등의 정신이 반영되어 있지 않다는 것이다. 철저한 신분제 사회 속에서 편찬되었음에도 불구하고 경국대전의 전체 처벌 규정 가운데 45%는 비리를 저지르거나 백성을 괴롭히는 관리들에 대한 처벌 규정이다. 이는 지배층이라 해도 유교 이념에 어긋난 행동을 하면 처벌을 받아야 한다는 인식에서 비롯된 것으로 고려 말 지배층의 부정부패로 인한 혼란을 겪으며 얻은 교훈의 결과였다. 더불어 세금을 거두는 기준을 명확하게 제시하여 합리적으로 세금을 ⓔ징수하도록 하고, 출산을 앞둔 관노비에게 80일 간의 휴가를 주는 등 사회복지법적인 성격을 지닌 조항도 만들어 피지배층을 고려한 법을 만들기 위한 노력을 기울였다.

5 » 이상의 내용을 통해 우리는 조선이 근대성을 지닌 법으로 운영된 사회라는 것을 알 수 있다. 더불어 지배층의 모범을 강조하면서 현실적인 법을 통해 궁극적으로 덕치를 추구한 조선의 왕과 관리들의 노력 또한 확인할 수 있다.

지문 정보 확인　1 X　2 ○　3 ○

지문 구조 해설 (우측 주석)

1 동양 유교 사회의 '법'에 대한 의문 제기
- 동양 유교 사회에 대한 몽테스키외의 평가
- 화제 제시: 질문을 던지고 독자의 궁금증을 유발함

2 서양인의 판단에 대한 반론 ①: 법적 안정성

근거	법적 안정성이 떨어짐
↓	
경국대전	기존 법전과 왕들의 명령을 통일성 있게 정리하면서 고유 관습법을 반영하여 사회가 법에 의해 안정적으로 운영되도록 함

반론 ①

3 서양인의 판단에 대한 반론 ②: 합목적성

근거	합목적성을 갖추지 못함
경국대전	법이 덕치라는 이상을 위한 수단으로 사용되어야 함 예 삼복 제도

반론 ②

4 서양인의 판단에 대한 반론 ③: 평등의 정신

근거	평등의 정신이 반영되지 않음
↓	
경국대전	지배층에 대한 경계와 피지배층에 대한 사회복지적 성격을 띠고 있음

반론 ③

5 근대적 법을 가지고 있었던 조선
- 몽테스키외에 대한 반론

지문 구조 한눈에 보기 

주장 제시 **1**

↓

반론 **2 3 4**
- 경국대전의 합목적성
- 경국대전의 법적 안정성
- 경국대전의 평등 정신

↓

평가 **5**

지문 Point 분석　주제: 경국대전에 나타난 조선의 근대적인 법

해제: 이 글은 경국대전에 드러난 조선의 법이 지닌 근대적 성격을 분석한 글이다. 앞부분에서 서양의 법률가 몽테스키외가 동양의 유교 사회를 근대적인 법이 부재하는, 비합리적인 사회라고 평가한 내용을 제시한 뒤, 경국대전의 편찬 과정과 그 속에 담긴 내용을 통해 반박하고 있다. 이를 통해 조선이 근대성을 지닌 법으로 운영된 사회였다는 결론을 내리고 있다.

1 ▼ 세부 정보 파악   답 ①

'경국대전'에 대한 설명으로 적절하지 <u>않은</u> 것은?

① 왕이 바뀔 때마다 전면적*인 수정이 반복되었다.

⋯ 2문단에 따르면 경국대전이 편찬되기 전의 조선은 왕이 바뀔 때마다 기존 법전에 왕의 명령을 덧붙여 수정·편찬하는 것이 문제였다. 전면적인 수정이 반복된 것은 아니다.

➕ 오답 챙기기

② 왕의 절대적인 권한을 견제하는 기능을 하였다.

⋯ 2문단에 따르면 경국대전은 왕의 절대적인 권한을 용인하지 않고 국가가 법에 의해 안정적으로 운영되도록 하는 데에 기여했음을 알 수 있다.

③ 피지배층*의 사회복지를 위한 관련 조항이 있었다.

⋯ 4문단에 따르면 경국대전은 평등 정신을 담고 있는 법전이다. 그 중에서도 피지배층인 관노비에게 80일 간의 출산 휴가를 주는 등 사회복지법적인 성격을 지닌 조항을 담고 있다고 제시되어 있다.

④ 판결의 오류*를 줄이기 위한 법률 제도가 포함되었다.

⋯ 3문단에서 경국대전에는 사형을 집행할 때 세 차례에 걸쳐 상황을 참작할 자료가 있는지를 조사하고 충분히 논의한 후 형량을 조절하고 왕이 최종 판결을 내려야 하는 제도가 있었음을 알 수 있다.

⑤ 지배층의 부정부패를 예방하기 위한 노력이 반영되었다.

⋯ 4문단에서 경국대전의 전체 처벌 규정 가운데 45%가 비리를 저지르거나 백성을 괴롭히는 관리들에 대한 처벌 규정임을 밝히고 있다.

> 🎩 **어휘 충전**
> * **전면적**(全 온전할 전 面 낯 면 的 과녁 적): 일정한 범위 전체에 걸치는 것.
> * **피지배층**(被 입을 피 支 지탱할 지 配 짝 배 層 층 층): 지배를 당하는 계층.
> * **오류**(誤 그릇할 오 謬 그릇될 유): 그릇되어 이치에 맞지 않는 일.

2 ▼ 의도 및 관점 비교   답 ⑤

윗글의 '최항'과 〈보기〉의 '한비자'에 대한 설명으로 적절한 것은?

> **보기**
>
> 한비자는 인간은 본래 이기적인 존재이므로 재화*가 한정된* 상황에서는 다툼이 발생할 수밖에 없다고 보았다. 이때 왕이 덕으로 사람들을 다스리는 것에는 한계가 있으므로 법으로 사람들을 다스릴 수밖에 없으며, 이를 통해 궁극적*으로 부국강병을 이룰 수 있다고 주장하였다.

⑤ 최항은 덕치를, 한비자는 부국강병을 위해 법의 필요성을 인정하였다.

⋯ 3문단에서 최항은 덕치를 실현하기 위해 법을 수단으로 삼아야 한다고 했다. 〈보기〉의 한비자는 부국강병을 이루기 위해 법이 필요하다고 보았다.

➕ 오답 챙기기

① 최항은 인간이 법으로 인해 선한 바탕을 잃는다고 보았다.

⋯ 3문단에서 최항은 사람이 선한 바탕을 잃게 되는 것은 욕망 때문이라고 하였다. 그 때문에 덕치를 이상으로 삼되, 현실에서는 법을 수단으로 삼아야 한다고 제시되어 있다.

② 한비자는 법으로 인간의 본성을 회복할 수 있다고 보았다.

⋯ 〈보기〉에서 한비자는 인간의 본성은 악하다고 보았다. 그래서 덕으로 사람을 다스리는 것에 한계가 있어 법이 필요하다고 밝혔다. 따라서 법으로 인간의 본성을 회복한다는 것은 적절하지 않다.

③ 최항과 한비자는 모두 상과 벌로만 백성을 다스리려 하였다.

⋯ 3문단에서 최항은 상벌로만 백성을 다스리는 것은 유교의 이상에 부합하지 않으며 법이 덕치라는 이상을 위한 수단이 되어야 한다고 진술하고 있다.

④ 최항은 법의 부정적 기능을, 한비자는 긍정적 기능을 강조하였다.

⋯ 최항에게 법은 덕치라는 이상을 실현하기 위한 수단으로서 의미가 있고, 한비자는 덕으로 사람을 다스리는 것에 한계가 있으므로 법이 필요하다고 하였다. 둘 다 법의 의미나 가치를 밝힌 것일 뿐, 긍정적이거나 부정적 기능을 밝혔다고 보기 어렵다.

> 🎩 **어휘 충전**
> * **재화**(財 재물 재 貨 재물 화): 사람이 바라는 바를 충족시켜 주는 모든 물건.
> * **한정되다**(限 한계 한 定 정할 정): 수량이나 범위 따위가 제한되어 정해지다.
> * **궁극적**(窮 다할 궁 極 지극할 지 的 과녁 적): 더할 나위 없는 지경에 도달하는 것.

3 ▼ 어휘의 사전적 의미 파악   답 ④

ⓐ~ⓔ의 사전적 의미로 적절하지 <u>않은</u> 것은?

④ ⓓ: 앞으로의 일을 미리 헤아림.

⋯ '참작'의 사전적 의미는 '이리저리 비추어 보아서 알맞게 고려함.'이다.

➕ 오답 챙기기

① ⓐ: 마땅히 있어야 할 것이 빠져서 없거나 모자람.

⋯ '결여'의 사전적 의미는 '마땅히 있어야 할 것이 빠져서 없거나 모자람.'이라는 뜻으로 '객관성 결여'와 같이 쓰인다.

② ⓑ: 너그럽게 받아들여 인정함.

⋯ '용인'의 사전적 의미는 '용납하여 인정함.'으로 '용인하다, 용인되다.'의 꼴로 자주 쓰인다.

③ ⓒ: 사물이나 현상이 서로 꼭 들어맞음.

⋯ '부합'의 사전적 의미는 '사물이나 현상이 서로 꼭 들어맞음.'이다.

⑤ ⓔ: 조세, 벌금 따위를 국민에게서 거두어들임.

⋯ '징수'의 사전적 의미는 '법에 따라서 조세, 수수료, 벌금 따위를 국민에게서 거두어들이는 일'이라는 뜻이다.

문화주의자들의 정치 문화 유형 연구

출전 진영재, 『정치학 총론』　지문 난이도 ★★★☆☆

(1,1510자)

❶ » 어떤 사회 현상이 나타나는 경우 그러한 현상은 '제도'의 탓일까, 아니면 '문화'의 탓일까? 이 논쟁은 정치학을 비롯한 모든 사회과학에서 두루 다루는 주제이다. 정치학에서 제도주의자들은 보다 선진화된 사회를 만들기 위해서 제도의 정비가 중요하다고 주장한다. 하지만 문화주의자들은 실제적인 '운용의 묘'를 살리는 문화가 제도의 정비보다 중요하다고 주장한다.

❷ » 문화주의자들은 문화를 가치, 신념, 인식 등의 총체로서 정치적 행동과 행위를 특정한 방향으로 움직여 일정한 행동 양식을 만들어내는 것으로 정의한다. 이러한 문화에 대한 정의를 바탕으로 이들은 국민이 정부에게 하는 정치적 요구인 투입과 정부가 생산하는 정책인 산출을 기반으로 정치 문화를 편협형, 신민형, 참여형의 세 가지로 유형화하였다.

❸ » 편협형 정치 문화는 투입과 산출에 대한 개념이 모두 존재하지 않는 정치 문화이다. 투입이 없으며, 정부도 산출에 대한 개념이 없어서 적극적 참여자로서의 자아가 있을 수 없다. 사실상 정치 체계에 대한 인식이 국민들에게 존재할 수 없는 사회이다. 샤머니즘에 의한 신정 정치, 부족 또는 지역 사회 등 전통적인 원시 사회가 이에 해당한다.

유형 ①

❹ » 다음으로 신민형 정치 문화는 투입이 존재하지 않으며, 따라서 적극적 참여자로서의 자아가 형성되지 못한 사회이다. 이런 상황에서 산출이 존재한다는 의미는 국민이 정부가 해주는 대로 받는다는 것을 의미한다. 이들 국민은 정부에 복종하는 성향이 강하다. 하지만 편협형 정치 문화와 달리 이들 국민은 정치 체계에 대한 최소한의 인식은 있는 상태이다. 일반적으로 독재 국가의 정치 체계가 이에 해당한다.

유형 ②

❺ » 마지막으로 참여형 정치 문화는 국민들이 자신들의 요구 사항을 표출할 줄도 알고, 정부는 그러한 국민들의 요구에 응답하는 사회이다. 따라서 국민들은 적극적인 참여자로서의 자아가 형성되어 있으며, 그러한 적극적 참여자들로 형성된 정치 체계가 존재하는 사회이다. 이는 선진 민주주의 사회로서 현대의 바람직한 민주주의 사회상이다.

유형 ③

❻ » 정치 문화 유형 연구는 어떤 사회가 민주주의를 제대로 구현하기 위해서 우선적으로 필요한 것이 무엇인가 하는 질문에 대한 답을 제시하고 있다. 문화주의자들은 국가를 특정 제도의 장단점에 의해서가 아니라 국가의 구성 요소들이 민주주의라는 보편적인 목적을 위해 얼마나 잘 기능하고 있는가를 기준으로 평가하고 있는 것이다.

지문 구조 해설

1 사회 현상이 나타나는 원인에 대한 질문
- 사회 현상이 나타나는 원인에 대한 질문
  - 제도주의자: 선진화된 사회를 위해 제도의 정비가 중요함
  - 문화주의자: 실제적인 운용의 묘를 살리는 문화가 중요함

2 문화주의자들의 정치 문화 유형 분류
- 문화의 정의
- 문화주의자의 정치 문화 연구
  - 국민이 정부에게 하는 정치적 요구와 정부가 생산하는 정책을 기반으로 정치 문화를 세 가지로 유형화함

3 정치 문화의 유형 ①: 편협형
- 편협형 정치 문화의 개념
- 편협형 정치 문화의 예시

4 정치 문화의 유형 ②: 신민형
- 신민형 정치 문화의 개념
- 신민형 정치 문화의 예시

5 정치 문화의 유형 ③: 참여형
- 참여형 정치 문화의 개념
  - 세 가지 유형 중 가장 바람직한 사회
- 참여형 정치 문화의 예시

6 정치 문화 유형 연구의 의의
- 문화주의자의 정치 문화 연구의 의의

지문 정보 확인　1 X　2 ○　3 X

지문 Point 분석　주제: 문화주의자들의 정치 문화 유형 연구

해제: 이 글은 사회 현상에 영향을 미치는 요인 중 문화라는 요소를 강조하고, 이에 따라 정치 문화를 유형화하여 설명한 글이다. 정치 문화는 국민이 정부에게 하는 요구를 투입이라 보고, 정부가 생산하는 정책을 산출이라 하였을 때, 각 요소들의 유무에 따라 편협형, 신민형, 참여형 정치 문화의 세 가지로 나눌 수 있다고 한다. 그리고 이와 같은 정치 문화 유형 연구는 민주주의를 제대로 구현하기 위해 필요한 요소를 인식하게 하는 데에 의미가 있다.

지문 구조 한눈에 보기

화제 제시 **1**	
구체화 **2**	정치 문화 유형
분류 **3 4**	편협형 정치 문화
5	신민형 정치 문화
	참여형 정치 문화
의의 **6**	

1

▼ 서술 의도 파악   답 ①

윗글을 통해 글쓴이가 궁극적으로 말하고자 하는 것은?

① 정치 발전을 위해서는 국민이 적극적으로 정치에 참여해야 한다.
⋯ 6문단에서 정치 문화 유형 연구는 어떤 사회의 민주주의 구현에
필요한 것이 무엇인가에 대한 답을 제시하고 있다고 하였다. 또
한 5문단에서 참여형 정치 문화에 대해 서술하며 현대의 바람직
한 민주주의 사회상이라고 하였으므로, 이 글을 통해 글쓴이가
궁극적으로 말하고자 하는 것은 정치 발전을 위해 국민이 적극
적으로 정치에 참여해야 한다는 것이다.

➕ 오답 챙기기

② 정치 제도보다 정치 제도를 운영하는 운영자의 가치관이 중요하다.
⋯ 1문단에서 제도주의자들은 정치학에서 제도의 정비가 중요하다
고 보는 반면에, 문화주의자들은 정치가 어떻게 운용되어가는가
와 관련된 문화가 중요하다고 보았다. 그러나 정치 문화를 강조
한 것은 운영자의 가치관을 강조한 것과는 거리가 멀다.

③ 정치 문화의 유형을 구분하는 기준을 투입에서 산출로 바꾸어야 한다.
⋯ 2문단에서 정치 문화의 유형을 구분하는 기준은 투입과 산출 두
가지를 기반으로 나눌 수 있다고 하였으므로, 투입에서 산출로
바꾸어야 한다는 것은 적절하지 않다.

④ 정치에 정부가 과도하게* 개입하는 것은 정치 발전에 도움이 되
지 않는다.
⋯ 이 글은 정치 문화에 대해 국민의 정치적 요구인 투입과 정부가
생산하는 정책인 산출을 기준으로 설명하고 있다. 투입이 잘 이
루어지는 부분에 대한 중요성은 인식할 수 있으나, 정부의 과도
한 개입에 관한 내용은 제시되어 있지 않다.

⑤ 정치 제도를 개선하는 것이 당면한* 사회적 문제를 해결하는 데
효과적이다.
⋯ 정치 제도를 개선하는 것이 당면한 사회 문제를 해결하는 데에
어떤 역할을 하는지는 본문에 제시되어 있지 않다.

> **어휘 충전**
> * **과도하다**(過 지날 과 度 법도 도): 정도에 지나치다.
> * **당면하다**(當 마땅할 당 面 낯 면): 바로 눈앞에 당하다.

2

▼ 구체적 사례에의 적용   답 ①

윗글과 〈보기〉를 읽은 학생의 반응으로 적절하지 <u>않은</u> 것은?

보기

　　독재 국가에서 선거 혁명*을 통해 민주주의를 이루어 가는
갑국은 종교별 투표 성향*이 강한 나라이다. 갑국은 새로운 정
부를 구성하려고 대통령 선거에서 한 표라도 많으면 당선되는
단순 다수 대표제를 실시하였다. 그 결과 ○○교의 지지를 받
은 A가 유효 투표수의 1/3을 득표하여 대통령에 당선되었다.
그러자 정책의 결정과 시행 과정에서 국민적 합의가 잘 이루어
지지 않는 문제점이 발생하였다. 현재 차기* 대통령 선거를 앞
두고 갑국의 여러 시민 단체들은 1차 투표에서 과반수 득표를
못하면 2차 결선 투표를 실시하는 절대 다수 대표제를 채택하
자고* 요구하고 있다. 하지만 정부는 아직 이것에 대해 본격적
으로 검토하지 않고 있다.

① 갑국은 투입보다 산출이 활성화*되어 있군.
⋯ 갑국의 시민 단체의 활동은 국민이 정부에게 하는 정치적 요구
인 투입이다. 그러나 정부는 아직 이 요구를 검토하지 않고 있다
고 하였으므로 산출이 투입보다 활성화되었다고 볼 수 없다.

➕ 오답 챙기기

② A는 투표 성향과 투표 제도 때문에 당선되었군.
⋯ 갑국은 종교에 따라 투표하는 성향이 강하며, 대통령 선거는 한
표라도 많으면 당선되는 단순 다수 대표제를 실시하고 있다고
하였다. 그리고 A는 ○○교의 지지를 받았다고 하였으므로, A는
투표 성향과 단순 다수 대표제라는 투표 제도로 인해 당선되었
다고 분석할 수 있다.

③ 갑국은 신민형에서 참여형으로 정치 문화가 변하고 있군.
⋯ 〈보기〉에서 갑국은 독재 국가였다고 하였으므로 4문단에 따르면
신민형 정치 문화였다고 할 수 있다. 그런데 선거 혁명을 통해
민주주의를 이루어 가면서 시민들이 자신들의 요구 사항을 표출
하고 있으므로 참여형 정치 문화로 변화하고 있음을 알 수 있다.

④ 시민 단체들은 정치적 현상을 제도 개선으로 해결하고자 하는군.
⋯ 시민 단체들은 단순 다수 대표제로 인해 발생하는 정치적 문제
점을 해결하기 위하여 절대 다수 대표제를 요구하고 있다. 따라
서 정치 제도의 개선을 통해 정치적 현상을 해결하려고 하는 것
으로 볼 수 있다.

⑤ 문화주의자들은 문제 해결 방법을 제도주의자들과는 다르게 제시
하겠군.
⋯ 1문단에서 제도주의자들은 선진 사회를 위해 제도를 정비하는
것이 중요하다고 하였다. 반면 문화주의자들은 문화를 개선하는
것이 중요하다고 하였으므로, 제도주의자와는 문제 해결 방법을
다르게 인식하고 있음을 알 수 있다.

> **어휘 충전**
> * **혁명**(革 가죽 혁 命 목숨 명): 헌법의 범위를 벗어나 국가 기초, 사회
> 제도, 경제 제도, 조직 따위를 근본적으로 고치는 일.
> * **성향**(性 성품 성 向 향할 향): 성질에 따른 경향.
> * **차기**(次 버금 차 期 기약할 기): 다음 시기.
> * **채택하다**(採 캘 채 擇 가릴 택): 작품, 의견, 제도 따위를 골라서 다루
> 거나 뽑아 쓰다.
> * **활성화**(活 살 활 性 성품 성 化 될 화): 사회나 조직 등의 기능이 활발
> 함. 또는 그러한 기능을 활발하게 함.

STUDY 11 어휘 확인

1 ㉠	2 ㉣	3 ㉢	4 ㉤	5 ㉣
6 ㉡	7 ㉠	8 ㉤	9 ㉣	10 ㉢
11 옥죄다	12 양식	13 총체	14 합리성	15 운용

인지 부조화 해소를 위한 광고 효과

출전 김재휘, 『구매 후의 광고 탐색』 지문 난이도 ★★★☆☆

(1,337자)

❶ » 소비자들은 어떤 제품이나 서비스를 선택할 때 쉽사리 결정을 내리지 못한다. 이를 테면 기능은 만족스럽지만 가격이 비싸거나, 반대로 가격은 만족스러운데 기능은 그렇지 않다거나 하는 경우를 들 수 있다. 이처럼 소비자들은 구매 과정에서 흔히 갈등을 겪게 되는데, 그중 가장 대표적인 것이 '접근–접근 갈등'이다. 이는 둘 이상의 바람직한 대안 중에서 하나만을 골라야 하는 경우에 어느 것을 선택해야 할지 결정하지 못해 발생하는 갈등이다. ㉠이때 판매자는 대안들을 함께 묶어 제공함으로써 소비자가 겪는 '접근–접근 갈등'을 해소할 수 있다.

❷ » 그런데 다른 대안들을 함께 묶어 제공받지 못한 상태에서 하나의 대안만을 선택해야 했던 경우, 소비자들은 선택하지 않은 대안에 대한 아쉬움 때문에 심리적으로 불편함을 느끼게 된다. 소비자들은 이러한 심리적 불편함을 없애려 하는데, 이는 인지 부조화 이론으로 설명할 수 있다. 이 이론에 따르면 사람들은 자신의 생각과 태도가 자신이 한 행동과 서로 일치하기를 바라는데, 그렇지 않으면 심리적 긴장 상태가 발생하게 된다는 것이다. 이런 경우 사람들은 긴장 상태를 해소하기 위해 생각과 행동을 일치시키려 한다. 그렇다면 제품을 구입한 행동과 제품 구입 후에 자신의 선택이 최선이 아닐지도 모른다는 생각 사이의 부조화는 어떻게 극복될 수 있을까?

❸ » 인지 부조화 상태를 겪고 있는 소비자는 이를 해소하기 위해 선택하지 않은 제품의 단점을 찾아내거나 그 제품의 장점을 무시하기도 한다. 하지만 일반적으로는 자신의 구매 행동을 지지하는 부가 정보들을 찾아냄으로써 현명한 선택을 했다는 것을 스스로에게 확신시킨다. 특히 자동차나 아파트처럼 고가의 재화를 구매했을 경우에는 구매 직후의 인지 부조화가 심화되므로 이를 해소하려는 노력도 더 크게 나타난다. 이때 광고가 중요한 역할을 한다. 소비자들은 광고를 통해 자신이 선택한 제품의 장점을 재확인하거나 새로운 선택 이유를 찾아내려고 하는 것이다. 제품을 구매한 고객들을 대상으로 한 광고는 전달할 수 있는 정보가 제한적인 매체보다는 많은 정보를 담을 수 있는 매체를 활용하는 것이 효과적이다.

❹ » 소비자들이 구매 후에 광고를 탐색하는 것은 인지 부조화를 감소시키고자 하는 노력인데, 기업 입장에서는 또 다른 효과들을 가져오기도 한다. 구매 후 광고는 제품을 구매한 소비자들에게 자신의 구매 행동이 옳았다는 확신이나 만족을 심어주기 때문에 회사의 이미지를 높이고 브랜드 충성심을 구축하는 데 크게 기여한다. 따라서 구매 후 광고는 재구매를 유도하거나 긍정적 입소문을 확산시켜 광고의 효과를 극대화할 수 있다. 따라서 기업은 제품을 판매한 이후에도 소비자와 제품의 우호적인 관계가 유지될 수 있도록 지속적으로 광고를 노출할 필요가 있다.

---

1 구매 과정에서 소비자들이 겪는 갈등
- 구매 과정에서 소비자들이 겪는 갈등
- '접근–접근 갈등'의 개념
- '접근–접근 갈등'의 해소 방안

2 선택하지 않은 대안으로 인한 소비자의 인지 부조화
- 인지 부조화의 개념
- 인지 부조화의 극복 방안
  – 생각을 바꾸어 행동과 일치시키거나, 행동을 바꾸어 생각과 일치시킴

3 인지 부조화를 해소하기 위한 광고
- 인지 부조화의 구체적 해소 방안 ①
  – 선택하지 않은 제품 비판
- 인지 부조화의 구체적 해소 방안 ②
  – 자신의 구매 행동을 지지하는 긍정적 정보 탐색
- 상품 구매 후 광고를 보는 목적
  – 자신의 구매(행동)를 확신하여 인지 부조화에서 벗어나기 위함

효과 ①

4 상품의 구매 후 광고의 효과
- 상품의 구매 후 광고의 효과
  ① 인지 부조화의 감소
  ② 회사의 이미지를 높임
  ③ 브랜드의 충성심 구축
  ④ 상품의 재구매 유도

효과 ②

✎ 지문 정보 확인 1 ○ 2 ○ 3 ✕

지문 구조 한눈에 보기

| 화제 제시 **❶** |
| 전개 **❷** 인지 부조화 상황 |
| 전개 + 부연 **❸ ❹** 인지 부조화 해소 방안 / 해소 방안의 효과 |

지문 Point 분석 주제: 인지 부조화의 개념과 인지 부조화 해소에 따른 광고의 효과

해제: 자신의 생각과 태도가 자신이 한 행동과 서로 일치하지 않을 때 사람들은 심리적으로 불편함을 느낀다는 인지 부조화 이론에 대해 설명하고 있는 글이다. 사람들은 이러한 인지 부조화를 해소하기 위해 생각과 행동을 일치시키려고 한다. 예를 들면 제품을 구입한 행동과 제품 구입 후에 자신의 선택이 최선이 아닐지도 모른다는 생각 사이의 인지 부조화를 해소하기 위해 소비자는 선택하지 않은 제품의 단점을 찾아내기도 하지만 일반적으로 자신의 구매 행동을 지지하는 부가 정보들을 찾아 현명한 선택을 했다는 것을 스스로에게 확신시킨다. 이때 가장 중요한 역할을 하는 것이 광고인데, 소비자들은 광고를 통해 자신이 선택한 제품의 장점을 재확인하거나 새로운 선택 이유를 찾아내려고 한다. 따라서 기업은 제품을 판매한 이후에도 소비자와 제품의 우호적인 관계가 유지될 수 있도록 지속적으로 광고를 할 필요가 있다.

1 ▼ 구체적 사례에의 적용   답 ⑤

㉠의 예로 가장 적절한 것은?

⑤ 소비자는 중식을 먹을 때 짜장면과 짬뽕을 두고 선택을 망설이는 경우가 많으므로, 두 음식을 다 먹을 수 있는 짬짜면을 메뉴에 추가한다.

… 1문단에서 '접근–접근 갈등'은 소비자들이 구매 과정에서 흔히 겪는 갈등으로, 둘 이상의 바람직한 대안 중에서 하나만을 골라야 하는 경우에 어느 것을 선택해야 할지 결정하지 못해 발생하는 갈등이라고 했다. ㉠에서는 이를 해결하기 위해서 판매자는 대안들을 함께 묶어 제공함으로써 소비자가 겪는 '접근–접근 갈등'을 해소할 수 있다고 했다. 따라서 짜장면과 짬뽕을 두고 하나를 선택해야 하는 갈등 상황에 두 음식을 모두 먹을 수 있는 '짬짜면'을 메뉴에 추가하는 것은 대안을 함께 묶어 제공한, 적절한 사례라고 볼 수 있다.

➕ 오답 챙기기

① 소비자는 공짜를 좋아하는 경향*이 있으므로, 탄산음료를 판매할 때 두 개를 한 개 값으로 주는 1+1 전략을 활용한다.

… 1문단에서 '접근–접근 갈등'은 소비자가 둘 이상의 바람직한 대안 중에서 하나만을 선택해야 하는 경우이고, 또한 이러한 소비자의 갈등을 해소하기 위해서는 대안들을 함께 묶어 제공해야 한다고 했다. ①은 탄산음료 하나만의 품목을 판매하는 경우이므로 둘 이상의 대안 중에 하나를 선택해야 하는 경우도 아니고 대안들을 함께 묶은 것도 아니다.

② 소비자는 어떤 사은품을 주는지 주의 깊게 살펴보는 경우가 많으므로, 냄비를 판매하면서 사은품으로 프라이팬을 제공한다.

… 냄비 하나만의 품목을 판매하는 경우이므로 둘 이상의 대안 중에 하나를 선택해야 하는 경우도 아니고 대안들을 함께 묶은 것도 아니다.

③ 소비자는 바지를 살 때 그에 어울리는 티셔츠를 함께 구입하려는 경향이 있으므로, 바지와 티셔츠를 인접*하여 나란히 진열한다.

… 인접하여 바지와 티셔츠를 진열했을 뿐, 대안을 함께 묶어 제공한 것으로 볼 수 없다.

④ 소비자는 어떻게 하면 저렴한 가격으로 물건을 구입할 수 있을지 고심*하는 경향이 있으므로, 저녁 무렵에는 야채를 반값에 판매한다.

… 야채를 반값에 판매하는 경우이므로 둘 이상의 대안 중에 하나를 선택해야 하는 경우도 아니고 대안들을 함께 묶은 것도 아니다.

> **어휘 충전**
> * **경향**(傾 기울 경 向 향할 향): 현상이나 사상, 행동 따위가 어떤 방향으로 기울어짐.
> * **인접**(隣 이웃 인 接 이을 접): 이웃하여 있음. 옆에 닿아 있음.
> * **고심**(苦 쓸 고 心 마음 심): 몹시 애를 태우며 마음을 씀.

2 ▼ 구체적 상황에의 적용   답 ②

다음은 한 자동차 회사의 '구매 후 광고 전략 화상 회의'의 일부이다. 윗글을 참고할 때, 발언 내용으로 적절하지 않은 것은?

② ㉡

… 3문단에서 소비자는 자동차나 아파트처럼 고가의 재화를 구매했을 경우에는 구매 직후의 인지 부조화가 심화되므로 이를 해소하려는 노력도 더 크게 나타나는데, 이때 해당 상품의 광고를 통해 자신이 선택한 제품의 장점을 재확인하거나 새로운 선택 이유를 찾아낸다고 했다. '새로운 자동차의 출시가 임박했다는 광고'를 보게 되면 소비자는 오히려 선택하지 않은 대안에 대한 아쉬움 때문에 심리적으로 불편함을 느끼게 되므로 적절하지 않다.

➕ 오답 챙기기

① ㉠

… 1문단에서 '접근–접근 갈등'은 소비자가 둘 이상의 바람직한 대안 중에서 하나만을 선택해야 하는 경우라고 했다. P 자동차는 가격과 성능이 비슷한 경쟁 제품이 많으므로 소비자들이 '접근–접근 갈등'을 많이 겪는 제품이라고 할 수 있다.

③ ㉢

… 3문단에서 인지 부조화 상태를 겪고 있는 소비자는 이를 해소하기 위해 자신의 구매 행동을 지지하는 부가 정보들을 찾아냄으로써 현명한 선택을 했다는 것을 스스로에게 확신시킨다고 했으므로 연비를 중요시 여겨 P 자동차를 구매한 소비자에게 승차감까지 좋다는 부가 정보를 제공한다는 발언은 적절하다.

④ ㉣

… 자동차를 재구매할 때 할인 혜택을 준다는 것은 소비자들의 구매 행동을 지지하는 부가 정보이므로 적절한 발언이다.

⑤ ㉤

… 4문단에서 구매 후 광고는 재구매를 유도하거나 긍정적 입소문을 확산시켜 광고의 효과를 극대화할 수 있다고 했으므로 적절한 발언이다.

수요 탄력성의 개념과 적용

출전 한국은행, 『알기 쉬운 경제 이야기』 지문 난이도 ★★★★☆

(1,572자)

1 » 동일한 환경에서 야구공과 고무공을 튕겨 보면, 고무공이 훨씬 민감하게 뛰어 오르는 것을 볼 수 있다. 즉 고무공은 야구공에 비해 탄력이 좋다. 일정한 가격에서 사람들이 사고자 하는 물건의 양인 수요량에도 탄력성의 개념이 적용될 수 있다. 재화의 가격이 변화할 때 수요량도 변화하게 되는 것이다. 이때 경제학에서는 가격 변화에 대한 수요량 변화의 민감도를 측정하는 표준화된 방법을 수요 탄력성이라고 한다.

2 » 수요 탄력성은 수요량의 변화 비율을 가격의 변화 비율로 나눈 값이다. 일반적으로 가격과 수요량은 반비례하므로 수요 탄력성은 음(−)의 값을 갖는다. 그러나 통상적으로 음의 부호를 생략하고 절댓값만 표시한다. 예를 들어 어떤 재화의 가격이 1% 오를 때 이 재화의 수요량이 2% 떨어졌다면 수요 탄력성은 절댓값인 '2'가 된다.

3 » 가격에 따른 수요량 변화율에 따라 상품의 수요는 '단위 탄력적', '탄력적', '완전 탄력적', '비탄력적', '완전 비탄력적'으로 나눌 수 있다. 만약 어떤 상품의 가격의 변화율과 수요량의 변화율이 같다면 수요 탄력성은 1이 된다. 이 경우 수요는 '단위 탄력적'이라고 불린다. 어떤 상품의 가격의 변화율보다 수요량의 변화율이 크다면 수요 탄력성은 1보다 크게 된다. 이 경우 수요는 '탄력적'이라고 불린다. 한편 영(0)에 가까운 아주 작은 가격 변화에도 수요량이 매우 크게 변화하면 수요 탄력성은 무한대가 된다. 이 경우의 수요는 '완전 탄력적'이라고 불린다. 소비를 하지 않아도 생활에 지장이 없는 사치품이 이에 해당한다. 반면, 수요 탄력성이 1보다 작다면 수요는 '비탄력적'이라고 불린다. 만일 가격이 아무리 변해도 수요량에 어떠한 변화도 나타나지 않는다면 수요 탄력성은 영(0)이 된다. 이 경우 수요는 '완전 비탄력적'이라고 불린다. 생필품이 이에 해당한다.

4 » 수요 탄력성의 크기는 상품의 가격이 변할 때 이 상품에 대한 소비자의 지출이 어떻게 변하는지를 알려 준다. 상품에 대한 소비자의 지출액은 가격에 수요량을 곱한 것이다. 먼저 상품의 수요가 탄력적인 경우를 따져 보자. 이 경우에는 수요 탄력성이 1보다 크기 때문에, 가격이 오른 정도에 비해 수요량이 많이 감소한다. 이에 따라, 가격이 상승하면 소비자의 지출액은 가격이 오르기 전보다 감소한다. 반면에 가격이 내릴 때에는 가격이 내린 정도에 비해 수요량이 많아지므로 소비자의 지출액은 증가한다. 물론 수요가 비탄력적인 경우에는 위와 반대되는 현상이 일어난다. 즉 가격이 상승하면 소비자의 지출액은 증가하며, 가격이 하락하면 소비자의 지출액은 감소하게 된다. 그렇다면 수요 탄력성이 1인 경우에는 소비자의 지출에 어떤 현상이 발생할까? 이 경우에는 가격 변화율과 수요량의 변화율이 똑같기 때문에 지출액에는 결국 아무런 변화가 없게 된다.

---

1 수요 탄력성의 개념
- 수요 탄력성과 유사한 상황 제시
- 수요 탄력성의 개념

2 수요 탄력성의 산출 및 표시 방법
- 수요 탄력성의 계산 방법
  − (수요량 변화 비율) ÷ (가격의 변화 비율)
- 수요 탄력성의 표시 방법

개념 ①

3 수요 탄력성에 따른 상품 수요의 분류

단위 탄력적
− 수요 탄력성 1 − 가격의 변화율 = 수요량의 변화율

탄력적		비탄력적
1보다 큼 (가격 변화율 〈수요량 변화율)	↔	1보다 작음 (가격 변화율〉 수요량 변화율)

완전 탄력적		완전 비탄력적
무한대 (작은 가격 변화에 수요량이 크게 변화−사치품)	↔	0 (가격이 변 해도 수요량은 변화 없음−생 필품)

개념 ②

4 수요 탄력성의 크기와 소비자의 지출액과의 관계
- 가격 변동시 지출액 변화

탄력적
− 가격 ↑ 소비자 지출액 ↓ − 가격 ↓ 소비자 지출액 ↑

비탄력적
− 가격 ↑ 소비자 지출액 ↑ − 가격 ↓ 소비자 지출액 ↓

단위 탄력적
소비자의 지출액은 변화 없음

영향 ①

✎ 지문 정보 확인 1○ 2X 3○

지문·Point 분석 주제: 수요 탄력성의 개념과 분류 및 수요 탄력성이 개인과 시장에 미치는 영향

해제: 경제학에서 재화의 가격 변화에 대한 수요량 변화의 민감도를 측정하는 표준화된 방법인 수요 탄력성에 대해 설명하고 있는 글이다. 수요 탄력성은 수요량의 변화 비율을 가격의 변화 비율로 나눈 값으로, 가격에 따른 수요량 변화율에 따라 상품의 수요는 '단위 탄력적', '탄력적', '완전 탄력적', '비탄력적', '완전 비탄력적'으로 나눌 수 있다. 한편 수요 탄력성의 크기는 상품의 가격이 변할 때 이 상품에 대한 소비자의 지출이 어떻게 변하는지를 알려 준다. 또한 수요 탄력성과 소비자 지출 사이의 관계는 소비자 개인은 물론이고 시장 전체에도 적용된다. 시장 수요가 탄력적인 재화는 가격이 내릴 때 시장 수요량이 크게 증가하므로 모든 가계의 지출액은 증가한다. 이에 따라 전체 기업의 수입도 커진다.

지문 구조 한눈에 보기

개념 제시 **1**
↓
상술 **2** 수요 탄력성 산출 방법
↓
상술 **3** 상품 수요 분류
↓
상술 소비자 지출액과의 관계
4 5 기업에도 미치는 영향

정답 및 해설   1 ②   2 ②   📖 본문 080~081쪽

1 ▼ 추론적 이해   답 ②

윗글을 바탕으로 할 때, 〈보기〉의 밑줄 친 정책의 방향에 대한 추측으로 가장 적절한 것은?

> **보기**
>
> A국가의 정부는 경제 안정화를 위해 개별 소비자들이 지출액을 줄이도록 유도하는 정책을 시행하기로 하였다.

② 생필품의 가격은 낮추고 사치품의 가격은 높이려 하겠군.

⋯ 4문단에서 상품의 수요가 탄력적인 경우에는 가격이 상승하면 소비자의 지출액은 가격이 오르기 전보다 감소하고, 반면에 가격이 내릴 때에는 가격이 내린 정도에 비해 수요량이 많아지므로 소비자의 지출액은 증가한다고 했다. 그리고 수요가 비탄력적인 경우에는 위와 반대되는 현상, 즉 가격이 상승하면 소비자의 지출액은 증가하며, 가격이 하락하면 소비자의 지출액은 감소하게 된다고 했다. 그런데 3문단에서 생필품은 비탄력적, 사치품은 탄력적인 상품에 해당된다고 했으므로 개별 소비자들의 지출액을 줄이려면 생필품의 가격은 낮추고 사치품의 가격은 높여야 할 것이다.

➕ 오답 챙기기

① 생필품의 가격은 높이고 사치품의 가격은 유지하려 하겠군.

⋯ 3문단에서 생필품은 가격이 아무리 변해도 수요량에 어떠한 변화도 나타나지 않는 완전 비탄력적 상품이라고 했으므로 정부가 생필품의 가격을 높이면 소비자들의 지출액은 더 늘어날 것이다.

③ 생필품의 가격은 유지하고 사치품의 가격은 낮추려 하겠군.

⋯ 3문단에서 사치품은 아주 작은 가격 변화에도 수요량이 매우 크게 변화하는 완전 탄력적 상품이라고 했으므로 정부가 사치품의 가격을 낮추면 소비자들의 지출액은 늘어날 것이다.

④ 생필품과 사치품의 가격을 모두 유지하려 하겠군.

⋯ 1문단에서 재화의 가격이 변화할 때 수요량도 변화하게 된다고 했다. 따라서 가격 변화가 없다면 수요량의 변화도 없을 것이므로 소비자의 지출액도 변화가 없다.

⑤ 생필품과 사치품의 가격을 모두 낮추려 하겠군.

⋯ 생필품은 완전 비탄력적 상품이므로 정부가 생필품의 가격을 낮추면 소비자들의 지출액은 줄어들겠지만 사치품은 완전 탄력적 상품이므로 정부가 사치품의 가격을 낮추면 소비자들의 지출액은 늘어날 것이다.

2 ▼ 구체적 사례에의 적용   답 ②

뒷받침 사례 파악

〈보기〉는 어느 가정의 예산 계획의 일부이다. 윗글을 바탕으로 〈보기〉를 이해한 내용으로 적절하지 않은 것은?

> **보기**
>
> • 책은 가격이 10% 올랐기 때문에 수요량을 10% 줄인다.
> • 라면은 가격이 10% 내렸기 때문에 수요량을 20% 늘린다.
> • 국수는 가격이 10% 올랐기 때문에 수요량을 20% 줄인다.

② 라면은 국수보다 수요 탄력성이 크다고 할 수 있겠군.

⋯ 2문단에서 수요 탄력성은 '수요량의 변화 비율을 가격의 변화 비율로 나눈 값'이라고 했다. 이를 바탕으로 〈보기〉의 라면과 국수의 수요 탄력성을 구하면, 라면과 국수 모두 가격의 변화 비율은 10이고, 수요량의 변화 비율은 20이므로 수요 탄력성은 둘 다 동일하게 20이다.

➕ 오답 챙기기

① 책은 수요가 단위 탄력적이므로 지출액에는 변화가 없겠군.

⋯ 3문단에서 '단위 탄력적'은 어떤 상품의 가격의 변화율과 수요량의 변화율이 같다면 수요 탄력성은 1이 되는 경우라고 했다. 또한 4문단에서 수요 탄력성이 1인 경우에는 지출액에는 아무런 변화가 없다고 했다. 책은 가격의 변화율과 수요량의 변화율이 모두 10이어서 수요 탄력성이 1인 단위 탄력적 상품이므로 적절한 설명이다.

③ 라면은 책보다 수요 탄력성이 크다고 할 수 있겠군.

⋯ 라면은 수요 탄력성이 20이고 (가격의 변화율 10, 수요량의 변화율이 20), 책의 수요 탄력성은 1이므로 적절한 설명이다.

④ 국수는 책보다 수요 탄력성이 크다고 할 수 있겠군.

⋯ 국수는 수요 탄력성이 20이고 (가격의 변화율 10, 수요량의 변화율이 20), 책의 수요 탄력성은 1이므로 적절한 설명이다.

⑤ 국수는 수요가 탄력적이므로 지출액이 감소하겠군.

⋯ 3문단에서 수요 탄력성이 1보다 크면 수요는 탄력적이라고 했으므로, 국수는 수요 탄력성이 2인 탄력적 상품이다. 따라서 국수의 가격이 상승했으므로 지출액이 감소한다는 설명은 적절하다.

STUDY 12 어휘 확인

1 ㉣	2 ㉤	3 ㉢	4 ㉠	5 ㉡
6 ㉤	7 ㉢	8 ㉣	9 ㉠	10 ㉡
11 탄력	12 지출	13 기여	14 인지	15 가계

STUDY 13

과학

끓는점과 용액의 증기압

출전 줌달, 『일반 화학』 **지문 난이도** ★★★☆☆

(1,195자)

1 » 라면을 끓일 때, 스프를 미리 넣으면 물만 끓일 때보다 끓는 데 더 오랜 시간이 걸린다. 이것은 스프가 물에 녹으면 물의 끓는점이 높아져서 더 많은 열을 가해야하기 때문이다. 그렇다면 스프를 넣은 물의 끓는점이 순수한 물의 끓는점보다 높은 이유는 무엇일까?

2 » 밀폐된 용기 속에 물을 담아 두면 물 분자들은 표면에서 일정한 속도로 증발한다. 이 과정에서 액체 상태의 물이 기체 상태로 변하기 때문에 물의 양은 점점 줄어든다. 그렇지만 일정 시간이 지나면 물의 양은 더 이상 줄어들지 않는다. 그 이유는 물에서 증발하는 분자 수와 물로 ⓐ돌아오는 분자 수가 같아지기 때문이다. 기체 상태의 분자들이 액체로 돌아오는 과정을 응축이라 하는데, 밀폐된 용기 속에서 증발된 기체 분자 수가 많아질수록 응축 속도가 빨라져 결국 증발 속도와 같아진다. 증발 속도와 응축 속도가 같은 때를 평형 상태라고 하는데, 이때부터 물의 양은 더 이상 줄어들지 않는다. 평형 상태에서 증기가 나타내는 압력을 액체의 증기압이라고 한다.

3 » 라면 스프를 넣은 물은 일종의 용액인데, 용액의 증기압은 용액의 농도와 온도, 용매의 종류에 따라 변한다. 순수한 용매만 있을 때에는 용매의 표면 전체에서 증발이 일어난다. 그러나 용액은 표면에서 비휘발성 용질이 차지하는 부분만큼 증발이 일어나지 않아, 용액의 증기압은 순수한 용매의 증기압보다 낮아진다. 용액에 비휘발성 용질이 많이 녹아있을수록, 즉 용액의 농도가 진할수록 표면에서 증발하는 용매 분자 수가 적어지기 때문에 용액의 증기압이 더 낮아진다. 한편 온도가 높아지면 분자의 운동이 활발해져서 증발하는 용매 분자 수가 많아지고, 이에 따라 용액의 증기압도 높아진다.

4 » 라면 스프를 넣은 물의 끓는점이 높아지는 이유는 용액의 증기압 변화를 통해 설명할 수 있다. '끓는다'는 것을 과학적으로 정의하면 액체의 증기압이 대기압과 같아져서 액체 내부에서 기체 상태로 변한 분자들(기포)이 액체의 표면 바깥으로 나오는 것이라고 할 수 있다. 그러므로 끓는점은 액체의 증기압이 대기압과 같아지는 온도로 정의할 수 있다. 비휘발성 용질을 녹인 용액은 순수한 용매보다 증기압이 낮기 때문에 더 높은 온도가 되어야 용액의 증기압과 대기압이 같아진다. 라면 스프를 넣은 물이 순수한 물에 비해 끓는점이 높은 이유는 이 때문이다. 반면 높은 산에 올라가면 대기압이 낮아지기 때문에 평지보다 액체의 증기압이 낮은 상태에서도 끓게 되는 것이다.

지문 구조 해설

1 끓는점에 대한 의문 제기
- 스프를 넣은 물이 순수한 물보다 끓는점이 높은 현상에 대한 의문점

2 평형 상태와 액체의 증기압
- 평형 상태
  - 증발 속도 = 응축 속도
    → 물의 양이 더 이상 줄어들지 않음
- 액체의 증기압: 평형 상태에서 증기가 나타내는 압력

3 용액의 증기압이 변화되는 조건
- 용액의 증기압이 변화되는 원인
- 용액의 증기압이 낮아지는 조건
  - 비휘발성 물질의 존재
  - 진한 농도
- 용액의 증기압이 높아지는 조건
  - 높은 온도

4 용액의 증기압 변화와 용액의 끓는점이 높아지는 이유
- 끓는점 정의
  - 액체의 증기압이 대기압과 같아지는 온도
- 라면 스프를 넣은 물이 순수한 물보다 끓는점이 높은 이유
  - 비휘발성 물질을 녹인 용액은 순수한 용매보다 증기압이 낮아짐
    → 더 높은 온도를 필요로 함

✎ 지문 정보 확인 1○ 2✕ 3✕

지문 Point 분석 주제: 끓는점과 용액의 증기압 원리

해제: 라면을 끓일 때 스프를 넣은 물과 넣지 않은 물의 끓는점이 다른 이유를 증기압과 끓는점의 관계를 통해 설명하고 있다. 밀폐된 용기 안에서 기체 분자들의 증발 속도와 응축 속도가 같아지는 때를 평형 상태라고 하는데, 이때 증기가 나타내는 압력을 증기압이라고 한다. 끓는점은 액체의 증기압이 대기압과 같아지는 온도로 증기압은 용액의 농도와 온도, 용매의 종류에 따라 변한다는 점을 고려할 때, 끓는점에도 변화가 생길 수밖에 없다. 따라서 라면 스프와 같은 비휘발성 용질을 녹인 용액은 순수한 용매보다 증기압이 낮기 때문에 더 높은 온도가 되어야 용액의 증기압과 대기압이 같아지므로 순수한 물에 비해 끓는점이 높을 수밖에 없다.

지문 구조 한눈에 보기

화제 제시 **1**	
상술 **2** **3**	액체의 증기압 원리
	용액의 증기압이 달라지는 원리
4	끓는점이 달라지는 이유

1 ▼ 세부 정보의 확인　　　　　　　　　　　답 ④

온도가 일정한 밀폐된 용기 속에 용액을 넣고 관찰한다고 할 때, 이에 대한 설명으로 적절한 것은?

④ 분자가 액체에서 기체 상태로 변화하는 속도가 응축 속도보다 빠르면 용액이 줄어든다.

⋯ 2문단에서 액체 상태의 물이 기체 상태로 변하는 현상을 증발이라고 보았으며, 응축은 기체 상태의 분자들이 액체로 돌아오는 과정이라고 하였다. 이때 증발 속도가 응축 속도보다 빨라지면 용액이 줄어든다는 것을 알 수 있다.

➕ 오답 챙기기

① 용액의 증발 속도는 일정하게 유지되지 않는다.

⋯ 2문단에서 물 분자들은 표면에서 일정한 속도로 증발한다고 하였다. 3문단에서 증발하는 용매 분자 수에 따라 증기압이 변화되고 있음을 설명하였으나, 증발 속도가 일정하지 않다는 의미는 아니다.

② 증발되는 기체 분자가 많아질수록 응축 속도는 느려진다.

⋯ 2문단에서 증발 속도가 빨라질수록 응축 속도도 빨라져 결국 증발 속도와 응축 속도가 같아짐을 언급하고 있다.

③ 증발 속도와 응축 속도가 같아져도 물의 양은 계속 줄어든다.

⋯ 2문단에서 증발 속도가 빨라질수록 응축 속도도 빨라져 결국 응축 속도와 증발 속도와 같아진다고 하였는데, 이때부터 물의 양은 더 이상 줄어들지 않는 평형 상태를 유지한다고 설명하였다.

⑤ 용액의 농도가 진할수록 용액의 증기압이 더 높아지기 때문에 증발하는 분자 수가 늘어난다.

⋯ 3문단에서 용액의 농도가 진할수록 용액의 증기압이 더 낮아짐을 언급하고 있다. 용액의 비휘발성 용질이 많이 녹아있을수록 그만큼 증발이 일어나지 않아 용액의 증기압이 낮아지게 된다.

2 ▼ 구체적 사례에의 적용　　　　　　　　답 ②

다음 〈보기〉는 윗글과 관련된 자료이다. (가)와 (나)에 대한 설명으로 적절한 것은?

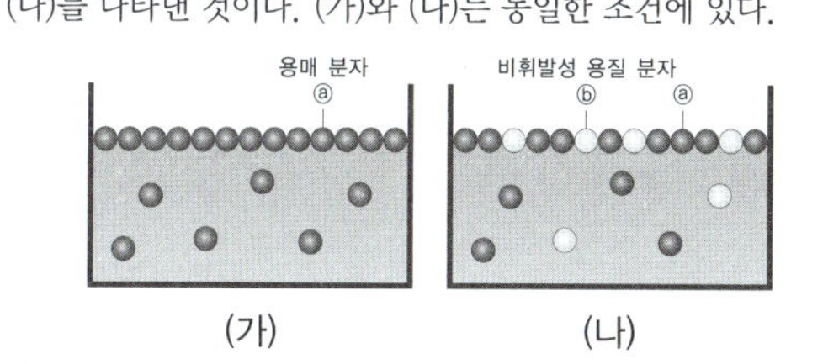

② (나)에 있는 ⓑ로 인해 용액의 증기압이 (가)보다 낮다.

⋯ 3문단에서 비휘발성 용질이 있는 용액이 많이 녹아있을수록 표면에서 증발하는 용매 분자 수 적어지기 때문에 용액의 증기압이 더 낮아진다고 하였으므로 (가)의 순수한 용매와 비교하였을 때 (나)가 (가)보다 증기압이 낮을 것이다.

➕ 오답 챙기기

① (가)는 (나)보다 ⓐ가 줄어드는 속도가 느리다.

⋯ (가)는 (나)와 달리 비휘발성 용질이 없어 표면에서 증발하는 용매 분자 수가 많기 때문에 (나)보다 ⓐ가 줄어드는 속도가 빠를 것이다.

③ (가)는 (나)와 달리 표면*의 일부분에서만 증발이 일어난다.

⋯ 3문단에서 용액은 표면에서 비휘발성 용질이 차지하는 부분만큼 증발이 일어나지 않는다고 하였다. (가)에 비휘발성 용질 분자가 존재하고 있지 않다는 점을 고려할 때 표면의 일부분에서만 증발이 일어나는 것은 (가)가 아니라 (나)이다.

④ (나)의 표면에서 ⓑ가 차지하는 부분이 많을수록 증발하는 양이 증가한다.

⋯ 3문단에서 비휘발성 용질이 차지하는 부분이 많을수록, 즉 용액의 농도가 진할수록 표면에서 증발하는 용매 분자 수가 적어진다고 언급하였다. 즉, ⓑ가 차지하는 부분이 적을수록 증발하는 양이 증가할 것이다.

⑤ (가)와 (나) 모두 온도가 높아지더라도 증발되는 ⓐ의 수에는 변함이 없다.

⋯ 3문단에서 온도가 높아지면 분자의 운동이 활발해져서 증발하는 용매 분자 수가 많아진다고 하였기 때문에 증발되는 ⓐ의 수에 변화가 생기게 된다.

>  어휘 충전
> * **표면**(表 겉 표 面 낯 면): 사물의 가장 바깥쪽. 또는 가장 윗부분.

3 ▼ 어휘의 문맥적 의미 파악　　　　　　답 ④　　어휘의 의미 파악

밑줄 친 단어 중 ⓐ와 문맥적 의미가 가장 유사한 것은?

④ 그는 가족에 대한 그리움으로 인해 고향으로 돌아왔다.

⋯ ⓐ는 '원래 있던 곳으로 다시 오거나 다시 그 상태가 되다.'는 의미로 문맥적 의미가 ④번과 가장 유사하다.

➕ 오답 챙기기

① 규칙적인 식사 습관 덕분에 기운이 돌아왔다.

⋯ '본래의 상태로 회복하다.'는 의미로 사용되었다.

② 오다가 길을 헤매는 바람에 먼 길로 돌아왔다.

⋯ '먼 쪽으로 둘러서 오다.'는 의미로 사용되었다.

③ 우승 기념으로 우리 팀에 돌아온 몫은 간식뿐이었다.

⋯ '몫, 비난, 칭찬 따위를 받다.'는 의미로 사용되었다.

⑤ 돌아오는 일요일에 친구와 함께 영화를 보기로 하였다.

⋯ '일정한 간격으로 되풀이되는 것이 다시 닥치다.'는 의미로 사용되었다.

초고층 건물의 건축 구조

출전 시공기술연구단, 「초고층 빌딩 건축 기술」 · 지문 난이도 ★★★★☆

(2,016자)

1 » 초고층 건물은 높이가 200미터 이상이거나 50층 이상인 건물을 말한다. 이런 초고층 건물을 지을 때는 건물에 ⓐ작용하는 힘을 고려해야 한다. 건물에 작용하는 힘에는 수직 하중과 수평 하중이 있다. 수직 하중은 건물 자체의 무게로 인해 땅 표면에 수직 방향으로 작용하는 힘이고, 수평 하중은 바람이나 지진 등에 의해 건물에 가로 방향으로 작용하는 힘이다.

2 » 수직 하중을 견디기 위해서 ⓑ고안된 가장 단순한 구조는 보기둥 구조이다. 보기둥 구조는 기둥과 기둥 사이를 가로지르는 수평 구조물인 보를 설치하고 그 위에 바닥판을 놓은 구조이다. 보기둥 구조에서는 설치된 보의 두께만큼 건물의 한 층당 높이가 높아지지만, 바닥판에 작용하는 하중이 기둥에 집중되지 않고 보에 의해 ⓒ분산되기 때문에 수직 하중을 잘 견딜 수 있다.

3 » 위에서 아래 방향으로만 작용하는 수직 하중과 달리 수평 하중은 사방에서 작용하는 힘이기 때문에 초고층 건물의 안전에 미치는 영향이 수직 하중보다 훨씬 크다. 수평 하중은 초고층 건물의 안전을 위협하는 주요 요인인데, 바람은 건물에 작용하는 수평 하중의 90% 이상을 차지한다. 건물이 많은 도심에서는 넓은 공간에서 좁은 공간으로 바람이 불어오면서 풍속이 빨라지는 현상이 발생해 건물에 작용하는 수평 하중을 크게 만든다. 그리고 바람에 의해 공명 현상이 발생하면 건물이 매우 크게 흔들리게 되어 건물의 안전을 위협하게 된다.

4 » 건물이 수평 하중을 견디기 위해서는 기본적으로 뼈대에 해당하는 보와 기둥을 아주 단단하게 붙여야 하지만, 초고층 건물의 경우 이것만으로는 수평 하중을 견디기 힘들다. 그래서 등장한 것이 코어 구조이다. 코어는 빈 파이프 모양의 철골 콘크리트 구조물을 건물 중앙에 세운 것으로, 코어에 건물의 보와 기둥들을 강하게 접합한다. 이렇게 하면 외부에서 작용하는 수평 하중에도 불구하고 코어로 인해 건물이 크게 흔들리지 않게 된다. 그런데 초고층 건물은 그 높이가 높아질수록 수평 하중이 커지고 그에 따라 코어의 크기도 커져야 한다. 코어 구조는 가운데 빈 공간이 있어 공간 활용의 효율성이 떨어지기 때문에 현대의 초고층 건물은 코어에 승강기나 화장실, 계단, 수도, 파이프 같은 시설을 설치하는 경우가 많다.

5 » 그런데 초고층 건물의 높이가 점점 높아지면 코어 구조만으로는 수평 하중을 완벽하게 견뎌 낼 수 없다. 그래서 아웃리거–벨트 트러스 구조를 사용하여 코어 구조를 보완한다. 아웃리거–벨트 트러스 구조에서 벨트 트러스는 철골을 사용하여 건물의 외부 기둥들을 삼각형 구조의 트러스로 짜서 벨트처럼 둘러 싼 것으로 수평 하중을 ⓓ지탱하는 역할을 한다. 삼각형 구조의 트러스로 외부 기둥들을 연결

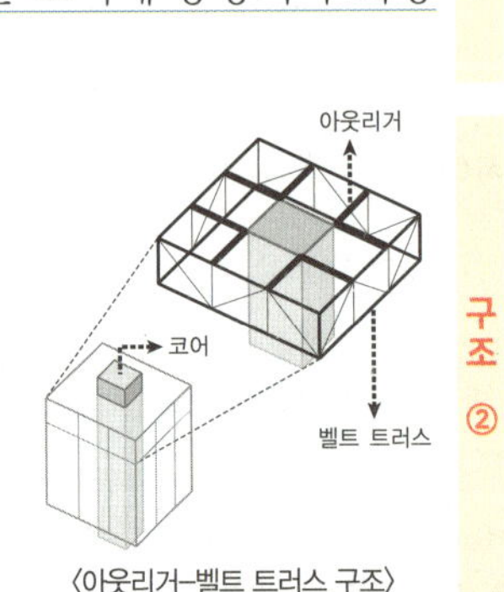

[지문 구조 해설 — 우측 노트]

1 초고층 건물을 지을 때 고려해야 하는 수직 하중과 수평 하중
- 수직 하중
  – 건물 자체의 무게로 인해 땅 표면에 수직 방향으로 작용하는 힘
- 수평 하중
  – 바람이나 지진 등에 의해 건물에 가로 방향으로 작용하는 힘

2 수직 하중을 견디기 위해 고안된 보기둥 구조
- 보기둥 구조 기능
  – 바닥판에 작용하는 하중이 보에 의해 분산되어 수직 하중을 잘 견딜 수 있게 함

3 초고층 건물의 안전에 위협이 되는 수평 하중
- 수평 하중의 영향
  – 바람에 의한 공명 현상이 발생하면 위험도가 더 높아짐

4 수평 하중을 견딜 수 있게 하는 코어 구조
- 코어 구조의 원리
  – 빈 파이프 모양의 철골 콘크리트 구조물을 건물 중앙에 세워 코어에 건물의 보와 기둥을 강하게 접합함
- 코어 구조의 단점과 대안

  빈 공간 → 승강기 등 설치

5 코어 구조를 보완하는 아웃리거–벨트 트러스 구조
- 아웃리거–벨트 트러스 구조가 코어 구조를 보완할 수 있는 이유
- 아웃리거–벨트 트러스 구조에서 벨트 트러스의 구조와 역할

구조 ① / 구조 ②

✎ 지문 정보 확인 1 X 2 ○ 3 ○

지문 구조 한눈에 보기

화제 제시 – **1**
↓
구체화 1 – **2**
수직 하중을 견디기 위한 구조 원리
↓
구체화 2 – **3 4 5 6**
수평 하중을 견디기 위한 구조 원리

지문 Point 분석 주제: 수직 하중과 수평 하중을 견디기 위한 초고층 건물의 건축 기법

해제: 초고층 건물을 지을 때는 건물에 작용하는 수직 하중과 수평 하중의 힘을 고려해야 한다. 수직 하중을 견디기 위해서 고안된 보기둥 구조는 보에 의해 바닥에 작용하는 하중이 기둥에 집중되지 않도록 예방하며, 수평 하중의 힘을 예방하기 위해서는 코어 구조와 아웃리거–벨트 트러스 구조가 사용된다. 또한, TCLD 구조물은 바람으로 인한 건물의 흔들림을 줄이고자 하는 목적에서 초고층 건물의 상층부에 설치된 것으로 건물이 기울어지지 않도록 도와주는 역할을 한다.

하면 외부에서 작용하는 힘이 철골 접합부를 통해 전체적으로 분산되기 때문에 코어에 무리한 힘이 가해지는 것을 예방할 수 있다. 그리고 아웃리거는 콘크리트를 사용하여 건물 외벽에 설치된 벨트 트러스를 내부의 코어와 ⓔ <u>견고</u>하게 연결한 것으로, 아웃리거와 벨트 트러스는 필요에 따라 건물 중간 중간에 여러 개가 설치될 수 있다. 그런데 아웃리거는 건물 내부를 가로지를 수밖에 없어서 효율적인 공간 구성에 방해가 된다. 이런 단점을 극복하기 위해 아웃리거를 기계 설비층에 설치하거나 층과 층 사이, 즉 위층 바닥과 아래층 천장 사이에 설치하기도 한다.

6 » 초고층 건물은 특수한 설비를 이용하여 바람으로 인한 건물의 흔들림을 줄이기도 하는데 대표적인 것이 TLCD, 즉 동조 액체 기둥형 댐퍼이다. TLCD는 U자형 관 안에 수백 톤의 물이 채워진 것으로 초고층 건물의 상층부 중앙에 설치한다. 바람이 불어 건물이 한쪽으로 기울어져도 물은 관성의 법칙에 따라 원래의 자리에 있으려 하기 때문에 건물이 기울어진 반대쪽에 있는 관의 물 높이가 높아진다. 그렇게 되면 그 관의 아래로 작용하는 중력도 커지고, 이로 인해 건물을 기울어지게 하는 힘을 약화시켜 흔들림이 줄어들게 된다. 물이 무거울수록 그리고 관 전체의 가로 폭이 넓어질수록 수평 방향의 흔들림을 줄여 주는 효과가 크다. 하지만 그에 따라 수직 하중이 증가하므로 TLCD는 수평 하중과 수직 하중을 함께 고려하여 설계해야 한다.

- • 아웃리거-벨트 트러스 구조에서 아웃리거의 구조와 역할
- • 아웃리거-벨트 트러스 구조의 단점

6 건물의 흔들림을 방지해주는 TLCD(동조 액체 기둥형 댐퍼)

구조 ③

- • TLCD의 원리
  - 바람으로 인한 건물의 흔들림을 줄여줌.
  - 물의 관성의 법칙에 따라 바람이 불어 건물 한쪽이 기울어져도 건물이 기울어진 반대쪽에 있는 관의 물 높이가 높아짐.
- • TLCD의 장점과 단점
  - 물이 무거울수록 관전 체의 가로 폭이 넓어질수록 수평 방향의 흔들림을 줄여주는 효과가 큼 → 수직 하중이 증가함.

정답 및 해설   1 ②   2 ③   📖 본문 090~091쪽

1 ▼ 세부 정보의 확인   답 ②

윗글의 내용에 대한 이해로 적절한 것은?

② 수평 하중은 수직 하중과는 달리 사방에서 건물에 가해지는 힘이다.

⋯ 1문단에서 수평 하중은 바람이나 지진 등에 의해 건물에 가로 방향으로 작용하는 힘이라고 언급하였으며, 3문단에서 수직 하중과 달리 사방에서 작용하는 힘이라고 언급하고 있다.

➕ 오답 챙기기

① 건물이 높아질수록 건물에 가해지는 수평 하중은 작아진다.

⋯ 4문단에서 건물이 높아질수록 수평 하중이 커지고 그에 따라 코어의 크기도 커져야 함을 언급하고 있다.

③ 공명 현상은 건물에 가해지는 수직 하중을 증가시키는 요인*이 된다.

⋯ 3문단에서 공명 현상은 바람에 의해 일어나게 될 경우 건물의 안전에 위협을 가한다고 언급하고 있다. 수평 하중은 바람이나 지진 등에 의해 작용하는 힘이므로 수평 하중을 증가시키는 요인이 된다.

④ 좁은 공간에서 넓은 공간으로 바람이 불어오면 풍속이 빨라지게 된다.

⋯ 3문단에서 넓은 공간에서 좁은 공간으로 바람이 불어오면 풍속이 빨라진다고 언급하고 있다.

⑤ 보기둥 구조에서 보의 두께는 건물의 층당 높이에 영향을 주지 않는다.

⋯ 2문단에서 보의 두께만큼 건물의 한 층당 높이가 높아진다고 언급하고 있다.

어휘 충전 *요인(要 중요할 요 因 인할 인) : 사물이나 사건이 성립되는 까닭. 또는 조건이 되는 요소.

2 ▼ 어휘의 사전적 의미 파악   답 ③

ⓐ~ⓔ의 사전적 의미로 적절하지 않은 것은?

③ ⓒ: 모아 놓은 것을 내놓음.

⋯ ⓒ '분산'은 '갈라져 흩어짐'을 의미한다. '모아 놓은 것을 내놓음.'을 의미하는 어휘는 '방출'이다.

➕ 오답 챙기기

① ⓐ: 어떠한 현상을 일으키거나 영향을 미침.

⋯ '작용'은 '어떠한 현상을 일으키거나 영향을 미침.'이라는 의미이다.

② ⓑ: 연구하여 새로운 것을 생각해 냄.

⋯ '고안'은 '연구하여 새로운 것을 생각해 냄.'이라는 의미이다.

④ ⓓ: 오래 버티거나 배겨 냄.

⋯ '지탱'은 '오래 버티거나 배겨 냄.'이라는 의미이다.

⑤ ⓔ: 굳고 단단함.

⋯ '견고'는 '굳고 단단함.'이라는 의미이다.

어휘의 의미 파악

마무리 확인ㅣ

STUDY 13 **어휘 확인**

1 ⓜ	2 ⓔ	3 ⓖ	4 ⓛ	5 ⓢ
6 ⓒ	7 ⓗ	8 ⓛ	9 ⓖ	10 ⓒ
11 ⓢ	12 ⓔ	13 ⓜ	14 ⓗ	15 밀폐
16 분자	17 접합	18 요인	19 설계	

면적과 부피의 관계

출전 존 타일러 보너, 『크기의 과학』　**지문 난이도** ★★★★☆

(1,526자)

1 » 조나단 스위프트의 『걸리버 여행기』에는 소인국과 거인국 사람들이 등장한다. 그들은 걸리버와 같은 인간의 형태를 지니고 있으며, 소인국 사람들은 걸리버보다 12배 작게, 거인국 사람들은 걸리버보다 12배 크게 묘사되어 있다. 물론 이와 같은 일은 소설 속에서나 가능한 일이다. 그렇다면 현실에서는 왜 불가능할까?

2 » 우선, 면적과 부피의 관계를 살펴볼 필요가 있다. 예를 들어, 각 변의 길이가 1m인 주사위의 표면적은 $1m \times 1m \times 6$(개)$=6m^2$, 부피는 $1m \times 1m \times 1m=1m^3$이다. 변의 길이를 2배로 늘리면 표면적은 $24m^2$, 부피는 $8m^3$로 커진다. 즉 길이가 L배 길어지면 표면적은 L^2, 부피는 L^3에 비례하여 커지게 되는데, 이러한 법칙을 '면적-부피의 법칙'이라 한다. 이 법칙은 밀도가 일정하고 형태를 그대로 유지한 채 크기만 바뀌는 경우라면 물체가 어떤 형태이든 그대로 적용된다.

3 » 소인국 사람과 거인국 사람에게도 이 법칙을 적용할 수 있다. 걸리버의 키와 몸무게를 174cm, 68kg이라고 가정하여 이 법칙을 적용해 보면, 소인의 키는 걸리버의 1/12인 14.5cm이고, 거인의 키는 걸리버보다 12배 더 큰 약 21m이다. 물체의 밀도가 일정하다면 무게는 부피에 비례하기 때문에 소인은 걸리버의 $1/12^3$인 40g, 거인은 걸리버보다 12^3배 더 무거운 117t 정도 나가게 된다. 그런데 이렇게 되면 소인국 사람과 거인국 사람들은 정상적인 생활을 할 수 없게 된다는 문제가 발생한다.

4 » [A] 인간과 같은 항온 동물은 체온을 일정하게 유지하기 위해서 몸에서 끊임없이 에너지를 생산하고 발산해야만 한다. 그런데 세포의 대사 활동을 통해 생산되는 열에너지는 몸의 부피에 비례하고, 적정 체온을 유지하기 위해 체외로 발산되는 열에너지는 몸의 표면적에 비례한다. '면적-부피의 법칙'을 적용하면 소인국 사람은 걸리버에 비해 부피는 $1/12^3$로, 표면적은 $1/12^2$로 줄어든다. 이는 에너지 생산량은 $1/12^3$이나 줄었는데 몸 밖으로 나가는 에너지의 양은 $1/12^2$밖에 줄지 않았다는 것을 의미한다. 생산되는 에너지의 양보다 발산되는 에너지의 양이 더 많아진 소인국 사람은 체온을 유지하는 것이 힘들어질 것이다.

5 » 거인국 사람도 심각한 상황에 처하게 된다. 동물은 근육의 힘으로 무게를 지탱하는데, 근육이 낼 수 있는 힘의 세기는 근육의 단면적에 비례한다. 만일 근육 모양을 그대로 유지한 채 몸의 길이가 2배가 된다면, '면적-부피의 법칙'에 따라 근육 단면적이 2^2인 4배가 되어 힘의 세기도 4배로 커지게 된다. 거인국 사람은 걸리버보다 12배 더 크기 때문에 다리 힘의 세기는 12^2배 늘어나지만 무게는 12^3배 늘어난다. 이는 거인국 사람의 무게가 다리로 버틸 수 있는 힘의 세기보다 커진다는 것을 뜻한다. 결국 거인국 사람은 다리가 부러지거나 땅에 주저앉게 될 것이다.

6 » 크기는 형태를 결정하는 중요한 요인이다. 그뿐만 아니라 크기는 생명체의 생존 방식과도 연관이 깊다. 만약 ㉠『걸리버 여행기』의 등장인물들이 실제로 존재한다고 가정한다면, 소인국과 거인국 사람들은 결코 걸리버와 같은 인간의 형태와 생존 방식을 지니고 있지 못할 것이다.

✎ 지문 정보 확인　1 X　2 ○　3 ○

지문 Point 분석　주제: 면적 – 부피의 법칙의 개념과 구체적 적용

해제: 소인국과 거인국의 사람들이 현실에서 불가능한 이유를 면적–부피의 법칙과 관련지어 설명하고 있는 글이다. 면적–부피의 법칙은 길이가 L배 길어지면 표면적은 L^2, 부피는 L^3에 비례하여 커지게 되는 것으로, 이러한 면적–부피의 법칙을 소인국 사람과 거인국 사람에게도 적용하면 소인국 사람은 체온을 유지하는 것이 힘들어지고, 거인국 사람들은 자신의 무게가 다리로 버틸 수 있는 힘의 세기보다 커져 다리가 부러지거나 땅에 주저앉게 되는 문제가 발생한다.

---

1 소인국과 거인국 사람들이 현실에서 불가능한 이유

• 화제 제시
　– 독자의 관심 유도

2 '면적–부피의 법칙'의 개념과 적용 조건

• 면적–부피의 법칙
　– 개념: 길이가 L배 길어지면 표면적은 L^2, 부피는 L^3에 비례하여 커지게 됨
　– 성립요건: 밀도가 일정하고 형태가 유지된 채 크기만 바뀌는 경우라면 물체가 어떤 형태이든 적용

3 '면적–부피의 법칙'의 구체적 적용: 소인국과 거인국 사람

• 면적–부피의 법칙의 구체적 적용
• 현실에서 소인국 사람과 거인국 사람이 존재하는 것은 불가능함

4 '면적–부피의 법칙'의 적용 결과 ① : 소인국 사람

• 소인국 사람들이 현실에서 존재하기 힘든 이유

소인국 사람	체온을 유지하기가 힘듦. → 인간은 항온 동물이므로 체온을 일정하게 유지해야 함

5 '면적–부피의 법칙'의 적용 결과 ② : 거인국 사람

• 거인국 사람들이 현실에서 존재하기 힘든 이유

거인국 사람	무게가 자신의 다리로 버틸 수 있는 힘의 세기보다 커짐 → 다리가 부러지거나 주저앉게 됨

6 생명체의 형태와 생존 방식에 영향을 끼치는 크기

• 생명체의 크기: 생명체의 형태와 생존 방식에 영향을 끼침
• 소인국과 거인국 사람들은 보통 사람과는 다른 형태와 생존 방식을 지녀야 존재할 수 있음

적용 ①
적용 ②

지문 구조 한눈에 보기

화제 제시 **1**

| 개념 **2** | 면적 – 부피의 법칙 |

| 적용 **3 4** | 걸리버 여행기 / 소인국 사람 |
| 적용 **5** | 거인국 사람 |

| 마무리 **6** |

1   ▼ 세부 내용 추론   답 ⑤

[A]를 바탕으로 다음의 빈칸에 들어갈 내용으로 가장 적절한 것은?

> ※ 과학 수행 과제: 베르그만의 법칙과 그 사례 조사하기
> - 베르그만의 법칙: 체온을 일정하게 유지하는 항온 동물은 같은 종(種)일 경우 추운 곳에 살수록 일반적으로 몸의 크기가 크다.
> - 사례: 추운 지역에 사는 흰꼬리사슴은 따뜻한 지역에 사는 흰꼬리 사슴보다 크다.
>
> ※ 과제를 수행하면서 생긴 궁금증
> - 왜 추운 지역에 사는 동물은 몸의 크기가 더 클까?
>
> ※ 문제 해결 과정
>
> | 항온 동물의 열 발산은 몸의 표면에서 이루어진다. |
>
> ⬇
>
> | |
>
> ⬇
>
> | 추운 지역에 사는 항온 동물은 크기가 클수록 유리하다. |

⑤ 몸의 크기가 커질수록 생산되는 열에너지에 대한 발산되는 열에너지의 비율은 작아진다.

⋯ [A]에서 세포의 대사 활동을 통해 생산되는 열에너지는 몸의 부피에 비례하고, 적정 체온을 유지하기 위해 체외로 발산되는 열에너지는 몸의 표면적에 비례한다고 했다. 이를 소인국 사람에 적용하면 보통 사람인 걸리버에 비해 부피는 $1/12^3$로, 표면적은 $1/12^2$로 줄어든다. 이는 에너지 생산량이 $1/12^3$이나 줄었는데 몸 밖으로 나가는 에너지의 양은 $1/12^2$밖에 줄지 않았다는 것을 의미한다. 즉 몸의 크기가 작을수록 생산되는 에너지의 양보다 발산되는 에너지의 양이 더 많아진다고 추론할 수 있다. 반대로 몸의 크기가 클수록 생산되는 열에너지의 양보다는 발산되는 열에너지의 양이 더 작아지므로 ⑤는 적절한 추론이다.

➕ 오답 챙기기

① 몸의 크기가 커질수록 체온을 일정하게 유지해야 한다.

⋯ [A]에서 인간과 같은 항온 동물은 체온을 일정하게 유지하기 위해서 몸에서 끊임없이 에너지를 생산하고 발산해야만 한다고 하였으므로 몸의 크기와 상관없이 체온을 일정하게 유지해야 한다.

② 몸의 크기가 커질수록 부피에 대한 표면적의 비율은 커진다.

⋯ [A]에서 생산되는 열에너지는 몸의 부피에 비례하고, 체외로 발산되는 열에너지는 몸의 표면적에 비례한다고 했다. 그리고 소인국 사람은 생산되는 에너지의 양보다 발산되는 에너지의 양이 더 많아진다고 했으므로 반대로 몸의 크기가 커질수록 부피에 대한 표면적의 비율은 작아진다.

③ 몸의 크기가 커질수록 체외로 발산되는 열에너지의 양은 줄어든다.

⋯ [A]에서 '체외로 발산되는 열에너지는 몸의 표면적에 비례한다.'고 했으므로 몸의 크기가 커질수록 체외로 발산되는 열에너지의 양은 늘어날 것이다.

④ 몸의 크기가 커질수록 생산되는 열에너지와 발산되는 열에너지의 양은 같아진다.

⋯ 몸의 크기가 커질수록 생산되는 열에너지가 발산되는 열에너지의 양보다 많아진다.

2   ▼ 인과 관계, 상관관계 추론   답 ④

윗글을 읽고 ㉠에 대하여 추론한 내용으로 가장 적절한 것은?

④ 거인국 사람은 비정상적으로 다리가 굵어야 걸을 수 있겠군.

⋯ 5문단에서 동물은 근육의 힘으로 무게를 지탱하는데, 근육이 낼 수 있는 힘의 세기는 근육의 단면적에 비례한다고 했다. 그런데 거인국 사람은 보통 사람인 걸리버보다 12배 더 크기 때문에 다리 힘의 세기는 12^2배 늘어나지만 무게는 12^3배 늘어난다. 이는 거인국 사람의 무게가 다리로 버틸 수 있는 힘의 세기보다 커진다는 것을 의미하므로 결국 거인국 사람은 다리가 부러지거나 땅에 주저앉게 될 것이라고 했다. 이로 볼 때 거인국 사람이 실제로 존재한다고 가정하면 ④의 내용처럼 거인국 사람은 비정상적으로 다리가 굵어야, 즉 근육의 단면적이 넓어야만 걸을 수 있을 것이다.

➕ 오답 챙기기

① 소인국 사람은 대사 활동을 줄일수록 생존에 유리하겠군.

⋯ 4문단에서 '소인국 사람들은 생산되는 에너지의 양보다 발산되는 에너지의 양이 더 많아지므로 체온을 유지하는 것이 힘들어질 것이다.'라고 했으므로 대사 활동을 줄여 생산되는 에너지의 양이 더 줄어들면 소인국 사람들은 체온을 유지하는 것이 더 힘들어질 것이다.

② 거인국 사람은 근육이 낼 수 있는 힘의 세기가 작아지겠군.

⋯ 5문단에서 '근육이 낼 수 있는 힘의 세기는 근육의 단면적에 비례하고, 거인국 사람은 걸리버보다 12배 더 크기 때문에 다리 힘의 세기는 12^2배 늘어난다.'고 했으므로 거인국 사람은 근육이 낼 수 있는 힘의 세기가 커진다고 볼 수 있다.

③ 소인국 사람은 가늘어진 다리로 인해 땅에 주저앉게 되겠군.

⋯ 4문단에서 소인국 사람은 걸리버에 비해 부피는 $1/12^3$로, 표면적은 $1/12^2$로 줄어든다고 했으므로 다리는 가늘어진다. 하지만 5문단에서 거인국 사람은 걸리버보다 12배 더 크기 때문에 다리 힘의 세기는 12^2배 늘어나지만 무게는 12^3배로 더 늘어난다고 했다. 이로 볼 때 반대로 소인국 사람은 걸리버에 비해 12배 더 작기 때문에 다리 힘의 세기는 $1/12^2$배로 줄어들지만 무게는 $1/12^3$배로 더 줄어들기 때문에 땅에 주저앉지는 않을 것이다.

⑤ 소인국 사람은 근육의 단면적을 늘려야만 움직일 수 있겠군.

⋯ ③의 설명을 통해 소인국 사람은 걸리버에 비해 12배 더 작기 때문에 다리 힘의 세기는 $1/12^2$배로 줄어들지만 무게는 $1/12^3$배로 더 줄어든다는 것을 알 수 있다. 다시 말해 힘의 세기가 무게보다 덜 줄어들기 때문에 근육의 단면적을 더 늘리지 않아도 움직일 수 있다.

위성의 궤도와 자세 조절

출전 항공우주연구원, 「항공 우주 지식 백과」　**지문 난이도** ★★★☆☆

(1,287자)

1 » 지구 궤도를 도는 인공위성은 지구 중력의 변화, 태양으로부터 오는 작은 미립자와의 충돌 등으로 궤도도 변하고 자세도 변한다. 힘이 작용하여 운동 방향과 상태가 변하는 것이다. 뉴턴은 이를 작용 반작용 법칙으로 설명할 것이다.

2 » 한 물체가 다른 물체에 힘을 작용하면 그 힘을 작용한 물체에도 크기가 같고 방향은 반대인 힘이 동시에 작용한다는 것이 작용 반작용 법칙이다. 예를 들어 바퀴가 달린 의자에 앉아 벽을 손으로 밀면 의자가 뒤로 밀리는데, 사람이 벽을 미는 작용과 동시에 벽도 사람을 미는 반작용이 있기 때문이다. 이 법칙은 물체가 정지하고 있을 때나 운동하고 있을 때 모두 성립하며, 두 물체가 접촉하여 힘을 줄 때뿐만 아니라 서로 떨어져 힘이 작용할 때에도 항상 성립한다.

3 » 인공위성의 상태가 변하면 본연의 임무를 달성하기 위해 궤도와 자세를 바로잡아야 한다. 지구 표면을 관측하는 위성은 탐사 장비를 지구 쪽을 향하도록 자세를 고쳐야 하고, 인공위성에 전력을 제공하는 태양 전지를 태양 방향으로 끊임없이 조절해야 한다. 이 때 위성의 궤도와 자세를 조절하는 방법도 모두 작용 반작용을 이용한다.

4 » 먼저 가장 간단한 방법은 로켓 엔진과 같은 추력기를 외부에 달아 이용하는 것이다. 추력기는 질량이 있는 물질인 연료를 뿜어내며 발생하는 작용과 반작용을 이용하여 위성을 움직인다. 위성에는 궤도를 수정하기 위한 주추력기 이외에 소형의 추력기가 각기 다른 세 방향 (x, y, z 축)으로 여러 개가 설치되어 있는데, 이를 이용해 자세를 수정하는 것이다. 문제는 10년이 넘게 사용할 위성에 자세 제어용 추력기가 사용할 연료를 충분히 실을 수 없다는 것이다.

5 » 최근에는 반작용 휠을 이용한 방법도 사용되고 있다. 위성에는 추력기처럼 세 방향으로 설치된 3개의 반작용 휠이 있어 회전수를 조절하면 위성의 자세를 원하는 방향으로 맞출 수 있다. 위성 내부에 부착된 반작용 휠은 전기 모터에 휠을 달고, 돌리는 속도를 높여주거나 낮춰주어서 위성을 회전시켜 자세를 바꾼다. 일반적으로 물체가 한 방향으로 돌 때 그 반대 방향으로 똑같은 힘이 발생한다. 반작용 휠이 돌면 위성에는 반대 방향으로 도는 힘이 발생하는데, 이 힘을 이용하는 것이다. 다만 궤도 수정과 같은 위성의 위치 변경은 할 수 없다. 하지만 반작용 휠은 자세 제어용 추력기를 이용하는 것보다 훨씬 유리하다. 추력기를 이용하면 연료가 있어야 하고, 그만큼 쏘아 올려야 할 위성의 무게도 증가한다. 반작용 휠을 이용하면 필요한 것은 전기이며 태양 전지를 이용해 얼마든지 얻을 수 있다. 원리는 유사하지만 보다 경제적인 방식이 인공위성에서 사용되고 있다.

지문구조 해설

1 인공위성의 궤도 변화 요인을 설명해주는 작용 반작용 법칙
- 인공위성의 궤도와 자세가 변하는 요인
- 작용 반작용 법칙이 적용됨

2 작용 반작용 법칙의 개념과 성립 요건
- 작용 반작용 법칙의 개념과 성립 요건
  - 개념: 한 물체에 힘을 작용한 물체에도 크기가 같고 방향이 반대인 힘이 작용함
  - 성립 요건: 정지되어 있는 물체와 운동하고 있는 물체, 두 물체가 접촉하고 있을 때와 떨어져 있을 때 모두 성립

3 위성의 궤도와 자세를 조절하는데 이용되는 작용 반작용의 법칙
- 위성의 궤도와 자세 조절 → 작용 반작용 법칙 활용

4 추력기를 이용한 인공위성의 궤도와 자세 조절
- 추력기를 사용한 자세 수정 방법
- 자세 제어용 추력기의 단점

방법 ①

5 반작용 휠을 이용한 인공위성의 자세 조절
- 반작용 휠의 단점
  - 위성의 궤도 수정은 할 수 없음
- 반작용 휠의 장점
  - 태양 전지를 이용해 연료 사용이 자유로움

방법 ②

✎ 지문 정보 확인　1 ○　2 X　3 X

지문 구조 한눈에 보기

화제 제시 **1**	
개념 **2**	작용 반작용
구체화 **3 4**	인공위성 추력기
5	반작용 휠

지문 Point 분석　주제: 작용 반작용 법칙을 이용한 인공위성의 궤도와 자세 조절

해제: 인공위성의 궤도와 자세 조절에 이용되는 작용 반작용 법칙의 개념과 이 법칙을 활용한 추력기와 반작용 휠에 대해 설명하고 있는 글이다. 지구 궤도를 도는 인공위성은 지구 중력의 변화, 태양으로부터 오는 작은 미립자와의 충돌 등으로 궤도도 변하고 자세도 변한다. 이는 한 물체가 다른 물체에 힘을 작용하면 그 힘을 작용한 물체에도 크기가 같고 방향은 반대인 힘이 동시에 작용한다는 작용 반작용 법칙으로 설명할 수 있다. 한편 인공위성의 상태가 변하면 본연의 임무를 달성하기 위해 궤도와 자세를 바로잡아야 하는데 이때 위성의 궤도와 자세를 조절하는 방법도 모두 작용 반작용을 이용한다. 인공위성의 궤도와 자세를 조절하는 방법으로는 로켓 엔진과 같은 추력기를 외부에 달아 이용하는 것과 반작용 휠을 이용한 방법이 사용되고 있고, 이는 모두 작용 반작용 법칙을 활용한 것이다.

관점 및 입장 추론

1

▼ 세부 정보 파악 답 ②

윗글의 내용과 일치하지 <u>않는</u> 것은?

② 반작용은 위성이 지구와 인접*해 있어야 나타난다.

··· 2문단에서 작용 반작용은 물체가 정지하고 있을 때나 운동하고 있을 때 모두 성립하며, 두 물체가 접촉하여 힘을 줄 때뿐만 아니라 서로 떨어져 힘이 작용할 때에도 항상 성립한다고 했다. 따라서 반작용의 힘은 위성이 지구와 인접해 있어야 나타나는 것이 아니라 서로 떨어져 있을 때도 항상 작용한다고 볼 수 있다.

➕ 오답 챙기기

① 정지하고 있는 물체에도 작용이 존재한다.

··· 2문단에서 작용 반작용은 '물체가 정지하고 있을 때나 운동하고 있을 때 모두 성립하며, 두 물체가 접촉하여 힘을 줄 때뿐만 아니라 서로 떨어져 힘이 작용할 때에도 항상 성립한다.'고 했다.

③ 중력의 변화는 위성의 자세나 궤도를 변하게 한다.

··· 1문단에서 지구 궤도를 도는 인공위성은 지구 중력의 변화, 태양으로부터 오는 작은 미립자와의 충돌 등으로 궤도도 변하고 자세도 변한다고 하였다.

④ 위성의 추력기는 방출*되는 물질의 반작용을 이용한다.

··· 4문단에서 '추력기는 질량이 있는 물질인 연료를 뿜어내며 발생하는 작용과 반작용을 이용하여 위성을 움직인다.'고 했다.

⑤ 미립자가 위성과 충돌하면 반대 방향의 힘이 작용한다.

··· 1문단에서 지구 궤도를 도는 인공위성은 태양으로부터 오는 작은 미립자와의 충돌 등으로 궤도도 변하고 자세도 변하는데, 이러한 현상은 뉴턴의 작용 반작용 법칙으로 설명할 수 있다고 했다. 2문단에서 작용 반작용 법칙이란 한 물체가 다른 물체에 힘을 작용하면 그 힘을 작용한 물체에도 크기가 같고 방향은 반대인 힘이 동시에 작용하는 것이라고 했다.

어휘 충전
* 인접(隣 끝 인 接 접할 접): 가까이 있거나 서로의 경계에 닿아 있음.
* 방출(放 놓을 방 出 날 출): 비축하여 놓은 것을 내놓음.

2

▼ 인과 관계, 상관관계 추론 답 ④

윗글을 참고할 때, ⟨보기⟩의 상황에서 '관제 센터'의 판단과 해결 방안으로 적절한 것은?

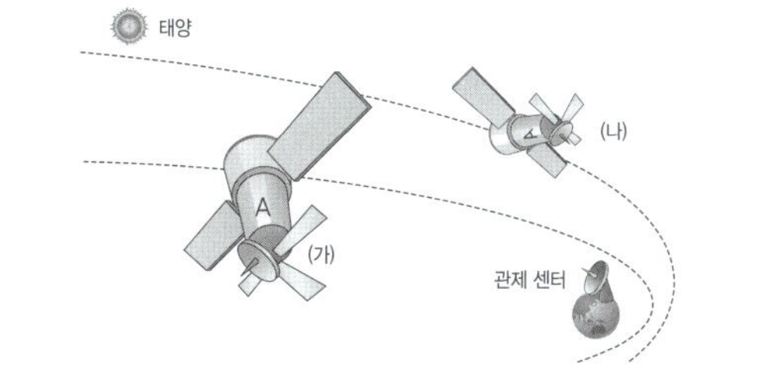

보기

주추력기, 자세 제어용 추력기, 반작용 휠이 모두 장착*된 인공위성 A가 (가)에서 (나)로 궤도가 변하고 자세도 달라졌다. 그래서 관제* 센터에서는 원래의 궤도와 자세로 수정하기 위해 노력하고 있다.

④ 주추력기로 (나)에서 (가)로 궤도 수정을 한 후에 반작용 휠의 회전수를 조절하여 A의 자세를 제어한다.

··· 4문단에서 주추력기는 위성의 궤도를 변경하는 데 사용하고, 자세 제어용 소형 추력기는 위성의 자세를 수정하는데 사용한다고 했다. 그리고 5문단에서 반작용 휠은 궤도 수정과 같은 위성의 위치 변경은 할 수 없지만 전기 모터에 휠을 달고, 돌리는 속도를 높여주거나 낮춰주어서 위성을 회전시켜 위성의 자세를 바꿀 수 있다고 했다. 따라서 관제 센터는 ④의 내용과 같이 주추력기로 (나)에서 (가)로 궤도 수정을 한 후에 반작용 휠의 회전수를 조절하여 A의 자세를 제어하려고 할 것이다.

➕ 오답 챙기기

① A가 (가)에서 (나)로 변한 원인을 위성의 주추력기가 계속 작동하지 않았기 때문이라고 판단한다.

··· 1문단에서 '지구 궤도를 도는 인공위성은 지구 중력의 변화, 태양으로부터 오는 작은 미립자와의 충돌 등으로 궤도도 변하고 자세도 변한다.'고 했으며, 위성의 주추력기는 궤도를 바꿔야 할 때 쓰인다. 따라서 주추력기가 작동하지 않아서 위성의 궤도와 자세가 변했다고 판단한 것은 적절하지 않다.

② (가)의 궤도로 (나)에 있던 A를 움직이기 위해 세 방향의 자세 제어용 추력기를 가동한다.

··· 4문단에서 추력기는 질량이 있는 물질인 연료를 뿜어내며 발생하는 작용과 반작용을 이용하여 위성을 움직인다고 했다. 그리고 주추력기 이외에 각기 다른 세 방향(x, y, z 축)으로 여러 개가 설치되어 있는 소형의 자세 제어용 추력기를 이용해 자세를 수정한다고 했다. 따라서 위성의 궤도를 바꾸기 위해서는 자세 제어용 추력기가 아닌 주추력기를 가동해야 한다.

③ A의 궤도를 (가)로 고치려고 태양 전지를 태양에 맞추고 반작용 휠을 작동한다.

··· 5문단에서 반작용 휠은 궤도 수정과 같은 위성의 위치 변경은 할 수 없지만 전기 모터에 휠을 달고, 돌리는 속도를 높여주거나 낮춰주어서 위성을 회전시켜 위성의 자세를 바꿀 수 있다고 했다. 따라서 인공위성 A의 궤도를 고치려고 반작용 휠을 작동하는 것은 적절한 해결 방안으로 볼 수 없다. A의 궤도를 고치려면 주추력기를 작동해야 한다.

⑤ A는 궤도가 한번 변하면 수정을 할 수 없어 (나)에서 추력기와 반작용 휠을 이용해 A의 자세만 조정한다.

··· 4문단에서 추력기는 질량이 있는 물질인 연료를 뿜어내며 발생하는 작용과 반작용을 이용하여 위성을 움직여 궤도를 수정할 수 있다고 했다.

어휘 충전
* 장착(裝 꾸밀 장 着 붙을 착): 의복 · 기구 · 장비 등을 붙이거나 착용함.
* 관제(管 피리 관 制 억제할 제): 비행장에서 안전과 능률을 위하여 이착륙 등 항공기의 운항을 관리하고 제어함. 관할하여 통제함.

STUDY 14 어휘 확인

1 ⓒ	2 ⓔ	3 ⓙ	4 ⓓ	5 ⓗ
6 ⓐ	7 ⓖ	8 ⓘ	9 ⓑ	10 ⓕ
11 성립	12 대사	13 연관	14 항온	15 추력

우리 몸의 염증 반응

출전 디 언그로브 실버톤, 『인체생리학』　**지문 난이도** ★★★☆☆

(1,432자)

❶ » 우리 몸에 상처가 났을 때 피가 멈춘 후에도 다친 부위가 빨갛게 부어오르고 열과 통증이 동반되기도 하며, 고름이 생기기도 하는데 이를 '염증 반응'이라고 한다. 우리 몸에서 염증 반응은 왜 일어나며 어떻게 진행되는 것일까?

❷ » 염증 반응은 우리 몸에 침입한 바이러스나 박테리아 등의 병원체를 제거하여 병원체가 몸 전체로 퍼져 나가는 것을 방지하고, 손상된 세포나 조직을 제거하여 수리를 시작하기 위한 면역 반응의 하나이다. 면역 반응에서는 병원체에 대항하여 신체를 보호하는 역할을 하는 혈액 속 백혈구가 주로 관여하게 되는데 염증 반응도 예외는 아니다. 그러나 체내로 들어오는 특정 병원체를 표적으로 하는 다른 면역 반응과 달리 염증 반응은 병원체의 종류를 가리지 않고 나타난다는 특징이 있다.

❸ » 그렇다면 염증 반응은 어떻게 일어날까? 가령 뾰족한 핀으로 찢긴 피부에 병원체가 침입해 감염을 일으키는 상태가 되면, 병원체들은 우리 몸의 여러 조직에 상주하고 있는, 세포 섭취 능력을 가진 '대식 세포'에 의해 포식되어 파괴되기 시작한다. 대식 세포 표면에는 병원체의 고유한 특징을 인식하는 수용체가 있어서 이것이 병원체 표면의 특징적인 분자들을 인식해 병원체와 결합하면 대식 세포가 활성화되어 병원체를 삼키게 되는 것이다. 이러한 반응과 더불어 피부나 내장 기관을 둘러싸고 있는 조직의 일부에 분포하는 '비만 세포'가 화학 물질인 히스타민을 분비한다. 분비된 히스타민은 화학적 경보 신호로 작용하여, 더 많은 백혈구가 감염 부위로 올 수 있도록 혈관을 확장시킨다. 혈관이 확장되면 혈관 벽을 싸고 있는 내피세포들의 사이가 벌어져 혈장 단백질, 백혈구 등의 혈액 성분들이 혈관에서 쉽게 빠져나올 수 있게 된다.

❹ » 이때 백혈구의 일종인 단핵구가 혈관 벽을 통과하여 병원체가 있는 감염 부위로 들어오게 된다. 혈관 속에 있을 때 세포 섭취 능력이 없던 단핵구는 혈관 벽을 통과한 후 대식 세포로 분화하여 병원체를 포식하게 된다. 이러한 대식 세포는 사이토카인과 케모카인이라는 단백질을 분비해 병원체를 제거할 다른 방어 체제를 유도한다. 사이토카인은 혈관 내피세포에 작용하여 혈관을 확장시키고, 또 다른 백혈구의 일종인 호중구가 혈관 벽에 잘 달라붙을 수 있게 한다. 그리고 케모카인은 혈관 벽에 붙은 호중구가 혈관 벽 내피세포 사이로 빠져나와 감염 부위로 이동할 수 있도록 유도하는 역할을 한다. 감염 부위로 이동한 호중구는 대식 세포와 같은 방법으로 병원체를 삼킨다.

❺ » 한편 세포들이 병원체를 포식하여 파괴하는 과정에서 병원체와 함께 죽는 경우도 있는데, 이렇게 죽거나 죽어 가는 세포나 병원체 등은 고름의 주성분이 된다. 고름은 대식 세포에 의해 점차적으로 제거되기도 하고 압력에 의해 밖으로 나오기도 한다. 또한 히스타민에 의해 혈관이 확장되면서 상처 부위가 혈장으로 채워지기 때문에 빨갛게 부어오르고, 상처 부위가 부어올라 신경을 물리적으로 누르면 통증이 나타나기도 한다.

염증 반응 ①

염증 반응 ②

1 염증 반응의 증상
- 염증 반응의 증상

2 염증 반응의 개념과 특징
- 염증 반응의 개념
- 다른 면역 반응과는 다른, 염증 반응의 특징

3 염증 반응에서 대식 세포와 비만 세포의 기능
- 대식 세포
  - 세포 섭취 능력을 가진 세포
- 대식 세포가 병원체를 파괴하는 방법
  - 병원체의 고유한 특징 인식 → 병원체와 결합 → 병원체 섭취
- 비만 세포
  - 히스타민을 분포하는 세포
- 히스타민의 기능
  - 혈관 확장 → 내피세포들의 사이가 벌어지며 혈액 성분이 혈관에서 빠져나옴

4 염증 반응에서 단핵구의 기능과 병원체 파괴 과정
- 단핵구가 병원체를 파괴하는 과정
- 사이토카인의 기능
- 케모카인의 기능

5 염증 반응에서 나타나는 고름과 통증의 원인
- 고름의 원인과 성분
- 염증 반응에서 통증의 원인

✎ **지문 정보 확인** 1 ○　2 ○　3 X

지문 구조 한눈에 보기 👀

화제 제시 ❶	
개념 ❷	염증 반응의 개념
상술 ❸ ❹	대식 세포와 비만 세포의 기능
	단핵구의 기능
❺	염증 반응의 통증

지문 Point 분석　**주제: 우리 몸의 염증 반응의 원인과 과정**

해제: 이 글은 우리 몸에서 염증 반응이 왜 일어나며 어떻게 진행되는지에 대해 설명하고 있는 글이다. 염증 반응은 병원체가 몸 전체로 퍼져 나가는 것을 방지하는 면역 반응의 하나이다. 염증 반응은 대식 세포, 비만 세포, 단핵구 등이 작용하는 과정을 통해 일어나게 되며, 염증 반응의 증상으로 고름, 부어오름, 통증 등이 나타나기도 한다.

1   ▼ 세부 정보의 확인   답 ④

윗글을 통해 답을 찾을 수 <u>없는</u> 질문은?

④ 병원체*는 우리 몸에서 어떤 과정으로 퍼져 나가는가?

┈▶ 염증 반응은 우리 몸에 침입한 병원체를 제거하여 병원체가 몸 전체로 퍼져 나가는 것을 방지하기 위한 면역 반응의 하나이다. 하지만 이 글에서는 병원체가 우리 몸에서 어떤 과정으로 퍼져 나가는지에 대해서는 언급하고 있지 않다.

➕ 오답 챙기기

① 대식 세포 표면의 수용체*는 어떤 역할을 하는가?

┈▶ 3문단에서 대식 세포 표면에는 병원체의 고유한 특징을 인식하는 수용체가 있어서 이것이 병원체 표면의 특징적인 분자들을 인식해 병원체와 결합하면 대식 세포가 활성화되어 병원체를 삼키게 된다고 하였으며, 4문단에서는 대식 세포가 사이토카인과 케모카인을 분비하여 병원체를 제거할 다른 방어 체제를 유도한다고 설명하였다.

② 상처 부위에서 통증이 나타나는 이유는 무엇인가?

┈▶ 5문단에서 히스타민에 의해 혈관이 확장되면서 상처 부위가 혈장으로 채워지기 때문에 빨갛게 부어오르고, 상처 부위가 부어올라 신경을 물리적으로 누르면 통증이 나타난다고 하였다.

③ 염증 반응에 관여하는 백혈구에는 어떤 것들이 있는가?

┈▶ 4문단에서 백혈구의 일종인 단핵구가 대식 세포로 분화하여 병원체를 포식하며, 또다른 백혈구의 일종인 호중구 역시 대식 세포와 같은 방법으로 병원체를 삼킨다고 하였다.

⑤ 다른 면역 반응과 구분되는 염증 반응의 특징은 무엇인가?

┈▶ 2문단에서 체내로 들어오는 특정 병원체를 표적으로 하는 다른 면역 반응과 달리 염증 반응은 병원체의 종류를 가리지 않고 나타난다는 특징이 있다고 하였다.

어휘 충전
* **병원체**(病 병들 병 原 근원 원 體 몸 체): 병의 원인이 되는 본체.
* **수용체**(受 받을 수 容 얼굴 용 體 몸 체): 세포막이나 세포 내에 존재하며 호르몬이나 항원, 빛 따위의 외부 인자와 반응하여 세포 기능에 변화를 일으키는 물질.

2   ▼ 핵심 정보 추론   답 ⑤

관점 비교를 통한 평가

윗글을 읽은 학생이 〈보기〉에 대해 보인 반응으로 가장 적절한 것은?

> **보기**
>
> 우리 몸의 염증 반응은 정상적인 치유 과정의 일부이지만 과도하거나 지속적으로 일어나게 되면, 결국 질병으로 이어진다. 이를 치료하기 위한 다양한 방법 중 하나는 확장된 혈관을 '약물'을 통해 수축*시켜 과도한* 염증 반응을 가라앉히는 것이다.

⑤ '약물'을 사용한 후에는 히스타민이나 사이토카인의 작용이 이전보다 원활하지* 않게 되어 염증 반응이 진정되겠군.

┈▶ 〈보기〉는 염증 반응이 과도하게 일어났을 때의 치료 방식에 대해 설명한 글이다. 히스타민은 더 많은 백혈구가 감염 부위로 올 수 있도록 혈관을 확장시키는 역할을 하며, 사이토카인은 혈관 내피세포에 작용하여 혈관을 확장시킨다. 〈보기〉에서 확장된 혈관을 '약물'을 통해 수축시켜 과도한 염증 반응을 가라앉힌다고 하였기 때문에 혈관을 확장시키는 히스타민이나 사이토카인의 작용이 이전보다 원활하지 않게 되어 염증 반응이 진정된다고 생각할 수 있다.

➕ 오답 챙기기

① '약물'을 사용하기 전에는 혈액 속의 호중구가 혈관 벽에 달라붙지 않아 염증 반응이 과도하게 일어났겠군.

┈▶ 4문단에 따르면 염증 반응이 일어날 때 사이토카인은 혈관 내피세포에 작용하여 혈관을 확장시키고, 호중구가 혈관 벽에 잘 달라붙을 수 있게 한다고 하였다. 약물을 사용하기 전에는 염증 반응이 과도하게 일어난다고 하였으므로, 호중구가 혈관 벽에 달라붙지 않는다는 것은 적절하지 않다.

② '약물'을 사용하기 전에는 혈액 속의 단핵구가 혈관 벽을 통과할 수 없어 염증 반응이 지속적*으로 일어났겠군.

┈▶ 4문단에 따르면 염증 반응이 일어날 때 단핵구는 혈관 벽을 통과하여 병원체가 있는 감염 부위로 들어오게 된다고 하였다. 따라서 약물을 사용하기 전에 단핵구가 혈관 벽을 통과할 수 없다는 것은 적절하지 않다.

③ '약물'을 사용한 후에는 이전보다 염증 반응에 관여하는 백혈구가 감염 부위로 더 많이 이동하겠군.

┈▶ 백혈구가 감염 부위로 더 많이 이동한다는 것은 염증 반응이 활발히 일어난다는 것을 뜻한다. 따라서 약물을 사용한 후에 백혈구가 감염 부위로 더 많이 이동한다는 것은 적절하지 않다.

④ '약물'을 사용한 후에는 이전보다 혈관의 내피세포들의 사이가 더욱 벌어지게 되어 염증 반응이 진정되겠군.

┈▶ 4문단에 따르면 염증 반응이 활발히 일어날 때 사이토카인은 혈관 내피세포에 작용하여 혈관을 확장시킨다고 하였기 때문에, 약물을 사용한 후 이전보다 혈관의 내피세포들의 사이가 더욱 벌어진다는 것은 적절하지 않다.

어휘 충전
* **수축**(收 거둘 수 縮 줄일 축): 부피나 규모가 줄어듦.
* **과도하다**(過 지날 과 度 법도 도): 정도에 지나치다.
* **원활하다**(圓 둥글 원 滑 미끄러울 활): 거침이 없이 잘되어 나감.
* **지속적**(持 가질 지 續 이을 속 的 과녁 적): 어떤 상태가 오래 계속되는. 또는 그런 것.

제책 기술의 발달

출전 김진섭, 『책 잘 만드는 제책』 지문 난이도 ★★☆☆☆

(1,344자)

❶ » 종이가 개발되기 전, 인류는 동물의 뼈나 양피지 등에 필요한 정보를 기록해 왔다. 하지만 담긴 정보량에 비해 부피가 방대하였고 그로 인해 보존과 가독에 어려움을 겪었다. 그런데 종이의 개발로 부피가 줄어들면서 종이로 된 책이 주된 기록 매체가 되었고 책의 보존성과 가독성, 휴대성 등을 더욱 높이기 위한 제책 기술의 발달이 요구되었다.

❷ » 서양은 종이 책을 만들기 시작했을 때 제지 기술이 동양에 비해 미숙했고 질 나쁜 종이로 책을 제작해야 했기에 책의 내구성을 높이기 위한 기술이 필요했다. 그래서 표지에 가죽을 씌우거나 나무판을 덧대는 방법을 개발했는데 이를 양장(洋裝)이라 한다. 양장은 내지 묶기와 표지 제작을 따로 한 후에 합치는 방법이다. 내지는 실매기 방식을 활용해 실로 단단히 묶고, 표지는 판지에 천이나 가죽 등의 마감 재료를 접착하여 만든다. 표지와 내지를 결합할 때는 책등과 결합되는 내지 부분에 접착제를 발라 책등에 붙인다. 또한 내지보다 두껍고 질긴 종이인 면지를 표지와 내지 사이에 접착제로 붙여 이어줌으로써 책의 내구성을 높인다. 표지 부착 후에는 가열한 쇠막대로 앞뒤 표지의 책등 쪽 가까운 부분을 눌러 홈을 만들어 책의 펼침성이 좋도록 한다.

❸ » 18세기 말에 유럽은 산업혁명으로 인쇄가 기계화되면서 대량 생산을 위한 기반이 갖추어지고, 경제의 발전으로 일부 계층에만 국한됐던 독서 인구가 확대되어 제책 기술도 대량 생산이 가능한 방식으로 발전해야 했다. 이를 위해 간편하게 철사를 사용해 매는 제책 기술이 개발되었는데 처음에는 '옆매기'라 불리는 기술을 사용하였다. 그러나 옆매기는 책장 넘김이 용이하지 않아 '가운데매기'라 불리는 중철(中綴)이 주된 방식으로 자리 잡았다. 중철은 인쇄지를 포개놓고 책장이 접히는 한가운데 부분을 ㄷ자형 철침을 이용해 매었는데, 보통 2개의 철침으로 표지와 내지를 고정하지만 표지나 내지가 한가운데서부터 떨어지는 경우가 잦아 철침을 4개로 박기도 하였다. 중철은 광고지, 팸플릿 등 오랜 보관이 필요 없거나 분량이 적은 인쇄물에 사용해 왔으며, 중철된 책은 쉽게 펼치거나 넘길 수 있고 두루마리처럼 말아서 간편하게 휴대할 수도 있다.

❹ » 20세기 중반에는 화학 접착제가 개발되며 무선철(無線綴)이라는 제책 기술이 등장했다. 이름처럼 실이나 철사 없이 화학 접착제만으로 책을 묶는 방식이다. 이 방법은 자동화가 가능해 대량 생산에 더욱 적합했고, 생산 단가가 낮아지면서 판매 가격을 낮출 수 있어 책의 대중화에 기여했다. 그리고 1990년대에는 습기경화형 우레탄 핫멜트가 개발되면서 개발 초보다 내구성이 더욱 강화된 책을 만들게 되었다. 무선철 기술은 지금도 계속 보완, 발전하고 있으며 그로 인해 오늘날 대부분의 책은 무선철 방식으로 제작되고 있다.

양장

중철

무선철

1 제책 기술의 등장 배경
- 종이 개발 전 기록의 도구
  – 부피가 방대하고 보존과 가독에 어려움이 있음
- 제책 기술의 등장 배경

등장 배경	필요성
종이의 개발	책의 보존성, 가독성, 휴대성을 높이기 위함

2 양장의 개념과 특징
- 서양에서 양장이 발달한 이유
- 양장
  – 내지 묶기와 표지 제작을 따로 한 후에 합치는 방법, 내지는 실매기 방식, 표지는 마감 재료를 접착함

3 중철의 개념과 특징
- 제책 기술이 대량 생산이 가능한 방식으로 발전된 원인
- 중철
  – 인쇄지를 포개놓고 한가운데 부분을 철침을 이용해 매는 방법
- 중철이 사용되는 책
  – 광고지, 팸플릿
- 중철의 장점

4 무선철의 개념과 특징
- 무선철의 등장 배경
- 무선철
  – 화학 접착제만으로 책을 묶는 방식
- 무선철의 장점

✎ 지문 정보 확인 1 ✗ 2 ○ 3 ✗

지문 구조 **한눈에 보기**

화제 제시 ❶

구분 1 ❷	양장
구분 2 ❸	중철
구분 3 ❹	무선철

지문 Point 분석 **주제: 시대에 따른 제책 기술의 발전**

해제: 이 글은 시대에 따라 제책 기술이 어떻게 발전되어 왔는지를 설명하고 있는 글이다. 종이가 주된 기록 매체가 된 후 책의 보존성과 가독성, 휴대성을 더욱 높이기 위해 제책 기술의 발달이 요구되었다. 서양에서는 책의 내구성을 높이기 위한 기술인 양장이 개발되었고, 18세기 말 독서 인구가 확대되며 중철 방식이 자리를 잡게 되었다. 20세기 중반 화학 접착제가 개발되며 무선철이라는 제책 기술이 등장하였고, 무선철 기술은 오늘날에도 계속 보완, 발전하며 사용되고 있다.

1 ▼ 세부 정보의 확인   답 ③

윗글의 표제와 부제로 가장 적절한 것은?

③ 제책 기술의 등장 배경과 유형
　－ 책 묶기 방식의 발전 과정을 중심으로

⋯ 이 글에서는 종이가 개발된 후 종이로 된 책이 주된 기록 매체가 되었고 책의 보존성과 가독성, 휴대성 등을 더욱 높이기 위해 제책 기술이 발달하게 되었음을 밝히고 있다. 제책 기술은 시대에 따라 실을 사용하는 양장, 철사를 사용하는 중철, 화학 접착제를 사용하는 무선철의 순서로 발전하였고 현재는 대부분의 책이 무선철 방식으로 제작되고 있다고 하였다. 따라서 이 글의 표제는 '제책 기술의 등장 배경과 유형', 부제는 '책 묶기 방식의 발전 과정을 중심으로'가 적절하다.

➕ 오답 챙기기

① 제책 기술의 발전과 한계
　－ 문제점 진단과 보완* 방안을 중심으로

⋯ 이 글에서는 제책 기술이 시대에 따라 어떻게 발전하였는지를 설명하고 있으나 문제점을 진단하거나 보완 방안을 제시하고 있지는 않다.

② 제책 기술 현대화의 경향
　－ 화학 접착제의 개발을 중심으로

⋯ 이 글에서는 제책 기술의 발달을 다루며 20세기 중반 화학 접착제가 개발되며 무선철이라는 제책 기술이 등장했다고 하였다. 하지만 무선철은 이 글에서 소개한 여러 가지 제책 기술 중 한 가지이며 이 글은 화학 접착제의 개발을 중심으로 제책 기술 현대화의 경향에 대해 설명한 글이 아니다.

④ 제책 기술의 발전과 사회적 영향
　－ 기술 개발의 방향과 문제점을 중심으로

⋯ 이 글에서는 시대에 따라 제책 기술이 어떻게 발전하였는지를 설명하고 있으나 기술 개발의 문제점을 중심으로 다루고 있지는 않다.

⑤ 제책 기술의 필요성과 의의
　－ 책의 내구성 향상 단계를 중심으로

⋯ 이 글에서는 시대에 따라 제책 기술이 발전한 양상을 설명하고 있으며 제책 기술의 필요성과 의의를 주제로 한 글은 아니다.

📌 **어휘충전**　* **보완**(補 도울 보 完 완전할 완): 모자라거나 부족한 것을 보충하여 완전하게 함.

2 ▼ 구체적 사례에의 적용   답 ⑤

관점 비교를 통한 평가

윗글과 〈보기〉를 고려할 때, 제책 회사가 제시할 의견으로 가장 적절한 것은?

> **보기**
>
> 　올해 문집 제작을 위한 요구 사항을 말씀드립니다. 작년에 제작된 문집은 간편하게 말아서 휴대가 가능했지만 표지의 한가운데가 떨어지는 문제가 있었습니다. 이에 대한 보완이 필요하며 올해는 분량이 100쪽 이상 증가한 점과 학생들이 오래도록 문집을 보관하고 싶어 하는 점을 고려해 주시기 바랍니다. 또한 문집 제작 비용을 절감하는 방향으로 제안서를 보내주시기 바랍니다.

⑤ 책의 단가를 낮추고 내구성을 높이기 위해 성능이 좋은 화학 접착제를 사용하여 묶겠습니다.

⋯ 〈보기〉에서는 제작 비용 절감과 책의 내구성 강화를 요청하고 있다. 4문단에 따르면 제책 방식 중 무선철 기술은 생산 단가가 낮아 판매 가격을 낮출 수 있고, 내구성이 강화된 책을 만들 수 있다. 따라서 〈보기〉에 제시된 조건을 고려한다면 제책 회사의 입장에서는 성능이 좋은 화학 접착제를 사용하는 무선철 기술을 활용하는 것이 적절하다.

➕ 오답 챙기기

① 표지가 쉽게 떨어지지 않게 철침으로 옆을 묶겠습니다.

⋯ 철침으로 옆을 묶는 것은 옆매기 기술을 뜻하는데, 이것은 책장 넘김이 용이하지 않으며 표지가 쉽게 떨어지지 않는 방법도 아니다.

② 분량이 증가한 점을 고려하여 내지와 표지를 별도로 제작한 후 묶겠습니다.

⋯ 내지와 표지를 별도로 제작한 후 묶는 것은 초기의 방식인 양장으로 이것은 〈보기〉에서 요청한 내용과 맞지 않는다.

③ 표지와 내지의 결합력을 높이기 위해 철침을 2개에서 4개로 늘려 묶겠습니다.

⋯ 철침을 4개로 박는 것은 중철 방식이다. 〈보기〉에서는 내구성과 비용 절감을 요청하였기 때문에 중철보다는 무선철이 적절하다.

④ 오래도록 보관할 수 있게 실매기를 한 후 튼튼한 면지를 접착제로 붙이겠습니다.

⋯ 실매기 후 면지를 접착제로 붙이는 것은 양장의 방식으로, 〈보기〉에서는 내구성과 비용 절감을 요청하였기 때문에 양장보다는 무선철이 적절하다.

📌 **어휘충전**
* **문집**(文 글월 문 集 모을 집): 시나 문장을 모아 엮은 책.
* **단가**(單 하나 단 價 가격 가): 물건 한 단위의 가격.
* **절감**(節 마디 절 減 덜 감): 아끼어 줄임.

STUDY 15 어휘 확인　　　마무리 확인~!

1 ㄹ	2 ㄱ	3 ㄴ	4 ㅁ	5 ㄷ
6 ㄴ	7 ㄹ	8 ㅁ	9 ㄱ	10 ㄷ
11 국한	12 대항	13 포식	14 방지	15 분화

행성의 공전과 스윙바이 원리

출전 홍준의 외, 「살아 있는 과학 교과서 1」　**지문 난이도** ★★★★☆

(1,299자)

❶ » 우주 탐사선이 지구에서 태양계 끝까지 날아가기 위해서는 일정 속도 이상에 이르러야 한다. 그러나 탐사선의 추진력만으로는 이러한 속도에 도달하기 어렵다. 추진력을 마음껏 얻을 수 있을 정도로 큰 추진체가 달린 탐사선을 만들 수 없기 때문이다. 대신에 탐사선을 다른 행성에 접근시키는 '스윙바이(Swing-by)'를 통해 속도를 얻는다. 스윙바이란, 말 그대로 탐사선이 행성에 잠깐 다가갔다가 다시 멀어지는 것이다. 탐사선이 행성에 다가갔다가 멀어지는 것만으로 어떻게 속도를 얻을 수 있는지 그 원리에 대해 알아보자.

> **❶ 우주 탐사선의 속도를 증가시키는 '스윙바이'**
> - 스윙바이를 하는 이유
> - 스윙바이의 개념
> - 화제 제시

❷ » 스윙바이의 원리를 이해하기 위해서는 행성이 정지한 채로 있지 않고 태양 주위를 공전한다는 점을 떠올려야 한다. 그리고 뒤에서 바람이 불면 달리기 속도가 빨라지듯이 외부의 영향으로 물체의 속도가 변한다는 점도 기억해야 한다. 탐사선을 행성에 접근시켜 행성의 공전을 이용하는 스윙바이는 그림과 같이 나타낼 수 있다. 탐사선이 공전하는 행성에 접근하여 중력의 영향권인 중력장에 진입할 때에는 행성의 공전 방향과 탐사선의 진입 방향이 서로 달라 탐사선의 속도 증가는 크지 않다. 그런데 탐사선이 곡선 궤도를 그리며 방향을 바꾸어 행성의 공전 방향에 가까워지면 탐사선의 속도는 크게 증가된다. 왜냐하면 탐사선이 행성에서 멀어지는 방향이 행성의 공전 방향에 가까울수록 스윙바이를 통한 속도 증가의 효과는 크기 때문이다.

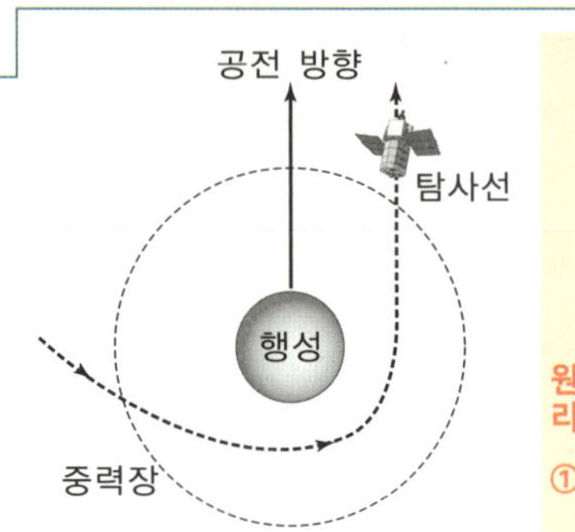

원리 ①

> **❷ 탐사선의 속도에 영향을 미치는 행성의 공전 방향**
> - 공전 방향이 탐사선의 속도에 영향을 미치는 원리
>   ① 행성이 공전함으로써 운동량을 가지고 있음
>   ② 뒤에서 밀어주듯이 영향을 미칠 수 있음
> - 행성의 공전 방향과 탐사선의 속도 간의 관계

❸ » 탐사선의 속도 증가에 행성의 중력도 영향을 미친다고 생각할 수도 있다. 탐사선이 행성에 다가가다 보면 행성이 끌어당기는 중력의 영향으로 탐사선의 속도가 증가하기 때문이다. 그러나 스윙바이를 마친 후 탐사선의 '속도의 크기' 변화에 행성의 중력이 영향을 미치지는 못한다. 왜냐하면 탐사선이 행성 중력의 영향권에서 벗어나면서 중력의 영향으로 얻은 만큼의 속도를 잃기 때문이다. 탐사선을 롤러코스터에 비유한다면 쉽게 이해할 수 있다. 롤러코스터는 높은 곳에서 낮은 곳으로 내려갈 때 속도가 증가하지만, 가장 낮은 지점을 지나 다시 위로 올라가면서 속도가 감소한다.

원리 ②

> **❸ 탐사선의 속도에 영향을 미치지 못하는 행성의 중력**
> - 행성에 다가가는 과정에서는 행성의 중력이 탐사선의 속도 증가에 영향을 미침
> - 행성의 중력은 탐사선의 속도에 영향을 미치지 못함

❹ » ㉠스윙바이는 행성의 공전 속도를 훔쳐오는 것이다. 그런데 운동량 보존 법칙에 따라 스윙바이를 통해 탐사선과 행성이 주고받은 운동량은 같다. 이 말은 탐사선의 속도가 빨라진 것처럼 행성의 속도는 느려졌다는 것을 의미한다. 서로 주고받은 운동량은 질량과 속도 변화량을 곱한 것이므로 행성에 비해 질량이 작은 탐사선은 속도가 크게 증가하지만, 질량이 매우 큰 행성은 속도가 거의 줄어들지 않는다. 실제로 지구와의 스윙바이를 통해 초속 8.9㎞의 속도를 얻은 '갈릴레오 호'로 인해 지구의 공전 속도는 1억 년 동안 1.2cm 쯤 늦어지게 되었다.

> **❹ 운동량 보존 법칙에 따른 '스윙바이'**
> - 운동량 보존 법칙
>   - 외부의 힘을 받지 않는 고립된 물체 또는 계에서 전체 운동량의 합이 보존된다는 법칙
>   → 탐사선이 얻은 운동량 = 행성이 잃은 운동량
> - 운동량: 질량 × 속도 변화량
>   - 질량이 매우 큰 행성의 속도 변화량은 거의 없음

✎ 지문 정보 확인　1 ○　2 X　3 ○

지문 Point 분석　주제: 스윙바이를 하는 이유와 스윙바이의 원리

우주 탐사선의 속도를 높이는 데 이용되는 스윙바이의 원리를 설명하고 있는 글이다. 스윙바이는 탐사선이 행성에 잠깐 다가갔다가 다시 멀어지는 과정에서 행성의 공전 속도를 이용하여 탐사선의 속도를 크게 높이는 방법이다. 이는 운동량 보존 법칙을 따르는 것으로, 행성과 우주 탐사선이 주고 받은 운동량 자체는 동일하다. 다만 같은 운동량이라도 질량이 적은 탐사선에는 큰 속도 증가로 이어지지만 질량이 큰 행성의 속도에는 거의 영향을 미치지 못한다. 이때 행성의 중력은 우주 탐사선의 속도에 아무런 영향을 주지 못한다.

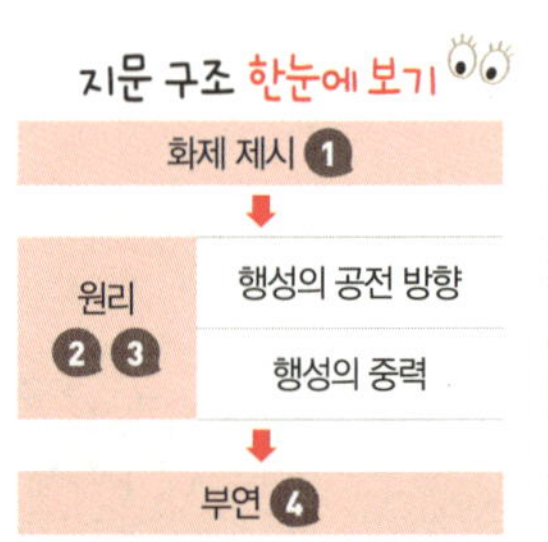

1 ▼ 세부 정보의 확인   답 ②

윗글을 읽고 답할 수 있는 질문이 아닌 것은?

② 스윙바이 동안에 행성의 중력이 변하는 이유는?

⟶ 3문단에서 스윙바이와 중력의 관계를 설명하고 있다. 이에 따르면, 스윙바이를 할 때 탐사선이 행성에 다가갈 때는 행성 중력의 영향으로 탐사선의 속도가 증가하지만 탐사선이 행성 중력의 영향권을 벗어나면서 행성의 중력 영향으로 얻은 만큼의 속도를 잃는다. 하지만 스윙바이를 할 때 행성의 중력이 달라진다는 내용은 나타나지 않는다.

➕ 오답 챙기기

① 탐사선이 스윙바이를 하는 까닭은?

⟶ 1문단에 따르면, 우주 탐사선이 태양계 끝까지 날아가기 위해서는 일정 속도 이상에 이르러야 하는데, 탐사선은 추진력을 마음껏 얻을 수 있을 정도로 큰 추진체를 달 수 없으므로 스윙바이를 이용하여 필요한 속도를 얻는다.

③ 스윙바이를 할 때 행성의 공전이 중요한 이유는?

⟶ 2문단과 4문단에 따르면, 행성이 공전을 해야 행성 자체의 공전 속도가 스윙바이를 하는 탐사선의 속도에 보태져 탐사선의 속도를 올릴 수 있다.

④ 스윙바이를 통해 속도를 효과적으로 얻는 방법은?

⟶ 2문단에 따르면 탐사선이 곡선 궤도를 그리며 행성의 공전 방향에 가까워져야 탐사선의 속도를 크게 증가시킬 수 있다.

⑤ 스윙바이 후 행성의 공전 속도 변화가 매우 작은 이유는?

⟶ 4문단에 따르면, 행성과 탐사선이 서로 주고받은 운동량을 계산하면 총량은 동일하다. 이때 서로 주고받은 운동량은 질량과 속도 변화량을 곱한 것인데, 행성의 질량이 탐사선의 질량보다 매우 크기 때문에 행성의 속도는 거의 줄어들지 않는다.

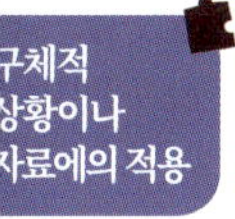

2 ▼ 유사한 상황에의 적용   답 ②

〈보기〉는 스윙바이의 이해를 돕기 위한 사례이다. 윗글의 공전하는 행성과 가장 유사한 것은?

> **보기**
>
> 어떤 사람이 궁수가 탄 말을 출발시켰다. 시속 30km로 달리는 말 위에서 궁수가 말의 진행 방향으로 시속 150km의 화살을 쏘아, 정면에 있는 과녁에 맞힌다면 궁수에게 화살은 시속 150km로 날아가는 것으로 보인다. 그런데 옆에 서 있는 사람에게는 그 화살이 시속 180km로 날아가는 것으로 관찰된다.

② 달리는 말

⟶ 2문단에 따르면, 우주 탐사선은 공전하는 행성 가까이 다가가면서 그 속도로 인해 이전보다 더 빠른 속도를 낼 수 있다. 이를 〈보기〉 상황에 적용해 보면 '달리는 말'이 공전하는 행성에 해당하고, 그 말 위에서 말의 진행 방향으로 날아가는 '화살'이 '우주 탐사선'이 된다. 화살을 제외한 다른 것의 속도 변화는 나타나지 않은 상황에서 화살의 속도만 시속 150km에서 시속 180km로 달라졌기 때문이다. 즉 화살은 말이 달리는 속도인 시속 30km의 속도만큼 말을 통해 더 얻은 것이다.

➕ 오답 챙기기

① 어떤 사람

⟶ '어떤 사람'은 말을 출발시킨 사람이므로 윗글에 대응하면 행성이 공전하게 만든 존재나 힘에 해당한다. 그러나 윗글에서는 행성이 어떤 힘이나 존재에 의해 공전하는지가 나타나 있지 않다.

③ 화살

⟶ '화살'은 '달리는 말'의 속도만큼 더 빠른 속도를 얻은 상황이므로 윗글에 대응하면 '우주 탐사선'에 해당한다고 볼 수 있다.

④ 정면에 있는 과녁

⟶ '정면에 있는 과녁'은 '달리는 말'의 진행 방향과 같은 방향의 앞쪽에 있는 것으로 말 위에 있는 궁수가 '화살'로 맞히려고 하는 목표물이다. 따라서 이를 윗글에 대응하면 우주 탐사선이 도달하려고 하는 최종 목적지에 해당한다.

⑤ 옆에 서 있는 사람

⟶ '옆에 서 있는 사람'은 움직이지 않아서 화살의 최종 속도만을 보는 사람이다. 이를 윗글에 대응하면 우주 탐사선이 공전하는 행성에 접근한 뒤 이전보다 빠른 속도를 얻은 것을 관찰하는 사람으로 볼 수 있다.

3 ▼ 세부 정보 추론   답 ③

㉠을 이해한 것으로 적절한 것은?

③ 탐사선이 얻은 운동량이 행성이 잃은 운동량과 같다.

⟶ 4문단에 따르면 운동량 보존 법칙에 따라 스윙바이를 통해 탐사선과 행성이 주고받은 운동량은 동일하다. 즉 탐사선의 속도가 빨라진 것에 해당하는 운동량만큼 행성의 속도가 느려진 것을 의미한다. 다만, 서로 주고받는 운동량은 질량과 속도 변화량을 곱한 것이므로 상대적으로 질량이 매우 큰 행성의 속도가 상대적으로 질량이 매주 작은 탐사선의 속도에 비해 거의 변화가 없을 정도로 아주 조금 늦어졌을 뿐이다. 따라서 스윙바이가 곧 행성의 공전 속도를 훔쳐온다는 설명은 ③으로 이해할 수 있다.

➕ 오답 챙기기

① 탐사선이 얻은 속도와 행성이 잃은 공전 속도가 같다.

⟶ 4문단에 따르면, 탐사선이 얻은 속도에 비해 행성이 잃은 속도는 매우 미미하다. 실제로 '갈릴레오 호'가 지구와의 스윙바이를 통해 초속 8.9km의 속도를 얻은 반면, 지구의 속도 변화는 매우 미미했다.

② 탐사선이 얻은 속도가 행성이 잃은 공전 속도보다 작다.

⟶ 4문단에 따르면 질량이 큰 쪽의 속도 변화가 미미하므로 탐사선보다 행성이 잃은 공전 속도가 더 작다.

④ 탐사선이 얻은 운동량이 행성이 잃은 운동량보다 작다.

⟶ 4문단의 '운동량 보존 법칙에 따라 스윙바이를 통해 탐사선과 행성이 주고받은 운동량은 같다.'라는 설명과 일치하지 않는다.

⑤ 탐사선이 잃은 운동량이 행성이 얻은 운동량보다 크다.

⟶ 스윙바이는 탐사선이 속도를 얻기 위해 진행하는 방법이다. 따라서 탐사선의 운동량을 잃지는 않는다.

SSD의 장점과 종류

출전 김연우, 「하드디스크를 대체하는 고속의 보조기억장치 SSD」　지문 난이도 ★★★☆☆

(1,372자)

1 » 컴퓨터를 구성하고 있는 여러 가지 장치 중에서 가장 핵심적인 역할을 담당하고 있는 3가지 요소는 중앙처리장치(CPU), 주기억장치, 보조기억장치이다. 보통 주기억장치로 '램'을, 보조기억장치로 'HDD(Hard Disk Drive)'를 쓴다. 이 세 장치의 성능이 컴퓨터의 전반적인 속도를 좌우한다고 할 수 있다.

2 » CPU나 램은 내부의 미세 회로 사이를 오가는 전자의 움직임만으로 데이터를 처리하는 반도체 재질이기 때문에 고속으로 동작이 가능하다. 그러나 HDD는 원형의 자기디스크를 물리적으로 회전시키며 데이터를 읽거나 저장하기 때문에 자기디스크를 아무리 빨리 회전시킨다 해도 반도체의 처리 속도를 따라갈 수 없다. 게다가 디스크의 회전 속도가 빨라질수록 소음이 심해지고 전력 소모량이 급속도로 높아지는 단점이 있다. 이 때문에 CPU와 램의 동작 속도가 하루가 다르게 향상되고 있는 반면, HDD의 동작 속도는 그렇지 못했다.

3 » 그래서 HDD의 대안으로 제시된 것이 바로 'SSD(Solid State Drive)'이다. SSD의 용도나 외관, 설치 방법 등은 HDD와 유사하다. 하지만 SSD는 HDD가 자기디스크를 사용하는 것과 달리 반도체를 이용해 데이터를 저장한다는 차이가 있다. 그리고 물리적으로 움직이는 부품이 없기 때문에 작동 소음이 작고 전력 소모가 적다. 이런 특성 때문에 휴대용 컴퓨터에 SSD를 사용하면 전지 유지 시간을 늘릴 수 있다는 이점이 있다.

4 » SSD는, 컴퓨터 시스템과 SSD 사이에 데이터를 주고받을 수 있도록 연결하는 부분인 '인터페이스', 데이터를 저장하는 '메모리', 그리고 인터페이스와 메모리 사이의 데이터 교환 작업을 제어하는 '컨트롤러', 외부 장치와 SSD간의 처리 속도 차이를 줄여주는 '버퍼 메모리'로 이루어져 있다. 이 중에 주목해야 할 것이 데이터를 저장하는 메모리다. 이 메모리를 무엇으로 쓰는지에 따라 '램 기반 SSD'와 '플래시메모리 기반 SSD'로 나뉜다.

5 » 램 기반 SSD는 매우 빠른 속도를 발휘하는데, 이것을 장착한 컴퓨터는 전원을 켠 후 1~2초 만에 윈도우 운영체제의 부팅을 끝낼 수 있을 정도다. 다만 램은 전원이 꺼지면 저장 데이터가 모두 사라지기 때문에 컴퓨터의 전원을 끈 상태에서도 SSD에 계속해서 전원을 공급해 주는 전용 전지가 반드시 필요하다. 이런 단점 때문에 램 기반 SSD는 많이 쓰이지 않는다.

6 » 그래서 일반적으로 SSD는 플래시메모리 기반 SSD를 지칭한다. 플래시메모리는 전원이 꺼지더라도 기록된 데이터가 보존되기 때문에 HDD를 쓰던 것처럼 쓰면 된다. 그리고 플래시메모리 기반 SSD를 장착한 컴퓨터는 램 기반 SSD를 장착한 컴퓨터보다 느리긴 하지만 HDD를 장착한 동급 사양의 컴퓨터보다 최소 2~3배 이상 빠른 부팅 속도와 프로그램 실행 속도를 기대할 수 있다.

지문 구조 해설

1 컴퓨터의 3가지 핵심 구성 요소
- 컴퓨터의 3가지 핵심 구성 요소

2 보조기억장치인 HDD의 단점
- CPU와 램
  - 반도체 재질 → 고속
- HDD
  - 원형의 자기디스크 → 상대적 저속, 소음 및 전력 소모량 때문에 동작 속도를 높이지 못함

문제

3 HDD의 단점을 극복한 SSD
- SSD
  - 반도체 이용 → HDD의 단점극복, 휴대용 컴퓨터의 사용 시간 증가

대안

4 SSD의 구성과 메모리에 따른 분류
- SSD의 구성
  - 인터페이스+메모리+컨트롤러+버퍼 메모리
- SSD의 분류
  - 램 기반 SSD
  - 플래시메모리 기반 SSD

5 램 기반 SSD의 장점과 단점

구체화

장점	단점
빠른 속도	별도 전원 공급 전용 전지 필요

6 플래시메모리 기반 SSD의 효율성

장점	단점
데이터 보존	램 기반 SSD 보다 느림

지문 구조 한눈에 보기

분류 **1**	컴퓨터 구성 요소
문제 및 대안 **2 3**	HDD 한계 / SDD 제시
구체화 **4 5**	SDD 분류 / 램 기반 SDD
6	플래시메모리 기반 SDD

✎ 지문 정보 확인　1 X　2 ○　3 ○

지문 Point 분석　주제: 기존 보조기억장치인 HDD를 대체할 수 있는 SSD의 장점

해제: 컴퓨터 보조기억장치로 사용되는 HDD의 한계를 제시하고, 그것을 대체할 수 있는 SSD의 장점을 설명하고 있는 글이다. 자기디스크를 사용하는 HDD는 데이터 처리 속도에서 반도체 재질인 CPU와 램을 따라가지 못한다. 게다가 소음과 전력 소모량도 많다. SSD는 이런 단점을 해결한 반도체 재질의 보조기억장치로, 램 기반 SSD와 플래시메모리 기반 SSD가 있다. 이중에서 전용 전지가 필요하지 않은 플래시메모리 기반 SSD가 주로 쓰인다.

1 ▼ 중심 화제의 파악   답 ①

윗글에서 확인할 수 있는 내용으로 적절하지 않은 것은?

① HDD의 발전 과정

→ HDD가 보조기억장치로 사용된다는 점과 물리적인 회전을 사용하는 방식으로 인한 여러 문제가 있다는 점을 제시되고 있지만, HDD의 발전 과정에 대한 내용은 제시되지 않았다.

➕ 오답 챙기기

② SSD의 구성 요소

→ 4문단에서 SSD는, 컴퓨터 시스템과 SSD 사이에 데이터를 주고 받을 수 있도록 연결하는 부분인 '인터페이스', 데이터를 저장하는 '메모리', 그리고 인터페이스와 메모리 사이의 데이터 교환 작업을 제어하는 '컨트롤러', 외부 장치와 SSD간의 처리 속도 차이를 줄여주는 '버퍼 메모리'로 구성된다고 설명하고 있다.

③ 컴퓨터 속도를 결정하는 주요 장치

→ 1문단에서 중앙처리장치(CPU), 주기억장치, 보조기억장치의 성능이 컴퓨터의 전반적인 속도를 좌우한다고 설명하고 있다.

④ 램과 HDD의 데이터 처리 방식 차이

→ 2문단에서 램은 내부의 미세 회로 사이를 오가는 전자의 움직임만으로 데이터를 처리하는 반면, HDD는 원형의 자기디스크를 물리적으로 회전시키며 데이터를 읽거나 저장한다고 설명하고 있다.

⑤ SSD를 휴대용 컴퓨터에 쓰면 좋은 이유

→ 3문단에서 SSD는 전력 소모가 적기 때문에 휴대용 컴퓨터에 SSD를 사용하면 전지 유지 시간을 늘릴 수 있는 이점이 있다고 설명하고 있다.

2 ▼ 구체적인 사례에의 적용   답 ③

윗글을 바탕으로 〈보기〉에 대해 이해한 것으로 적절하지 않은 것은?

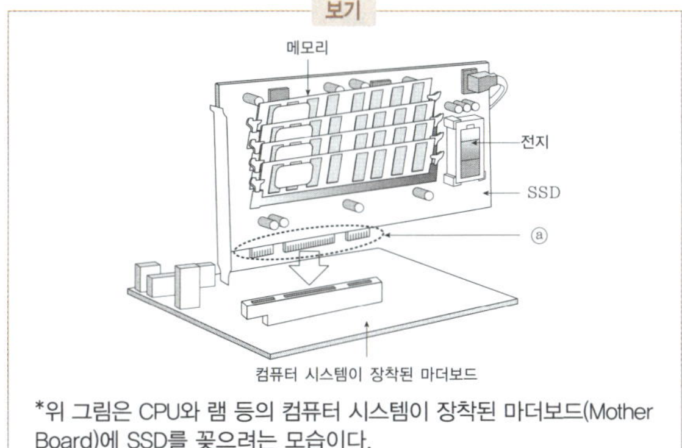

*위 그림은 CPU와 램 등의 컴퓨터 시스템이 장착된 마더보드(Mother Board)에 SSD를 꽂으려는 모습이다.

③ 〈보기〉의 SSD는 전지가 있는 것으로 보아 일반적*으로 쓰이는 것이다.

→ 〈보기〉의 SSD에는 전지가 부착되어 있다. 5문단에 따르면, 컴퓨터의 전원을 끈 상태에서도 SSD에 계속해서 전원을 공급해 주는 전용 전지가 필요한 것은 램 기반 SSD이다. 그런데 램 기반

SSD는 별도 전지가 있어야 한다는 단점 때문에 많이 쓰이지 않고 플래시메모리 기반의 SSD가 더 일반적으로 쓰인다고 설명했다. 따라서 전지가 있는 SSD가 많이 쓰인다고 이해한 것은 적절하지 않다.

➕ 오답 챙기기

① 〈보기〉의 SSD에는 컨트롤러와 버퍼 메모리 장치가 있다.

→ 4문단의 'SSD는, 컴퓨터 시스템과 SSD 사이에 데이터를 주고받을 수 있도록 연결하는 부분인 '인터페이스', 데이터를 저장하는 '메모리', 그리고 인터페이스와 메모리 사이의 데이터 교환 작업을 제어하는 '컨트롤러', 외부 장치와 SSD간의 처리 속도 차이를 줄여주는 '버퍼 메모리'로 이루어져 있다.'라는 설명을 고려할 때, 〈보기〉의 SSD에도 컨트롤러와 버퍼 메모리 장치가 있을 것임을 알 수 있다.

② ⓐ는 SSD가 컴퓨터 시스템과 데이터를 주고받는 부분이다.

→ 마더보드(Mother Board)에 SSD를 꽂으려는 모습이라는 〈보기〉의 설명을 고려할 때, ⓐ는 SSD와 컴퓨터 시스템이 장착된 마더보드를 연결하여 데이터를 주고받을 수 있도록 하는 인터페이스임을 알 수 있다.

④ 〈보기〉의 SSD는 다른 종류의 SSD에 비해 데이터 처리 속도가 빠르다.

→ 4문단에 따르면, SSD는 '램 기반 SSD'와 '플래시메모리 기반 SSD'로 나뉜다. 램 기반 SSD는 별도 전지가 필요하고 플래시메모리 기반 SSD는 별도 전지가 필요하지 않다. 그런데 6문단에서 플래시메모리 기반 SSD를 장착한 컴퓨터는 램 기반 SSD를 장착한 컴퓨터보다 느리다고 하였다. 따라서 전지가 장착된 〈보기〉의 SSD는 램 기반 SSD이며, 또 다른 SSD인 플래시메모리 기반 SSD보다 속도가 빠를 것임을 알 수 있다.

⑤ 〈보기〉의 SSD에 전지가 없다면 컴퓨터 전원이 꺼졌을 때 메모리에 있는 데이터가 다 지워질 것이다.

→ 5문단에 따르면, 램 기반 SSD는 매우 빠른 속도를 발휘하지만 전원이 꺼지면 저장 데이터가 모두 사라지기 때문에 별도로 전원을 공급한 전지가 필요하다고 설명하였다. 따라서 〈보기〉의 SSD에 전지가 없다면 컴퓨터 전원이 꺼졌을 때 메모리에 있는 데이터가 다 지워질 것임을 알 수 있다.

🏷️ 어휘 충전
* **일반적**(一 하나 일 般 옮길 반 的 과녁 적): 일부에 한정되지 아니하고 전체에 걸치는. 또는 그런 것.

STUDY 16 어휘 확인

1 ⑩	2 ⓛ	3 ⓔ	4 ⓒ	5 ⓒ
6 ⓗ	7 ⓔ	8 ⓗ	9 ⓒ	10 ⓒ
11 ⑩	12 ⓛ	13 접근	14 초속	15 추진력
16 전용	17 핵심적	18 재질		

간의 구조와 간의 혈액 공급 방식

출전 인체의 원리 편집부, 『인체의 원리』 **지문 난이도** ★★★★☆

(1,501자)

❶ » 우리 몸 안에서 가장 큰 장기는 간으로, 커다란 크기만큼 하는 일이 많아서 '인체의 화학 공장'이라고 한다. 우선 우리가 음식을 섭취하게 되면 위나 장에서 영양소를 흡수하게 되는데, 여기서 흡수된 여러 영양소는 대부분 혈액을 통해 간으로 이동한다. 간은 그 영양소들을 몸에서 요구하는 다른 영양소로 만들거나, 우리 몸을 위해 저장하기도 한다. 이런 것들이 가능한 이유는 간의 구조와 혈액의 공급 방식 때문이다.

❷ » 간은 육각형 기둥 모양의 간소엽이라는 작은 공장들로 이루어져 있고 그 내부는 간의 주요 기능을 수행하는 간세포로 채워져 있다. 간소엽의 중심부에는 중심 정맥이 놓여 있어 간을 거친 혈액을 간정맥으로 보내 심장으로 흐르게 한다. 그리고 육각형 기둥의 각 모서리에는 간문맥, 간동맥, 담관이 지나가고 있는데, 간문맥과 간동맥은 혈액이 다른 장기에서 간으로 유입되는 관이고, 담관은 담즙이 간에서 배출되는 관이다.

❸ » 인체의 거의 모든 장기의 혈액 순환은 혈액이 동맥으로 들어와 모세혈관을 거치면서 산소와 영양소의 교환이 이루어진 다음에 정맥을 통해 나가는 방식이다. 그러나 간의 혈액 순환은 예외적으로 혈액이 간동맥과 간문맥이라는 2개의 혈관을 통해서 들어와 미세혈관을 지나 중심 정맥으로 흘러 나간다. 이 과정을 자세히 살펴보면 동맥인 '간동맥'을 통해서 들어오는 혈액은 산소를 운반하고, 소장과 간을 연결하는 혈관인 '간문맥'을 통해서 들어오는 혈액은 위나 장에서 흡수된 영양소를 간으로 이동시킨다. 이 두 혈관들은 간소엽 내부에서 점차 가늘어져 '시누소이드'라는 미세혈관으로 합쳐지는데, 시누소이드는 밭이랑처럼 길게 배열되어 있는 간세포들 사이에 위치해 있다. 시누소이드를 흐르는 혈액은 대사 활동에 필요한 산소와 영양소를 간세포에 공급하고, 간세포의 대사 활동의 결과물인 대사산물과 이산화탄소 같은 노폐물 등을 흡수하는데 이러한 과정을 '물질 교환'이라 한다. 이렇게 시누소이드를 거친 혈액은 중심 정맥으로 유입된 후, 다시 간정맥으로 합쳐져 심장으로 들어가는 것이다.

❹ » 이러한 혈액 순환을 통해서 간에서는 단백질 합성이 일어난다. 식사를 통해 몸으로 들어온 단백질은 위나 장에서 아미노산의 형태로 분해되어 혈액과 함께 간으로 이동된다. 간세포는 시누소이드를 통해 공급된 아미노산을 분해하여 혈액 응고에 관여하는 새로운 단백질을 합성한다. 이때 아미노산이 분해되는 과정에서 유독 물질인 암모니아가 생성되는데, 간은 이것을 요소로 변화시켜 콩팥으로 보내어 몸 밖으로 배출하게 한다. 또한 간은 비타민 A를 저장하기도 하고, 지방의 소화를 촉진시키는 담즙을 생산하여 담관을 통해 쓸개로 보내기도 한다.

❺ » 그러나 간의 일부 기능은 간세포만으로 감당할 수 없어서 간은 다른 세포의 도움을 받아야 한다. 간세포와 시누소이드 사이에 존재하는 세포들 중 쿠퍼세포는 몸 안으로 들어온 바이러스를 면역 체계에 노출시켜 몸이 면역 작용을 할 수 있도록 유도한다. 이처럼 간은 1분마다 1.4L의 혈액을 여과하면서 복잡하고 중요한 기능을 담당하여 우리 몸이 건강을 유지할 수 있도록 하고 있는 것이다.

---

1 간의 기능

인체의 화학 공장	위나 장에서 흡수된 영양소를 다른 영양소로 만듦
	위나 장에서 흡수된 영양소를 저장함

2 간의 구조

- 간을 구성하는 요소
- 간소엽의 구조 및 기능

중심 정맥	혈액을 간정맥으로 보냄
간문맥 간동맥	간으로 혈액이 유입됨
담관	간에서 담즙을 배출함

3 간의 혈액 공급 방식

- 간의 혈액 순환

간동맥	산소 운반
간문맥	영양소 이동

- 시누소이드
  - 산소와 영양소를 간세포에 공급하고 대사산물과 노폐물 등을 흡수하는 미세혈관(물질 교환 역할)

4 간의 단백질 합성과 영양소의 저장

단백질 합성	아미노산을 분해하여 새로운 단백질을 합성함
영양소 저장	비타민 A를 저장함
담즙 생산	지방의 소화를 촉진시킴

5 간의 기능을 돕는 쿠퍼세포

- 쿠퍼세포
  - 신체의 면역 작용을 도움

지문 구조 한눈에 보기

화제 제시 ❶

↓

구체화 ❷ ❸ ❹	간의 구조
	간의 혈액 공급 방식
	단백질 합성과 영양소 저장

↓

부연 및 정리 ❺

✎ 지문 정보 확인 1 ○ 2 X 3 ○

지문 Point 분석 주제: 간의 구조와 간의 혈액 공급 방식

해제: 간의 기능을 소개하고 간의 구조와 혈액 공급 방식을 설명하는 글이다. 간은 간세포로 채워진 육각형 모양의 간소엽으로 이루어져 있으며, 간소엽의 중심부에는 중심 정맥이, 각 모서리에는 간문맥과 간동맥, 담관 등이 지나간다. 간동맥과 간문맥을 통해 간으로 들어온 혈액은 시누소이드를 지나면서 물질 교환을 하고 중심 정맥으로 흘러나가 간정맥을 거쳐 심장으로 들어간다. 이 과정에서 간은 다른 장기가 흡수한 영양소를 단백질로 합성하는 등 우리 몸을 위해 다양한 일을 한다.

세부 내용 파악

1 ▼ 세부 정보의 확인   답 ④

윗글에서 알 수 있는 내용으로 적절하지 <u>않은</u> 것은?

④ 간으로 이동된 요소는 간동맥에 의해 몸 밖으로 배출*된다.

⋯ 4문단의 '간세포는 시누소이드를 통해 공급된 아미노산을 분해하여 혈액 응고에 관여하는 새로운 단백질을 합성한다. 이때 아미노산이 분해되는 과정에서 유독 물질인 암모니아가 생성되는데, 간은 이것을 요소로 변화시켜 콩팥으로 보내어 몸 밖으로 배출하게 한다.'에서, 간 바깥에 있던 요소가 간으로 이동하는 것이 아니라 간에서 암모니아를 요소로 변환시켜 콩팥으로 보내 몸 밖으로 배출하게 하는 것이다.

➕ 오답 챙기기

① 쿠퍼세포는 몸이 면역 작용을 할 수 있도록 돕는다.

⋯ 5문단의 '간세포와 시누소이드 사이에 존재하는 세포들 중 쿠퍼세포는 몸 안으로 들어온 바이러스를 면역 체계에 노출시켜 몸이 면역 작용을 할 수 있도록 유도한다.'에서 확인할 수 있다.

② 간은 우리 몸에 필요한 영양소를 만들거나 저장한다.

⋯ 1문단의 '간은 그 영양소들을 몸에서 요구하는 다른 영양소로 만들거나, 우리 몸을 위해 저장하기도 한다.'와 4문단의 내용을 통해 간이 우리 몸에 필요한 영양소를 만들거나 저장한다는 것을 알 수 있다.

③ 간에서 나온 혈액은 간정맥을 통해 심장으로 흐른다.

⋯ 2문단에서 간을 거친 혈액은 간정맥을 통해 심장으로 흐르게 한다고 했고, 3문단에서도 물질 교환을 마친 혈액이 중심 정맥으로 유입된 뒤에 다시 간정맥으로 합쳐져서 심장으로 들어간다고 했다. 따라서 간에서 나온 혈액은 간정맥을 통해 심장으로 흐른다는 것을 알 수 있다.

⑤ 간은 다른 장기와 달리 2개의 혈관으로 혈액을 공급*받는다.

⋯ 3문단의 '간의 혈액 순환은 예외적으로 혈액이 간동맥과 간문맥이라는 2개의 혈관을 통해서 들어와 미세혈관을 지나 중심 정맥으로 흘러 나간다.'에서 확인할 수 있다.

> 🎩 **어휘 충전**
> * **배출**(排 물리칠 배 出 날 출): 안에서 밖으로 밀어 내보냄.
> * **공급**(供 이바지할 공 給 줄 급): 요구나 필요에 따라 물품 따위를 제공함.

---

2 ▼ 구체적 상황에의 적용   답 ④

〈보기〉는 간소엽의 일부를 확대한 그림이다. 윗글을 바탕으로 ⓐ~ⓔ를 이해한 내용으로 적절하지 <u>않은</u> 것은?

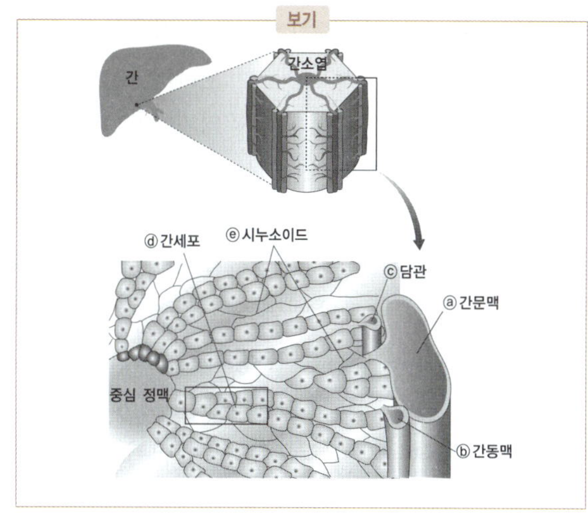

④ ⓔ에서 만들어진 노폐물은 중심 정맥으로 보내지는군.

⋯ 3문단에 따르면, 미세혈관인 시누소이드(ⓔ)를 흐르는 혈액은 대사 활동에 필요한 산소와 영양소를 간세포에 공급하고, 간세포의 대사 활동 결과물인 대사산물과 이산화탄소 같은 노폐물을 흡수하는 물질 교환을 거친 뒤에 중심 정맥으로 유입되어서 간정맥으로 합쳐져 심장으로 들어간다. 따라서 시누소이드에서 노폐물이 만들어지는 것이 아니라 간세포에서 대사 활동 중에 만들어지는 것이며, 시누소이드를 흐르는 혈액으로 이 노폐물이 흡수되어 중심 동맥으로 보내지는 것임을 알 수 있다.

➕ 오답 챙기기

① 장에서 흡수된 영양소는 ⓐ를 통해서 간으로 들어오는군.

⋯ 3문단에 따르면, 소장과 간을 연결하는 혈관인 간문맥(ⓐ)을 통해서 들어오는 혈액은 위나 장에서 흡수된 영양소를 간으로 이동시킨다. 따라서 장에서 흡수된 영양소는 간문맥을 통해서 간으로 들어온다.

② 간에서 만들어진 담즙은 ⓒ를 통해 쓸개로 보내지는군.

⋯ 2문단의 '담관은 담즙이 간에서 배출되는 관이다.'와 4문단의 '지방의 소화를 촉진시키는 담즙을 생산하여 담관을 통해 쓸개로 보내기도 한다.'에서, 담관(ⓒ)은 간에서 만들어진 담즙을 쓸개로 보내는 통로임을 알 수 있다.

③ ⓓ는 ⓔ에서 산소와 영양소를 공급받아 대사 활동을 하는군.

⋯ 3문단의 '시누소이드를 흐르는 혈액은 대사 활동에 필요한 산소와 영양소를 간세포에 공급하고'에서, 간세포(ⓓ)는 시누소이드(ⓔ)를 통하는 혈액에서 산소와 영양소를 공급받아 대사 활동을 한다는 것을 알 수 있다.

⑤ ⓔ는 ⓐ와 ⓑ가 간소엽 내부에서 점차 가늘어져 합쳐진 것이군.

⋯ 3문단에 따르면, 산소를 운반하는 간동맥(ⓑ)과, 위나 장에서 흡수된 영양소를 간으로 이동시키는 간문맥(ⓐ)은 간소엽 내부에서 점차 가늘어져 시누소이드(ⓔ)라는 미세혈관으로 합쳐진다.

깊이 정보를 획득하는 방법과 TOF 카메라

출전 안양근, 「TOF 기반 3차원 센싱 모듈을 이용한 3차원 영상 생성 및 상호 작용 방법에 관한 연구」 **지문 난이도** ★★★☆☆
(1,471자)

1 » 최근 컴퓨터로 하여금 사람의 신체 움직임을 3차원적으로 인지하게 하여, 이 정보를 기반으로 인간과 컴퓨터가 상호 작용하는 다양한 방법들이 연구되고 있다. 리모컨 없이 손짓으로 TV 채널을 바꾼다거나 몸짓을 통해 게임 속 아바타를 조종하는 것 등이 바로 그것이다. 이때 컴퓨터가 인지하고자 하는 대상이 3차원 공간 좌표에서 얼마나 멀리 있는지에 대한 정보가 필수적인데 이를 '깊이 정보'라 한다.

2 » 깊이 정보를 획득하는 방법으로 우선 수동적 깊이 센서 방식이 있다. 이는 사람이 양쪽 눈에 보이는 서로 다른 시각 정보를 결합하여 3차원 공간을 인식하는 것과 비슷한 방식으로, 두 대의 카메라로 촬영하여 획득한 2차원 영상들로부터 깊이 정보를 추출하는 것이다. 하지만 이 방식은 두 개의 영상을 동시에 처리해야 하므로 시간이 많이 걸리고, 또한 한쪽 카메라에는 보이지만 다른 카메라에는 보이지 않는 부분에 대해서는 정확한 깊이 정보를 얻기 어렵다. 두 카메라가 동일한 수평선상에 정렬되어 있어야 하고, 카메라의 광축도 평행을 이루어야 한다는 제약 조건도 따른다.

3 » 그래서 최근에는 능동적 깊이 센서 방식인 TOF(Time of Flight) 카메라를 통해 깊이 정보를 직접 획득하는 방법이 주목받고 있다. TOF 카메라는 LED로 적외선 빛을 발사하고, 그 신호가 물체에 반사되어 돌아오는 시간 차를 계산하여 거리를 측정한다. 한 대의 TOF 카메라가 1초에 수십 번 빛을 발사하고 수신하는 것을 반복하면서 밝기 또는 색상으로 표현된 동영상 형태로 깊이 정보를 출력한다.

4 » TOF 카메라는 기본적으로 빛을 발사하는 조명과, 대상으로부터 반사되어 돌아오는 빛을 수집하는 두 개의 센서로 구성된다. 그중 한 센서는 빛이 발사되는 동안만, 나머지 센서는 빛이 발사되지 않는 동안만 활성화된다. 전자는 A 센서, 후자는 B 센서라 할 때 TOF 카메라가 깊이 정보를 획득하는 기본적인 과정은 다음과 같다. 먼저 조명이 켜지면서 빛이 발사된다. 동시에, 대상으로부터 반사된 빛을 수집하기 위해 A 센서도 켜진다. 일정 시간 후 조명이 꺼짐과 동시에 A 센서도 꺼진다. 조명과 A 센서가 꺼지는 시점에 B 센서가 켜진다. 만약 카메라와 대상 사이가 멀어서 반사된 빛이 돌아오는 데 시간이 걸려 A 센서가 활성화되어 있는 동안에 A 센서로 다 들어오지 못하면 나머지 빛은 B 센서에 담기게 된다. 결국 대상으로부터 반사된 빛이 A 센서와 B 센서로 나뉘어 담기게 되는데 이러한 과정이 반복되면서 대상과 카메라 사이가 가까울수록 A 센서에 누적되는 양이 많아지고, 멀수록 B 센서에 누적되는 양이 많아진다. 이렇게 A, B 각 센서에 누적되는 반사광의 양의 차이를 통해 깊이 정보를 얻을 수 있는 것이다.

5 » TOF 카메라도 한계가 없는 것은 아니다. 적외선을 사용하기 때문에 태양광이 있는 곳에서는 사용하기 어렵고, 보통 10m 이내로 촬영 범위가 제한된다. 하지만 실시간으로 빠르고 정확하게 깊이 정보를 추출할 수 있기 때문에 다양한 분야에서 응용되고 있다.

---

1 '깊이 정보'의 개념
- 깊이 정보의 개념

2 수동적 깊이 센서 방식의 문제점
- 수동적 깊이 센서 방식의 원리
- 수동적 깊이 센서 방식의 한계
  ① 시간이 많이 걸림
  ② 정확한 깊이 정보 ✕
  ③ 두 카메라가 동일한 수평선상에 정렬되어야 함
  ④ 카메라의 광축이 평행을 이루어야 함

종류 ①

3 '능동적 깊이 센서 방식'인 TOF 카메라
- 능동적 깊이 센서 방식 – TOF 카메라 사용
- TOF 카메라의 원리

4 TOF 카메라의 깊이 정보 획득 원리
- TOF 카메라 구성 – 빛을 발사하는 조명 + 반사광을 수집하는 두 개의 센서
- TOF 카메라의 정보 수집 방식

종류 ②

5 TOF 카메라의 한계 및 장점

한계	• 태양광이 있는 곳에서는 사용하기 어려움 • 10m 이내로 촬영 범위가 제한됨
장점	실시간으로 정확한 깊이 정보를 추출할 수 있음

✎ 지문 정보 확인 1 ○ 2 ○ 3 ✕

지문 구조 한눈에 보기

화제 제시 **1**	
↓	
구체화 **2**	수동적 깊이 센서
↓	
구체화 + 부연 **3** **4**	능동적 깊이 센서 TOF 카메라
5	한계 및 장점

지문 Point 분석 주제: 깊이 정보의 개념과 깊이 정보를 획득하는 두 가지 방법

해제: 깊이 정보를 획득하는 두 가지 방법과 각각의 한계를 설명하고 있는 글이다. 컴퓨터가 인지하고자 하는 대상이 3차원 공간 좌표에서 얼마나 멀리 있는지에 대한 정보를 깊이 정보라고 한다. 이를 획득하는 방법에는 두 대의 카메라로 촬영한 2차원 영상을 이용하는 수동적 깊이 센서 방식과 TOF 카메라를 이용한 능동적 깊이 센서 방식이 있다. 최근에는 TOF 카메라를 이용하는 방식이 주목받고 있다. 적외선 빛을 이용하는 이 방식은 태양광이 있는 곳에서는 사용하기 어렵고 촬영 범위가 10m 이내라는 한계가 있지만 수동적 깊이 센서에 비해 훨씬 빠르고 정확하게 정보를 추출할 수 있다.

세부 내용 파악

1

▼ **세부 정보의 확인**　　　　　　　　　　　　답 ④

윗글의 내용과 일치하지 <u>않는</u> 것은?

④ 수동적 깊이 센서 방식은 두 대의 카메라가 대상을 앞과 뒤에서 촬영하여 깊이 정보를 측정한다.

⋯▶ 2문단에 따르면 수동식 깊이 센서 방식은 사람이 양쪽 눈에 보이는 서로 다른 시각 정보를 결합하여 3차원 공간을 인식하는 것과 비슷한 방식이다. 사람의 양쪽 눈은 대상의 앞과 뒤를 동시에 볼 수 없다. 또한 카메라의 광축, 즉 카메라가 대상을 보는 시각도 평행을 이루어야 한다고 했으므로 두 대의 카메라가 대상을 앞과 뒤에서 촬영하여 깊이 정보를 측정한다는 설명은 적절하지 않다.

➕ **오답 챙기기**

① 능동적 깊이 센서 방식은 실시간으로 깊이 정보를 제공해 준다.

⋯▶ 5문단에서 TOF 카메라에 대해 '실시간으로 빠르고 정확하게 깊이 정보를 추출할 수 있기 때문에 다양한 분야에서 응용되고 있다.'고 하였다.

② 능동적 깊이 센서 방식은 한 대의 카메라로 깊이 정보를 측정할 수 있다.

⋯▶ 4문단에서 TOF 카메라는 자체에 내재된 조명과 두 개의 센서를 통해 깊이 정보를 획득한다고 하였다. 따라서 두 대의 카메라를 사용하는 수동식 센서 방식과 달리 한 대의 카메라로 깊이 정보를 측정할 수 있다.

③ 수동적 깊이 센서 방식은 사람이 3차원 공간을 인식하는 방법과 유사하다.

⋯▶ 2문단의 '깊이 정보를 획득하는 방법으로 우선 수동적 깊이 센서 방식이 있다. 이는 사람이 양쪽 눈에 보이는 서로 다른 시각 정보를 결합하여 3차원 공간을 인식하는 것과 비슷한 방식으로, 두 대의 카메라로 촬영하여 획득한 2차원 영상들로부터 깊이 정보를 추출하는 것이다.'라는 설명에서 확인할 수 있다.

⑤ 컴퓨터가 대상을 3차원적으로 인지하기 위해서는 깊이 정보가 필요하다.

⋯▶ 1문단의 '컴퓨터가 인지하고자 하는 대상이 3차원 공간 좌표에서 얼마나 멀리 있는지에 대한 정보가 필수적인데 이를 '깊이 정보'라 한다.'라는 설명에서 확인할 수 있다.

2

▼ **구체적 상황에의 적용**　　　　　　　　　　답 ⑤

〈보기〉는 TOF 카메라의 깊이 정보 측정 과정을 나타낸 것이다. 이에 대한 이해로 적절하지 <u>않은</u> 것은?

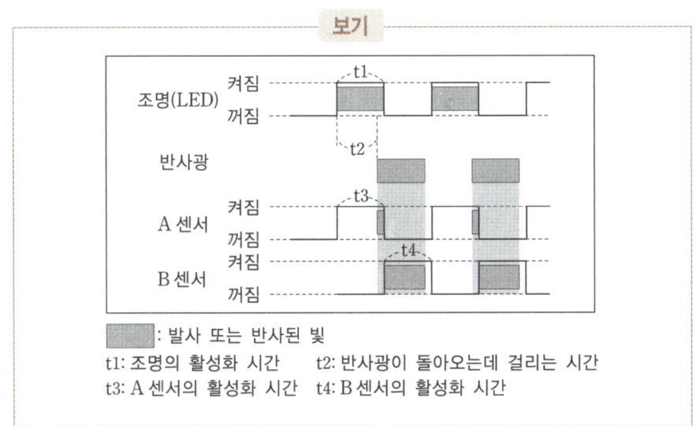

⑤ 카메라와 물체 사이의 거리가 0이라면 t2와 t3가 같아진다.

⋯▶ 카메라와 대상이 되는 물체 사이의 거리가 0이라면 반사광이 돌아오는 데 걸리는 시간 t2도 0일 것이다. 그런데 t3는 A 센서가 활성화되어 있는 시간으로 조명이 활성화되어 있는 시간인 t1과 같다. 조명이 활성화된다는 것은 조명이 켜지고 적외선 빛이 방출된다는 것을 의미하므로 결코 시간이 0이 될 수 없다. 따라서 카메라와 물체 사이의 거리가 0이라도 t2와 t3가 같아지지는 않는다.

➕ **오답 챙기기**

① 카메라와 물체 사이의 거리가 멀어지면 t2는 길어진다.

⋯▶ 4문단의 '만약 카메라와 대상 사이가 멀어서 반사된 빛이 돌아오는 데 시간이 걸려 A 센서가 활성화되어 있는 동안에 A 센서로 다 들어오지 못하면 나머지 빛은 B 센서에 담기게 된다.'라는 설명에서, 카메라와 물체 사이의 거리가 멀어지면 반사광이 돌아오는 데 걸리는 시간 t2도 길어짐을 알 수 있다.

② t1과 t2가 같다면 반사광은 t4 동안 B 센서에만 담긴다.

⋯▶ 4문단에 따르면, A 센서의 활성화 시간은 조명이 켜지는 시간과 같다. 조명이 활성화되어 있는 시간 t1과, 반사광이 돌아오는 데 걸리는 시간 t2가 같다면 반사광은 A 센서에 담길 수 없다. 반사광이 A 센서에 이르는 순간 A 센서가 닫히고 B 센서가 활성화될 것이기 때문이다. 따라서 t1과 t2가 같다면 반사광은 B 센서가 활성화되어 있는 시간인 t4 동안에는 B 센서에만 담길 것이다.

③ 조명이 켜지고 t1의 종료 지점에서 B 센서가 활성화*된다.

⋯▶ 4문단의 '먼저 조명이 켜지면서 빛이 발사된다. 동시에, 대상으로부터 반사된 빛을 수집하기 위해 A 센서도 켜진다. 일정 시간 후 조명이 꺼짐과 동시에 A 센서도 꺼진다. 조명과 A 센서가 꺼지는 시점에 B 센서가 켜진다.'라는 설명에서, 조명이 활성화된 시간인 t1의 종료에 맞추어 반사광을 수집하는 두 센서 중 A 센서는 꺼지고 동시에 B 센서가 활성화된다는 것을 알 수 있다.

④ t2에서는 A 센서와 B 센서 모두 반사광을 감지*할 수 없다.

⋯▶ 4문단의 '만약 카메라와 대상 사이가 멀어서 반사된 빛이 돌아오는 데 시간이 걸려 A 센서가 활성화되어 있는 동안에 A 센서로 다 들어오지 못하면 나머지 빛은 B 센서에 담기게 된다.'라는 설명에서, 반사광이 활성화된 A 센서나 활성화된 B 센서에 도달하지 않으면 반사광을 감지할 수 없음을 알 수 있다. 그런데 t2는 반사광이 돌아오고 있는 도중, 즉 아직 어느 센서에도 도달하지 않은 상태이므로 A 센서나 B 센서 어디에서도 이를 감지할 수 없다.

🎓 **어휘 충전**

* **활성화**(活 살 활 性 성품 성 化 될 화): 사회나 조직 등의 기능이 활발함. 또는 그러한 기능을 활발하게 함.

* **감지**(感 느낄 감 知 알 지): 느끼어 앎.

STUDY 17 어휘 확인

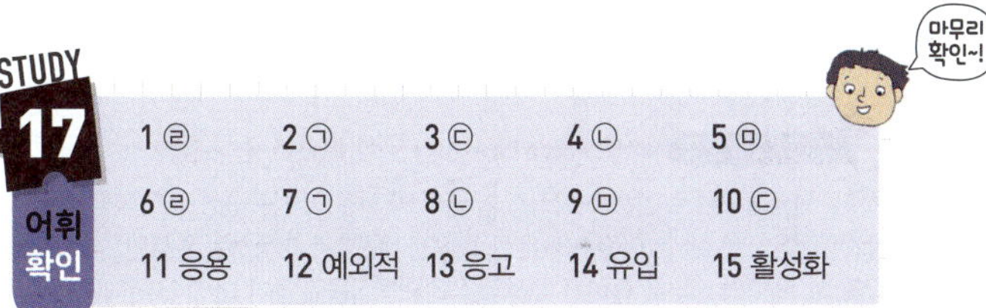

1 ㄹ	2 ㄱ	3 ㄷ	4 ㄴ	5 ㅁ
6 ㄹ	7 ㄱ	8 ㄴ	9 ㅁ	10 ㄷ
11 응용	12 예외적	13 응고	14 유입	15 활성화

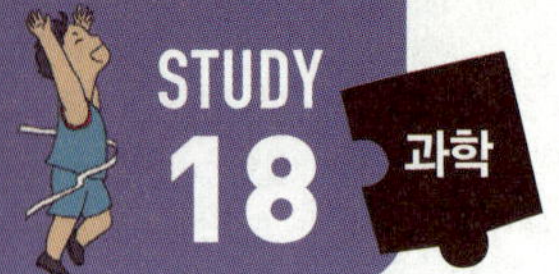

박테리오파지의 구성과 복제 과정

출전 이은희, 『바이러스, 생명의 비밀을 말하다』 지문 난이도 ★★★☆☆

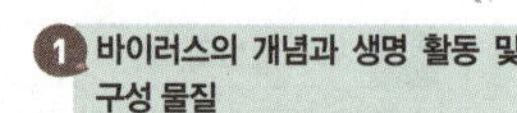

(1,208자)

1 » 바이러스란 스스로는 증식할 수 없고 숙주 세포에 기생해야만 증식할 수 있는 감염성 병원체를 일컫는다. 바이러스는 자신의 존속을 위한 최소한의 물질만을 가지고 있기 때문에 거의 모든 생명 활동에서 숙주 세포를 이용한다. 바이러스를 구성하는 기본 물질은 유전 정보를 담은 유전 물질과 이를 둘러싼 단백질 껍질이다.

2 » 1915년 영국의 세균학자 트워트는 포도상 구균을 연구하던 중, 세균 덩어리가 녹는 것처럼 투명하게 변하는 현상을 관찰했다. 뒤이어 1917년 프랑스에서 활동하던 데렐은 이질을 연구하던 중 환자의 분변에 이질균을 녹이는 물질이 포함되어 있다는 것을 발견하고, 이 미지의 존재를 '박테리오파지'라고 불렀다. 박테리오파지는 바이러스의 일종으로 '세균을 잡아먹는 존재'라는 뜻이다.

3 » 박테리오파지는 머리와 꼬리, 꼬리 섬유로 구성되어 있다. 머리는 다면체로 되어 있고, 그 밑에는 길쭉한 꼬리가, 꼬리 밑에는 갈고리 모양의 꼬리 섬유가 붙어 있다. 머리에는 박테리오파지의 핵심이라 할 수 있는 유전 물질이 있는데, 이 유전 물질은 단백질 껍질로 보호되어 있다. 꼬리는 머릿속의 유전 물질이 세균으로 이동하는 통로 역할을 하며, 꼬리 섬유는 세균에 단단히 달라붙는 기능을 한다.

4 » 박테리오파지는 증식을 위해 세균을 이용한다. 박테리오파지가 세균을 만나면 우선 꼬리 섬유가 세균의 세포막 표면에 존재하는 특정한 단백질, 다당류 등을 인식하여 복제를 위해 이용할 수 있는 세균인지의 여부를 확인한다. 그리고 이용이 가능한 세균일 경우 갈고리 모양의 꼬리 섬유로 세균의 표면에 단단히 달라붙는다. 세균 표면에 자리를 잡은 박테리오파지는 머리에 들어 있는 유전 물질만을 세균 내부로 침투시킨다. 세균 내부로 침투한 박테리오파지의 유전 물질은 세균 내부의 DNA를 분해한다. 그리고 세균의 내부 물질과 여러 효소 등을 이용하여 새로운 박테리오파지를 형성할 유전 물질과 단백질을 만들어 낸다. 이렇게 만들어진 유전 물질과 단백질이 조립되면 새로운 박테리오파지가 복제되는 것이다.

5 » 박테리오파지에는 '독성 파지'와 '용원성 파지'가 있다. '독성 파지'는 충분한 양의 박테리오파지가 복제되면 복제를 중단하고 세균의 세포벽을 파괴하는 효소를 만든다. 그리고 그 효소로 세균의 세포벽을 터뜨리고 외부로 쏟아져 나온다. 이와 달리 '용원성 파지'는 세균을 이용하는 것은 독성 파지와 같지만 세균을 파괴하지는 않는다. 대신 세균 속에서 계속 기생하여 세균이 분열함에 따라 같이 늘어난다.

---

1 바이러스의 개념과 생명 활동 및 구성 물질
- 바이러스의 개념
- 바이러스의 구성 물질
  − 유전 물질 + 단백질 껍질

2 박테리오파지의 발견
- 박테리오파지의 의미

3 박테리오파지의 구성과 각 부분의 역할
- 박테리오파지의 구성

머리	단백질 껍질로 둘러싼 유전 물질이 들어 있음
꼬리	유전 물질이 세균으로 이동하는 통로 역할을 함
꼬리 섬유	세균에 달라 붙는 기능을 함

4 박테리오파지의 증식 과정
- 박테리오파지의 증식 과정
  − 꼬리 섬유로 이용 가능한 세균인지 확인 → 세균 표면에 달라붙음 → 유전 물질만 세균내부로 침투 → 세균의 DNA 분해 → 유전 물질과 단백질 형성 → 새로운 박테리오파지 복제

5 박테리오파지의 종류 및 종류별 특징
- 박테리오파지의 종류

독성 파지	충분히 복제되면 세균의 세포벽 파괴
용원성 파지	세균 속에 기생하며 세균의 분열과 함께 증식

구성 / 증식 과정 / 종류

지문 정보 확인 1 ○ 2 X 3 X

지문 Point 분석 **주제: 박테리오파지의 구성 요소와 증식 방법**

해제: 세균을 숙주로 삼는 바이러스 박테리오파지를 이루는 구성과 그 역할, 복제 과정을 설명하는 글이다. 박테리오파지는 유전 물질이 들어 있는 머리, 머릿속의 유전 물질이 세균으로 이동하는 통로인 꼬리, 세균에 달라붙는 역할을 하는 꼬리 섬유로 구성되어 있으며, 세균의 내부로 들어가 유전 물질과 단백질을 만들어 내 자기 복제함으로써 증식한다. 박테리오파지는 증식 방법에 따라 '독성 파지'와 '용원성 파지'로 분류된다.

지문 구조 한눈에 보기

화제 제시 **1** **2**
↓
구체화 **3** / 박테리오파지의 구성
4 **5** / 박테리오파지의 증식 과정 / 박테리오파지의 종류

1 ▼ 세부 정보의 확인   답 ⑤

윗글에서 언급된 '박테리오파지'에 대한 설명으로 적절하지 <u>않은</u> 것은?

⑤ 세포막 표면에 존재하는 특정 단백질을 복제하여 증식한다.

⋯ 4문단의 '세균 내부로 침투한 박테리오파지의 유전 물질은 세균 내부의 DNA를 분해한다. 그리고 세균의 내부 물질과 여러 효소 등을 이용하여 새로운 박테리오파지를 형성할 유전 물질과 단백질을 만들어 낸다. 이렇게 만들어진 유전 물질과 단백질이 조립되면 새로운 박테리오파지가 복제되는 것이다.'라는 설명에서, 박테리오파지는 세포막 표면에 존재하는 특정 단백질을 복제하는 것이 아니라 세포 내의 여러 물질과 효소 등을 이용하여 복제에 필요한 유전 물질과 단백질을 만들어 내는 것임을 알 수 있다.

➕ 오답 챙기기

① 세균을 숙주 세포로 삼아서 기생하는 바이러스이다.

⋯ 1문단에 따르면 바이러스란 스스로는 증식할 수 없고 숙주 세포에 기생해야만 증식할 수 있는 감염성 병원체이다. 그리고 2문단에서 박테리오파지는 바이러스의 일종이라고 하였으며, 4문단에서 박테리오파지는 증식을 위해 세균을 이용한다고 하였다. 따라서 박테리오파지는 세균을 숙주 세포로 삼아서 기생하는 바이러스임을 알 수 있다.

② 머리에 있는 유전 물질은 단백질 껍질로 보호되어 있다.

⋯ 3문단에서 '머리에는 박테리오파지의 핵심이라 할 수 있는 유전 물질이 있는데, 이 유전 물질은 단백질 껍질로 보호되어 있다.'라는 설명에서 확인할 수 있다.

③ 이질균을 녹이는 물질을 발견한 데렐에 의해 명명*되었다.

⋯ 2문단의 '프랑스에서 활동하던 데렐은 이질을 연구하던 중 환자의 분변에 이질균을 녹이는 물질이 포함되어 있다는 것을 발견하고, 이 미지의 존재를 '박테리오파지'라고 불렀다.'라는 설명에서 확인할 수 있다.

④ 꼬리 섬유는 세균의 표면에 단단히 달라붙는 기능*을 한다.

⋯ 3문단의 '꼬리 섬유는 세균에 단단히 달라붙는 기능을 한다.'라는 설명에서 확인할 수 있다.

> **어휘 충전**
> * 명명(命 목숨 명 名 이름 명): 사람, 사물, 사건 등의 대상에 이름을 지어 붙임.
> * 기능(機 틀 기 能 능할 능): 하는 구실이나 작용을 함. 또는 그런 것.

2 ▼ 구체적 상황에의 적용   답 ④

윗글을 바탕으로 〈보기〉의 [A]~[E]를 이해한 것으로 적절하지 <u>않은</u> 것은?

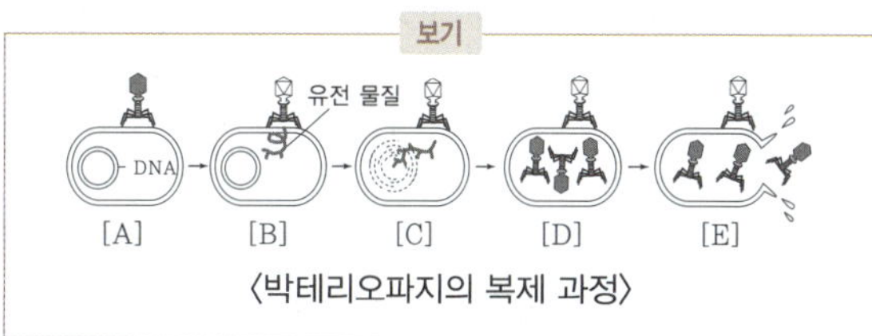

④ [D]: 세균 속에서 기생하다 세균이 분열하는 과정에서 새로운 박테리오파지가 복제되겠군.

⋯ 5문단에 따르면, 독성 파지는 충분한 양의 박테리오파지가 복제되면 복제를 중단하고 세균의 세포벽을 파괴하고 외부로 쏟아져 나온다. 〈보기〉의 [E]에서 증식한 박테리오파지가 세포벽을 파괴하고 외부로 쏟아져 나오고 있으므로 〈보기〉는 독성 파지에 해당하는 것임을 알 수 있다. 그런데 5문단에 따르면 세균 속에서 기생하다 세균이 분열하는 과정에서 새로운 박테리오파지가 복제되는 것을 용원성 파지의 특징이므로 〈보기〉에 대한 설명으로 적절하지 않다.

➕ 오답 챙기기

① [A]: 꼬리 섬유가 세포막 표면의 단백질, 다당류 등을 인식한 결과에 따라 유전 물질의 침투 여부가 결정되겠군.

⋯ 4문단의 '박테리오파지가 세균을 만나면 우선 꼬리 섬유가 세균의 세포막 표면에 존재하는 특정한 단백질, 다당류 등을 인식하여 복제를 위해 이용할 수 있는 세균인지의 여부를 확인한다. 그리고 이용이 가능한 세균일 경우 갈고리 모양의 꼬리 섬유로 세균의 표면에 단단히 달라붙는다.'라는 설명에서 확인할 수 있다.

② [B]: 박테리오파지의 머릿속에 있는 유전 물질은 꼬리를 통해 세균 안으로 유입되겠군.

⋯ 3문단의 '꼬리는 머릿속의 유전 물질이 세균으로 이동하는 통로 역할을 하며'와 4문단의 '세균 표면에 자리를 잡은 박테리오파지는 머리에 들어 있는 유전 물질만을 세균 내부로 침투시킨다.'라는 설명을 통해 확인할 수 있다.

③ [C]: 세균에 침투한 유전 물질은 세균의 내부 물질과 효소 등을 이용해 복제에 필요한 유전 물질과 단백질을 만들겠군.

⋯ 4문단의 '세균 내부로 침투한 박테리오파지의 유전 물질은 세균 내부의 DNA를 분해한다. 그리고 세균의 내부 물질과 여러 효소 등을 이용하여 새로운 박테리오파지를 형성할 유전 물질과 단백질을 만들어 낸다.'라는 설명을 통해 확인할 수 있다.

⑤ [E]: 복제된 박테리오파지가 세포 밖으로 터져 나오는 것을 보니 독성 파지가 증식된 것이겠군.

⋯ 5문단에서 '독성 파지'는 충분한 양의 박테리오파지가 복제되면 복제를 중단하고 세균의 세포벽을 파괴하고 외부로 쏟아져 나온다고 설명하였다. [E]에서 증식한 박테리오파지가 세포벽을 파괴하고 외부로 나오고 있으므로 적절하다.

디지털 시스템 공학

출전 변용규, 「디지털 시스템 공학」 지문 난이도 ★★★★☆

(1,478자)

① » 컴퓨터와 같은 디지털 장치는 1과 0밖에 구분하지 못한다. 더 정확하게 말하면 실제 숫자를 구분하는 것이 아니라 신호가 왔는지(1), 오지 않았는지(0)의 정보를 구분하는 것이다. 신호 여부는 두 개의 전압 레벨, 예를 들어 5V와 0V를 사용하여 구분한다. 즉 전압 레벨이 변화하는 것을 2진수로 처리하여 디지털 회로를 설계하는 것이다. 디지털 회로의 기본 요소는 논리 게이트인데, 논리 게이트는 하나 이상의 입력 값에 대한 논리 연산을 수행하여 출력 값을 얻는다.

② » 디지털 회로는 출력을 결정하는 방법에 따라 조합 논리 회로와 순차 논리 회로로 나눌 수 있다. 조합 논리 회로는 현재의 입력 값들만 이용하여 출력 값을 결정한다. 즉 회로를 구성하는 논리 게이트들이 입력 신호들을 받는 즉시 그것들을 조합하여 출력 신호를 발생시킨다. 반면 순차 논리 회로는 과거의 출력 값이 현재의 출력에 영향을 미친다. 출력 값이 그 시점의 입력 값뿐만 아니라 이전 상태의 출력 값에 의해서도 결정되는 것이다. 이 때문에 순차 논리 회로는 조합 논리 회로와 달리 기억 기능을 가지고 있다. 이전 상태의 출력 값은 다음 단계의 순차 논리 회로 동작을 위해 피드백 경로를 통해 다시 순차 논리 회로의 입력으로 들어가게 된다.

③ » 조합 논리 회로이든 순차 논리 회로이든 디지털 회로의 설계는 다양한 논리 게이트들을 얼마나 효율적으로 연결하느냐가 중요하다. 가장 기본적인 논리 게이트로는 NOT 게이트, AND 게이트, OR 게이트가 있다. NOT 게이트는 보통 인버터라 부르며 출력 값이 입력 값과 반대가 되도록 변환한다. 예를 들어 입력 값이 0이면 출력 값은 1이고 입력 값이 1이면 출력 값은 0이 된다. 따라서 입력 가능한 조합은 1과 0, 두 개뿐이다. AND 게이트는 입력 단자를 통해 들어오는 입력 값이 모두 1일 때만 출력 값이 1이고, 만일 한 개라도 0이면 출력 값은 0이 된다. OR 게이트는 입력 값이 어느 하나라도 1이면 출력 값이 1이 되고, 입력 값이 모두 0일 때만 출력 값이 0이 된다. 논리 게이트들의 입력 가능한 조합의 수는 2의 거듭제곱을 따른다. 즉 입력 단자가 2개면 입력 가능 조합은 4개, 입력 단자가 3개면 입력 가능 조합은 8개가 된다.

④ » 논리 게이트의 입력과 출력은 전기적 신호가 바뀌는 모습으로 나타낼 수 있다. 아래 그림은 AND 게이트에 입력 신호가 들어왔을 때, 어떤 출력 신호가 나오는지 나타낸 것이다. A와 B의 파형이 각각의 입력 단자에 들어올 때, AND 게이트는 F와 같은 파형을 출력하게 된다. 여기서 파형이란 0과 1에 해당하는 전기적 신호(0V와 5V)가 시간에 따라 연속적으로 바뀌는 모습을 표현한 것을 말한다. 다른 게이트들도 이와 마찬가지로 전기적 신호가 바뀌는 모습을 표현하여 입력 신호와 출력 신호로 나타낼 수 있다.

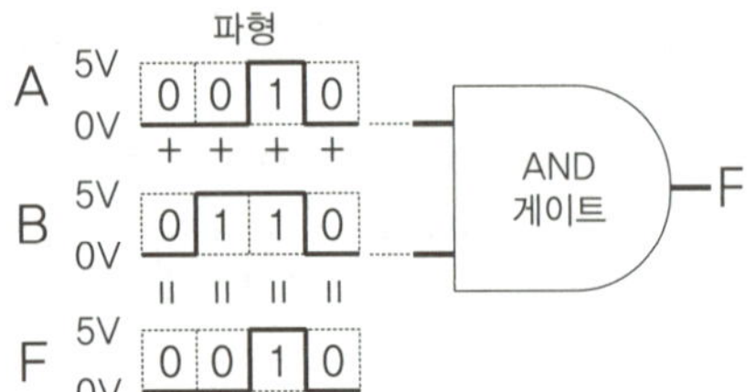

지문 정보 확인 1○ 2✕ 3✕

지문 Point 분석 주제: 다양한 논리 게이트들을 연결하는 디지털 회로 설계

해제: 디지털 회로를 설계할 때 사용하는 논리 게이트에 대해 설명하고 있는 글이다. 컴퓨터 같은 디지털 장치는 두 개의 전압 레벨을 0이나 1에 대응하는 이진법을 이용하여 디지털 회로를 설계한다. 디지털 회로는 출력을 결정하는 방법에 따라 조합 논리 회로와 순차 논리 회로로 구분되는데, 어느 것이든 다양한 논리 게이트를 연결하여 설계한다. 기본적인 논리 게이트에는 출력 값이 입력 값과 반대가 되도록 변환하는 NOT 게이트, 입력 값이 모두 1일 때만 출력 값이 1이 되는 AND 게이트, 입력 값이 모두 0일 때만 출력 값이 0이 되는 OR 게이트가 있다. 논리 게이트의 입력과 출력은 전기적 신호의 파형으로 나타낼 수 있다.

---

① 디지털 장치의 정보 구분 방법

▶ 디지털 장치의 정보 구분
– 신호가 왔는지 오지 않았는지를 구분하여 0과 1의 이진수로 처리

② 디지털 회로의 종류 및 각각의 특징

• 디지털 회로의 종류

조합 논리 회로	현재의 입력 값만 이용하여 출력 값 결정 → 기억 기능 ✕
순차 논리 회로	현재의 입력 값과 이전 상태의 출력 값을 이용하여 출력 값 결정 → 기억 기능 ○

③ 기본적인 논리 게이트의 종류 및 각각의 특징

• 논리 게이트

NOT 게이트	출력 값이 입력 값과 반대가 되도록 변환함
AND 게이트	입력 값이 모두 1일 때만 출력 값이 1이고, 만일 한 개라도 0이면 출력 값은 0이 됨
OR 게이트	입력 값이 모두 0일 때만 출력 값이 0이고, 만일 한 개라도 1이면 출력 값이 1이 됨

▶ 입력 가능한 조합의 수: 입력 단자 수만큼 2의 거듭제곱

④ 전기적 신호의 변화 양상으로 나타내는 논리 게이트의 입력과 출력

▶ 논리 게이트의 입력과 출력은 전기적 신호가 바뀌는 모습(파형)으로 나타낼 수 있음

개념 / 적용

지문 구조 한눈에 보기

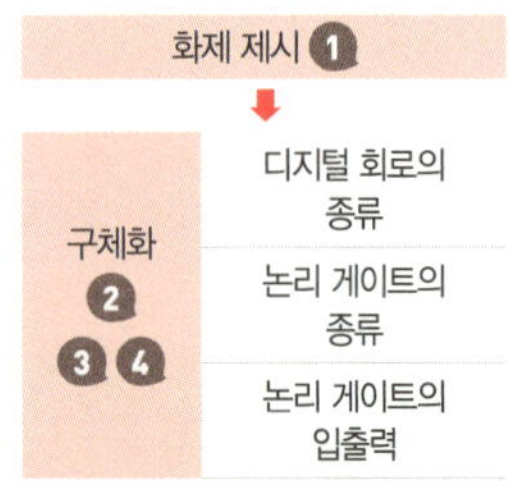

1 ▼ 세부 정보의 확인   답 ④

윗글의 내용과 일치하지 <u>않는</u> 것은?

④ NOT 게이트, AND 게이트, OR 게이트에서 입력 값이 모두 0이면 각각의 출력 값은 모두 0이다.

⋯▸ 3문단에 따르면, NOT 게이트는 출력 값이 입력 값과 반대가 되도록 변환하고, AND 게이트는 입력 값이 모두 1일 때만 출력 값이 1이고, 만일 한 개라도 0이면 출력 값은 0이 되며, OR 게이트는 입력 값이 모두 0일 때만 출력 값이 0이고, 만일 한 개라도 1이면 출력 값이 1이 된다. 따라서 입력 값이 모두 0이면 AND 게이트와 OR 게이트는 모두 0이 되지만, NOT 게이트는 출력 값이 1이다.

⊕ 오답 챙기기

① 어떤 논리 게이트라도 출력 값은 0과 1, 둘 중 하나이다.

⋯▸ 1문단의 '컴퓨터와 같은 디지털 장치는 1과 0밖에 구분하지 못한다.'와 '전압 레벨이 변화하는 것을 2진수로 처리하여 디지털 회로를 설계하는 것이다.'라는 설명에서 확인할 수 있다.

② 논리 게이트의 입력과 출력은 전기적 신호가 바뀌는 모습으로 나타낼 수 있다.

⋯▸ 4문단에서 '논리 게이트의 입력과 출력은 전기적 신호가 바뀌는 모습으로 나타낼 수 있다.'라고 설명하고 있다.

③ 어떤 논리 게이트에 n개의 입력 단자가 있으면 입력 가능한 조합*의 수는 2^n개이다.

⋯▸ 3문단의 '논리 게이트들의 입력 가능한 조합의 수는 2의 거듭제곱을 따른다. 즉 입력 단자가 2개면 입력 가능 조합은 4개, 입력 단자가 3개면 입력 가능 조합은 8개가 된다.'라는 설명에서, n개의 입력 단자가 있으면 입력 가능한 조합의 수는 2의 n승, 즉 2^n임을 알 수 있다.

⑤ 조합 논리 회로와 순차 논리 회로는 둘 다 논리 게이트를 연결해 구현*할 수 있다는 점에서는 같다.

⋯▸ 3문단의 '조합 논리 회로이든 순차 논리 회로이든 디지털 회로의 설계는 다양한 논리 게이트들을 얼마나 효율적으로 연결하느냐가 중요하다.'라는 설명에서, 조합 논리 회로와 순차 논리 회로는 둘 다 논리 게이트를 연결해 구현할 수 있다는 것을 알 수 있다.

> **어휘 충전**
> * **조합**(組 짤 조 合 합할 합): 여럿을 한데 모아 한 덩어리로 짬.
> * **구현**(具 갖출 구 現/顯 나타날 현): 어떤 내용이 구체적인 사실로 나타나게 함.

① F 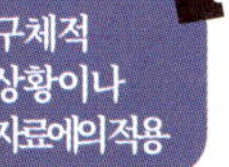

⋯▸ 1문단의 '신호가 왔는지(1), 오지 않았는지(0)의 정보를 구분하는 것이다. 신호 여부는 두 개의 전압 레벨, 예를 들어 5V와 0V를 사용하여 구분한다.'와 4문단의 '파형이란 0과 1에 해당하는 전기적 신호(0V와 5V)가 시간에 따라 연속적으로 바뀌는 모습을 표현한 것을 말한다.'라는 설명에서, 전기적 신호가 없는 0V가 숫자 0에, 전기적 신호가 있는 5V가 숫자 1에 해당함을 알 수 있다. 이를 〈보기〉에 적용하면 A의 입력 값은 순서대로 '01100110'이 된다. 그리고 B의 입력 값은 순서대로 '00100010'이 된다. A와 B의 입력 값을 순서대로 대응시키면 '(00)(10)(11)(00)(00)(10)(11)(00)'이 된다. 3문단에 따르면 AND 게이트는 입력 단자를 통해 들어오는 입력 값이 모두 1일 때만 출력 값이 1이고, 만일 한 개라도 0이면 출력 값은 0이 된다. 이를 A와 B의 입력 값을 대응시킨 (00)(10)(11)(00)(00)(10)(11)(00)에 적용하면 AND 게이트를 통과했을 때 출력 값은 '00100010'이 된다. 그리고 NOT 게이트는 출력 값이 입력 값과 반대가 되도록 변환시키므로, AND 게이트를 통과했을 때의 출력 값 '00100010'을 반대가 되도록 만든다. 이 결과 최종 출력 값은 '11011101'이 된다. 이를 전기적 파형으로 나타내면 ①과 같은 모양이 된다.

⊕ 오답 챙기기

② F 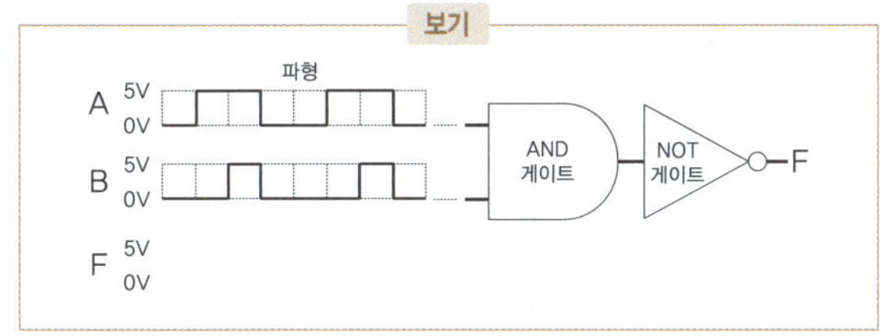

⋯▸ F의 파형을 이진수로 변환하면 '01100010'이 된다. 그런데 이는 A와 B의 입력 값을 기준으로 할 때, AND 게이트와 NOT 게이트를 한 번씩 연결하는 논리 게이트로는 나올 수 없는 결과 값이다.

③ F

⋯▸ F의 파형을 이진수로 변환하면 '00100010'이 된다. 이 결과 값은 A와 B의 입력 값을 AND 게이트로만 연산한 결과이다. 즉 NOT 게이트를 연산하지 않은 파형이다.

④ F

⋯▸ F의 파형을 이진수로 변환하면 '10111001'이 된다. 그런데 이는 A와 B의 입력 값을 기준으로 할 때, AND 게이트와 NOT 게이트를 한 번씩 연결하는 논리 게이트로는 나올 수 없는 결과 값이다.

⑤ F

⋯▸ F의 파형을 이진수로 변환하면 '10011001'이 된다. 이 결과 값은 A와 B의 입력 값을 OR 게이트로 연산하고, 이 결과 값을 다시 NOT 게이트로 연산한 결과 값이다.

구체적 상황이나 자료에의 적용

2 ▼ 추론적 이해   답 ①

윗글을 참고할 때, 〈보기〉에서 출력될 F의 파형으로 적절한 것은?

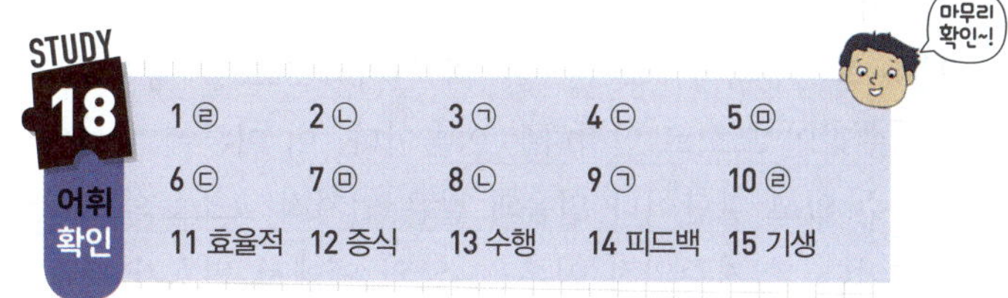

STUDY 18 어휘 확인

1 ㉣	2 ㉤	3 ㉠	4 ㉢	5 ㉤
6 ㉢	7 ㉤	8 ㉤	9 ㉠	10 ㉣

11 효율적	12 증식	13 수행	14 피드백	15 기생

출전 임일환, 『감성의 철학』 지문 난이도 ★★★★★

(2,369자)

1 » 일반적으로 사람들은 정서와 감정을 동일한 것으로 여긴다. 그런데 오늘날의 심리 철학에서는 '정서'라는 개념을 특정 시점에서의 주관의 정신 상태라고 정의하면서 정서와 감정을 개념적으로 구분하고, 정서의 본질에 대해 이전부터 계속되어 온 철학적 탐구를 이어가고 있다.

2 » 정서의 본질에 대한 전통적인 논의는 크게 두 방향의 이론으로 설명할 수 있는데, 하나는 '감정 이론'이고 다른 하나는 '인지주의적 이론'이다. 다음 사례에서 드러나는 정서의 요소를 바탕으로 두 이론의 대립하는 방향성을 확인할 수 있다. 민호가 전신주 옆에서 버스를 기다리고 있을 때, 전신주 변압기에서 연기가 솟아났고 민호는 갑자기 공포에 빠져들게 된 상황을 가정해 보자. 이때 민호의 공포라는 정서에서 감정적 요소에 해당하는 것은 민호가 느끼는 공포감이라는 느낌이고, 인지적 요소에 해당하는 것은 민호가 연기를 보았을 때 '민호 자신이 위험한 상황에 처했다.'라는 명제로 표현될 수 있는 판단이나 믿음이다. 감정 이론은 전자를 중심으로 정서를 정의하는 이론이고, 인지주의적 이론은 후자를 중심으로 정서를 정의하는 이론이다.

3 » 감정 이론은 특정 정서를 그 정서가 내포하는 특정 감정 즉 자신도 모르게 생기는 느낌과 동일시하는 이론이다. 감정 이론에 따르면, 정서를 이해하는 것은 인지적인 요소가 아니라 감정적인 요소를 통해서 가능하다. 즉 상황에 대해서 어떻게 판단하고 믿느냐가 아니라 어떻게 느끼느냐를 이해하는 것을 통해서만 가능하다는 것이다. 감정 이론은 앞의 예에서 공포라는 민호의 정서를 공포감이라는 감정적 요소와 동일시하면서 민호의 정서를 이해하는 데 있어 인지적 요소는 배제한다. 인지적 요소인 판단과 믿음은 앞의 예에서 민호가 연기를 보았다고 가정했을 때 그 '연기'와 같은 구체적인 대상을 전제하는데, 감정 이론은 판단과 믿음을 배제하기 때문에 정서의 지향적인 성격을 부정한다. 또한 감정 이론을 바탕으로 할 때, 감정은 정서와 동일시되므로 의지에 의해 통제되기 힘든 감정의 속성은 그대로 정서의 속성이 된다.

4 » 감정 이론은 사람들이 일상적으로 정서를 감정과 동일시하는 보편적인 성향을 잘 설명할 수 있다는 장점을 지닌다. 사람들이 '어떤 사람이 공포의 정서 상태에 있다.'라는 말의 의미를 전달하기 위해서, 이 말보다 '어떤 사람이 공포를 느낀다.'라는 말을 더 자연스럽게 여기는 것은 정서와 감정을 동일시하는 사람들의 보편적인 성향을 잘 보여 준다. 그러나 감정 이론은 정서들을 분류하는 데 한계를 지닌다. 왜냐하면 감정 이론은 감정 외적인 인지적 요소를 배제하고 감정적 요소만을 강조하기 때문에 개별 정서의 차이를 구분하여 설명하지 못하고 단지 각각의 정서가 다르게 느껴진다고 이야기한다. 그리고 감정 이론은 정서가 규범적 성격을 가질 수 있다는 점을 설명할 수 없다. 왜냐하면 감정 이론은, 어떻게 느끼느냐에 대한 감정 외적인 상황을 고려하지 않은 채 내적인 감정과 동일시되는 정서 자체에 초점을 맞추기 때문이다. 그래서 감정 이론은 그 정서의 규범적인 적절성 여부, 즉 그 정서가 당위적인 가치 기준에 부합하는지 여부를 판단하는 것이 불가능하다.

5 » 인지주의적 이론은 정서의 인지적 요소를 정서와 동일시하거나 적어도 정서의 필수적인 요소로 인정하는 이론이다. 이 이론에 따르면, 감정 자체는 정서와 동일시될 수 없고 판단이나 믿음과 같은 인지적 요소들의 복합체에 의해 초래되는 결과일 뿐이다. 인지주의적 이론은, 앞의 예에서 민호가 자신의 머리 위에 변압기가 떨어질

---

1 심리 철학에서 정서의 개념
- 정서에 대한 통념: 정서 = 감정
- 심리 철학에서 정서의 개념

2 정서의 본질에 대한 두 가지 이론
- 정서의 본질에 대한 두 방향의 이론

감정 이론	인지주의적 이론
공포감이라는 느낌을 중심으로 공포를 정의	위험에 처했다는 판단이나 믿음을 중심으로 공포를 정의

3 감정 이론의 개념 및 특징
- 감정 이론
  - 감정적 요소 중시, 인지적 요소 배제 → 정서의 지향적 성격 부정 + 감정의 속성이 정서의 속성이 됨

이론 ①

4 감정 이론의 장점과 단점
- 감정 이론의 장단점

장점	단점
• 정서를 감정과 동일시하는 보편적 성향 설명	• 정서들을 분류하는 데 한계 • 정서의 규범적 성격 설명 못함

장단점

5 인지주의적 이론의 개념 및 특징
- 인지주의적 이론
  - 판단이나 믿음 같은 인지적 요소 중시, 감정적 요소 배제 → 감정은 인지적 요소들의 복합체에 의해 초래되는 결과

이론 ②

수 있다고 판단하여 위험한 상황에 처했다고 믿는 것을 민호가 경험하는 공포라는 정서 상태와 동일시하거나 적어도 이 공포라는 정서를 규정하는 데 필수적인 요소로 인정한다. 그리고 민호의 공포감은 민호의 판단과 믿음의 결과로 가지게 된 감정일 뿐이라고 본다.

6 » 인지주의적 이론의 장점은 앞서 언급한 감정 이론의 두 가지 문제점을 해결할 수 있다는 것이다. 인지주의적 이론은 정서들을 개별 정서로 분류하는 것이 가능하다. 왜냐하면 사람들이 비슷하다고 생각하는 정서를 판단이나 믿음이라는 인지적 요소를 바탕으로 각각의 정서로 구분할 수 있기 때문이다. 그리고 인지주의적 이론은 정서가 규범적 성격을 가질 수 있다는 점을 설명할 수 있다. 왜냐하면 인지주의적 이론이 정서와 동일시하거나 적어도 정서의 필수적인 요소로 여기는 판단과 믿음에는 당위적인 가치 기준이 개입될 수 있기 때문이다. 그러나 인지주의적 이론은 인지적 요소만을 지나치게 강조하기 때문에, 사람들의 보편적인 성향에서 드러나는 감정적 요소를 경시하고 있다.

7 » ⓐ감정 이론과 인지주의적 이론은 유사한 맥락에서 한계를 지니고 있다. 그래서 오늘날의 심리 철학은 두 이론을 정서의 다면적인 성격을 설명하기 위한 철학적 바탕으로 삼되, 두 이론과 달리 정서의 다면적 성격을 종합적으로 설명할 수 있는 새로운 이론적 틀을 마련하기 위해 노력하고 있다.

✎ 지문 정보 확인　1○　2✕　3✕　4○

---

6 인지주의적 이론의 장점과 단점

• 인지주의적 이론의 장단점

장점	단점
• 정서들을 개별 정서로 분류하는 것이 가능 • 정서의 규범적 성격 설명 가능	• 사람들의 보편적인 성향에서 드러나는 감정적 요소 경시

7 감정 이론과 인지주의적 이론의 공통적 한계

• 공통적 한계
　– 특정 요소만을 강조하여 정서의 본질을 종합적으로 설명하지 못함

지문 구조 한눈에 보기

```
도입 1
↓
화제 제시 2
↓
구체화
3 4 ── 감정 이론
5 6 ── 인지주의적 이론
↓
마무리 7
```

🧠 **지문 Point 분석**　**주제: 감정 이론과 인지주의적 이론의 개념 및 장단점**

해제: 정서의 본질에 대해 탐구하는 전통적인 이론에 감정 이론과 인지주의적 이론이 있다. 감정 이론은 인간의 정서와 감정을 동일시하는 이론으로, 정서에 대한 사람들의 보편적인 성향을 잘 설명할 수 있다. 그러나 정서들을 분류하는 데 한계가 있고, 정서가 규범적 성격을 지닌다는 점을 설명할 수 없다. 이와 달리 인지주의적 이론은 상황에 대한 판단과 믿음 같은 인지적 요소를 정서와 동일시하거나 정서의 필수적인 요소로 인정하는 이론이다. 인지주의적 이론은 정서들을 개별 정서로 분류할 수 있고, 정서의 규범적 성격을 설명할 수 있으나, 사람들의 보편적인 성향에서 드러나는 감정적 요소를 경시하는 문제점이 있다. 이런 점에서 두 이론은 특정 요소만을 강조하여 정서의 본질을 종합적으로 설명하지 못한다는 한계를 지닌다.

정답 및 해설　1 ①　　2 ③　　3 ③　　📖 본문 128~130쪽

1　▼ **전개 방식 파악**　　　　　　　　　　답 ①

윗글의 전개 방식에 대한 설명으로 가장 적절한 것은?

① 중심 화제에 대한 대비*되는 두 이론을 소개한 후 각 이론의 장단점을 제시하고 있다.

┈➤ 1문단에서 중심 화제인 '정서의 본질'을 제시한 뒤, 2문단에서 '정서의 본질'에 관해 대비되는 감정 이론과 인지주의적 이론을 소개한다. 그리고 3문단에서 6문단에 걸쳐 각 이론을 설명한 뒤 장단점을 제시하고 있다.

➕ **오답 챙기기**

② 중심 화제에 대한 상반된 이론을 제시한 후 두 이론을 절충한 새로운 이론을 비판하고 있다.

┈➤ '정서의 본질'에 대해 상반되는 입장을 지닌 감정 이론과 인지주의적 이론을 각각 소개하고 있으나 두 이론을 절충한 새로운 이론을 언급하고 있지는 않다.

③ 중심 화제에 대한 두 이론의 가설을 제시하고 통계를 바탕으로 가설의 타당성*을 검증하고 있다.

┈➤ '정서의 본질'을 탐구하는 두 이론인 감정 이론과 인지주의적 이론을 각각 소개하고 있는데, 두 이론 모두 참인 것으로 검증된 것은 아니기에 가설이라고 할 수 있다. 하지만 통계를 바탕으로 두 이론의 타당성을 검증하고 있지는 않다.

④ 중심 화제에 대한 두 이론의 대표적인 학자들을 제시하고 그들이 후속 연구에 미친 영향을 소개하고 있다.

┈➤ '정서의 본질'을 탐구하는 감정 이론과 인지주의적 이론을 소개하고 있지만 두 이론의 대표적인 학자들을 제시하고 있지는 않다.

⑤ 중심 화제에 대해 새롭게 등장한 두 이론과 각각의 등장 배경을 소개하고 기존 이론의 등장 배경과 대비하고 있다.

┈➤ '정서의 본질'을 탐구하는 감정 이론과 인지주의적 이론을 소개하고 있지만 각각의 등장 배경을 소개하지는 않았다.

📌 **어휘 충전**

* **대비**(對 대답할 대 比 견줄 비): 두 가지의 차이를 밝히기 위하여 서로 맞대어 비교함. 또는 그런 비교.

* **타당성**(妥 온당할 타 當 마땅할 당 性 성품 성): 사물의 이치에 맞는 옳은 성질.

윗글을 바탕으로 〈보기〉를 이해한 내용으로 적절하지 <u>않은</u> 것은?

보기

> 집에 가던 수아는 갑자기 비가 내리자 버스 정류장에서 비를 피하고 있었다. 그때 멀리서 수아를 본 어머니가 웃는 얼굴로 우산을 들고 수아에게 다가왔다. 어머니를 만난 수아는 행복이라는 정서를 가지게 되었다.

③ 인지주의적 이론에 따르면, 자신을 본 어머니의 웃는 얼굴을 보게 됨으로써 수아가 가지게 된 행복이라는 정서는 감정에서 비롯된 결과라고 보겠군.

⋯ 5문단에 따르면, 인지주의적 이론은 정서의 인지적 요소를 정서와 동일시하거나 적어도 정서의 필수적인 요소로 인정하는 이론이다. 이론에 따르면, 감정 자체는 정서와 동일시될 수 없고 판단이나 믿음과 같은 인지적 요소들의 복합체에 의해 초래되는 결과일 뿐이다. 따라서 수아가 가지게 된 행복이라는 정서를 감정에서 비롯된 결과로 이해하는 것은 인지주의적 이론과 일치하지 않는다. 수아가 가지게 된 행복이라는 정서를 감정에서 비롯된 결과로 보는 것은 감정 이론에 해당하는 설명이다.

＋ 오답 챙기기

① 감정 이론에 따르면, 수아가 집에 갈 때 어머니를 만난 특정 시점에서 가지게 된 행복이라는 정서는 수아가 느낀 감정인 행복감 자체와 동일시된다고 보겠군.

⋯ 3문단에 따르면, 감정 이론은 감정과 정서를 동일시한다. 따라서 행복이라는 정서를 행복감이라는 감정과 동일시된다고 보는 것은 감정 이론에 부합한다.

② 감정 이론에 따르면, 수아의 행복이라는 정서를 이해하려면 '수아가 비를 맞지 않게 하려고 어머니가 우산을 들고 나왔다.'라는 명제로 표현될 수 있는 요소는 배제해야겠군.

⋯ 3문단에 따르면, 감정 이론은 정서를 이해하는 데 있어 인지적 요소를 배제한다. 그리고 2문단에 따르면, 인지적 요소는 명제로 표현될 수 있는 판단이나 믿음이다. 따라서 수아의 정서를 이해하기 위해서는 명제로 표현될 수 있는 요소를 배제해야 한다는 이해는 감정 이론에 부합한다.

④ 인지주의적 이론에 따르면, 수아의 행복이라는 정서를 설명하기 위해서는 어머니가 우산을 들고 수아에게 다가오는 상황을 고려해야 한다고 보겠군.

⋯ 5문단에 따르면, 인지주의적 이론은 당사자가 어떤 상황에 처했다는 판단과 그 상황에 대한 믿음을 정서 상태와 동일시하거나 적어도 이 공포라는 정서를 규정하는 데 필수적인 요소로 인정한다. 따라서 수아의 정서를 설명하기 위해서 어머니가 우산을 들고 수아에게 다가오는 상황을 고려해야 한다고 이해하는 것은 인지주의적 이론에 부합한다.

⑤ 인지주의적 이론에 따르면, 어머니의 표정과 행동이라는 구체적인 대상에 대한 수아의 판단은 수아가 가지게 된 행복이라는 정서 상태의 필수적인 요소로 인정되겠군.

⋯ 5문단에 따르면, 인지주의적 이론은 당사자가 어떤 상황에 처했다는 판단과 그 상황에 대한 믿음을 정서 상태와 동일시하거나 적어도 이 공포라는 정서를 규정하는 데 필수적인 요소로 인정한다. 따라서 어머니의 표정과 행동이라는 구체적인 대상에 대한 수아의 판단을 행복이라는 정서 상태의 필수적인 요소로 인정하는 것은 인지주의적 이론에 부합한다.

ⓐ에 대한 설명으로 가장 적절한 것은?

③ 감정 이론과 인지주의적 이론은 모두 특정 요소만을 강조하여 정서의 본질을 종합적으로 설명하지 못한다.

⋯ ⓐ 뒤에 이어지는 내용인 '그래서 오늘날의 심리 철학은 두 이론을 정서의 다면적인 성격을 설명하기 위한 철학적 바탕으로 삼되, 두 이론과 달리 정서의 다면적 성격을 종합적으로 설명할 수 있는 새로운 이론적 틀을 마련하기 위해 노력하고 있다.'에서, 정서는 다면적인 성격을 지니고 있는데, 두 이론은 이런 점을 종합적으로 설명하지 못하는 한계가 있음을 알 수 있다. 두 이론이 특정 요소만을 강조한다는 것은 4문단의 '감정 이론은 감정 외적인 인지적 요소를 배제하고 감정적 요소만을 강조하기 때문에'와 6문단의 '인지주의적 이론은 인지적 요소만을 지나치게 강조하기 때문에'라는 설명에서 확인할 수 있다.

＋ 오답 챙기기

① 감정 이론과 인지주의적 이론은 모두 정서가 규범적인 속성을 가질 수 있다는 점을 설명하지 못한다.

⋯ 4문단에 따르면, 감정 이론은 정서가 규범적 성격을 가질 수 있다는 점을 설명할 수 없다. 하지만 6문단에 따르면, 인지주의적 이론은 정서가 규범적 성격을 가질 수 있다는 점을 설명할 수 있다. 따라서 두 이론 모두 정서가 규범적인 속성을 가질 수 있다는 점을 설명하지 못한다는 이해는 적절하지 않다.

② 감정 이론과 인지주의적 이론은 모두 사람들이 느끼는 개별 정서의 차이를 구분하여 설명하지 못한다.

⋯ 4문단에 따르면, 감정 이론은 개별 정서의 차이를 구분하여 설명하지 못하지만, 6문단에 따르면, 인지주의적 이론은 비슷하다고 생각하는 정서를 각각의 정서로 구분할 수 있다. 따라서 ②의 설명은 적절하지 않다.

④ 감정 이론과 인지주의적 이론은 모두 정서에 대해서 사람들이 지니고 있는 보편적인 성향을 반영하지 못한다.

⋯ 4문단에 따르면, 감정 이론은 사람들이 일상적으로 정서를 감정과 동일시하는 보편적인 성향을 잘 설명할 수 있다. 그리고 6문단에 따르면, 인지주의적 이론은 사람들의 보편적인 성향에서 드러나는 감정적 요소를 경시하는 문제가 있다. 따라서 ④의 설명은 적절하지 않다.

⑤ 감정 이론과 인지주의적 이론은 모두 상황에 따른 정서의 적절성 여부를 결정하는 당위적인 가치 기준을 제시하지 못한다.

⋯ 4문단에 따르면, 감정 이론은 그 정서가 당위적인 가치 기준에 부합하는지 여부를 판단하는 것이 불가능하지만 6문단에 따르면, 인지주의적 이론이 정서와 동일시하거나 적어도 정서의 필수적인 요소로 여기는 판단과 믿음에는 당위적인 가치 기준이 개입될 수 있다. 따라서 ⑤의 설명은 적절하지 않다.

작품과 장소의 관련성 변화

출전 윤난지, 『현대 미술의 풍경』　**지문 난이도** ★★★★☆

(1,817자)

❶ 　근대 이전의 조각은 고유한 미술 영역의 독립적인 작품으로서가 아니라 신전이나 사원, 왕궁과 같은 장소의 일부로서 존재했다. 중세 유럽의 성당 곳곳에 성서와 관련 있는 각종 인물이 새겨지거나 조각상으로 놓였던 것, 왕궁 안에 왕이나 귀족의 인물상들이 놓였던 것이 그 예이다. 이러한 조각은 그것이 놓여 있는 장소의 성격에 따라 종교적인 분위기를 조성하거나 왕의 권력을 상징함으로써 사람들을 감화시키는 기능을 수행하였다.

❷ 　[가]　조각이 장소와 긴밀한 관련성을 지니고 그 장소의 맥락과 의미를 강조하는 수단으로 활용되는 경향은 근대에 들어서면서 큰 변화를 맞이했다. 종교의 영향력 및 왕권이 약화되면서 관련 장소가 지녔던 권위도 퇴색하여, 그 장소에 놓인 조각에 부여되었던 종교적, 정치적 의미도 약해진 것이다. 또 특정 장소의 상징으로서의 조각이 원래의 장소에서 물리적으로 분리되어 기존의 맥락을 상실하는 경우도 생겨났다. 이러한 상황이 전시 및 교육을 목적으로 하는 박물관, 미술관 등 근대적 장소가 출현하는 상황과 맞물리면서 조각에 대한 새로운 관점이 부각되기 시작했다. 조각이 박물관이나 미술관에 놓이면서 미적 감상의 대상인 '작품'으로서의 성격이 강조된 것이다. 사람들은 조각을 예술적인 기법이나 양식 등 순수한 미적 현상이 구현된 독립적인 작품으로 감상하게 되었다.

❸ 　이러한 경향은 19세기 이후 미술의 흐름 속에서 더욱 두드러졌고, 작품 외적 맥락에 구속되기보다는 작품 자체에서 의미의 완결을 추구하는 경우가 많아졌다. 그래서 작품 바깥의 대상을 지시하거나 재현하기보다는 감상자의 시선을 작품에만 집중시키는 단순하고 추상화된 작품들이 이 시기부터 많이 등장하였다. 이러한 작품들은 대개 미술 전시장의 전형적인 화이트 큐브, 즉 출입구 이외에는 사방이 막힌 실내 공간 안에서 받침대 위에 놓여 실제적인 장소나 현실로부터 분리된 느낌을 주었다.

❹ 　이렇게 조각이 특정 장소로부터 독립해 가는 경향 속에서 미니멀리즘이 등장하였다. 미니멀리즘은 1960년대에 미국을 중심으로 발달한 예술 사조로, 작품의 의미가 예술가의 의도에 의해 결정되는 것을 최소화하고 꾸밈과 표현도 최소화하여 극단적으로 단순화된 기하학적 형태를 추구했다. 미니멀리즘 작가들은 가공하지 않은 있는 그대로의 산업 재료들을 사용하는 등의 방법으로 무의도성과 단순성을 구현했기 때문에, 그 결과물은 작품이라기보다는 사물로 인식되기도 하였다. 또한 미니멀리즘 조각은 감상자들이 걸어 다니는 바닥이나 전시실 벽면과 같은 곳에 받침대 없이 놓임으로써 감상자와 작품 간의 거리를 축소하고, 동선에 따라 개별적이고 다양한 경험과 의미 형성이 가능하도록 하였다. 그 결과 미니멀리즘 조각은 단순성과 추상성을 특징으로 한다는 점에서 이전 시기의 추상 조각과 공통점을 지니면서도, 전시장이라는 실제 장소의 물리적 특성을 작품에 의도적으로 결부하여 활용했다는 점에서 차별성을 띠게 되었다. 이런 특징은 근대 이전의 조각이 장소의 특성에 종속되어 있었던 것과도 차별화된다.

❺ 　이후 미술에서는 미니멀리즘을 통해 부각된 작품과 장소 간의 관련성을 새롭게 실현하려는 시도들이 이어져 왔다. 미니멀리즘 작품이 장소와의 관련성을 모색하고 구현한 것이기는 해도 미술관이라는 공간 내부에 제한된다는 점을 간파한 일부 예술가들은, 미술관 바깥의 도시나 자연을 작업의 장소이자 대상으로 삼아 장소와의 관련

---

❶ 장소의 일부로서 존재했던, 근대 이전의 조각
- 근대 이전의 조각
  - 장소의 성격을 강화하는 역할

❷ 장소의 구속에서 벗어나기 시작한, 근대의 조각
- 근대의 조각
  - 독립적인 미적 대상으로 인식

근대 이전	근대
장소의 특성에 종속	장소로부터 독립
장소의 성격 및 의미 강화	독립적인 미적 대상

❸ 작품 자체의 미적 특성이 강조된, 19세기 이후 조각
- 19세기 이후 조각의 특징
- 화이트 큐브의 효과
  - 실제적인 장소나 현실로부터 분리된 느낌 부여

❹ 장소의 특성을 의도적으로 활용한, 1960년대 미니멀리즘 조각
- 1960년대: 미니멀리즘 등장
  - 예술가의 의도 배제
  - 극단적으로 단순화된 기하학적 형태
  - 무의도성과 단순성을 구현
  - 받침대 없이 놓여 다양한 의미 형성

	19세기 추상 조각	미니멀리즘
공통점	단순성과 추상성	
차이점	실제적인 장소나 현실로부터 분리	전시장이라는 실제 장소의 특성 활용

❺ 장소의 특성을 작품 의미의 근원으로 삼은 대지 미술
- 미니멀리즘의 한계
  - 미술관이라는 공간 내부에 제한
  → 미술관 바깥의 공간을 작업의 장소이자 대상으로 삼기 시작

성을 다양한 방식으로 실현하려 하였다. 대지 미술은 이러한 시도 중 하나로, 대지 → • 대지 미술의 개념
의 표면에 형상을 디자인하고 자연경관 속에 작품을 만들어 냄으로써 지역이나 환경 → • 대지 미술의 특징
자체를 작품화하였다. 구체적인 장소의 특성을 작품 의미의 근원으로 삼는 이러한
작품들에서는 작품과 장소, 감상자 간의 상호 작용을 통해 의미가 형성된다는 특징
이 드러났다.

🖊 지문 정보 확인   1○ 2✕ 3○

🧠 **지문 Point 분석**　**주제: 미술에서 조각과 장소의 관련성이 변화되어 온 과정**

해제: 미술사의 흐름 속에서 조각과 장소의 관련성이 어떻게 변해 왔는가를 설명하고 있는 글이다. 근대 이전 장소에 귀속되어 장소의 맥락을 강조하는 수단으로 활용되던 조각은 근대 이후 박물관이나 미술관에 놓여 미적 감상의 대상이 되기 시작했다. 19세기 이후 독립적인 작품으로서의 성격이 강화되다가 1960년대의 미니멀리즘을 거치면서 장소의 특성을 의도적으로 작품에 결부시키기 시작했고, 외부 장소의 구체적 특성을 작품 의미의 근원으로 삼는 대지 미술까지 나타났다.

정답 및 해설　　1 ⑤　　2 ②　　3 ⑤　　📖 본문 131~133쪽

1 ▼ 논지 전개 방식　　　　　　　　　　　답 ⑤

윗글의 논지 전개 방식으로 가장 적절한 것은?

⑤ 논의의 대상이 변모*해 온 양상을 시간적 순서로 설명하고 있다.

⋯ 1문단에서는 조각이 장소에 귀속되었던 근대 이전, 2문단에서는 조각이 장소로부터 분리되기 시작한 근대 이후, 3문단에서는 작품 자체의 미적 특성이 강조된 19세기 이후, 4문단에서는 장소의 특징을 의도적으로 활용한 1960년대 미니멀리즘 조각, 5문단에서는 미니멀리즘의 한계를 극복하기 위한 대지 미술을 설명하고 있다. 이를 볼 때 이 글은 조각과 장소의 관련성이 변모해 온 양상을 시간의 흐름에 따라 설명하고 있다.

➕ 오답 챙기기

① 논쟁*이 벌어지게 된 배경을 다각도*로 분석하고 있다.

⋯ 조각과 장소의 관련성이 변모해 온 양상은 나타나지만, 이에 대해 서로 다르게 생각하는 입장은 나타나지 않는다.

② 통념에 대한 비판을 통해 특정 이론을 도출*하고 있다.

⋯ 통념은 일반적으로 널리 알려진 생각이나 개념을 의미한다. 그런데 이 글에서는 조작이나 장소성과 관련된 통념이 나타나지 않으며, 비판을 통한 특정 이론 도출도 이루어지지 않았다.

③ 하나의 현상을 해석하는 대립적인 관점을 절충*하고 있다.

⋯ 대립적인 관점은 나타나지 않으면, 서로 다른 의견이나 관점을 절충하고 있지도 않다. 전체적으로 조각과 장소 간의 관계에 대한 인식이 변모해 온 과정을 살피고 있을 뿐이다.

④ 역사적 사건에 영향을 미친 요소를 구체적으로 나열하고 있다.

⋯ 역사적 사건으로 볼 만한 일은 나타나지 않는다. 조각이 신전이나 사원, 왕궁과 같은 곳에서 박물관이나 미술관 같은 곳으로 옮겨졌다는 내용을 역사적 사건으로 보기는 어렵다. 설사 이를 역사적 사건으로 보더라도 이에 영향을 미친 요소를 나열하고 있지는 않다.

📌 **어휘 충전**

* **변모**(變 변할 변 貌 모양 모): 모양이나 모습이 달라지거나 바뀜. 또는 그 모양이나 모습.
* **논쟁**(論 논의할 논 爭 다툴 쟁): 서로 다른 의견을 가진 사람들이 각각 자기의 주장을 말이나 글로 논하여 다툼.
* **다각도**(多 많을 다 角 뿔 각 度 법도 도): 여러 각도. 또는 여러 방면.
* **도출**(導 이끌 도 出 날 출): 판단이나 결론 따위를 이끌어 냄.
* **절충**(折 꺾을 절 衷 속마음 충): 서로 다른 사물이나 의견, 관점 따위를 알맞게 조절하여 서로 잘 어울리게 함.

2 ▼ 세부 정보의 확인　　　　　　　　　　답 ②

윗글의 내용과 일치하지 않는 것은?

② 화이트 큐브는 현실로부터 작품이 분리된 느낌을 완화*해 주는 역할을 하였다.

⋯ 3문단의 '이러한 작품들은 대개 미술 전시장의 전형적인 화이트 큐브, 즉 출입구 이외에는 사방이 막힌 실내 공간 안에서 받침대 위에 놓여 실제적인 장소나 현실로부터 분리된 느낌을 주었다.'라는 설명에서, 화이트 큐브는 현실로부터 작품이 분리된 느낌을 완화해 주는 것이 아니라 오히려 강화하는 역할을 했음을 알 수 있다.

➕ 오답 챙기기

① 대지 미술가들은 자연을 창작 작업의 장소이자 대상으로 삼았다.

⋯ 5문단에 따르면 대지 미술가들은 미술관 바깥의 도시나 자연을 작업의 장소이자 대상으로 삼아 대지의 표면에 형상을 디자인하고 자연 경관 속에 작품을 만들어 냄으로써 지역이나 환경 자체를 작품화하였다.

③ 왕권이 약해짐에 따라 왕의 모습을 담은 인물상에 부여되는 상징적 의미가 변화되었다.

⋯ 2문단의 '종교의 영향력 및 왕권이 약화되면서 관련 장소가 지녔던 권위도 퇴색하여, 그 장소에 놓인 조각에 부여되었던 종교적, 정치적 의미도 약해진 것이다.'라는 설명에서, 왕권이 약해짐에 따라 왕궁 안에 놓여 있던, 왕의 모습을 담은 인물상에 부여되는 정치적 의미가 약화되었음을 알 수 있다.

④ 19세기 이후의 추상 조각은 감상자의 시선을 작품 외적 맥락보다 작품 자체에 집중시키는 경향*이 있었다.

⋯ 3문단의 '작품 바깥의 대상을 지시하거나 재현하기보다는 감상자의 시선을 작품에만 집중시키는 단순하고 추상화된 작품들이 이 시기부터 많이 등장하였다.'라는 설명에서, 19세기 이후 감상자의 시선을 작품 자체에만 집중시키는 추상화된 작품들이 많이 등장했음을 알 수 있다.

⑤ 미니멀리즘 작가들은 가공하지 않은 산업 재료들을 사용하여 무의도성과 단순성을 구현하기도 하였다.

⋯ 4문단의 '미니멀리즘 작가들은 가공하지 않은 있는 그대로의 산업 재료들을 사용하는 등의 방법으로 무의도성과 단순성을 구현했기 때문에'라는 설명에서 확인할 수 있다.

> **어휘 충전**
> * **완화**(緩 느릴 완 和 화목할 화): 긴장된 상태나 급박한 것을 느슨하게 함.
> * **경향**(傾 기울 경 向 향할 향): 현상이나 사상, 행동 따위가 어떤 방향으로 기울어짐.

② 근대에 출현한 박물관은 작품이 가진 수공업으로서의 가치를 강화하는 데 초점을 두었겠군.

⋯ 〈보기〉에 따르면, '작품이 가진 수공업으로서의 가치'는 근대 이전인 중세 시대의 특징으로 근대에서는 퇴색한 것이다. 따라서 근대에 출현한 박물관이 중세 시대 예술 작품의 가치를 강화하였다고 이해하는 것은 적절하지 않다. 박물관은 작품이 지닌 독립적인 미적 가치를 강화하는 데 초점을 두었다고 보아야 한다.

③ 조각상을 감상의 대상인 '작품'으로 여긴다는 것은 그것에 정치, 사회적 기능을 부여한다는 뜻이겠군.

⋯ 1문단과 〈보기〉에 따르면, 조각상에 정치, 사회적 기능을 부여한다는 것은 조각상을 독립적인 미적 대상으로 여기는 것이 아니라 장소의 의미를 강조하는 의미로 사용된 것을 의미한다. 조각상을 감상의 대상인 '작품'으로 여긴다는 것은 순수한 미적 체험을 할 수 있는 대상으로 여기는 것이다.

④ 종교적인 인물상이 사원에서 박물관으로 옮겨지면서 미의 개념이 예술 분야에서 기술 분야로 확대되었겠군.

⋯ 〈보기〉와 [가]에 따르면 종교적인 인물상이 사원에서 박물관으로 옮겨지면서 정치, 사회적 기능에서 독립적인 미적 대상으로서의 기능이 강조되었다.

---

3 ▼ **구체적 사례에의 적용**　　　　　　　　　답 ⑤

[가]와 〈보기〉를 관련지어 이해한 것으로 가장 적절한 것은?

> **보기**
>
> 　　중세 시대에 건축, 조각, 회화는 독자적인 예술 분야가 아닌 기술이나 수공업의 영역으로 인식되었으며, 정치, 사회적 기능에 전적으로 의존하였다. 근대에 이르러 미술의 개념이 확립되고 미가 인간 행위를 지배하는 하나의 독립적 원리로 여겨지면서, 사람들은 종교적 신비감이 시들해진 상태에서 순수한 미적 체험을 추구하기 시작했다. 미술관을 포함한 박물관의 건립은 이러한 변화와 맞물린 근대적 현상이었다.

⑤ 중세의 종교 건축물의 일부였던 조각상이 원래의 장소에서 물리적으로 분리되면 원래의 종교적 신비감이 유지되기 어렵겠군.

⋯ 〈보기〉는 중세 시대에 정치, 사회적 기능에 전적으로 의존했던 건축, 조각, 회화는 종교적 신비감이 시들해진 근대에 들어 순수한 미적 체험의 대상으로 인식되었음을 설명한다. 이와 함께 2문단의 '특정 장소의 상징으로서의 조각이 원래의 장소에서 물리적으로 분리되어 기존의 맥락을 상실하는 경우도 생겨났다. 조각이 박물관이나 미술관에 놓이면서 미적 감상의 대상인 '작품'으로서의 성격이 강조된 것이다.'라는 설명을 고려할 때, 중세의 종교 건축물의 일부였던 조각상이 원래의 장소에서 물리적으로 분리되어 박물관이나 미술관 등으로 옮겨지면 원래의 종교적 신비감이 퇴색되고 독립적인 미적 대상으로 인식되었을 것을 알 수 있다.

오답 챙기기

① 박물관에서 원래의 장소로 되돌아온 조각상은 건축, 조각, 회화 영역의 통합에 기여하겠군.

⋯ 조각상이 건축, 조각, 회화 영역의 통합에 기여했다는 내용은 〈보기〉와 [가] 어디에서도 언급되지 않았으며, [가]에 따르면 근대 이전의 조각상은 원래의 장소에서 박물관이나 미술관으로 옮겨졌다.

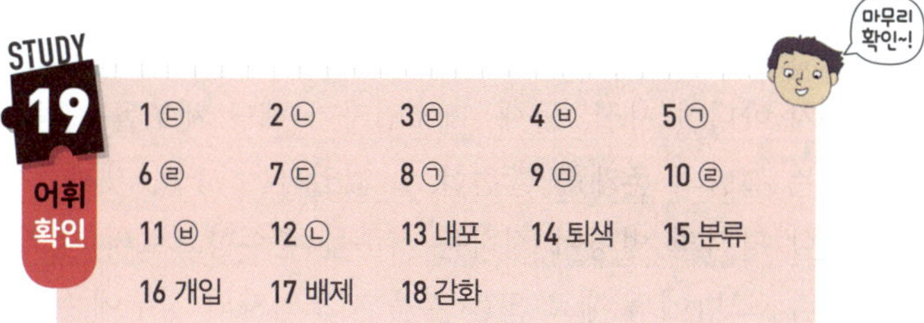

제조물 책임법의 주요 내용

출전 『제조물 책임법』 지문 난이도 ★★★★☆

(2,012자)

1 » 현대 산업 사회에서는 주로 대량 생산이 이루어지기 때문에 그 과정에서 결함 상품이 발생하고, 이에 따라 소비자의 피해도 발생한다. 이런 경우 피해를 입은 소비자가 구제를 받기 위해서는 제조물의 제조 과정에서 제조자의 과실이 있었고 그 과실에 따른 결함으로 피해가 발생하였음을 입증하여야 하는데 그것은 상당히 어렵다. 이에 소비자가 쉽게 피해 구제를 받을 수 있도록 하기 위해 제조물 책임법을 제정하여 시행하고 있다.

2 » ㉮제조물 책임법은 제조업자에게 고의나 과실이 없더라도 제조물의 결함으로 인해 생명·신체·재산상의 손해를 입은 사람에 대하여 제조업자가 손해 배상 책임을 지도록 하는 법률이다. 이 법이 적용되는 ⓐ제조물과 ⓑ제조업자의 범위를 살펴보면, 제조물은 공산품, 가공 식품 등의 제조 또는 가공된 물품을 의미하는 것으로, 일상생활에서 사용하고 있는 거의 모든 물품이 포함된다. 또한 중고품, 폐기물, 부품, 원재료도 적용 대상이 된다. 그러나 미가공 농수축산물 등은 원칙적으로 제조물의 범위에서 제외되는데, 농수축산물 등 일차 농산품에까지 확대할 경우 농업인 등이 쉽게 소송의 대상이 될 뿐만 아니라 연대 책임 조항에 의하여 유통업자와 가공업자의 과실에 대해서도 불공정하게 책임을 질 우려가 있기 때문이다. 그리고 손해 배상의 책임 주체인 제조업자에는 부품 또는 완성품의 제조업자, 제조물 수입을 업(業)으로 하는 자, 자신을 제조자 혹은 수입업자로 표시한 자가 포함된다. 제조업자를 알 수 없는 경우에는 제조물의 공급업자도 해당된다.

3 » 제조물 책임은 제조물에 결함이 존재하는가 여부에 의해 결정되는데, 결함의 유형에는 제조상의 결함, 설계상의 결함, 표시상의 결함이 있다. 제조상의 결함은 제조업자가 제조 또는 가공상의 주의 의무를 이행하였음에도 불구하고 제조물이 원래 의도한 설계와 다르게 제조 또는 가공됨으로써 안전하지 못하게 된 경우이며, 설계상의 결함은 제조업자가 소비자를 고려하여 합리적으로 설계했다면 피해나 위험을 줄이거나 피할 수 있었음에도 그렇게 하지 않아 제조물이 안전하지 못하게 된 경우를 말한다. 표시상의 결함은 제조업자가 합리적인 설명·지시·경고 또는 그밖의 표시를 하였더라면 해당 제조물에 의하여 발생할 수 있는 피해나 위험을 줄이거나 피할 수 있었음에도 이를 표시하지 않은 경우를 말한다.

4 » 그런데 피해자가 제조업자에게 손해 배상을 청구하려면 원칙적으로 제조물의 결함 사실과 손해 발생의 사실, 그리고 제조물의 결함과 손해 발생의 인과 관계를 입증해야 한다. 하지만 소비자의 입장에서 이를 입증하는 것은 쉽지 않다. 그래서 제조물 책임법은 소비자가 제조물을 통상적인 방법으로 사용하다가 사고가 발생했다는 사실만 입증하면 해당 제조물 자체에 결함이 있었고 그 결함으로 인하여 피해가 발생한 것으로 추정하도록 하고 있다.

5 » 한편 제조물의 결함으로 손해가 발생한 경우에 제조업자는 다음 중 어느 하나를 입증하면 손해 배상 책임을 면할 수 있다. 첫째, 제조업자가 해당 제조물을 공급하지 아니한 사실, 둘째, 제조업자가 해당 제조물을 공급한 때의 과학·기술 수준으로는 결함의 존재를 발견할 수 없었다는 사실, 셋째, 제조업자가 해당 제조물을 공급할 당시의 법령이 정하는 기준을 준수함으로써 제조물의 결함이 발생한 사실 등이다. 그밖에 원재료 또는 부품 제조업자의 경우에는 해당 원재료 또는 부품을 사용한

---

1 제조물 책임법의 제정 배경

▸ 제조물 책임법의 제정 배경
 – 결함 상품으로 인한 피해 구제를 쉽게 받을 수 있도록 하기 위해 제정

2 제조물 책임법에서 제조물과 제조업자의 범위

▸ 제조물 책임법의 정의

정의	
제조물	• 중고품, 폐기물, 부품, 원재료를 포함한 공산품, 가공 식품 등의 제조 또는 가공된 물품 • 미가공 농수축산물 등은 제외
제조업자	• 부품 또는 완성품의 제조업자, 제조물 수입을 업(業)으로 하는 자, 자신을 제조자 혹은 수입업자로 표시한 자 • 제조업자를 알 수 없는 경우에는 제조물의 공급업자

3 제조물 결함의 유형

▸ 제조물의 결함 유형

유형	
제조상의 결함	제조물이 원래 의도한 설계와 다르게 제조 또는 가공됨으로써 안전하지 못하게 된 경우
설계상의 결함	합리적으로 설계하지 않아 제조물이 안전하지 못하게 된 경우
표시상의 결함	합리적인 설명·지시·경고 또는 그밖의 사고를 예방할 수 있는 표시를 하지 않은 경우

4 손해 배상 청구를 위한 피해 입증 방법

▸ 소비자의 입증 범위

5 제조업자의 손해 배상 면책 사유와 예외

▸ 제조업자의 면책 사유
 ① 제조업자가 해당 제조물을 공급하지 아니한 경우
 ② 제조업자가 해당 제조물을 공급한 때의 과학·기술 수준으로는 결함의 존재를 발견할 수 없었던 경우
 ③ 제조업자가 해당 제조물을 공급할 당시의 법령이 정하는 기준을 준수함으로써 제조물의 결함이 발생한 경우
 ④ 원재료 또는 부품을 사용한 제조물 제조업자의 설계 또는 제작에 관한 지시로 인하여 결함이 발생한 부품 제조업자의 경우

제조물 제조업자의 설계 또는 제작에 관한 지시로 인하여 결함이 발생하였다는 사실을 입증하면 책임을 지지 않아도 된다. 그러나 면책 사유에 해당하더라도 제조업자가 제조물의 결함을 알면서도 적절한 피해 예방 조치를 하지 않은 경우, 또는 주의를 기울였다면 충분히 알 수 있었을 결함을 발견하지 못한 경우에는 책임을 피할 수 없다.

⑥» 제조물 책임법에 따른 제조업자의 배상 의무는 피해자의 생명·신체 또는 재산상의 손해에 대한 것으로 한정되고, 결함이 있는 제조물 자체는 민법에 따라 유통업자나 판매업자에게 구제받아야 한다. 예컨대, 결함이 있는 녹즙기로 인하여 손을 다쳤을 경우, 치료비는 제조업자에게 배상받고 불량품인 녹즙기는 판매업자에게 환불받을 수 있다.

⑥ 제조업자가 배상 의무를 지는 피해 종류

- 배상의 주체

제조업자	피해자의 생명·신체 또는 재산상의 손해(→ 제조물 책임법)
유통업자나 판매업자	결함이 있는 제조물 자체(→ 민법)

✎ **지문 정보 확인** 1 X 2 ○ 3 ○

지문 구조 한눈에 보기

화제 제시 ❶

↓

구체화	
❷	제조물과 제조업자의 범위
❸	제조물의 결함 유형
❹	피해 사실 입증 방법
❺	제조업자의 면책 사유
❻	피해 종류에 따른 배상 주체

지문 Point 분석 **주제: 제조물 책임법의 주요 내용**

해제: 제조물 책임법은 제조물의 결함으로 인한 피해를 입은 소비자가 손해 배상 등의 피해 구제를 쉽게 받을 수 있도록 제정한 법률이다. 이 글은 제조물 책임법의 도입 배경, 제조물과 제조업자의 범위, 제조물 결함의 유형, 피해 사실 입증 방법, 제조업자의 면책 사유, 피해 종류에 따른 손해 배상 주체 등을 병렬적 구성으로 설명하고 있다.

정답 및 해설 1 ② 2 ⑤ 3 ③ 📖 본문 136~138쪽

1 ▼ 세부 정보의 확인 답 ②

윗글을 읽고 해결할 수 있는 질문으로 적절한 것을 〈보기〉에서 고른 것은?

보기

ㄱ. 제조물 책임법이 제정된 배경은 무엇인가?
ㄴ. 제조물의 결함을 해결할 수 있는 방안은 무엇인가?
ㄷ. 제조물 책임법이 적용되는 제조물과 제조업자의 범위는 어디까지인가?
ㄹ. 제조물 책임법상 피해자가 손해 배상을 청구할 수 있는 기한은 언제까지인가?

② ㄱ, ㄷ

ㄱ. 제조물 책임법이 제정된 배경*은 무엇인가?

⋯ 1문단의 '(결함 상품으로 피해를 입은) 소비자가 쉽게 피해 구제를 받을 수 있도록 하기 위해 제조물 책임법을 제정하여 시행하고 있다.'에서 확인할 수 있다.

ㄷ. 제조물 책임법이 적용*되는 제조물과 제조업자의 범위는 어디까지인가?

⋯ 제조물 책임법이 적용되는 제조물의 범위는 2문단의 '제조물은 공산품, 가공 식품 등의 제조 또는 가공된 물품을 의미하는 것으로, 일상생활에서 사용하고 있는 거의 모든 물품이 포함된다. 또한 중고품, 폐기물, 부품, 원재료도 적용 대상이 된다.'에서 확인할 수 있다. 그리고 제조업자의 범위는 2문단의 '손해 배상의 책임 주체인 제조업자에는 부품 또는 완성품의 제조업자, 제조물 수입을 업(業)으로 하는 자, 자신을 제조자 혹은 수입업자로 표시한 자가 포함된다. 제조업자를 알 수 없는 경우에는 제조물의 공급업자도 해당된다.'에서 확인할 수 있다.

+ 오답 챙기기

① ㄱ, ㄴ / ③ ㄴ, ㄷ / ④ ㄴ, ㄹ / ⑤ ㄷ, ㄹ

ㄴ. 제조물의 결함을 해결할 수 있는 방안은 무엇인가?

⋯ 3문단에서 제조상의 결함, 설계상의 결함, 표시상의 결함 등 결함의 유형은 소개하고 있으나, 제조물의 결함을 해결할 수 있는 방안은 나타나지 않는다.

ㄹ. 제조물 책임법상 피해자가 손해 배상을 청구할 수 있는 기한은 언제까지인가?

⋯ 4문단에서 피해자가 손해 배상을 청구하기 위한 조건은 제시되어 있지만 손해 배상을 청구할 수 있는 기한에 대한 설명은 이루어지지 않았다.

어휘 충전

- **배경**(背 등 배 景 경치 경): 사건이나 환경, 인물 따위를 둘러싼 주위의 정경.
- **적용**(適 갈 적 用 쓸 용): 알맞게 이용하거나 맞추어 씀.

2 ▼ 유사한 개념과의 비교 답 ⑤

㉮와 〈보기〉의 ㉯를 비교한 것으로 적절하지 <u>않은</u> 것은?

보기

㉯리콜제도는 소비자의 생명·신체 및 재산상에 위해*를 끼치거나 끼칠 우려가 있는 제품 결함이 발견된 경우, 제조업자 스스로 또는 정부의 강제 명령에 의해 제품의 결함 내용을 소비자에게 알리고 제품 전체를 대상으로 수거·파기* 및 수리·교환·환급* 등의 적절한 시정* 조치를 취함으로써 결함 제품으로 인한 위해 확산을 방지하고자 하는 소비자 보호 제도이다.

소비자의 입장에서 보면 결함 제품에 의한 피해의 확산을 방지하여 안전한 소비 생활을 영위*할 수 있도록 하며, 기업의 입장에서 보면 안전사고를 미연*에 방지함으로써 소비자 피해에 대한 손해 배상의 부담을 줄일 수 있다.

⑤ ㉮와 ㉯는 모두 제조물의 결함으로 인한 소비자의 손해 발생을 필
수 조건으로 하고 있다.

┈▶ ㉮와 ㉯ 모두 소비자를 보호하기 위한 제도이다. 그런데 1문단
에 따르면 ㉮는 제조물 결함으로 인해 소비자가 피해를 입었을
경우에 손해 배상을 쉽게 청구할 수 있도록 만든 제도인 반면,
㉯는 소비자의 생명ㆍ신체 및 재산상에 위해를 끼치거나 끼칠 우
려가 있는 제품 결함이 발견된 경우 확산을 방지하고자 하는 소
비자 보호 제도이다. 즉 ㉯는 소비자의 피해가 발생하지 않아도
시행 가능하다. 따라서 ㉮는 제조물의 결함으로 인한 소비자의
손해 발생을 필수 조건으로 하지만, ㉯는 이를 필수 조건으로 요
구하지 않는다.

📌 **오답 챙기기**

① ㉮가 사후 피해 구제에 중점을 두고 있다면, ㉯는 결함 제품에 의
한 피해 확산 방지에 중점을 두고 있다.

┈▶ ㉮는 제조물 결함으로 인해 소비자가 피해를 입었을 경우에 손
해 배상을 쉽게 청구할 수 있도록 만든 제도인 반면, ㉯는 소비
자의 생명ㆍ신체 및 재산상에 위해를 끼치거나 끼칠 우려가 있
는 제품 결함이 발견된 경우 소비자의 위해 확산을 방지하고자
하는 소비자 보호 제도이다. 즉 ㉮는 사후 피해 구제에 중점을
두는 반면, ㉯는 피해 확산 방지에 중점을 두는 제도이다.

② ㉮는 결함 제품으로 인한 소비자 피해 사실에 대해, ㉯는 결함 제
품에 대해 책임을 지는 제도이다.

┈▶ 2문단에 따르면 ㉮는 제조업자가 제조물의 결함으로 인해 생
명ㆍ신체ㆍ재산상의 손해를 입은 사람에 대하여 제조업자가 손
해 배상 책임을 지도록 하는 제도이다. 이와 달리 ㉯는 제조업자
가 결함 상품을 수거ㆍ파기 및 수리ㆍ교환ㆍ환급 등의 적절한
시정 조치를 취함으로써 소비자의 생명ㆍ신체 및 재산상에 위해
확산을 방지하기 위한 제도이다.

③ ㉮와 달리 ㉯는 제품 결함이 발견된 경우 소비자에게 결함 내용을
알리는 제도이다.

┈▶ 〈보기〉에 따르면 ㉯는 제품 결함이 발견된 경우, 제조업자 스스
로 또는 정부의 강제 명령에 의해 제품의 결함 내용을 소비자에
게 알리고 결함 제품에 대한 시정 조치를 취해야 한다. 그러나
㉮는 이와 같이 제조업자가 제품 결함 내용을 소비자에게 알리
는 조치를 해야 한다는 내용은 제시되지 않았으며, 제조물의 결
함으로 인한 피해를 입은 소비자가 손해 배상을 진행하는 것에
대한 내용만 제시하고 있다.

④ ㉯와 달리 ㉮는 소비자의 요청이 있어야만 이행된다.

┈▶ 〈보기〉에 따르면, ㉯는 제조업자 스스로 혹은 정부의 강제 명령
에 의해 이행된다. 이와 달리 ㉮는 제조물의 결함으로 인해 피해
를 입은 소비자가 손해 배상을 청구해야 이행된다.

어휘 충전

* **위해**(危 위태할 위 害 해로울 해): 위험과 재해를 아울러 이르는 말.
* **파기**(破 깨뜨릴 파 棄 버릴 기): 깨뜨리거나 찢어서 내버림.
* **환급**(還 돌아올 환 給 줄 급): 도로 돌려줌.
* **시정**(是 옳을 시 正 바를 정): 잘못된 것을 바로잡음.
* **영위**(營 경영할 영 爲 할 위): 일을 꾸려 나감.
* **미연**(未 아닐 미 然 그럴 연): 어떤 일이 아직 그렇게 되지 않은 때.

---

3 ▼ 세부 정보 추론　　　　　　　　　　　답 ③

ⓐ와 ⓑ에 대한 이해로 적절하지 <u>않은</u> 것은?

③ 복숭아 통조림은 ⓐ에 포함되고, 이를 제조한 자와 복숭아를 생
산한 자 모두 ⓑ에 해당된다.

┈▶ 2문단에 따르면, 제조물은 중고품, 폐기물, 부품, 원재료 등을 포
함하여 공산품, 가공 식품 등의 제조 또는 가공된 물품을 의미한
다. 다만 미가공 농수축산물 등은 원칙적으로 제조물의 범위에
서 제외된다. 그런데 복숭아 통조림은 미가공 농수축산물이 아
니라 복숭아를 원료로 해서 가공된 물품이므로 제조물에 포함된
다. 그리고 제조업자는 부품 또는 완성품의 제조자, 제조물 수
입을 업(業)으로 하는 자, 자신을 제조자 혹은 수입업자로 표시
한 자를 의미한다. 제조업자를 알 수 없는 경우에는 제조물의 공
급업자도 해당된다. 따라서 복숭아 통조림을 제조한 자는 제조
업자에 해당하지만, 원료인 복숭아는 제조물이 아니므로 복숭아
를 생산한 자는 제조업자에 해당되지 않는다.

📌 **오답 챙기기**

① 화장품, 건전지와 달리 고등어는 ⓐ에 포함되지 않는다.

┈▶ 2문단에 따르면 제조물은 중고품, 폐기물, 부품, 원재료를 포함
하여 공산품, 가공 식품 등의 제조 또는 가공된 물품을 의미한
다. 그러나 미가공 농수축산물 등은 원칙적으로 제조물의 범위
에서 제외된다. 따라서 화장품과 건전지는 제조물에 해당하지만
미가공 수산물인 고등어는 제조물에 해당하지 않는다.

② 중고 자동차는 ⓐ에 포함되며, 이를 수입하는 자는 ⓑ에 해당된다.

┈▶ 2문단에 따르면 중고품도 제조물에 해당하므로 중고 자동차는
제조물에 해당한다. 그리고 제조물을 수입하거나 자신을 수입업
자로 표시한 사람은 제조업자에 해당한다. 따라서 중고 자동차
를 수입하는 자는 제조업자에 해당한다.

④ 자동차 부품의 결함으로 자동차가 고장이 났다면 자동차 부품을
만든 자는 ⓑ에 해당되므로 손해 배상의 책임이 있다.

┈▶ 2문단에 따르면, 완성품만이 아니라 부품도 제조물에 해당한다.
따라서 자동차 부품의 결함으로 자동차가 고장이 났다면 자동차
부품을 만든 자도 제조업자에 해당한다. 또한 제조업자는 제조
물 책임법에 따라 피해자에게 손해 배상을 해야 하므로 자동차
부품을 만든 자는 부품 고장으로 피해를 입은 소비자에 대한 손
해 배상의 책임이 있다.

⑤ 전자 제품에 결함이 발생했지만 제품을 공급했을 당시의 기술 수
준으로는 발견할 수 없었던 결함이라면 ⓑ는 손해 배상에 대한
면책 요건을 갖추고 있다.

┈▶ 5문단에 따르면, 제조업자가 해당 제조물을 공급한 때의 과
학ㆍ기술 수준으로는 결함의 존재를 발견할 수 없었다는 사실을
입증하면 손해 배상 책임을 면할 수 있다. 따라서 전자 제품에 결
함이 발생했지만 제품을 공급했을 당시의 기술 수준으로는 발견
할 수 없었던 결함이라면 제조업자의 손해 배상 책임이 면제된다.

정보재의 판매 전략

출전 이상호, 『네트워크 시장과 정보재』 지문 난이도 ★★★★★

(2,136자)

1 » 경제학에서는 디지털화되어 있는 상품과 아날로그 형태로 존재하나 디지털화될 수 있는 상품, 이 모두를 '정보재'라 일컫는다. 예를 들어 각종 컴퓨터 소프트웨어뿐만 아니라 영화, 방송 등의 콘텐츠 및 이들을 디지털화한 것 등이 이에 해당된다. 그렇다면 정보재는 어떠한 특성이 있으며, 생산자는 어떤 전략으로 정보재를 소비자에게 판매하고 있을까? 이를 정보재의 하나인 컴퓨터 소프트웨어를 중심으로 수요와 공급 측면에서 살펴보도록 하자.

2 » 먼저 수요 측면의 특성으로 정보재를 사용하는 소비자에게서 나타나는 '잠김효과'를 들 수 있다. ㉠잠김효과란 어떤 정보재를 사용하기 시작한 소비자가 그것에 익숙해지면 다른 정보재보다 이미 사용하던 것을 계속 사용하려는 경향을 말한다. 이러한 경향은 새로운 정보재를 이용하려면 그것에 익숙해지기 위해 많은 돈, 노력, 시간 등의 '전환비용'이 필요하기 때문에 발생한다. 물론 치약이나 비누 등 일반적인 상품에도 잠김효과는 나타난다. 하지만 정보재는 그 효과가 더 강하게 나타나는 경우가 많다. 왜냐하면 가령 일부 소프트웨어 프로그램의 경우 의무 사용 기간을 지키지 않았을 때 지불해야 하는 위약금과 같은 것까지도 전환비용에 포함되기 때문이다.

3 » 정보재의 이러한 수요 측면의 특성을 고려하여 새로운 정보재를 판매하려는 기업은, 소비자가 그 정보재 사용에 익숙해지도록 일정 기간 소비자에게 상품을 무료로 사용하게 하거나 상품의 일부 기능만을 제공하는 판매 전략을 사용한다. 이는 기업이 소비자를 배려하는 것처럼 보일 수도 있지만 실제로는 수요 측면에서 드러나는 정보재의 특성에 맞는 판매 전략을 쓰는 것으로 이해할 수 있다.

4 » 다음으로 공급 측면에서, 정보재는 원본의 개발에 드는 초기 고정비용은 크지만 디지털로 생산·유통되기 때문에 원본의 복제를 통한 재생산에 투입되는 추가적인 한계비용은 매우 작다는 특성이 있다. 따라서 원본을 개발하지 않고 재생산만 하는 신규 기업이 시장에 진입할 경우 적은 비용으로 원본의 재생산이 가능하다. 원본을 개발·재생산하는 기업과 원본을 재생산만 하는 기업들이 있고 이들이 동일한 정보재로 시장에서 경쟁한다고 가정해 보자. 이러한 상황에서 가격 인하 경쟁이 일어나 정보재 가격이 낮아지면, 원본을 개발·재생산하는 기업은 초기 고정비용을 회수할 수 없어 이윤을 남길 수 없게 될 것이다. 그래서 정부는 지적재산권, 상표권, 특허권 등과 같은 법적 제도를 통해 정보재 원본을 개발·재생산하는 기업을 보호하기도 한다.

5 » 한편, 법제도의 보호를 받게 된 기업은 정보재의 소비자를 고려하여 판매 전략을 선택하게 되는데, 이는 정보재에 대한 소비자의 기호나 가치에 따른 '상품차별화'나 '가격차별화' 전략으로 나타나게 된다. 기업은 시장의 상황에 따라 두 전략을 각각 혹은 동시에 사용하기도 한다. 상품차별화 전략에는 소비자의 기호에 따라 상품의 내용이나 기능을 약간씩 다르게 만든 '버전(version)' 등을 활용하는 방식이 있다. 그리고 가격차별화 전략은 동일한 정보재라도 소비자에 따라 가치가 달리 평가되는 경향을 활용하는 방식을 통해서 이루어진다. 생산자는 소비자의 정보를 사전에 최대한 파악하여, 모든 소비자에게 동일한 가격을 책정하기보다는 소비자가 평가하는 정보재의 가치에 따른 최대 지불 의사를 기준으로 정보재의 가격을 결정하게 된다. 가령 소비자 사이에 재판매가 불가능한 시장에서 소비자의 유형별 정보를 사전에 알

---

1 정보재의 정의와 종류
- 정보재의 정의
- 정보재의 종류

2 정보재의 수요 측면의 특성

특성 ①
- 잠김효과의 개념
- 잠김효과의 발생 원인
  - 전환비용: 새로운 정보재에 익숙해지기 위해 드는 돈, 노력, 시간 등

3 수요 측면의 특성을 고려한 정보재의 판매 전략

전략 ①
- 잠김효과를 활용한 판매 전략
  - 일정 기간 소비자에게 상품을 무료로 사용하게 하거나 상품의 일부 기능만을 제공 → 소비자가 그 정보재 사용에 익숙해지게 함

4 정보재의 공급 측면의 특성

특성 ②
- 정보재의 특성
  - 초기 고정비용은 크지만 한계비용은 매우 작음
- 원본을 개발·재생산하는 기업과 원본을 재생산만 하는 기업들 간의 불공정 경쟁을 막기 위해 법적 제도로 정보재 원본을 개발·재생산하는 기업 보호

5 소비자를 고려한 정보재의 판매 전략

전략 ②
- 정보재의 판매 전략

상품차별화	소비자의 기호에 따라 상품의 내용이나 기능을 약간씩 다르게 만든 '버전(version)' 등 활용
가격차별화	동일한 제품이라도 소비자의 최대 지불 의사를 기준으로 가격을 다르게 책정

고 있는 기업이 어떤 정보재를 판매하고, 각 소비자는 가격이 자신의 최대 지불 의사 금액 이하일 때 반드시 구입하며 최대 구입 횟수는 1회라고 가정한다. 그 정보재의 초기 고정비용은 1,000원, 한계비용은 0원이며, 소비자 유형에는 갑과 을이 존재하고, 최대 지불 의사 금액은 갑 유형이 800원, 을 유형이 400원이다. 만약 생산자가 두 유형의 최대 지불 의사 금액 중 하나만 선택해서 가격을 책정할 경우, 즉 800원 혹은 400원으로 책정한다고 하면 정보재를 갑 유형만 구매하는 경우와, 갑과 을 유형이 모두 구매하는 경우가 발생한다. 이때 두 경우 각각 800원의 수입만을 올릴 수 있게 된다. 그러나 생산자가 각각의 최대 지불 의사 금액을 기준으로 가격을 다르게 책정해 정보재를 각각 판매한다면, 두 유형으로부터 받은 금액의 합은 1,200원으로 초기 고정비용인 1,000원을 초과하게 되어 생산자에게 200원의 이윤이 발생하게 된다.

• 가격차별화의 효과 사례

	최대 지불 의사 - 갑 800원, 을 400원
800원 단일	갑 구매 ○, 을 구매 × → 800원 매출 (갑 800원)
400원 단일	갑 구매 ○, 을 구매 ○ → 800원 매출 (갑 400원, 을 400원)
가격차별화	갑 구매 ○, 을 구매 ○ → 1,200원 매출 (갑 800원, 을 400원)

✎ 지문 정보 확인 1○ 2○ 3X 4○

지문 구조 한눈에 보기 👀

화제 제시 **1**

↓

구체화 **2** **3** **4** **5**

수요 측면의 특성　공급 측면의 특성

↓　　　　↓

판매 전략　　판매 전략

지문 Point 분석　주제: 정보재의 특성과 정보재의 판매 전략

해제: 정보재는 디지털화되어 있는 상품과 아날로그 형태로 존재하나 디지털화될 수 있는 상품 모두를 의미한다. 정보재는 수요 측면에서 잠김효과라는 특성이 있는데, 이는 새로운 제품에 익숙해지기 위한 과정에서 드는 전환비용 때문에 발생한다. 이런 특성 때문에 정보재를 판매할 때에도 잠김효과가 발생하도록 유도하는 전략을 취한다. 한편, 공급 측면에서는 원본 개발을 위한 초기 고정비용이 큰 반면 한계비용은 매우 작다는 특성이 있다. 이를 활용하여 기능을 조금씩 달리하는 상품차별화나 소비자에 따라 가격을 달리하는 가격차별화 정책을 쓰기도 한다.

정답 및 해설　1 ⑤　2 ⑤　3 ⑤　　📖 본문 139~141쪽

1　▼ **세부 정보의 확인**　　　　답 ⑤

윗글에서 다룬 내용이 아닌 것은?

⑤ 정보재 시장에서의 디지털 기술의 변화 과정

⋯ 정보재가 디지털 기술을 기반으로 하는 제품이라는 점과 그로 인해 초기 고정비용은 크지만 한계비용은 매우 작다는 특징이 언급되어 있을 뿐, 정보재 시장에서 디지털 기술이 어떤 변화 과정을 보였는지에 대한 설명은 나타나지 않는다.

➕ **오답 챙기기**

① 정보재의 정의

⋯ 1문단의 '경제학에서는 디지털화되어 있는 상품과 아날로그 형태로 존재하나 디지털화될 수 있는 상품, 이 모두를 '정보재'라 일컫는다.'에서 정보재의 정의가 나타나 있다

② 정보재의 종류

⋯ 1문단의 '각종 컴퓨터 소프트웨어뿐만 아니라 영화, 방송 등의 콘텐츠 및 이들을 디지털화한 것 등이 이에 해당된다.'에서 정보재의 종류를 확인할 수 있다.

③ 정보재의 공급 측면에서의 특징

⋯ 4문단의 '공급 측면에서, 정보재는 원본의 개발에 드는 초기 고정비용은 크지만 디지털로 생산 · 유통되기 때문에 원본의 복제를 통한 재생산에 투입되는 추가적인 한계비용은 매우 작다는 특성이 있다.'에서 정보재의 공급 측면에서의 특징을 확인할 수 있다.

④ 정보재 시장에서의 법적 제도의 필요성

⋯ 4문단의 '원본을 개발 · 재생산하는 기업과 원본을 재생산만 하는 기업들이 있고 이들이 동일한 정보재로 시장에서 경쟁한다고 가정해 보자. ~ 그래서 정부는 지적재산권, 상표권, 특허권 등과 같은 법적 제도를 통해 정보재 원본을 개발 · 재생산하는 기업을 보호하기도 한다.'에서 정보재 시장에서의 법적 제도의 필요성을 확인할 수 있다.

2　▼ **구체적 상황에의 적용**　　　　답 ⑤

윗글을 읽고 〈보기〉에 대해 추론한 것으로 적절하지 않은 것은?

보기

　　기업의 생산관리 프로그램을 판매하는 '병'과 '정'이 있다. '병'은 2년째 자신의 제품을 이용하고 있는 ○○ 기업이 자신의 제품을 계속 사용하도록 하기 위해서, 자신과 3년 연장 계약을 체결하면 ○○ 기업에 이용 요금을 할인해 주기로 한다. 단, ○○ 기업이 계약을 파기할 경우 '병'에게 위약금을 지불해야 한다. 그런데 ○○ 기업은 새롭게 출시된 '정'의 제품이 더 좋다고 생각하여 '정'에게 구매를 문의하였다. '정'은 ○○ 기업이 '병'의 제품을 쓰고 있는 것을 알고, 자신의 제품을 사용하도록 유도*하기 위해, 3년 동안 ○○ 기업이 자신의 제품을 이용한다면 '병'이 제시한 요금보다 훨씬 저렴하게 해 주겠다고 ○○ 기업에 제안했다. 그런데 ○○ 기업은 '정'의 제품을 새롭게 익혀야 하는 것에 부담을 느꼈다.

⑤ 만약 ○○ 기업이 '정'과 계약했다면, 여기에는 ○○ 기업이 '병'의 제품에 의해 발생한 전환비용을 늘리려는 의도*가 담겨 있다고 볼 수 있겠군.

⋯▸ 2문단에 따르면, 전환비용은 새로운 정보재를 이용하려 할 때 그
것에 익숙해지기 위해 들여야 하는 돈, 노력, 시간 등을 의미한
다. 위약금 또한 전환비용에 포함된다. 이를 〈보기〉의 상황에 적
용하면 전환비용은 ○○ 기업이 '정'의 제품을 사용하기 위해 들
여야 하는 시간과 '병'과의 계약을 파기해서 '병'에게 지불해야
하는 위약금이다. 즉 ○○ 기업이 새로 지불해야 하는 비용이다.
따라서 ○○ 기업이 '병'의 제품에 의해 발생한 전환비용을 늘리
려는 의도에서 '정'과 계약했다고 이해하는 것은 적절하지 않다.

⊕ 오답 챙기기

① 만약 ○○ 기업이 '병'의 제품을 계속 사용하기로 결심했다면 전
환비용에 부담을 느꼈다고 볼 수 있겠군.

⋯▸ 전환비용은 새로운 정보재를 이용하려 할 때 그것에 익숙해지기
위해 들여야 하는 돈, 노력, 시간 등이다. 따라서 ○○ 기업이 품
질이 더 좋은 '정'의 제품으로 바꾸지 않고 기존에 사용하던 '병'
의 제품을 계속 사용하기로 결심했다면 이는 '정'의 제품을 사용
하기 위해서 지불해야 하는 전환 비용에 부담을 느꼈기 때문이
라고 볼 수 있다.

② ○○ 기업에 '병'이 일정 기간 동안 이용 요금의 할인을 제안한 것
은 잠김효과를 강화*하기 위한 것으로 볼 수 있겠군.

⋯▸ 2문단에 따르면, 어떤 정보재를 사용하기 시작한 소비자가 그것
에 익숙해지면 다른 정보재보다 이미 사용하던 것을 계속 사용
하려는 경향을 잠김효과라고 한다. 이를 고려할 때, '병'이 자신
과 3년 연장 계약을 체결하면 ○○ 기업에 이용 요금을 할인해
주겠다고 제안한 것은 자신의 제품을 계속 쓰도록 유도하여 잠
김효과를 강화하기 위한 것으로 볼 수 있다.

③ '정'이 ○○ 기업에 '병'보다 저렴한 요금을 제시한 것은 '병'의 제
품에 의해 발생하는 잠김효과를 약화*시키려는 전략으로 볼 수
있겠군.

⋯▸ '정'이 ○○ 기업에게 자신의 제품을 이용한다면 '병'이 제시한
요금보다 훨씬 저렴하게 해 주겠다고 ○○ 기업에 제안한 것은
'병'의 제품 대신 자신의 제품을 새롭게 사용하도록 유도하기 위
한 것이다. 따라서 '병'의 제품을 계속 사용함으로써 발생하는 잠
김효과를 약화시키기 위한 판매 전략으로 볼 수 있다.

④ 만약 ○○ 기업이 '병'과의 연장 계약 후 1년 만에 계약을 파기하
고 '정'과 계약했다면, 발생할 위약금은 전환비용이라고 볼 수 있
겠군.

⋯▸ 〈보기〉에 따르면, ○○ 기업이 '병'과의 연장 계약 후 1년 만에 계
약을 파기하고 '정'과 계약했다면 '병'에게 지불해야 할 위약금이
발생한다. 전환비용은 새로운 정보재를 이용하려 할 때 그것에
익숙해지기 위해 들여야 하는 돈, 노력, 시간 등인데, 위약금 또
한 전환비용에 포함된다. 따라서 ○○ 기업이 '병'에게 지불해야
할 위약금은 새로운 정보재를 사용하기 위해 들여야 하는 전환
비용으로 볼 수 있다.

어휘 충전

* **유도**(誘 꾈 유 導 이끌 도): 사람이나 물건을 목적한 장소나 방향으로
이끎.
* **의도**(意 뜻 의 圖 그림 도): 무엇을 하고자 하는 생각이나 계획. 또는
무엇을 하려고 꾀함.
* **강화**(強 강할 강 化 될 화): 수준이나 정도를 더 높임.
* **약화**(弱 약할 약 化 될 화): 세력이나 힘이 약해짐. 또는 그렇게 되게 함.

---

3 ▼ 세부 내용 추론　　　　　　　　　　답 ⑤

기업이 ㉠을 발생시키기 위해 활용할 판매 전략으로 가장 적절한 것은?

⑤ 정보재를 무료로 제공하지만 사용 기간을 제한하여 그 이후에는
기능을 멈추게 한다.

⋯▸ 2문단에 따르면, 잠김효과는 이미 사용하던 정보재를 계속 사용
하려는 경향으로, 전환비용 때문에 발생한다. 그리고 3문단에서
판매자는 정보재의 이러한 특성을 고려하여 소비자가 그 정보재
사용에 익숙해지도록 일정 기간 소비자에게 상품을 무료로 사용
하게 하거나 상품의 일부 기능만을 제공하는 판매 전략을 사용
한다고 하였다. 따라서 일정 기간 정보재를 무료로 제공하여 그
제품에 익숙해지도록 하는 것은 잠김효과를 발생시키기 위한 전
략으로 볼 수 있다.

⊕ 오답 챙기기

① 정보재의 생산 계획을 세분화*하여 생산 절차를 개선*한다.

⋯▸ 정보재의 생산 절차를 개선할 경우, 원본 개발에 드는 초기 고정
비용을 줄일 수는 있을 것이다. 하지만 이는 공급 측면에서의 효
과에 해당하는것이므로 수요 측면에서의 특성인 잠김효과와는
관련이 없다.

② 정보재의 안전한 사용을 위해 보안 유지 기술 향상에 힘쓴다.

⋯▸ 정보재를 안전하게 사용할 수 있도록 하는 보안 유지 기술을 향
상시킬 경우 정보재의 품질이나 기술 경쟁력을 높일 수 있을 것
이다. 하지만 이는 공급 측면에서의 효과에 해당하는 것이므로
수요 측면에서의 특성인 잠김효과와는 관련이 없다.

③ 정보재 생산에 소요*되는 원가 절감을 위해 생산 공정을 점검한다.

⋯▸ 정보재의 생산 공정을 점검하여 원가 절감을 하면 초기 고정비
용이나 한계비용을 줄여 가격 경쟁력을 높일 수 있을 것이다. 하
지만 이는 공급 측면에서의 효과에 해당하는것이므로 수요 측면
에서의 특성인 잠김효과와는 관련이 없다.

④ 정보재 유통에 드는 비용을 줄이기 위해 전국적 판매망을 구축*
한다.

⋯▸ 전국적 판매망을 구축하여 정보재 유통에 드는 비용을 줄이면
가격 경쟁력을 높일 수 있을 것이다. 하지만 디지털로 유통된다
는 점을 고려할 때 비용 감소의 실익은 거의 없을 것으로 예상
되며, 수요 측면에서의 특성인 잠김효과와도 관련이 없다.

어휘 충전

* **세분화**(細 가늘 세 分 나눌 분 化 될 화): 사물이 여러 갈래로 자세히
갈라짐. 또는 그렇게 갈라지게 함.
* **개선**(改 고칠 개 善 착할 선): 잘못된 것이나 부족한 것, 나쁜 것 따위
를 고쳐 더 좋게 만듦.
* **소요**(所 바 소 要 중요할 요): 필요로 하거나 요구되는 바.
* **구축**(構 얽을 구 築 쌓을 축): 체제, 체계 따위의 기초를 닦아 세움.

STUDY 20　어휘 확인

1 ㉢	2 ㉣	3 ㉤	4 ㉠	5 ㉡
6 ㉡	7 ㉢	8 ㉠	9 ㉣	10 ㉤
11 구제	12 회수	13 제정	14 입증	15 청구

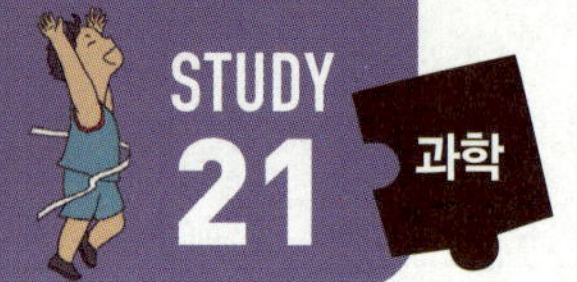

북극 해빙이 한여름에도 녹지 않는 이유

출전 유재준, 『호기심의 과학』 | 지문 난이도 ★★★★★

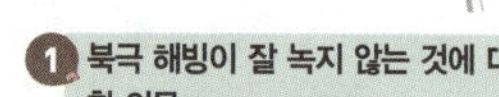

(2,346자)

❶ » 냉수 속 얼음은 1시간을 넘기지 못하고 모두 녹아버린다. 반면 북극 해빙 또한 얼음이지만, 10℃가 넘는 한여름에도 다 녹지 않고 바다에 떠 있다. 왜 해빙의 수명은 냉수 속 얼음보다 긴 걸까?

1 북극 해빙이 잘 녹지 않는 것에 대한 의문
• 의문 제기를 통한 화제 제시

❷ » 해빙의 수명이 긴 이유를 알기 위해서는 냉수 속 얼음에 작용하는 열에너지의 전달에 관한 두 가지 원리를 먼저 살펴볼 필요가 있다. 첫째, 열에너지는 온도가 높은 곳에서 낮은 곳으로 전달되는데, 이 때문에 온도가 다른 물체들이 서로 접촉하면 '열적 평형'을 이루려고 한다. 열적 평형은 접촉한 물체들의 열이 똑같아져 서로 어떠한 영향도 주거나 받지 않는 상태이다. 예를 들어 3℃인 냉장고 속에 얼음이 든 냉수를 오랜 시간 동안 두면, 냉수와 얼음의 온도는 모두 3℃가 되어 얼음이 모두 녹아 버릴 것이다. 둘째, 열에너지는 두 물체 사이의 접촉 면을 통해서만 전달되며, 접촉 면이 클수록 전달되는 열에너지의 양은 커진다. 앞서 말한 상황에서는 열에너지가 냉수와 얼음이 맞닿는 면을 통해 전달되므로, 얼음이 냉수와 더 많이 맞닿을수록 전달되는 열에너지도 커진다. 따라서 열적 평형을 이루기 전까지 두 물체 간 전달되는 열에너지의 양은 둘 사이의 온도 차, 접촉 시간, 접촉 면의 면적과 비례함을 알 수 있다.

2 열에너지 전달에 관한 두 가지 원리
• 열에너지의 원리
① 온도가 높은 곳에서 낮은 곳으로 전달됨 → 온도가 다른 물체들이 열적 평형을 이루려 함
② 열에너지는 두 물체 사이의 접촉 면을 통해서만 전달됨 → 접촉 면이 클수록 전달되는 열에너지의 양이 커짐

> 열적 평형을 이루기 전까지 두 물체 간 전달되는 열에너지의 양은 둘 사이의 온도 차, 접촉 시간, 접촉 면의 면적과 비례함

❸ » 그러면 얼음이 모두 녹아 물로 변하는 데에는 시간이 얼마나 걸릴까? 이를 알아내기 위해서 3℃로 유지되는 냉수 속에 정육면체인 얼음 하나를 완전히 잠기게 해서 공기와 접촉할 수 없는 상황을 설정해 보자. 실험 결과 한 변의 길이가 1cm인 정육면체 얼음이 완전히 녹는 시간은 약 2시간이다. 한편, 같은 냉수 속에 한 변의 길이가 1㎝인 정육면체 얼음 8개를 담근다고 해 보자. 8개의 얼음이 모두 물에 잠겨 있을 때에도 얼음이 완전히 녹는 데에 걸리는 시간은 여전히 약 2시간이다. 왜냐하면 각각의 얼음 주변을 물이 완전히 둘러싸고 있어 각각의 얼음이 접촉한 면적은 모두 같으며, 각각의 얼음의 부피는 동일하기 때문이다. 즉, 물에서 각각의 얼음으로 전달되는 열에너지의 양은 물과 얼음의 접촉 면이 모두 동일하다면 개수가 얼마든 변함이 없다.

3 열에너지의 전달과 접촉 물체의 개수와의 관계
• 각각의 물체가 접촉한 면적이 동일하다면 물체의 개수와 상관없이 전달되는 열네너지의 양이 동일함

이론

❹ » 그런데 한 변의 길이가 1cm인 정육면체 8개를 붙여 한 변의 길이가 2cm인 정육면체 하나로 만들어 냉수 속에 넣는다면 어떻게 될까? 이때는 결과가 달라진다. 얼음덩어리 전체의 부피는 $8cm^3$로 같지만, 물과 접촉한 정육면체 얼음의 총 면적이 달라지기 때문이다. 한 변의 길이가 1cm인 정육면체 얼음 8개가 각각 물에 잠겨 있다고 할 때의 물에 접촉하는 얼음의 총 면적은 $48cm^2$이지만, 이것을 붙여 각 변의 길이를 2cm로 만든 정육면체 얼음이 물과 접촉하는 총 면적은 $24cm^2$이다. 물과 접촉하는 면적이 절반으로 줄었기 때문에 같은 시간 동안 물에서 얼음으로 전달되는 열에너지의 양도 반으로 줄어들게 된다. 따라서 이 얼음이 다 녹는 데 필요한 시간은 2배만큼 늘어난 약 4시간가량이다.

4 열에너지의 전달과 접촉 면적과의 관계
• 붙여 만든 얼음이 더 늦게 녹는 이유
– 물에 닿는 총 면적이 $48cm^2$였던 8개의 얼음보다 훨씬 작은, $24cm^2$의 면적이므로 얼음이 더 늦게 녹음

❺ » 이를 북극 해빙에 적용해 보자. 이때 해빙은 정육면체이며 공기와 접촉하지만 공기와 열에너지를 교환하지 않는다고 가정하자. 해빙은 바다 위에 떠 있기에 물에 잠긴 정육면체 얼음과 달리 바닥 부분만 바닷물과 접촉하고 있다. 그래서 바닷물의 열에너지는 해빙과 바닷물이 접촉하는 바닥 부분으로만 전달된다. 이는 정육면체의 여섯 면 중 한 면만 닿는 것이기 때문에, 같은 부피의 해빙은 물에 잠긴 정육면체 얼음덩어리보다 녹는 시간이 6배 오래 걸린다. 따라서 수명이 훨씬 긴 것이다.

5 북극 해빙이 잘 녹지 않는 이유 ①
• 북극 해빙이 잘 녹지 않는 이유
– 물과 접촉하는 면적이 상대적으로 작음

적용

6 » 북극 해빙이 쉽게 녹지 않는 또 다른 이유는 부피와 면적 간의 관계 때문이다. 먼저 얼음이 녹는다는 것은 얼음의 부피가 없어진다는 것이기 때문에, 얼음의 부피가 클수록 녹아야 할 얼음의 양은 많다. 또한 얼음이 녹는 것은 앞서 살펴봤듯이 얼음이 물에 닿는 면적과 관련이 있기 때문에, 물에 닿는 면적이 넓을수록 얼음이 녹는 양은 많다. 따라서 얼음이 녹는 시간은 부피가 클수록 길어지고 물에 닿는 면적이 클수록 짧아짐을 알 수 있다. 여기서 길이가 L배 커지면 면적은 L^2, 부피는 L^3만큼 비례하여 커진다는 '제곱-세제곱 법칙'을 적용하면 얼음이 녹는 시간은 L배만큼 길어짐을 알 수 있다. 예를 들어 한 변의 길이가 2cm인 정육면체 얼음은 한 변의 길이가 1cm인 정육면체 얼음보다 길이가 2배 길기 때문에 녹는 시간도 2배 긴 약 4시간가량이 된다. 또한 여기서 면적이 늘어나는 것보다 부피가 늘어나는 비율이 훨씬 큼도 알 수 있다. 북극 해빙의 면적은 수천만km^2가 넘지만 부피는 이보다 계산하기 어려울 정도로 매우 크기 때문에 해빙이 녹는 시간은 그만큼 늘어나는 것이다. 결국 해빙은 실제 다양한 조건을 고려하더라도 물에 닿는 면이 한 면뿐이고, 닿는 면적에 비해 부피가 매우 크기 때문에 10℃가 넘는 북극의 한여름에도 다 녹지 않고 바다에 떠 있을 수 있는 것이다.

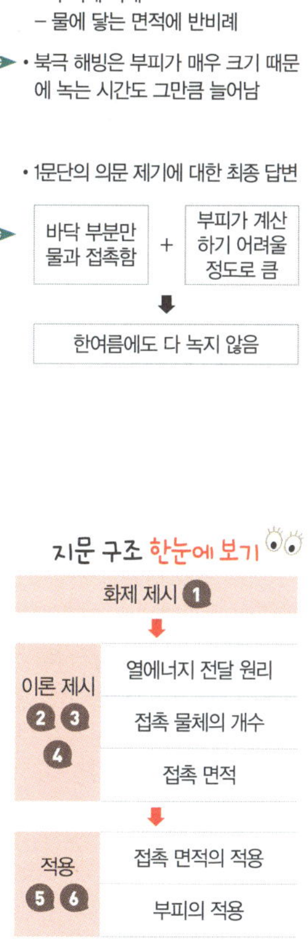

✎ 지문 정보 확인 1 ○ 2 ○ 3 X

지문 Point 분석 주제: 북극 해빙이 잘 녹지 않는 이유

해제: 이 글은 북극 해빙이 잘 녹지 않는 이유를 열에너지의 전달 원리, 물체의 면적과 부피 간의 관계를 중심으로 설명하고 있다. 온도가 다른 두 물체가 접촉하면 열적 평형을 이루려고 하는데, 열적 평형이 이루어지기까지 두 물체 간 전달되는 열에너지 양은 온도 차, 접촉 면적, 접촉 시간에 비례한다. 이를 북극 해빙에 적용하면 해빙은 한 면만 물과 접촉하므로 물에 잠긴 정육면체 얼음 덩어리보다 녹는 시간이 6배 오래 걸린다. 또한 얼음이 녹는 시간은 부피에 비례하고 물에 닿는 면적에 반비례하는데, 해빙은 면적이 느는 것보다 부피가 느는 비율이 훨씬 크다. 이 때문에 부피가 매우 커서 한여름에도 다 녹지 않는 것이다.

정답 및 해설 1 ① 2 ① 3 ⑤ 📖 본문 144~146쪽

1 ▼ 읽기 전략의 적절성 답 ①

윗글을 읽을 때 사용할 독서 전략으로 가장 적절한 것은?

① 질문에 대한 글쓴이의 추론* 과정을 분석하며 읽는 것이 좋겠군.

⋯ 1문단에서 '왜 해빙의 수명은 냉수 속 얼음보다 긴 걸까?'라는 질문을 하고 나머지 문단에서 열에너지 전달에 관한 과학적 이론을 바탕으로 이에 대한 답을 추론하고 있다. 또한 3문단과 4문단에서 각각 '그러면 얼음이 모두 녹아 물로 변하는 데에는 시간이 얼마나 걸릴까?'와 '그런데 한 변의 길이가 1cm인 정육면체 8개를 붙여 한 변의 길이가 2cm인 정육면체 하나로 만들어 냉수 속에 넣는다면 어떻게 될까?'라는 세부적인 차원의 질문을 하고 역시 이에 대한 답변을 설명하고 있다. 따라서 질문에 대한 글쓴이의 추론 과정을 분석하며 읽는 것이 가장 적절하다.

➕ 오답 챙기기

② 질문에서 묻는 개념의 변천* 과정에 주목하며 읽는 것이 좋겠군.

⋯ 글에 질문이 다수 쓰이기는 했지만 질문에 대한 답변을 이끌어 내는 과정에서 사용한 주요 개념인 열에너지의 전달 과정, '제곱-세제곱 법칙' 등의 변천 과정은 이 글에 나타나지 않는다. 따라서 개념의 변천 과정에 주목하며 읽는 것은 적절하지 않다.

③ 질문에 대한 다양한 의견들을 서로 비교해 가며 읽는 것이 좋겠군.

⋯ 1문단과 3문단, 4문단에서 질문을 하고 있지만 이에 대한 다양한 의견을 제시하고 있지는 않다. 오히려 질문에 대한 과학적 이론과 근거를 명확하게 밝히고 있으므로 다양한 의견들을 서로 비교해 가며 읽는 방법은 적절하지 않다.

④ 질문과 관련된 사람들의 일반적인 생각을 비판하며 읽는 것이 좋겠군.

⋯ 질문에 대한 사람들의 일반적인 생각은 드러나 있지 않다. 글쓴이가 스스로 한 질문을 설명하고 있을 뿐이다. 따라서 사람들의 일반적인 생각을 비판하며 읽는 방법은 적절하지 않다.

⑤ 질문에 대한 글쓴이의 입장과 반대되는 의견을 찾으며 읽는 것이 좋겠군.

⋯ 이 글은 전체적으로 글쓴이가 1문단에서 제기한 질문에 대한 답변을 과학적으로 추론하고 있는 것이므로 질문에 대한 글쓴이의 입장과 반대되는 의견은 나타나지 않는다. 따라서 글쓴이의 입장과 반대되는 의견을 찾으며 읽는 방법은 적절하지 않다.

어휘 충전
* **추론**(推 옮길 추 論 논의할 론): 미루어 생각하여 논함.
* **변천**(變 변할 변 遷 옮길 천): 세월의 흐름에 따라 바뀌고 변함.

2 ▼ 세부 정보의 확인   답 ①

윗글의 내용으로 적절하지 <u>않은</u> 것은?

① 북극 해빙의 면적은 부피에 반비례*한다.

··· 6문단에 따르면 어떤 물체의 길이가 L배 커지면 면적은 L^2, 부피는 L^3만큼 비례하여 커진다. 즉 면적이 늘어나는 것보다 부피가 늘어나는 비율이 훨씬 크다. 또한 북극 해빙의 면적은 수천만㎢가 넘지만 부피는 이보다 계산하기 어려울 정도로 매우 크다고 설명했다. 이는 결국 면적이 커지면 부피도 커짐을 의미한다. 따라서 북극 해빙의 면적은 부피에 반비례하는 것이 아니라 부피에 비례한다고 볼 수 있다.

② 열에너지는 온도가 높은 곳에서 낮은 곳으로 이동한다.

··· 2문단의 '열에너지는 온도가 높은 곳에서 낮은 곳으로 전달되는데, 이 때문에 온도가 다른 물체들이 서로 접촉하면 '열적 평형'을 이루려고 한다.'라는 설명에서 확인할 수 있다.

③ 북극 해빙은 물에 닿는 면이 한 면이어서 녹는 시간이 길어진다.

··· 5문단에 따르면, 해빙은 바다 위에 떠 있기에 물에 잠긴 정육면체 얼음과 달리 바닥 부분만 바닷물과 접촉하고 있다. 이는 정육면체의 여섯 면 중 한 면만 닿는 것이기 때문에, 같은 부피의 해빙은 물에 잠겨 여섯 면이 모두 물과 접촉하는 정육면체 얼음덩어리보다 녹는 시간이 6배 오래 걸린다. 따라서 북극 해빙은 물에 닿는 면이 한 면이어서 녹는 시간이 길어진다고 할 수 있다.

④ 얼음이 물과 접촉하는 면적과 전달되는 열에너지의 양은 비례한다.

··· 2문단의 '에너지는 두 물체 사이의 접촉 면을 통해서만 전달되며, 접촉 면이 클수록 전달되는 열에너지의 양은 커진다.'라는 설명과 3문단과 4문단의 사례를 통해, 얼음이 물과 접촉하는 면적이 전달되는 열에너지의 양은 비례함을 알 수 있다.

⑤ 열적 평형 상태에서는 접촉한 두 물체 간 열에너지의 전달이 일어나지 않는다.

··· 2문단의 '열적 평형은 접촉한 물체들의 열이 똑같아져 서로 어떠한 영향도 주거나 받지 않는 상태이다.'에서, 열적 평형 상태에서는 접촉한 두 물체 간 열에너지의 전달이 일어나지 않는다는 것을 알 수 있다.

어휘 충전

* **반비례**(反 돌이킬 반 比 견줄 비 例 법식 례): 한쪽의 양이 커질 때 다른 쪽 양이 그와 같은 비로 작아지는 관계. 한쪽이 2배, 3배 등등이 될 때, 다른 쪽은 1/2, 1/3 등등으로, 역수로 비례하는 관계이다.

* **비례**(比 견줄 비 例 법식 례): 한쪽의 양이나 수가 증가하는 만큼 그와 관련 있는 다른 쪽의 양이나 수도 증가함.

3 ▼ 세부 내용 추론   답 ⑤

윗글을 바탕으로 〈보기〉를 추론한 내용 중 가장 적절한 것은?

보기

시우는 윗글을 읽고 얼마 전에 다녀온 석빙고를 떠올린 뒤, 한여름에 석빙고의 정육면체 얼음들을 녹지 않게 하기 위한 가장 효율적인 방법이 무엇인지에 대해 탐구해 보았다.

---

⑤ 얼음들을 정육면체 한 덩어리로 만들어 보관한다.

··· 2문단에서 열에너지는 두 물체 사이의 접촉 면을 통해서만 전달되며, 접촉 면이 클수록 전달되는 열에너지의 양은 커진다고 했으며, 4문단에서 물과 접촉하는 면적이 절반으로 줄어들면 같은 시간 동안 물에서 얼음으로 전달되는 열에너지의 양도 반으로 줄어들게 된다고 하였다. 그리고 6문단에서 얼음이 녹는 시간은 부피가 클수록 길어지고 물에 닿는 면적이 클수록 짧아진다고 하였다. 이를 종합하면 얼음이 외부 물체와 접촉하는 면이 작을수록, 그리고 얼음의 부피가 클수록 녹는 시간이 길어짐을 알 수 있다. 따라서 석빙고의 정육면체 얼음을 오랫동안 보관하기 위해서는 공기와 접촉하는 면을 적게 하고 부피를 크게 하면 된다. 얼음들을 모아 정육면체 한 덩어리로 만들면 각각의 얼음 조각으로 보관하는 것보다 공기와 접촉하는 면은 줄어들고 부피는 커지게 되므로, 얼음들을 녹지 않게 하기 위한 가장 효율적인 방법이 된다.

① 얼음들을 원형으로 만들어 보관한다.

··· 6문단에 따르면 얼음이 얼음보다 온도가 낮은 외부 물체와 접촉하는 면이 작을수록, 그리고 얼음의 부피가 클수록 녹는 시간이 길어진다. 그런데 정육면체 얼음들을 원형으로 만들면 정육면체였을 때보다 부피는 줄어들고, 공기와 접촉하는 면은 부피에 비해 늘어나게 된다. 따라서 정육면체로 각각 두었을 때보다 오히려 빨리 녹게 된다.

② 얼음들을 일정 간격을 두고 보관한다.

··· 3문단에 따르면 얼음을 한 개를 물 속에 잠기게 했을 때나, 동일한 크기의 얼음 8개를 물 속에 잠기게 했을 때나 녹는 시간은 동일하다. 따라서 얼음들을 일정 간격을 두고 보관하더라도 녹는 시간은 변함이 없을 것이다.

③ 얼음들을 한 줄로 높이 세워 보관한다.

··· 정육면체의 얼음들을 한 줄로 만들어 보관하면 각각을 그대로 보관할 때보다 공기와 접촉하는 면이 줄어들어 얼음 보관 시간을 늘릴 수 있을 것이다. 그러나 이는 각각의 얼음들을 정육면체 한 덩어리로 만드는 것보다는 공기와 접촉하는 면이 더 넓다. 예를 들어 지름 1m인 정육면체 16개를 각각 보관할 경우 공기와 접촉하는 면적은 총 80㎡(하나당 1m×1m의 면적인 5면 × 16개)인데, 이를 하나의 정육면체로 만들면 20㎡(한 면 당 2m×2m인 면적 5개)가 된다. 그런데 이를 한 줄로 높이 세우면 맨 위에 위치한 한 덩어리를 제외한 나머지 정육면체의 얼음들은 각각 그냥 보관할 때보다 한 면씩 줄어든다. 이를 계산하면 65㎡((1m×1m×4면×15개)+(1m×1m×5면×1개))가 된다. 이때 부피 또한 각각의 얼음 덩어리보다는 커지지만 정육면체 한 덩어리로 만들 때보다는 적게 된다. 따라서 얼음들을 한 줄로 만들어 보관하는 것은 정육면체 한 덩어리로 만들어서 보관하는 것보다는 효율성이 떨어진다.

④ 얼음들의 표면에 차가운 물을 뿌려서 보관한다.

··· 얼음들의 표면에 차가운 물을 뿌리는 것은 부피나 공기와의 접촉 면과 상관이 없다. 오히려 열에너지 원리를 고려할 때 물이 얼음의 열에너지를 빼앗아 더 빨리 녹게 할 수도 있으므로 얼음을 오랫동안 보관하는 방법으로는 적절하지 않다.

식물이 물을 끌어 올리는 원리

출전 홍준의 외, 『살아 있는 과학 교과서 1』 **지문 난이도** ★★★★★

(2,206자)

❶ 》 식물의 생장에는 물이 필수적이다. 동물과 달리 식물은 잎에서 광합성을 통해 생장에 필요한 양분을 만들어 내는데, 물은 바로 그 원료가 된다. 물은 지구 중심으로부터 중력을 받기 때문에 높은 곳에서 낮은 곳으로 흐르지만, 식물은 지구 중심과는 반대 방향으로 자란다. 따라서 식물이 줄기 끝에 달려 있는 잎에 물을 공급하려면 중력의 반대 방향으로 물을 끌어올려야 한다. 미국의 캘리포니아 레드우드 국립공원에는 세계에서 키가 가장 큰 세쿼이아가 있다. 이 나무는 키가 무려 112m에 이르며, 뿌리는 땅속으로 약 15m까지 뻗어 있다고 한다. 따라서 물이 뿌리에서 나무의 꼭대기에 있는 잎까지 도달하려면 127m나 끌어 올려져야 한다. 펌프 같은 장치도 보이지 않는데 대체 물이 어떻게 그 높은 곳까지 올라갈 수 있는 것일까? 식물은 어떤 힘을 이용하여 뿌리에서부터 잎까지 물을 끌어 올릴까? 식물이 물을 뿌리에서 흡수하여 잎까지 보내는 데는 뿌리압, 모세관 현상, 증산 작용으로 생긴 힘이 복합적으로 작용한다.

❷ 》 호박이나 수세미의 잎을 모두 떼어 내고 뿌리와 줄기만 남기고 자른 후 뿌리 끝을 물에 넣어 보면, 잘린 줄기 끝에서는 물이 힘차게 솟아오르지는 않지만 계속해서 올라온다. 뿌리털을 둘러싼 세포막을 경계로 안쪽은 땅에 비해 여러 가지 유기물과 무기물들이 더 많이 섞여 있어서 뿌리 바깥보다 용액의 농도가 높다. 다시 말해 뿌리털 안은 농도가 높은 반면, 흙 속에 포함되어 있는 물은 농도가 낮다. 이때 농도의 균형을 맞추기 위해 흙 속에 있는 물 분자는 뿌리털의 세포막을 거쳐 물 분자가 상대적으로 적은 뿌리 내부로 들어온다. 이처럼 농도가 낮은 흙 속의 물을 농도가 높은 뿌리 쪽으로 이동시키는 힘이 생기는데, 이를 뿌리압이라고 한다. 즉 뿌리압이란 뿌리에서 물이 흡수될 때 밀고 들어오는 압력으로, 물을 위로 밀어 올리는 힘이다.

❸ 》 물이 담긴 그릇에 가는 유리관을 꽂아 보면 유리관을 따라 물이 올라가는 것을 관찰할 수 있다. 이처럼 가는 관과 같은 통로를 따라 액체가 올라가거나 내려가는 것을 모세관 현상이라고 한다. 모세관 현상은 물 분자와 모세관 벽이 결합하려는 힘이 물 분자끼리 결합하려는 힘보다 더 크기 때문에 일어난다. 따라서 관이 가늘어질수록 물이 올라가는 높이가 높아진다. 식물체 안에는 뿌리에서 줄기를 거쳐 잎까지 연결된 물관이 있다. 물관은 말 그대로 물이 지나가는 통로인데, 지름이 $75\mu m$(마이크로미터, $1\mu m=0.001mm$)로 너무 가늘어 눈으로는 볼 수 없다. 이처럼 식물은 물관의 지름이 매우 작기 때문에 ㉠모세관 현상으로 물을 밀어 올리는 힘이 생긴다.

❹ 》 뜨거운 햇볕이 내리쬐는 더운 여름철에는 큰 나무가 만들어 주는 그늘이 그렇게 고마울 수가 없다. 나무가 만들어 주는 그늘이 건물이 만들어 주는 그늘보다 더 시원한 이유는 무엇일까? 나무의 잎은 물을 수증기 상태로 공기 중으로 내보내는데, 이때 물이 주위의 열을 흡수하기 때문에 나무의 그늘 아래가 건물이 만드는 그늘보다 훨씬 시원한 것이다. 식물의 잎에는 기공이라는 작은 구멍이 있다. 기공을 통해 공기가 들락날락하거나 잎의 물이 공기 중으로 증발하기도 한다. 이처럼 식물체 내의 수분이 잎의 기공을 통하여 수증기 상태로 증발하는 현상을 ㉡증산 작용이라고 한다. 가로 세로가 $10\times10cm$인 잔디밭에서 1년 동안 증산하는 물의 양을 조사한 결과, 놀랍게도 55톤이나 되었다. 이는 1리터짜리 페트병 5만 5천 개 분량에 해당하는 물의 양이다. 상수리나무는 6~11월 사이에 약 9,000kg의 물을 증산하며, 키가 큰

원리 ①
원리 ②
원리 ③

1 식물이 물을 끌어 올릴 수 있게 하는 세 요소
- 식물과 물
  – 식물의 생장에는 물이 필수적 → 광합성의 원료
- 식물이 뿌리에서 잎까지 물을 끌어 올릴 수 있는 세 요소
  ① 뿌리압
  ② 모세관 현상
  ③ 증산 작용

2 뿌리압의 개념과 원리
- 뿌리압의 원리
  – 농도가 낮은 흙 속의 물이 농도가 높은 뿌리털 안으로 들어옴 → 농도의 균형을 맞추려는 자연 현상
- 식물이 물을 끌어올리는 원리 ①
  – 뿌리압

3 모세관 현상의 개념과 원리
- 모세관 현상의 개념과 원인
- 식물이 물을 끌어올리는 원리
  – 모세관 현상

4 증산 작용의 개념
- 기공의 기능
  – 식물 내부로 공기의 출입 + 증산 작용
- 증산 작용의 개념

해바라기는 맑은 여름날 하루 동안 약 1kg의 물을 증산한다.

⑤ » 기공의 크기는 식물의 종류에 따라 다른데 보통 폭이 8㎛, 길이가 16㎛ 정도밖에 되지 않는다. 크기가 1cm²인 잎에는 약 5만 개나 되는 기공이 있으며, 그 대부분은 잎의 뒤쪽에 있다. 이 기공을 통해 그렇게 엄청난 양의 물이 공기 중으로 증발해 버린다. 증산 작용은 물을 식물체 밖으로 내보내는 작용으로, 뿌리에서 흡수된 물이 줄기를 거쳐 잎까지 올라가는 원동력이다. 잎의 세포에서는 물이 공기 중으로 증발하면서 아래쪽의 물 분자를 끌어 올리는 현상이 일어난다. 즉, 물분자들은 서로 잡아당기는 힘으로써 연결되는데, 이는 물 기둥을 형성하는 것과 같다. 사슬처럼 연결된 물 기둥의 한쪽 끝을 이루는 물 분자가 잎의 기공을 통해 빠져 나가면 아래쪽 물 분자가 끌어 올려지는 것이다. 증산 작용에 의한 힘은 잡아당기는 힘으로 식물이 물을 끌어 올리는 요인 중 가장 큰 힘이다.

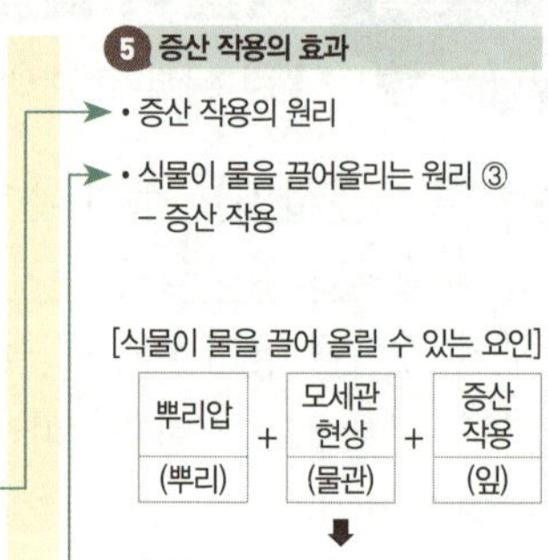

✏️ 지문 정보 확인 1 ○ 2 ✕ 3 ○

🧠 **지문 Point 분석** 주제: 식물이 물을 끌어 올리는 원리

해제: 식물은 뿌리압과 모세관 현상, 증산 작용이 종합적으로 작용하여 뿌리의 물을 꼭대기의 잎까지 끌어 올린다. 뿌리에서는 뿌리털 안과 흙 속의 농도 차이에 따라 흙 속의 물이 뿌리 내부로 들어오는 뿌리압이 발생하는데, 이는 물을 위로 밀어 올리는 힘이 된다. 그리고 식물체 안의 매우 가느다란 물관에서 발생하는 모세관 현상 또한 물을 밀어 올리는 힘으로 작용한다. 마지막으로 잎의 기공에서 생기는 증산 작용은 잎의 세포에서 물 분자가 증발되면서 아래쪽의 물 분자를 잡아당기는 힘으로 작용한다.

정답 및 해설 1 ② 2 ⑤ 3 ④ 📖 본문 147~149쪽

1 ▼ 세부 정보의 확인 답 ②

윗글의 내용과 일치하지 않는 것은?

② 식물의 뿌리압은 중력과 동일한 방향으로 작용한다.

⋯▸ 2문단의 '농도가 낮은 흙 속의 물을 농도가 높은 뿌리 쪽으로 이동시키는 힘이 생기는데, 이를 뿌리압이라고 한다.'에서 뿌리압은 물을 위로 밀어 올리는 힘임을 알 수 있다. 그런데 중력은 물을 높은 곳에서 낮은 곳으로 흐르게 한다. 따라서 식물의 뿌리압은 중력과 반대 방향으로 작용한다.

➕ **오답 챙기기**

① 식물의 종류에 따라 기공의 크기가 다르다.

⋯▸ 5문단의 '기공의 크기는 식물의 종류에 따라 다른데 보통 폭이 8㎛, 길이가 16㎛ 정도밖에 되지 않는다.'에서 확인할 수 있다.

③ 식물이 광합성 작용을 하기 위해서는 반드시 물이 필요하다.

⋯▸ 1문단의 '동물과 달리 식물은 잎에서 광합성을 통해 생장에 필요한 양분을 만들어 내는데, 물은 바로 그 원료가 된다.'에서 확인할 수 있다.

④ 뿌리에서 잎까지 물 분자들은 사슬처럼 서로 연결되어 있다.

⋯▸ 5문단에 따르면, 증산 작용으로 인해 뿌리에서 흡수된 물이 줄기를 거쳐 잎까지 올라가는데, 이는 물 분자들이 서로 사슬처럼 연결되어 서로 잡아당기는 힘을 지니고 있기 때문이다. 따라서 뿌리에서 잎까지 물 분자들은 사슬처럼 서로 연결되어 있다고 할 수 있다.

⑤ 물관 내에서 물 분자와 모세관 벽이 결합하려는 힘으로 물이 위로 이동한다.

⋯▸ 3문단에 따르면, 모세관 현상은 물 분자와 모세관 벽이 결합하려는 힘이 물 분자끼리 결합하려는 힘보다 더 크기 때문에 물이 위로 이동하는 현상이다. 그리고 식물의 물관은 지름이 매우 작기 때문에 모세관 현상으로 물을 밀어 올리는 힘이 생긴다. 따라서 물관 내에서 물 분자와 모세관 벽이 결합하려는 힘으로 물이 위로 이동한다고 할 수 있다.

2 ▼ 세부 정보 추론 답 ⑤

㉠과 ㉡에 대한 설명으로 적절하지 않은 것은?

⑤ ㉠에 의해 식물이 물을 밀어 올리는 힘보다 ㉡에 의해 식물이 물을 끌어 올리는 힘이 더 작다.

⋯▸ 3문단에 따르면, ㉠(모세관 현상)은 물 분자와 모세관 벽이 결합하려는 힘이 물 분자끼리 결합하려는 힘보다 더 크기 때문에 액체가 가는 관과 같은 통로를 따라 올라가거나 내려가는 현상을 말한다. 그리고 4문단에 따르면, ㉡(증산 작용)은 식물체 내의 수분이 잎의 기공을 통하여 수증기 상태로 증발하는 현상을 말한다. 그런데 5문단에서 증산 작용은 식물이 물을 끌어 올리는 요인 세 가지 중에서 가장 큰 힘이라고 하였다. 따라서 ㉡에 의해 식물이 물을 끌어 올리는 힘이 ㉠에 의해 식물이 물을 밀어 올리는 힘보다 더 작다고 이해하는 것은 적절하지 않다.

① ㉠은 관의 지름에 따라 물이 올라가는 높이가 달라진다.

⋯ 3문단의 '관이 가늘어질수록 물이 올라가는 높이가 높아진다.'에서 관의 지름에 따라 물이 올라가는 높이가 달라진다는 것을 확인할 수 있다.

② ㉡이 일어나면 물이 식물체 내에서 빠져 나와 주변의 온도를 낮춘다.

⋯ 4문단의 '나무의 잎은 물을 수증기 상태로 공기 중으로 내보내는데, 이때 물이 주위의 열을 흡수하기 때문에 나무의 그늘 아래가 건물이 만드는 그늘보다 훨씬 시원한 것이다.'에서 확인할 수 있다.

③ ㉠에 의해서는 물의 상태가 바뀌지 않고, ㉡에 의해서는 물의 상태가 바뀐다.

⋯ 3문단과 4문단에 따르면, ㉠(모세관 현상)은 물을 위로 끌어 올리는 기능을 하는 데 비해, ㉡(증산 작용)은 물을 증발시키는 기능을 한다. 즉, 물이 액체에서 기체 상태로 변화한 것이다. 따라서 ㉠에 의해서는 물의 상태가 바뀌지 않지만 ㉡에 의해서는 물의 상태가 바뀐다.

④ ㉠으로 물을 위로 밀어 올리는 힘이, ㉡으로 물을 위에서 잡아당기는 힘이 생긴다.

⋯ 3문단의 '식물은 물관의 지름이 매우 작기 때문에 모세관 현상으로 물을 밀어 올리는 힘이 생긴다.'에서 ㉠(모세관 현상)으로 인해 물을 위로 밀어 올리는 힘이 생긴다는 것을 알 수 있다. 그리고 5문단 '잎의 세포에서는 물이 공기 중으로 증발하면서 아래쪽의 물 분자를 끌어 올리는 현상이 일어난다.'와 '증산 작용에 의한 힘은 잡아당기는 힘으로 식물이 물을 끌어 올리는 요인 중 가장 큰 힘이다.'에서 ㉡으로 인해 물을 위에서 잡아당기는 힘이 생긴다는 것을 알 수 있다.

3 ▼ 구체적 상황에의 적용 답 ④

학생이 〈보기〉와 같은 실험을 하였다. 윗글을 바탕으로 〈보기〉에 대한 반응으로 적절한 것은?

크기와 종류가 같은 식물 셋을 (가)는 줄기만, (나)는 줄기와 잎만을 남겨 비닐을 씌운다. (다)는 뿌리, 줄기, 잎을 그대로 둔다. 셋을 물에 담아 햇빛 등이 동일한 조건에서 변화를 관찰하였다.

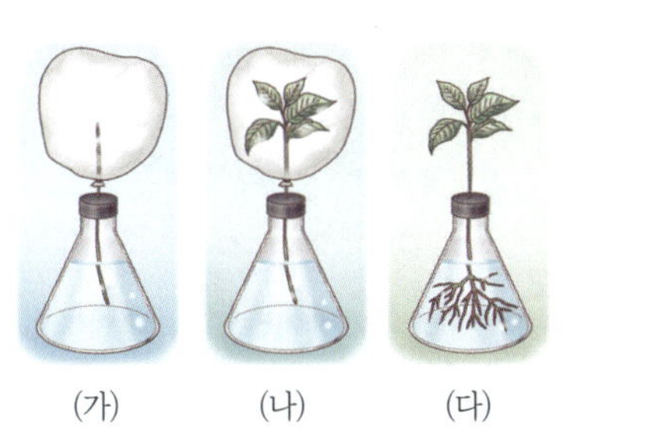

④ (가), (나), (다) 모두 물 분자들이 연결된 물 기둥이 형성될 것이다.

⋯ 3문단에 따르면, 물이 담긴 그릇에 가는 유리관을 꽂아 보면 유리관을 따라 물이 올라가는 모세관 현상이 나타난다. 그리고 식물은 물관의 지름이 매우 작기 때문에 모세관 현상으로 물을 밀어 올리는 힘이 생긴다. 이를 고려할 때, 줄기만 있는 (가)에서는

식물의 줄기에 있는 물관을 통해 모세관 현상이 나타나면서 물의 상승 작용이 일어날 것을 알 수 있다. 그리고 줄기와 잎이 있는 (나)에서는 모세관 현상과 함께 4문단과 5문단에서 설명하고 있는 증산 작용이 일어나면서 줄기의 물관을 통해 물을 위로 끌어 올리는 현상이 일어날 것임을 알 수 있다. 줄기와 잎과 뿌리가 모두 있는 (다)에서는 모세관 현상과 증산 작용에 덧붙여 2문단에서 설명하고 있는 뿌리압 현상까지 나타나 물관을 통해 물이 위로 올라가는 현상이 (가)와 (나)보다 더 활발하게 이루어질 것이다. 그리고 5문단에 따르면, 물 분자들은 서로 사슬처럼 연결되어 있다고 하였으므로 (가), (나), (다) 모두 물관을 통해 아래에서 위로 올라가는 과정에서 물 기둥이 형성될 것이다.

① (가)보다 (나)의 비닐 안쪽 면에 물방울이 덜 맺힐 것이다.

⋯ 비닐 안쪽에 물방울이 맺혔다는 것은 물이 잎의 기공을 통해 증발되는 증산 작용이 일어났음을 의미한다. (가)에서는 잎이 없으므로 (나)와 달리 증산 작용이 일어나지 않는다. 따라서 증산 작용이 일어나는 (나)의 비닐 안쪽 면에 물방울이 더 많이 맺힐 것이다.

② (가)의 용기에 담긴 물이 (나), (다)의 용기에 담긴 물보다 더 많이 줄어들 것이다.

⋯ 식물이 물을 끌어 올리기 위해서는 뿌리압, 모세관 현상, 증산 작용 등이 복합적으로 작용해야 한다. 줄기만 있는 (가)에서는 모세관 현상만이 나타나는 데 비해, (나)에서는 모세관 현상과 증산 작용이 나타나고, (다)에서는 모세관 현상, 증산 작용, 뿌리압이 모두 나타난다. 따라서 (다)에서 용기에 담긴 물이 가장 많이 줄어들고, 그 다음으로 (나), (가)의 순으로 물이 줄어들 것이다.

③ (나)에서는 한 가지 힘이, (다)에서는 두 가지 힘이 작용하여 물이 이동한다.

⋯ (나)에서는 모세관 현상과 증산 작용에 의한 힘이 발생하고, (다)에서는 여기에 뿌리로 인한 뿌리압 현상까지 더 일어난다. 따라서 (나)에서는 두 가지 힘이, (다)에서는 세 가지 힘이 작용하여 물이 이동한다.

⑤ (가), (나), (다) 모두 공기가 식물 내부로 출입하는 현상이 일어나지 않는다.

⋯ 4문단의 '식물의 잎에는 기공이라는 작은 구멍이 있다. 기공을 통해 공기가 들락날락하거나 잎의 물이 공기 중으로 증발하기도 한다.'라는 설명을 고려할 때, (가)와 달리 잎이 있는 (나)와 (다)에서는 공기가 식물 내부로 출입하는 현상이 일어날 것임을 알 수 있다.

STUDY 21 어휘 확인				
1 ㉢	2 ㉣	3 ㉺	4 ㉡	5 ㉠
6 ㉤	7 ㉥	8 ㉦	9 ㉧	10 ㉨
11 무기물	12 모세관	13 해빙	14 농도	15 면적

memo

memo

memo

메가스터디BOOKS

www.megastudybooks.com

내용 문의 | 02-6984-6897   구입 문의 | 02-6984-6868,9